国家金融与发展实验室年度报告

中国支付清算发展报告(2015)

主编/杨涛
副主编/程炼

CHINA PAYMENT AND SETTLEMENT SYSTEM
DEVELOPMENT REPORT (2015)

社会科学文献出版社
SOCIAL SCIENCES ACADEMIC PRESS (CHINA)

主要编撰者简介

中国社会科学院金融研究所支付清算研究中心，是由中国社会科学院批准设立的所级非实体性研究单位，由中国社会科学院金融研究所作为主管单位，专门从事支付清算理论、政策、行业、技术等方面的重大问题研究。研究中心的名誉理事长、学术委员会主席为中国社会科学院副院长、学部委员李扬研究员，理事长为中国社会科学院金融研究所所长、学部委员王国刚研究员，常务副理事长为中国社会科学院金融研究所副所长殷剑峰研究员，主任为中国社会科学院金融研究所所长助理杨涛研究员。

研究中心成立于2005年，为适应支付清算理论和实践的发展需要，2012年进行了全面重组和完善。研究中心的团队由专职研究人员、特约研究员和博士后等组成。主要宗旨是：跟踪研究国内外支付清算领域的前沿问题和动态、支付清算行业发展的新状况以及法规政策的变化，围绕支付清算体系的改革与发展开展各类学术研究和政策研究，推动支付清算市场的创新活动，通过举办研讨会、开展课题研究、进行咨询和培训等形式来促进支付清算系统及监管的改革与发展。研究中心每年组织编写《中国支付清算发展报告》，每月组织编写《支付清算评论》。研究中心网站：http：//www.rcps.org.cn/。

杨　涛　男，1974年生，山东淄博人，经济学博士，研究员。现任中国社会科学院金融研究所所长助理、产业金融研究基地主任、支付清算研究中心主任。主要研究领域为货币与财政政策、金融市场、产业金融、政策性金融等。

程　炼　男，1976年生，江西德兴人，经济学博士，副研究员。现任中国社会科学院金融研究所《金融评论》编辑部主任、支付清算研究中心副主任。主要研究领域为国际金融、金融地理与金融监管、支付清算等。

费兆奇　男，1980年生，黑龙江哈尔滨人，经济学博士，副研究员。现任中国社会科学院金融研究所货币理论与政策研究室副主任。主要研究领域为货币理论与政策、国际金融等。

周莉萍　女，1980年生，河南新密人，经济学博士，副研究员。现任职于中国社会科学院金融研究所《金融评论》编辑部，同时担任支付清算研究中心副秘书长。主要研究领域为货币理论、金融市场。

董　昀　男，1980年生，江西吉安人，经济学博士，副研究员。现任职于中国社会科学院金融研究所金融市场研究室，同时担任支付清算研究中心副秘书长。主要研究领域为发展经济学、经济政策、支付清算等。

李　鑫　男，1983年生，河北石家庄人。现为中国社会科学院研究生院博士生。主要研究领域为经济发展理论、宏观经济理论、支付清算理论与政策。

傅　勇　男，经济学博士、金融学博士后。现为中国社会科学院金融研究所支付清算研究中心特约研究员。主要研究领域为宏观经济、货币政策、支付清算等。

王邦飞　男，安徽人。现为中国社会科学院金融研究所副研究员。主要研究领域为金融监管、金融风险管理、商业银行经营管理等。

徐　超　男，1978年生，河南信阳人，法学博士。现为中国社会科学院亚太与全球战略研究院博士后。主要研究领域为国际金融法、系统重要性金融机构和金融基础设施。

于品显 男，1984 年生，河南淮阳人，法学硕士。现任职于中国农业银行北京分行。主要研究领域为国际贸易、金融法和国际公法。

刘 磊 女，1976 年生，安徽阜阳人，经济学博士。现为中国银联战略发展部高级主管。

邓祥龙 男，1988 年生，安徽宿州人。现任职于中国银联战略发展部。

杨晓龙 男，1984 年生，经济学博士。现为中国工商银行博士后工作站、北京大学光华管理学院博士后流动站博士后。主要研究领域为商业银行与宏观经济。

郑 弘 女，1985 年生，北京人。主要研究领域为金融监管、金融风险防控、金融改革等。

李 月 男，安徽霍邱人，安徽大学经济学院。主要研究领域为货币经济学、经济增长。

摘　要

《中国支付清算发展报告（2015）》是中国社会科学院金融研究所支付清算研究中心推出的系列年度报告的第三本。报告旨在系统分析国内外支付清算行业与市场的发展状况，充分把握国内外支付清算领域的制度、规则和政策演进，深入发掘支付清算相关变量与宏观经济、金融及政策变量之间的内在关联，动态跟踪国内外支付清算研究的理论前沿。报告将致力于为支付清算行业监管部门、自律组织及其他经济主管部门提供重要的决策参考，为支付清算组织、机构和金融机构的相关决策提供基础材料，为支付清算领域的研究者提供文献素材。

当代支付清算体系发展中的一个重要时代背景，就是以互联网为代表的现代信息技术的广泛运用，从根本上改变了支付服务的结构与方式。当信息技术所推动的支付清算体系效率不断提高，并使居民与企业受益时，政策当局和学者也在为相关的风险而忧虑。既然新技术革命下的经济社会变革不可阻挡，我们就必须在支付清算体系发展中找到效率与风险之间的平衡点。为了实现这一目标，就需要基于全球支付清算体系的发展实践进行大量深入的研究。我们希望《中国支付清算发展报告》的连续出版，能够成为上述努力的一部分。

本报告由总报告、分报告和专题报告三部分构成。总报告对中国支付清算系统的现状、问题和未来发展进行了全面的回顾与展望；分报告运用数量分析工具考察了支付清算体系与宏观经济变量、区域发展、金融风险和货币政策的联系；专题报告介绍了全球支付清算体系的理论与实践进展，并讨论了当年支付清算领域的热点问题。我们期待《中国支付清算发展报告》能够成为一个重要平台，用来促进支付清算研究中心与各位同人加强交流与合作，共同为中国支付清算体系的发展做出贡献。

Abstract

China Payment and Settlement System Development Report (2015), as the annual report of Research Center of Payment & Settlement, aims to summarize and reflect the various aspects of China's payment and settlement system and their implication for real economy. It try to cover the reform and evolution of institutions, rules, and policies on payment and settlement system over the world and track the theoretical frontiers in this area. With ample data and detailed analysis, the report tries to provide reliable and useful references for financial institutes, academic researchers, and regulatory authority.

A general background for the development of payment and settlement system in our time is the ubiquitous application of modern information technology, especially internet, which fundamentally change the structure and style of payment. While people and firms benefit from the incredible efficiency of payment and settlement system based on modern informant technology, regulatory authorities and scholars are concerned with the risks companied. As the evolution of social and economic institutions derived by technology innovation is unstoppable, it is a imperative task to find the new balance between efficiency and risk, for which massive research based on the practice of payment and settlement over the world is needed. We hope China Payment and Settlement System Development Report can be a part of the effort.

The report consists of three parts: general reports, sub – reports, and special topics. The general report presents a panorama of China's payment and settlement system, including its evolution path, current status, existed problems, and future trends. with quantity analysis methods, sub – reports explore the relationship between payment and settlement system with macroeconomic variables, regional development, financial risk, and monetary policy. Special topics cover the practice of payment and settlement system in foreign countries and provide a selective survey

Abstract

of hot issues in this area.

We expect this report to become a platform for the communication between Research Center of Payment & Settlement and all the peoples and institutes interested in this significant area to contribute to the development of China's payment and settlement system.

前 言

对于一国经济社会发展来说，支付清算体系构成了最为重要的金融基础设施，也是各类经济金融交易顺利进行的根本依托。这套体系通过提供必要的资金转移机制和风险管理机制，促进了各类经济金融活动的稳定运行、效率提升以及持续创新。从支付体系演进的历史可以看出，影响一个国家支付体系改革的动力主要是技术的进步、金融和非金融部门对支付清算服务"成本－收益"的权衡、支付体系风险意识的加强和对金融稳定的关注等。我们看到，支付清算体系和货币政策、金融稳定之间有着密不可分的关系，随着现代金融体系的综合化经营趋势愈加明显，银行、非银行、证券等支付清算后台间的边界也日益模糊，对各国都带来了监管部门职能协调以及从机构监管向功能监管转化的难题和挑战。与其在现实中的重要地位不断凸显相对应，支付清算领域的研究也逐渐走到了学术前沿。近年来在国外兴起的支付经济学就旨在研究支付过程的交换机制，包括代理人完成支付所使用的支付工具以及金融中介在支付过程中所发挥的作用等。这些学术探索正好契合了各国监管部门的需求，如欧洲中央银行主导成立了支付经济学研究小组，旨在使支付清算研究与政策制定更好地结合起来。实际上，支付清算领域的研究已经从过去货币和信用文献列车中的一小节"隔离车厢"，逐渐成为蕴含丰富的理论、方法创新前景的学术"富矿"。

目前，开展支付清算研究的一个重要历史背景，就是新技术革命引领信息化时代的到来，不仅带来了支付组织和技术的创新可能，也迎来了客户支付需求的个性化、多元化。所谓新技术革命，通常是指从20世纪40年代末开始的以电子计算机、原子能、航天空间技术为标志的第三次科学技术革命。其中，与支付清算体系关联度最大的当属计算机技术，以及与之相关的互联网技术。对于人们来说，引入互联网技术带来的最为直观的改变，就是信息及通信技术（ICT）的进步大大降低了交易成本，并且提高了资源配置效率。

应该说，当前网络信息技术的飞速发展，对于支付清算体系的冲击是全面的。在此基础上，央行主导的大额资金转移系统可以更有效地服务于货币政策操作，证券清算结算体系则面临促进交易效率提升与风险传染难以把握的"双刃剑"，而与老百姓关系更加密切的是零售支付领域令人眼花缭乱的变革。2008年以后，各国政府也在深入研究如何应对电子支付领域的飞速发展。以美联储为例，当前，一方面前所未有地开始关注移动支付等带来的潜在风险；另一方面高度重视全面提升支付服务的"快速"和"实时"。目前，美联储正在加快构建旨在改善支付效率和支付安全的两个工作小组。而在我国，无论是传统的卡支付还是新兴电子支付，都对促进居民消费起到了越来越重要的作用。面对"线上"和"线下"既存在差异，又日渐融合的支付模式，我国的支付市场结构、规则体系和监管模式都面临更大的挑战，因此需要深入研究监管重心、行业模式，以及规则怎样达到纵向公平和横向公平等。

技术和制度演变改变着支付清算服务的供给，经济社会发展模式的变化影响着支付清算服务的需求，二者相结合，带来了支付清算体系的内在创新动力。当然，创新和发展必然伴随风险，金融既离不开风险，也要避免风险失控。支付清算作为金融体系的基本功能之一，同样面临类似的困局。对于我国来说，监管重点应该是在风险与效率之间找到适当的平衡点。一方面，对风险的控制不能以损失经济效益和消费者福利为代价；另一方面，需要加快推动支付体系风险的量化分析，逐渐把风险控制政策落到实处。具体包括：对于支付清算体系的风险进行分类和识别；通过量化分析来准确把握风险程度；明确风险的应对和处理机制；构建风险的公开披露机制；等等。当然，千里之行，始于足下。虽然全球支付清算体系的快速发展带来了诸多研究热点和难点，但国内外研究基础的普遍薄弱，促使我们仍然需要从基本问题入手。例如，在学科建设层面，研究方法的专业和规范、基本学术概念的标准化，以及与本身就在不断变化的国际惯例和游戏规则的对接，都是所面临的现实难题；在政策实践层面，除了各方聚焦的支付清算组织与产品之外，推动支付法律法规建设和加强市场化前提下的支付服务消费者保护，则是在行业"喧嚣"之外的题中应有之义。

《中国支付清算发展报告（2015）》继续从中国和全球两个维度，从理论、实践与政策多个视角，对支付清算领域的相关问题进行"点""面"结合的研究。本报告分为总报告、分报告和专题报告三个部分。总报告为"我国支付清算体系的发展状况"，全面分析了我国支付清算体系的发展历程、现状特点、存在问题及趋势，具体包括三章："我国中央银行支付清算体系的建设与运行"；"我国第三方支付机构体系的建设与运行"；"我国证券清算结算体系的建设与运行"。分报告为"支付清算体系运行的经济含义"，主要是运用各类量化分析工具，对支付清算运行与宏观经济变量、区域经济金融发展、金融稳定与金融风险、货币政策的内在关联等进行了实证检验和深入剖析，具体包括四章："支付清算体系运行的宏观经济效应"；"支付清算体系运行、区域经济与金融发展"；"支付清算体系运行与金融系统稳定"；"支付清算体系运行与货币政策"。专题报告为"支付清算体系热点考察、比较分析及文献综述"，深入探讨了国际化背景下我国支付清算体系中的热点与难点问题，对全球金融基础设施建设和重要监管规则、不同国家的支付市场运行情况进行了全面整理，并且系统地梳理了近年来重要的学术文献，具体包括七章："创新环境下的银行卡市场发展"；"场外金融市场中央对手方清算机制的建立与发展"；"人民币跨境支付体系：现状、问题及完善"；"《金融市场基础设施原则》的重点及应用"；"移动支付国际监管及对中国的启示"；"全球主要国家支付清算体系发展概况"；"支付清算研究的若干新进展：国内外文献概览"。

《中国支付清算发展报告（2015）》是在中国社会科学院李扬副院长，金融研究所王国刚所长、何德旭书记、殷剑峰副所长的指导下完成的。本报告在写作过程中得到了中国人民银行支付结算司、中国支付清算协会、中国银联、VISA公司、上海清算所、中国证券登记结算有限公司等的大力支持，在此一并表示诚挚的感谢。本报告由杨涛担任主编,负责本报告的组织编写、部分报告的撰写以及统稿和审定工作;程炼担任副主编,负责部分报告的撰写及统编工作。各部分执笔人分别为:第一章,傅勇、李月、杨涛;第二章,王邦飞、郑弘、杨涛;第三章,李鑫;第四章,程炼;第五章,程炼;第六章,程炼;第七章,杨晓龙、费兆奇;第八章,刘磊、邓祥龙;第九章,杨涛、李鑫;第十章,徐超、于品显;第十一章,李鑫;第十二章,徐超、于品显;第十三章,周莉萍;第十四章,董昀。

与2013年、2014年推出的两本报告相比,《中国支付清算发展报告(2015)》在总报告和分报告两部分,一直保持研究框架的稳定性和可持续性,同时专题报告部分的内容有所强化,并进行了新的研究突破和创新。如为顺应中国支付清算体系建设与国际接轨的迫切需要,对《金融市场基础设施原则》(PFMI)进行了全面分析和解读。当然,支付清算领域也是一个实务性较强的领域,不仅在我国的支付清算体系建设中不断出现各类新情况、新问题,而且各国都在此领域面临诸多技术和制度变革带来的新挑战。因为研究储备有限,本报告可能存在一些不足或需完善的地方。我们期盼各界同人的批评和建议,并希望长期坚持这项工作,以此来不断地"抛砖引玉",促使学术界更加重视支付清算研究,促进研究者与监管者、从业者的深度交流,推动跨学科的交叉研究与探讨,从而共同服务于推动我国支付清算体系高效、健康、可持续和国际化发展。

目 录

总报告　我国支付清算体系的发展状况

第一章　我国中央银行支付清算体系的建设与运行 001
 一　2014年我国中央银行支付清算体系运行的基本
   情况及特点 002
 二　2014年我国中央银行支付清算体系的子系统
   运行情况 004
 三　2014年我国中央银行支付清算体系的重要事件 014
 四　我国中央银行支付清算体系建设面临的问题 018
 五　我国中央银行支付清算体系的完善思路 022

第二章　我国第三方支付机构体系的建设与运行 027
 一　2014年我国第三方支付机构体系运行情况 028
 二　2014年我国第三方支付机构体系的监管环境 039
 三　我国第三方支付机构体系面临的问题与挑战 044
 四　未来发展趋势及前景 049

第三章　我国证券清算结算体系的建设与运行 056
 一　2014年我国证券清算结算体系运行情况 056

二　2014年我国证券清算结算体系的建设与完善 ·················· 068
三　我国证券清算结算体系面临的主要问题·························· 075
四　我国证券清算结算体系的完善思路······························· 077

分报告　支付清算体系运行的经济含义

第四章　支付清算体系运行的宏观经济效应 ························· 080
一　支付清算业务总体发展态势及其经济含义 ···················· 081
二　支付清算指标与经济增长的联系 ································ 086
三　支付清算指标与总体价格水平的联系 ·························· 100

第五章　支付清算体系运行、区域经济与金融发展 ·················· 111
一　各地区资金流动规模 ··· 111
二　地区间资金流动情况 ··· 113
三　区域经济一体化与资金流动分析
　　——以长三角地区为例 ··· 115

第六章　支付清算体系运行与金融系统稳定 ························· 122
一　宏观经济周期预警 ·· 122
二　银行间资金流动与金融体系稳定性 ···························· 125

第七章　支付清算体系运行与货币政策 ······························ 132
一　2014年货币政策实施概况 ······································· 132
二　支付清算体系对货币供给的影响 ······························· 135
三　跨境贸易人民币结算对货币政策的影响 ······················ 142
四　第三方支付对货币政策的影响 ·································· 144

专题报告　支付清算体系热点考察、
　　　　　比较分析及文献综述

第八章　创新环境下的银行卡市场发展 ······························ 146
一　银行卡市场发展环境的变化 ····································· 147

二　银行卡市场规模的增长⋯⋯⋯⋯⋯⋯⋯⋯⋯⋯⋯⋯⋯⋯⋯　151
三　银行卡市场创新的不断突破⋯⋯⋯⋯⋯⋯⋯⋯⋯⋯⋯⋯　157
四　2015年银行卡市场发展趋势⋯⋯⋯⋯⋯⋯⋯⋯⋯⋯⋯⋯　164

第九章　场外金融市场中央对手方清算机制的建立与发展⋯⋯⋯⋯　168
　一　CCP的概念和作用⋯⋯⋯⋯⋯⋯⋯⋯⋯⋯⋯⋯⋯⋯⋯⋯　169
　二　CCP发展的国际现状⋯⋯⋯⋯⋯⋯⋯⋯⋯⋯⋯⋯⋯⋯⋯　170
　三　CCP发展的中国经验⋯⋯⋯⋯⋯⋯⋯⋯⋯⋯⋯⋯⋯⋯⋯　179
　四　CCP的主要业务创新实践⋯⋯⋯⋯⋯⋯⋯⋯⋯⋯⋯⋯⋯　183
　五　国际交流与标准实施⋯⋯⋯⋯⋯⋯⋯⋯⋯⋯⋯⋯⋯⋯⋯　190
　六　总结与展望⋯⋯⋯⋯⋯⋯⋯⋯⋯⋯⋯⋯⋯⋯⋯⋯⋯⋯⋯　193

第十章　人民币跨境支付体系：现状、问题及完善⋯⋯⋯⋯⋯⋯　197
　一　人民币跨境支付体系的现状及问题⋯⋯⋯⋯⋯⋯⋯⋯⋯　197
　二　人民币跨境支付体系的完善：CIPS应运而生⋯⋯⋯⋯　202
　三　CIPS建设过程中需考虑的问题⋯⋯⋯⋯⋯⋯⋯⋯⋯⋯　206

第十一章　《金融市场基础设施原则》的重点及应用⋯⋯⋯⋯⋯　209
　一　金融市场基础设施⋯⋯⋯⋯⋯⋯⋯⋯⋯⋯⋯⋯⋯⋯⋯⋯　210
　二　PFMI的形成背景及发展演进⋯⋯⋯⋯⋯⋯⋯⋯⋯⋯⋯　213
　三　PFMI的核心内容⋯⋯⋯⋯⋯⋯⋯⋯⋯⋯⋯⋯⋯⋯⋯⋯　216
　四　PFMI的评估落实情况⋯⋯⋯⋯⋯⋯⋯⋯⋯⋯⋯⋯⋯⋯　222
　五　结语⋯⋯⋯⋯⋯⋯⋯⋯⋯⋯⋯⋯⋯⋯⋯⋯⋯⋯⋯⋯⋯⋯　229

第十二章　移动支付国际监管及对中国的启示⋯⋯⋯⋯⋯⋯⋯　232
　一　全球移动支付发展概况⋯⋯⋯⋯⋯⋯⋯⋯⋯⋯⋯⋯⋯⋯　232
　二　移动支付的国际监管框架体系⋯⋯⋯⋯⋯⋯⋯⋯⋯⋯⋯　237
　三　主要结论及对中国的启示⋯⋯⋯⋯⋯⋯⋯⋯⋯⋯⋯⋯⋯　245

第十三章　全球主要国家支付清算体系发展概况⋯⋯⋯⋯⋯⋯　250
　一　全球非现金支付市场发展概况⋯⋯⋯⋯⋯⋯⋯⋯⋯⋯⋯　251

二 主要国家的支付清算体系建设进展……………………………………… 252
三 全球支付清算体系发展新趋势…………………………………………… 302

第十四章 支付清算研究的若干新进展：国内外文献概览……………… 309
一 重要性日益凸显的支付清算体系………………………………………… 309
二 文献综述Ⅰ：作为一种金融基础设施的支付清算体系……………… 311
三 文献综述Ⅱ：货币国际化背景下的支付清算体系变革……………… 316
四 文献综述Ⅲ：互联网金融视角下的支付清算体系发展……………… 319

CONTENTS

General Report Development of China's Payment and Settlement System

Chapter 1 Construction and Operation of China's Central Bank Payment and Settlement System / 001

1. Operation of China's Central Bank Payment and Settlement System in 2014 / 002
2. Subsystems of China's Central Bank Payment and Settlement System in 2014 / 004
3. Important Issues Related to China's Central Bank Payment and Settlement System in 2014 / 014
4. Problems in the Construction China's Central Bank Payment and Settlement System / 018
5. Direction for Future Development / 022

Chapter 2 Construction and Operation of China's Third-party Payment System / 027

1. Operation of China's Third-party Payment System in 2014 / 028
2. Regulatory Environment of China's Third-party Payment System in 2014 / 039

3. Challenges to China's Third-party Payment System	/ 044
4. Perspective for Future Development	/ 049

Chapter 3 Construction and Operation of China's Securities Payment and Settlement System / 056

1. Operation of China's Securities Payment and Settlement System in 2014	/ 056
2. Construction and Improvement of China's Securities Payment and Settlement System	/ 068
3. Challenges to China's Securities Payment and Settlement System	/ 075
4. Advices for Future Development	/ 077

Sub-reports   Economic Implication of Payment and Settlement System Operation

Chapter 4 Macroeconomic Implication of Payment and Settlement Data / 080

1. General Trends and Economic Implication	/ 081
2. Relationship with Economic Growth	/ 086
3. Relationship with Price Level	/ 100

Chapter 5 Regional Economies and Financial Development / 111

1. Regional Allocation of Capital	/ 111
2. Patterns of Inter-region Capital Flow	/ 113
3. Regional Integration in the Perspective of Capital Flow	/ 115

Chapter 6 Financial Systemic Risks / 122

1. Early-warning Indexes for Business Cycle	/ 122
2. Interbank Capital Flow and Financial Stability	/ 125

CONTENTS

Chapter 7	Monetary Policy	/ 132
	1. Monetary Policy Operation in 2014	/ 132
	2. Payment and Settlement System and Money Supply	/ 135
	3. Implications of RMB Settlement in Cross-border Trade for Monetary Policy	/ 142
	4. Effects of Third-party Payment for Monetary Policy	/ 144

Special Topics　Hot Review, Comparative Analysis and Literature Survey of Payment and Settlement Systems

Chapter 8	Development of Bank Card Market with Innovation	/ 146
	1. Change of Environment for Bank Card Market	/ 147
	2. Growth of the Market Scale	/ 151
	3. Breakthroughs in Innovation	/ 157
	4. Perspective for the Development in 2015	/ 164
Chapter 9	Establishment and Development of OTC Central Counterparty (CCP) Clearing Mechanism	/ 168
	1. Definition and Functions of CCP	/ 169
	2. State of Art in CCP	/ 170
	3. China's Experience on CCP	/ 179
	4. Innovations in CCP Business	/ 183
	5. International Cooperation and Standard Establishment	/ 190
	6. Conclusion and Outlook	/ 193
Chapter 10	RMB Settlement in Cross-border Trade	/ 197
	1. Current Situation of RMB Settlement in Cross-border Trade	/ 197

007

2. Improvement of RMB Settlement in Cross-border
   Trade: CIPS / 202
3. Issues in the Construction of CIPS / 206

Chapter 11 **The Principles for Financial Infrastructures and Its Implementation** / 209
1. Infrastructures for Financial Market / 210
2. Background and Development of PFMI / 213
3. Key Contents of PFMI / 216
4. Assessment of PFMI / 222
5. Conclusion / 229

Chapter 12 **International Practices in Regulation of Mobile Payment and Their Implications for China** / 232
1. Development of Mobile Payment over the World / 232
2. International Regulation Framework for Mobile Payment / 237
3. Implications for China / 245

Chapter 13 **Development of Payment and Settlement Systems in Main Countries of the World** / 250
1. Development of Noncash Payment over the World / 251
2. Development of Payment and Settlement Systems in Main Countries of the World / 252
3. New Trends in Payment and Settlement Systems over the World / 302

Chapter 14 **Development of Payment and Settlement System: A Literature Survey** / 309
1. Increased Role of Payment and Settlement System / 309

CONTENTS

2. Literature Survey Ⅰ : Payment and Settlement System as Financial Infrastructure　　／311
3. Literature Survey Ⅱ: Evolution of Payment and Settlement Systems against the Background of Currency Internationalization　　／316
4. Literature Survey Ⅲ: Evolution of Payment and Settlement Systems in the Perspective of Internet Finance　　／319

总报告　我国支付清算体系的发展状况

General Report　Development of China's
Payment and Settlement System

第一章　我国中央银行支付清算体系的建设与运行

摘　要： 2014年，中央银行支付清算体系稳健运行，中央银行会计数据集中系统、第二代支付系统等重要基础设施的建设推广取得里程碑式进展，规范支付服务市场发展、深化农村支付市场发展等工作成效显著。同时，支付服务领域个别风险事件有所暴露、人民币国际化步伐加快、人民币清算市场进一步开放等也对中央银行支付清算体系建设提出了更高要求。2015年，中央银行应着力落实中央关于全面深化改革开放、全面加强依法治国的战略部署，瞄准国际金融基础设施建设和规则新标准，处理好市场创新和规范发展的关系，推进我国支付清算体系高效平稳运行。

关键词： 中央银行支付清算体系　第二代支付系统　金融基础设施创新

中央银行支付清算体系是一国经济金融运行的核心基础设施，是整个支付清算体系的枢纽。2014年，我国中央银行支付清算体系高效平稳运行，建设推广中央银行会计数据集中系统、第二代支付系统取得里程碑式进展，规范支付服务市场发展、深化农村支付市场发展等工作成效显著。同时，2014年支付服务领域的个别风险事件有所暴露，人民币国际化步伐加快、人民币清算市场进一步开放等多重因素的出现，也对中央银行支付清算体系建设提出了更高要求。2015年和未来一段时间，在认真落实中央关于全面深化改革开放、全面加强依法治国战略部署的基础上，中央银行应当瞄准国际金融基础设施建设和规则新标准，处理好市场创新和规范发展的关系，推进我国支付清算体系高效平稳运行。

一　2014年我国中央银行支付清算体系运行的基本情况及特点[①]

2014年，我国中央银行支付清算体系在继续呈现安全高效运行的同时，也出现一些新的现象，如非现金支付业务金额、银行卡交易额增速下滑明显，电子支付特别是移动支付爆发性增长等。我们认为，这些特点有可能成为中国支付清算体系运行的"新常态"。

（一）非现金支付工具运营情况

非现金支付工具使用范围的不断扩大，不仅是经济社会发展的需要，而

---

① 本部分数据如无特别说明，均来自中国人民银行支付结算司发布的2014年各季度和全年支付体系运行总体情况，详见中国人民银行网站。

且有助于提高支付清算效率,节约支付清算成本,减少洗钱、腐败等经济金融风险。2014年,我国非现金支付业务保持较快增长,但增速较上年大幅下降。2014年,我国共处理非现金支付业务627.52亿笔,同比增长25.11%,增速较上年放缓3.19个百分点;共处理非现金支付金额1817.38万亿元,同比增长13.05%,增速较上年放缓11.92个百分点。

一是票据业务量继续下滑。2014年,全国票据业务笔数和金额分别同比下降16.56%和6.16%,但实际结算的商业汇票稳步增长,业务笔数和金额同比分别增长12.97%和5.70%。

二是银行卡发卡量迅速增长。截至2014年末,全国累计发行银行卡49.36亿张,较2013年末增长17.13%,我国人均持有银行卡数量上升至3.64张。银行卡交易量和消费业务量持续增长,但增速出现明显下降。2014年,全国银行卡交易金额总计449.90万亿元,同比增长6.27%,增速放缓16.01个百分点。

三是汇兑、委托收款、托收承付业务平稳发展,其中汇兑业务增长较快。

四是电子支付业务特别是移动支付业务的增长快于传统支付工具的发展。2014年,移动支付业务笔数和金额同比分别增长170.25%和134.30%,其迅猛发展势头成为2014年非现金支付领域的一大亮点。2014年全年发生移动支付业务量共计22.59万亿元,在非现金支付中的占比刚刚超过1%,但在小额支付中的占比上升明显,并有望继续保持快速发展势头。

(二)人民币银行结算账户运营情况

人民币银行结算账户由单位银行结算账户和个人银行结算账户两类构成。2014年,我国个人银行结算账户占比高达99.39%,较2013年末增长15.44个百分点。单位银行结算账户占比仅为0.61%,同比增长11.77个百分点。其中,基本存款账户、一般存款账户、专用存款账户数量呈小幅上升态势;相比之下,临时存款账户占比持续减少,表明中央银行有关加强银行结算账户管理的工作效果显现。

（三）各类支付系统运营情况

支付系统是完成支付清算业务的载体和依托。2014年，我国支付系统总体保持安全、高效和平稳运行，共处理支付业务305.35亿笔，处理金额3388.85万亿元，同比分别增长29.51%和15.29%。如果考虑物价因素，2014年支付系统的处理金额增速接近同期GDP增速的2倍，是全国GDP的53.24倍。

我国支付系统由人民银行支付系统[①]和其他机构支付系统[②]构成。2014年，从支付笔数来看，人民银行支付系统共处理41.84亿笔，占支付系统业务笔数的13.70%；从所处理的支付金额来看，人民银行支付系统共处理2455.79万亿元，占支付系统处理金额的72.47%。这表明，相比其他机构支付系统，人民银行支付系统具有大额、量少的特点。

二　2014年我国中央银行支付清算体系的子系统运行情况

我国中央银行支付清算体系包括大额支付系统、小额支付系统、网上支付跨行清算系统、同城票据交换系统、境内外币支付系统、全国支票影像交换系统、银行业金融机构行内支付系统、银行卡跨行支付系统、城市商业银行汇票处理系统和支付清算系统、农信银支付清算系统共十个系统[③]。2014年，这些子系统处理的业务总体平稳增长，但各系统间亦出现此消彼长的态势。

---

① 包括大额支付系统、小额支付系统、网上支付跨行清算系统、同城票据交换系统、境内外币支付系统、全国支票影像交换系统。
② 包括银行业金融机构行内支付系统、银行卡跨行支付系统、城市商业银行汇票处理系统和支付清算系统、农信银支付清算系统。
③ 分类参照于中国人民银行支付结算司。

第一章　我国中央银行支付清算体系的建设与运行

（一）人民银行支付系统

1. 大额支付系统

2014年，大额支付系统业务平稳增长，共处理业务7.13亿笔，同比增长19.83%；处理金额2346.89万亿元，较上年同期增长13.88%；日均处理业务和金额分别为285.03万笔和9.39万亿元。虽然处理的笔数较小，但大额支付系统处理的业务金额远高于其他九个支付系统，在央行主导的支付系统中起着中流砥柱的作用。

分季度看，大额支付系统处理的业务笔数逐季增加，而处理的金额先增后降。从处理业务笔数的季度数据看，第一季度，处理业务1.60亿笔，同比增长25.24%；日均处理业务266.09万笔。第二季度，处理业务1.72亿笔，同比增长23.70%；日均处理业务277.98万笔。第三季度，处理业务1.86亿笔，同比增长17.92%；日均处理业务282.13万笔。第四季度，处理业务1.94亿笔，同比增长13.81%；日均处理业务313.49万笔（见图1-1）。从处理业务金额的季度数据来看，第一季度，处理业务金额533.20万亿元，同比增长5.73%；日均处理金额8.89万亿元。第二季度，处理业务金额615.74万亿元，同比增长19.01%；日均处理金额9.93万亿元。第三季度，处理业务金额637.40万亿元，同比增长22.54%；日均处理金额9.66万亿元。第四季度，处理业务金额560.56万亿元，同比增长8.03%；日均处理金额9.04万亿元（见图1-2）。

2. 小额支付系统

小额支付系统业务呈现笔数增速显著快于金额增速的特点。2014年，小额支付系统共处理业务14.36亿笔，金额22.08万亿元，同比分别增长38.02%和8.66%；日均处理业务396.63万笔，金额609.81亿元。

其中，第一季度，处理业务2.92亿笔，金额5.27万亿元，同比分别增长39.25%和-8.99%；日均处理业务355.37万笔，金额605.21亿元。第二季度，处理业务3.36亿笔，金额5.22万亿元，同比分别增长39.01%和11.85%；日均处理业务368.96万笔，金额573.42亿元。第三季度，处理

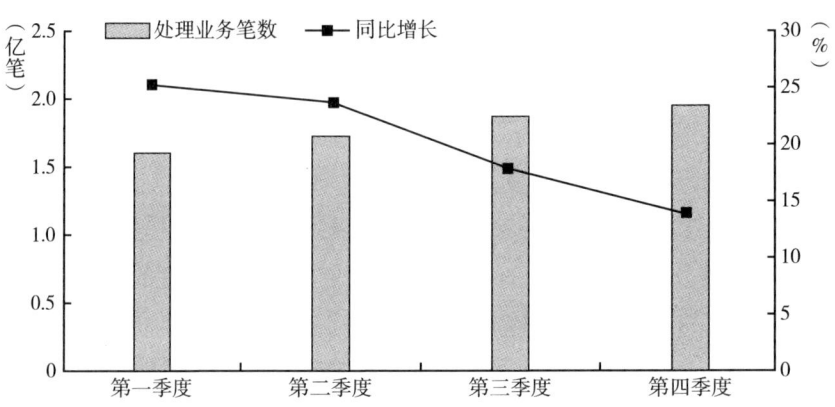

图1-1　2014年各季度人民银行大额支付系统处理的业务笔数及其同比增幅

资料来源：中国人民银行支付结算司发布的2014年各季度支付体系运行总体情况，中国人民银行网站。

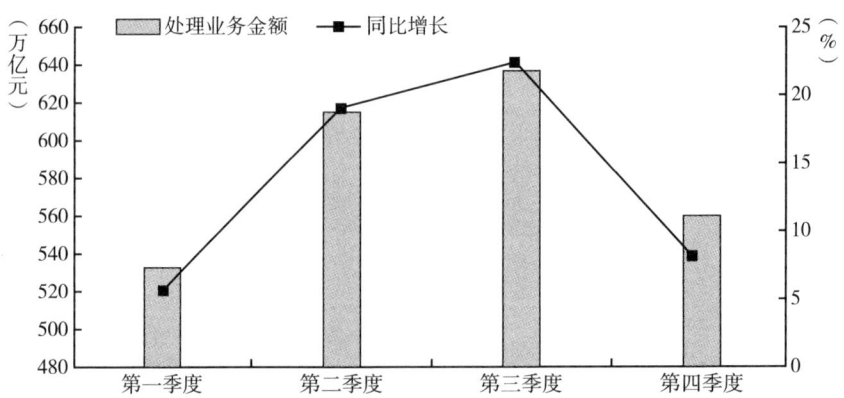

图1-2　2014年各季度人民银行大额支付系统处理的业务金额及其同比增幅

资料来源：中国人民银行支付结算司发布的2014年各季度支付体系运行总体情况，中国人民银行网站。

业务3.84亿笔，金额5.59万亿元，同比分别增长36.55%和16.60%；日均处理业务416.99万笔，金额607.66亿元。第四季度，处理业务4.25亿笔，金额6.00万亿元，同比分别增长37.47%和18.20%；日均处理业务461.56万笔，金额652.32亿元（见图1-3、图1-4）。

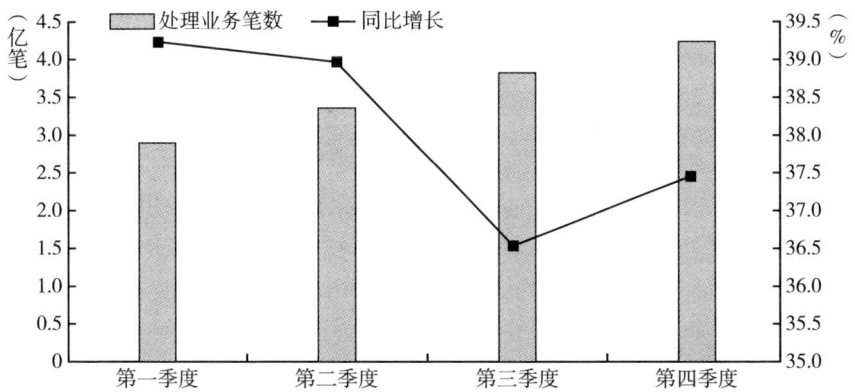

图 1-3　2014 年各季度人民银行小额支付系统处理的业务笔数及其同比增幅

资料来源：中国人民银行支付结算司发布的 2014 年各季度支付体系运行总体情况，中国人民银行网站。

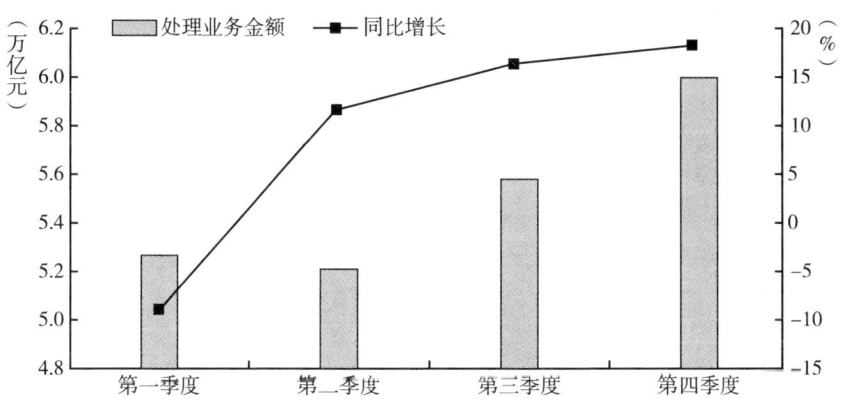

图 1-4　2014 年各季度人民银行小额支付系统处理的业务金额及其同比增幅

资料来源：中国人民银行支付结算司发布的 2014 年各季度支付体系运行总体情况，中国人民银行网站。

3. 网上支付跨行清算系统

2014 年，网上支付跨行清算系统业务快速增长，处理业务笔数和金额同比增长分别高达 128.27% 和 87.86%，且金额增幅一直低于笔数增幅。其中，第一季度，处理业务笔数和金额同比分别增长 142.85% 和 112.66%；

第二季度，处理业务笔数和金额同比分别增长131.40%和91.11%；第三季度，处理业务笔数和金额同比分别增长118.65%和74.18%；第四季度，处理业务笔数和金额同比分别增长127.57%和84.94%（见图1-5）。

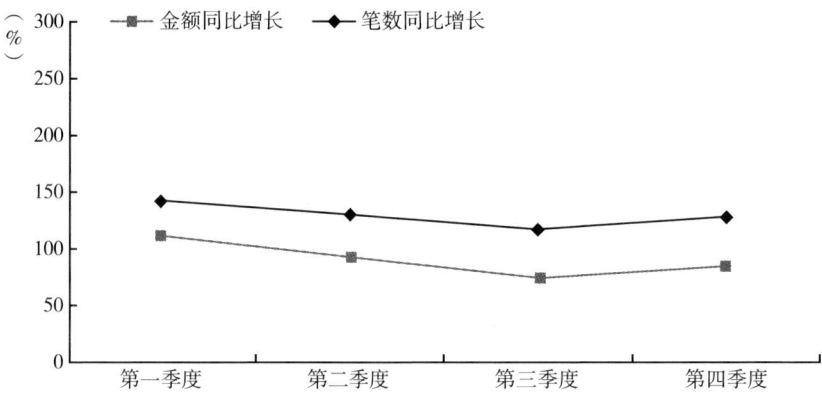

图1-5　2014年各季度网上支付跨行清算系统处理的业务笔数和金额同比增幅

资料来源：中国人民银行支付结算司发布的2014年各季度支付体系运行总体情况，中国人民银行网站。

从全年数据来看，网上支付跨行清算系统共处理业务16.39亿笔，金额17.79万亿元；日均处理业务452.80万笔，金额491.92亿元。其中，第一季度，处理业务2.83亿笔，金额3.42万亿元；日均处理业务325.82万笔，金额392.70亿元。第二季度，处理业务3.59亿笔，金额4.00万亿元；日均处理业务394.53万笔，金额439.93亿元。第三季度，处理业务4.47亿笔，金额4.80万亿元；日均处理业务485.60万笔，金额521.21亿元。第四季度，处理业务5.50亿笔，金额5.57万亿元；日均处理业务597.73万笔，金额605.90亿元。

4. 同城票据交换系统

数据显示，2014年同城票据交换系统处理的业务笔数和金额双双下滑，其中业务笔数下滑速度快于金额下滑速度，显示出同城票据交换系统在支付系统中的作用有所减弱。从2014年全年数据看，同城票据交换系统共处理业务3.84亿笔，金额63.22万亿元，同比分别下降8.34%和7.42%；日均处理业务153.53万笔，金额0.25万亿元。其中，第一季度，处理业务0.92亿笔，金额 15.86 万亿元，同比分别下降 9.29% 和 8.52%；日均处理业务 153.51 万笔，金额 0.26 万亿元。第二季度，处理业务 0.94 亿笔，金额 15.41 万亿元，同比分别下降 9.04% 和 6.74%；日均处理业务 151.45 万笔，金额 0.25 万亿元。第三季度，处理业务 0.97 亿笔，金额 15.27 万亿元，同比分别下降 9.22% 和 8.18%；日均处理业务 146.39 万笔，金额 0.23 万亿元。第四季度，处理业务 1.01 亿笔，金额 16.68 万亿元，同比分别下降 5.89% 和 6.28%；日均处理业务 163.22 万笔，金额 0.27 万亿元（见图 1-6）。

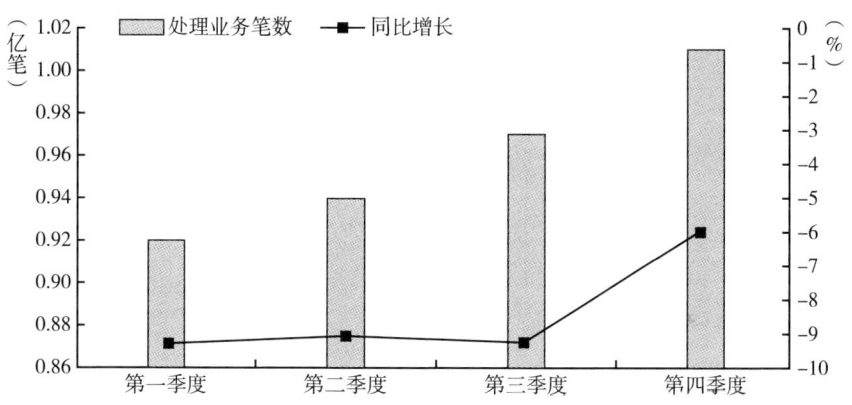

图 1-6　2014 年各季度同城票据交换系统处理的业务笔数及其同比增幅

资料来源：中国人民银行支付结算司发布的 2014 年各季度支付体系运行总体情况，中国人民银行网站。

5. 境内外币支付系统

2014 年，境内外币支付系统保持增长态势，共处理业务 191.13 万笔，金额 5.28 万亿元（折合 0.86 万亿美元）；日均处理业务 7654 笔，金额 211.24 亿元（折合 34.44 亿美元）。2014 年全年处理业务笔数和金额分别增长 37.07% 和 19.22%。值得注意的是，第四季度处理业务笔数和金额增幅出现较大下滑，分别为 27.74% 和 4.77%。其中，第一季度，处理业务 38.07 万笔，金额 1.198 万亿元（折合 0.20 亿美元），增幅与年度增幅大体相当，同比分别增长 31.73% 和 24.63%；日均处理业务 0.63 万笔，金额 199.67 亿元（折合 32.69 亿美元）。第二季度，处理业务 49.28 万笔，金额 1.30 万亿元

（折合0.21万亿美元），同比分别增长47.84%和26.22%；日均处理业务0.79万笔，金额209.79亿元（折合34.10亿美元）。第三季度，处理业务53.04万笔，金额1.41万亿元（折合0.23万亿美元），同比分别增长41.45%和26.95%；日均处理业务0.80万笔，金额213.40亿元（折合34.69亿美元）。第四季度，处理业务50.74万笔，金额1.37万亿元（折合0.23万亿美元），同比增长出现较大下滑，分别为27.74%和4.77%；日均处理业务0.82万笔，金额221.58亿元（折合36.21亿美元）（见图1-7）。

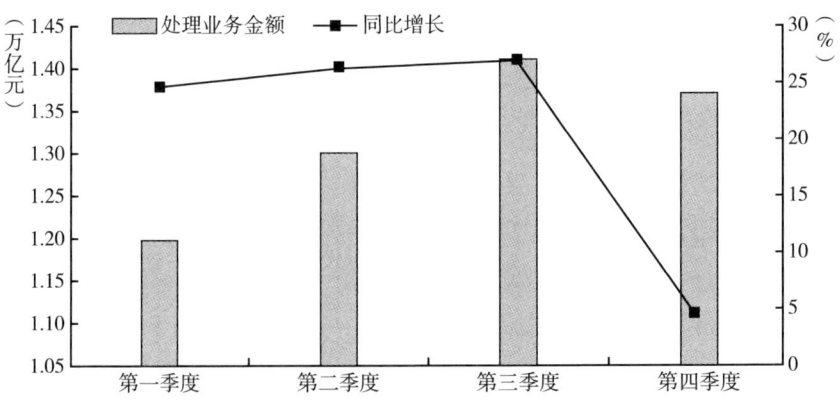

图1-7 2014年各季度境内外币支付系统处理的业务金额及其同比增幅

资料来源：中国人民银行支付结算司发布的2014年各季度支付体系运行总体情况，中国人民银行网站。

6. 全国支票影像交换系统

2014年，全国支票影像交换系统共处理业务1046.51万笔，金额5262.96亿元；日均处理业务2.89万笔，金额14.54亿元。2014年全年数据显示，全国支票影像交换系统处理业务笔数和金额都呈现小幅下降态势，同比分别下降4.83%和2.40%，其下降幅度较同城票据交换系统下降幅度更为缓和。分季度来看，第一季度，处理业务227.75万笔，金额1230.62亿元，处理业务笔数下降幅度较大，金额下降幅度较小，同比分别下降6.57%和1.40%；日均处理业务2.62万笔，金额14.15亿元。第二季度，处理业务263.27万笔，金额1282.44亿元，同比分别下降6.96%和4.04%；日均处理业务2.89万笔，金额14.09亿元。第三季度，处理业务279.17万笔，金额

1390.77亿元,处理业务笔数和金额下降幅度最大,同比分别下降9.94%和8.73%;日均处理业务3.03万笔,金额15.12亿元。第四季度,处理业务276.32万笔,金额1359.13亿元,处理业务笔数和金额的下降幅度缓和,同比分别下降1.67%和1.32%;日均处理业务3.00万笔,金额14.77亿元。

(二)其他机构支付系统

1. 银行业金融机构行内支付系统

2014年,银行业金融机构行内支付系统业务平稳增长,共处理业务143.18亿笔,同比增长33.08%,占支付系统业务笔数的46.89%,日均处理业务3955.29万笔;共处理业务金额896.28万亿元,同比增长20.27%,占支付系统业务金额的26.45%,日均处理业务金额2.48万亿元。银行业金融机构行内支付系统处理业务笔数和金额占比稳居高位,显示出其在央行主导的支付系统中处于重要地位。

分季度来看,第一季度,处理业务29.80亿笔,同比增长24.49%,占支付系统业务笔数的46.07%,日均处理业务3321.76万笔;处理业务金额208.29万亿元,同比增长29.76%,占支付系统业务金额的26.84%,日均处理业务金额2.31万亿元。第二季度,处理业务34.08亿笔,同比增长26.36%,占支付系统业务笔数的46.69%,日均处理业务3745.16万笔;处理业务金额216.32万亿元,同比增长18.00%,占支付系统业务金额的24.95%,日均处理业务金额2.38万亿元。第三季度,处理业务37.99亿笔,同比增长41.75%,占支付系统业务笔数的47.40%,日均处理业务4129.67万笔;处理业务金额228.39万亿元,同比增长20.75%,占支付系统业务金额的25.31%,日均处理业务金额2.48万亿元。第四季度,处理业务41.21亿笔,同比增长38.28%,占支付系统业务笔数的47.19%,日均处理业务4479.53万笔;处理业务金额243.28万亿元,同比增长14.62%,占支付系统业务金额的28.84%,日均处理业务金额2.64万亿元(见图1-8)。

2. 银行卡跨行支付系统

2014年,银行卡跨行支付系统业务稳健增长,共处理业务118.09亿

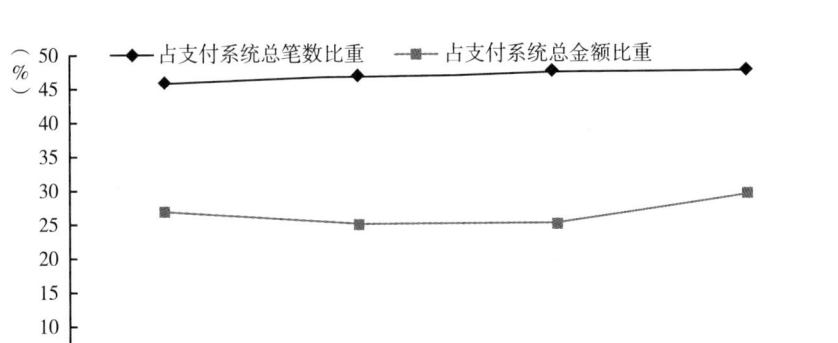

图1-8 2014年各季度银行业金融机构行内支付系统处理的业务笔数和金额占支付系统的比重

资料来源：中国人民银行支付结算司发布的2014年各季度支付体系运行总体情况，中国人民银行网站。

笔，同比增长19.12%，占支付系统业务笔数的38.67%，日均处理业务3262.19万笔；共处理业务金额33.61万亿元，同比增长20.90%，占支付系统业务金额的0.99%，日均处理业务金额928.39亿元。值得注意的是，虽然银行卡跨行支付系统业务笔数在支付系统中的年度占比高达38.67%，但是其处理业务金额在支付系统中的年度占比仅为0.99%，这表明银行卡跨行支付系统具有处理业务笔数多、金额小等特点。

季度数据显示，银行卡跨行支付系统处理业务笔数占比逐季下降，金额占比先降后升。其中，第一季度，处理业务26.31亿笔，同比增长18.98%，占支付系统业务笔数的40.54%，日均处理业务2922.83万笔；处理业务金额7.85万亿元，同比增长29.45%，占支付系统业务金额的1.01%，日均处理业务金额872.36亿元。第二季度，处理业务28.77亿笔，同比增长19.66%，占支付系统业务笔数的39.42%，日均处理业务3161.86万笔；处理业务金额8.15万亿元，同比增长24.67%，占支付系统业务金额的0.94%，日均处理业务金额895.36亿元。第三季度，处理业务30.42亿笔，同比增长18.32%，占支付系统业务笔数的37.96%，日均处理业务

3306.94万笔；处理业务金额8.50万亿元，同比增长18.53%，占支付系统业务金额的0.94%，日均处理业务金额923.60亿元。第四季度，处理业务32.59亿笔，同比增长19.52%，占支付系统业务笔数的37.32%，日均处理业务3542.29万笔；处理业务金额9.11万亿元，同比增长13.49%，占支付系统业务金额的1.08%，日均处理业务金额990.39亿元（见图1-9、图1-10）。

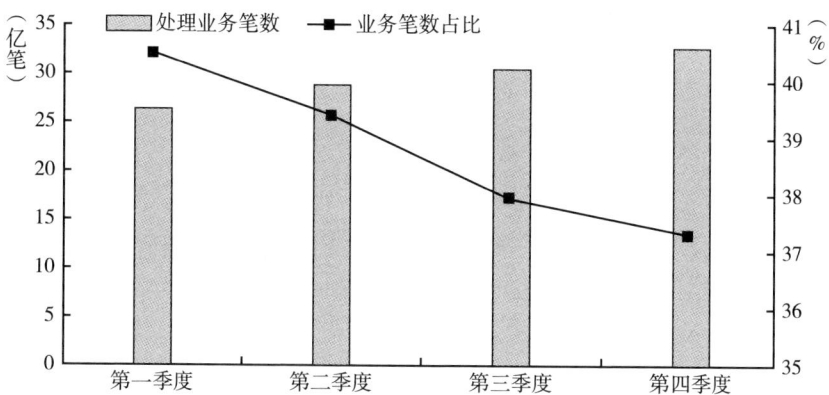

图1-9　2014年各季度银行卡跨行支付系统处理的业务笔数及其占支付系统的比重

资料来源：中国人民银行支付结算司发布的2014年各季度支付体系运行总体情况，中国人民银行网站。

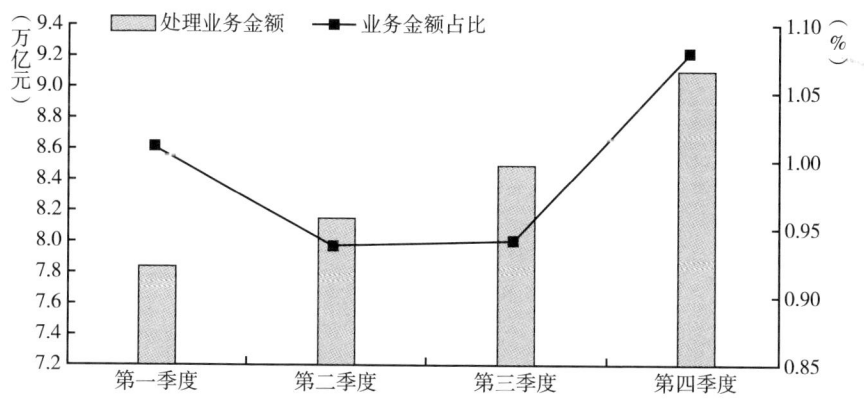

图1-10　2014年各季度银行卡跨行支付系统处理的业务金额及其占支付系统的比重

资料来源：中国人民银行支付结算司发布的2014年各季度支付体系运行总体情况，中国人民银行网站。

3. 城市商业银行汇票处理系统和支付清算系统

2014年,城市商业银行支付清算系统共处理业务142.19万笔,金额3481.22亿元,业务量继续保持增长态势,同比分别增长70.12%和24.04%;日均处理业务笔数和金额分别为0.39万笔、9.62亿元。其中,第一季度,处理业务29.56万笔,金额705.95亿元,同比分别增长147.43%和38.63%;日均处理业务0.33万笔,金额7.84亿元。第二季度,处理业务32.35万笔,金额739.96亿元,同比分别增长107.73%和25.29%;日均处理业务0.36万笔,金额8.13亿元。第三季度,处理业务37.74万笔,金额821.79亿元,同比分别增长47.05%和20.29%;日均处理业务0.41万笔,金额8.93亿元。第四季度,处理业务42.54万笔,金额1213.52亿元,同比分别增长47.65%和49.11%;日均处理业务0.46万笔,金额13.19亿元。

4. 农信银支付清算系统

2014年,农信银支付清算系统共处理业务2.23亿笔,金额2.82万亿元,业务增长较快,同比分别增长86.70%和20.56%,处理业务笔数和金额分别占支付系统业务量的0.74%和0.08%;日均处理业务61.73万笔,金额77.96亿元。其中,第一季度,处理业务3919.01万笔,金额7363.29亿元,同比分别增长62.90%和22.21%;日均处理业务43.54万笔,金额81.81亿元。第二季度,处理业务4902.47万笔,金额6826.65亿元,同比分别增长107.73%和25.29%;日均处理业务53.87万笔,金额75.02亿元。第三季度,处理业务5646.90万笔,金额6447.42亿元,同比分别增长80.43%和13.77%;日均处理业务61.38万笔,金额70.08亿元。第四季度,处理业务7876.86万笔,金额7584.55亿元,笔数同比增幅较大,为117.51%,金额同比增幅则较为稳定,为28.65%;日均处理业务85.62万笔,金额82.44亿元。

三 2014年我国中央银行支付清算体系的重要事件

人民银行是我国支付清算体系的组织者和建设者,也是我国支付清算市场发展的促进者和监督者。2014年,中央银行会计核算数据集中系统

(ACS)在全国顺利推广,第二代支付系统试点稳步推进,推进支付清算市场改革开放取得显著进展。

(一)中央银行会计核算数据集中系统顺利推广,实现会计账务数据在全国范围内的集中

2014年,人民银行在2013年部分省市试点的基础上,将中央银行会计核算数据集中系统分批在各省市推广,成功实现了在人民银行全系统和全国性商业银行的应用。中央银行会计核算数据集中系统的投入运转是人民银行会计核算模式的重大变革,对畅通货币政策传导机制、实现会计账务数据在全国范围内的集中、实现全国"一本账"管理、提高核算效率、增强核算安全和加强核算监督有着重大的意义。在中央银行会计核算数据集中系统下,会计账务处理统一集中于总行,分行网点作为业务终端只负责业务受理,不再参与会计账务核算和处理,可以有效地提高会计核算的质量、效率,防范风险。同时,在中央银行会计核算数据集中系统下,信息趋向纵深化,会计信息变得更加易得、准确和完整,有利于提高金融机构的资金管理水平。中央银行会计核算数据集中系统完成与第二代支付系统等对接,实现信息多元共享,提高了信息使用效率。

(二)第二代支付系统试点稳步推进,参与机构实现"一点清算"

截至2014年末,第二代支付系统已累计完成近千家参与机构的报文标准切换工作,并逐步实现"一点清算",其中共有300多家法人参与机构全部完成切换。相比第一代支付系统,第二代支付系统支持各参与机构"一点接入""一点清算",适应了银行业金融机构行内系统数据大集中的发展趋势,为银行机构节约了接入成本,提高了流动性管理水平和资金清算效率。同时,第二代支付系统可以有效整合大额、小额、网银等各应用系统,极大地方便用户实现同名账户下的自由转换,并能高效支撑各种跨境、电子支付和金融市场交易,提升支付系统的整体竞争力,也使银行业金融机构能够有效面对第三方支付机构蓬勃发展带来的挑战。

按进度推算，第二代支付系统有望在2015年实现在银行业金融机构的普遍推广。

（三）强化支付服务市场监督管理，切实维护市场秩序

2014年，中央银行进一步强化支付服务市场的监管，特别是加强对非金融机构存放银行客户备付金的管理；加强对清算机构的监管，加强预付卡风险处置；暂停二维码线下支付业务以及"虚拟信用卡"有关业务。近年来，电子商务的快速发展和支付技术的不断创新，带动了第三方支付机构的蓬勃发展以及支付服务与产品的竞争，在给公众带来便利、给网络经济带来更大活力的同时，其安全性也受到越来越多的关注。2014年3月14日，人民银行暂停部分第三方支付机构和商业银行的二维码线下支付、"虚拟信用卡"等业务，以保障客户支付安全。这种做法虽然引起了一定争议，但也为在规范前提下的进一步放开给予了过渡缓冲期。同时，继续强化客户备付金管理，推动客户备付金监管系统建设，防范化解有关风险，确保第三方支付系统的安全。总体来看，尽管支付市场出现了一些违约、违规事件，但监管部门总体上较好地处理了鼓励市场创新和规范市场发展之间的关系，守住了不发生系统性、区域性风险的底线。此外，中央银行在推动银行和非银行机构的零售支付工具创新，尤其是金融IC卡的普及和移动金融产品创新方面，做出了许多卓有成效的努力。

（四）完善人民币银行结算账户管理，有效落实账户实名制[①]

2014年6月，中国人民银行发布《关于加强银行业金融机构人民币同业银行结算账户管理的通知》，严格管理银行业人民币同业银行结算账户。主要内容包括：通过严格执行结算账户管理办法，提高同业开户审核要求，严把审批关，向人民币银行结算账户管理备案等，加强同业银

---

① 中国人民银行：《关于加强银行业金融机构人民币同业银行结算账户管理的通知》，中国人民银行网站，2014年6月24日。

行结算账户开立的管理；加强对同业银行结算账户的日常管理，包括存款银行要按照协议的约定使用结算账户，开户银行需按规定与存款银行对账和加强对同业结算账户的监测，对存在的问题要及时处理；建立同业银行结算账户专项管理制度，包括建立健全结算账户开立内部授权制度、同业业务分级办理制度，并强化银行的内部管理和加强对结算账户的预警监测；对存量同业银行结算账户进行清理核实。这项新规的核心是：将同业银行结算账户分为结算性和投融资性两类，并明确要求存款银行支行及以下分支机构不得异地开立同业银行结算账户，不得开立投融资性同业银行结算账户。同时，加强对同业结算账户的管理，有助于将《关于规范金融机构同业业务的通知》（127号文件）相关措施落到实处，规范同业业务的发展。

（五）加强顶层设计，全面深化农村支付服务环境建设[①]

2014年9月，中国人民银行发布《关于全面推进深化农村支付服务环境建设的指导意见》，采取多项措施深化农村支付服务环境建设，这是中国人民银行继2009年出台《关于改善农村地区支付服务环境建设的指导意见》之后的又一重大政策措施。主要措施包括：丰富银行卡助农取款服务点的业务功能，根据实际需要新增相关业务；根据业务发展情况允许适度调高助农限额；提高服务点的服务管理水平和健全收单机构管理，在便民利民的同时也要注意防范风险；丰富服务主体，支持农村支付服务市场主体多元化发展，实现包容性增长；推广非现金支付、手机支付等在农村地区的使用；加大政策对农村地区支付建设的服务力度，为农村支付服务发展创造条件。

（六）开放人民币清算业务，提高金融对内对外开放水平

2014年10月，国务院常务会议决定加快放开银行卡清算市场，符合

[①] 中国人民银行：《关于全面推进深化农村支付服务环境建设的指导意见》，中国人民银行网站，2014年9月10日。

相关规定的国内外企业均可申请在我国境内依法设立银行卡清算机构。虽然具体细则仍未出炉,但可以看出银行卡清算市场的放开已成为必然,并将产生深远影响。近年来,第三方支付业务的快速发展已经对中国银联在国内银行卡清算市场的地位构成挑战,部分交易绕过中国银联实现了跨行清算,同时对该领域的保护极易招致 WTO 关于不公平竞争的裁决。在更加明确、公平和有效的规则约束下,进一步加大银行卡清算市场对内对外开放力度,不仅有助于鼓励市场竞争、增强市场活力、优化消费环境,也有助于维护传统卡组织的合法利益,更有助于促进消费者权益保护、推动服务业优化升级。

四 我国中央银行支付清算体系建设面临的问题

近年来,国际社会普遍加强了包括支付清算体系在内的重要金融基础设施的建设和监管,国内随着互联网支付、移动支付等新兴网络支付业务向纵深发展,立法不足和监管体制问题进一步凸显,支付机构风险事件有所暴露,对中央银行支付清算体系建设和监管工作带来较大挑战。

(一)吸收金融基础设施监管改革成果的力度有待加大

2008 年国际金融危机后,国际社会更加重视构建透明、规范、完整和高效的金融市场基础设施,特别是国际清算银行支付与结算委员会(CPSS)[①] 和国际证监会组织(IOSCO)发布了旨在促进全球共同努力、加强金融市场基础设施建设的《金融市场基础设施基本原则》(*Principles for Financial Market Infrastructures*,PFMI)报告及其评估方法等文件,对国际社会 2001 年和 2004 年公布实行的一系列规则制度加以取代。目前,美国、欧盟等已通过修改规章制度和立法等措施强化监管部门对金融市场基础设施的

---

① 原支付结算体系委员会(Committee on Payment and Settlement Systems,CPSS)于 2014 年 9 月正式更名为支付和市场基础设施委员会(Committee on Payments and Market Infrastructures,CPMI)。

监管职能和主导作用。我国也已承诺将尽快实施《金融市场基础设施基本原则》。

国际上加强与完善金融基础设施建设和监管的重要方向是建立中央对手方结算体系，加强信息披露，完善对场外衍生产品的监管，保证所有系统重要性结算体系、中央证券托管体系、证券结算体系、中央对手方和交易信息中心稳健运行，具有抵御金融冲击的能力。这些新规则构成了国际社会关于金融危机反思和金融基础设施建设、监管的最新进展，对我国完善支付法规和治理体系提出了更高要求。全球金融危机爆发以来，我国在支付清算领域取得了一些积极进展，但在支付清算的上位法建设、基础法律规则体系建设方面还存在严重不足，在部门监管协调方面还有很多矛盾需要解决，未来应该从全球金融基础设施新规则最新进展的角度，不断审视自身不足，加快推动支付清算体系的上位法和"软法"建设，特别是要在当前分业监管和各金融市场分属不同监管部门管理的背景下，深入探讨在金融基础设施之间如何实现信息共享、互联互通，从而实施统一有效的监管。

（二）支付服务市场在快速发展中的各类风险不断暴露

2004年，我国支付服务市场在快速发展中凸显了现有监管框架和法规制度建设的滞后，出现了一些不容忽视的风险事件和隐患。一是游离在监管范围之外的支付清算活动需要予以规范。一些支付企业和金融机构事实上开展了跨行清算业务，在当前关于清算组织、清算市场的许多规则还有所缺位的情况下，这些业务活动的法律授权和风险控制都面临挑战，其中的信息不对称和信息不完全也亟待解决。二是监管手段和职能落后于市场创新。大量新兴支付方式将本来在线下开展的业务转到网上、移动工具上开展，原有针对线下业务的监管规则不适用于这些新兴支付方式，造成支付市场竞争环境的不公平，对遵守规则的传统支付业务发展不利，一些商业银行为保持原有份额也降低了风险管理标准。三是支付业务创新带来的混业经营趋势对我国"分业经营、分业监管"体制造成冲击。随着支付技术手段的发展，银行、证券、保险、基金等行业之间加快渗透与融合，金融市场原有格局被打破，监管部门之间有可能不但形不成合力，反而会相互掣肘。四是部分预付卡、第三方支付企业出险事件有所抬头，挪用客户保证金事件时有发生。个别企业出现经营困难后，因法律关系不清晰，涉及的债权债务金额大、波及面广，容易引起区域性金融风险。这些都对支付服务市场的公信力造成了影响，也对规范支付市场准入和退出等方面提出了新的要求。

（三）金融市场和支付服务市场对外开放要求支付清算系统更加高效稳定

长期以来，我国的金融市场运行较为封闭，支付清算系统在应对外部冲击方面的经验不足。随着人民币国际化步伐的加快，金融开放力度加大，我国中央银行支付体系面临新的挑战，要求其更加高效稳定。一是我国部分支付清算市场的核心技术受制于人，自主研发能力不足，国产化率偏低，容易成为知识产权诉讼的目标，也是危及支付清算系统稳定运行和相关敏感信息安全的不确定因素。二是尚未建立与人民币国际化相适应的支付清算体系，人民币跨境支付系统（CIPS）建设进展稍显缓慢，亟须以其取代目前的代理行、清算行模式，为人民币国际化提供更高效的金融基础设施。三是资本项目可兑换的推进对支付清算系统的稳健性提出了更严格的要求，特别是在反洗钱、反恐怖融资、避税和投机性资金流动方面，需要其能够发挥与宏观审慎管理要求相适应的作用。四是支付服务市场的开放要求国内企业提高竞争力，保持自身市场地位。俄罗斯等国的经验教训表明，如果一国丧失对国内支付清算体系的主导权，该领域将有可能成为国际社会利用的弱点。监管部门应在进一步开放人民币清算市场的同时，引导国内支付清算企业更好地以国际视角来发展壮大，从而有效应对国际竞争。

（四）技术进步带来新的机遇和挑战

随着经济社会需求的演变，以及信息技术的快速变革，我国支付清算市场面临前所未有的机遇和挑战。例如，当前我国零售支付市场逐渐呈现"变"与"不变"的双重特点。其中，不变的是在未来较长一个时期内，银行卡仍然拥有较大的发展空间，且仍将占据零售支付工具的重要地位。有所改变的，则是各种新兴电子支付的蓬勃发展，将对现有市场格局产生巨大冲击，并且产生新的变革压力。之所以出现这些变化，一是由于消费者对于支付便利、支付体验、增值服务的需求日益多元化和个性化；二是因为愈来愈多的非银行主体开始提供支付服务，而且网络信息技术也对支付产品创新带来巨大推动力；三是在全球竞争的背景下，支付组织、市场结构与支付媒介的竞争与创新动力日益增强。如何在风险控制和创新效率平衡的前提下，推动零售支付体系更好地服务于内需导向型的经济发展，有效促进居民消费，给老百姓的生活带来更多便利和保障，成为监管部门面临的新挑战。再如，支付机构账户的功能日益复杂，以及新的基于网络的民营银行的发展，对原有的银行账户体系和管理模式都产生了较大的冲击，其中各类机构采取绑定银行卡、客户上传身份证影印件或客户提供手持身份证照片等身份识别方式远程开立支付账户，能否真正做到风险可控和满足实名制要求，成为互联网金融时代提出的新问题。

（五）包容性支付体系建议有待加快推进

虽然中央银行已经做了大量卓有成效的努力和工作，但是包容性支付体系不健全仍然是我国中央银行支付清算体系面临的一大难题。中央银行和大型商业银行在整个支付体系中起着无可替代的支配作用，但面对农村市场支付服务短缺等难题，多种模式并存的支付体系才是解决问题的关键。国际经验显示，在一些经济相对欠发达的地区，移动支付尤其是非银行机构主导的移动支付创新大有可为。这一点值得我国借鉴。以移动支付为代表的互联网金融具有快捷、高效等特点，对于建设包容性支付体系，满足农村金融服务需求多元、数量较小的特色需求，实现农村地区普惠金融建设具有重大意义。在利用新的技术手段发展包容性支付体系方面，我国在支付市场、组织、产品等方面的工作都还有待加强。

五 我国中央银行支付清算体系的完善思路

当前和下一阶段,中央银行应立足国际金融基础设施新标准和国内实体经济、支付服务市场发展的需要,加强支付清算系统建设,完善相关立法,创新监管理念和方式方法,切实维护我国中央银行支付清算体系的平稳运行,更有力地服务于经济社会发展。

(一)完善支付清算系统的立法,强化中央银行作为支付市场规则制定者的职能

《中国人民银行法》规定,人民银行负责制定支付结算的有关规则和具体办法,并负责维护支付清算系统的正常运行。2015年是我国全面加强依法治国的第一年。目前,我国支付服务市场发展呈现支付主体多元化、支付服务手段电子化、支付服务模式多样化的趋势,迫切需要以法律形式来明确支付当事人之间的权利、义务和责任。但与此同时,国内支付结算相关法规建设基本上以行政管理法规为主,缺少调整平等民事主体间关系的法律。并且,支付监管制度法律位阶较低,支付市场监管缺乏可靠的法律支撑。此外,《刑法》等相关法律制度明显滞后,依法打击支付领域犯罪的工作存在制度盲点,取缔非法办理支付结算业务权限也亟待调整。中央银行作为支付清算系统的组织者和管理者,一是应该针对电子支付、移动支付领域的快速发展和挑战,推动制定更高层次的法律规则,同时借鉴欧美经验,加快构建以中央银行为主导的监管机制。二是要加强商法领域的支付结算法规建设。充分借鉴美国商法典、电子划拨法等法律,并结合我国实际,建立调整支付结算关系中平等民事主体的法律。三是推动提升支付监管法规层次,如尽快将《非金融机构支付服务管理办法》上升为条例或更高位阶的法律,为人民银行依法开展支付体系监管提供更高层次的法律保障。四是理顺支付结算行政管理权限归属。建议将取缔非法经营支付结算的权限赋予人民银行,实现统一权限归属,改变现行银行机构和非金融支付机构支付结算业务"两头"管理的现状。

（二）加大重要支付清算基础设施建设力度，提高核心基础设施运行的安全性和有效性

2015年应深入推进第二代支付系统，争取完成所有商业银行在其环境下的"一点清算"，完成中央银行会计核算数据集中系统相关子系统在人民银行系统中的推广应用，做好相关灾备系统建设。加快人民币跨境银行支付系统建设，处理好与国内支付系统的高效对接，努力得到国内外参与机构和主体的认同，争取一期工程在2015年正式上线，从而更有力地支持人民币加快国际化进程。在完成以上三项重要工程的同时，要确保中央银行支付清算系统稳定、安全运行。

（三）加强支付体系监管，切实防范支付清算领域风险

针对我国支付清算领域风险不断暴露的情况，中央银行应着力从以下几方面加强支付清算体系建设和监管，切实防范、化解相关风险。一是继续推动支付清算服务基础设施向国际先进标准靠拢，提高现有跨行系统的处理能力，不断满足日益增长的多样化支付交易需求。同时，提高信息透明度及流动性标准要求，严格执行中央对手方清算的有关要求。二是针对以支付创新业务为载体的银行、证券、保险业务加快融合发展可能引发的风险问题，通过金融监管协调机制加强与其他监管主体和市场主体间的信息沟通、改革协调及监管配合。三是加强与工商、公安等有关部门的协同合作，加大执法力度，对市场上从事违法违规活动的单位或个人及时予以处理。四是加强支付监管部门的人员配备，提升现场监管能力，不断优化和落实备付金管理机制建设，完善客户备付金保障体系。

（四）大力创新非现金支付工具手段，继续降低现金交易尤其是大额现金交易比重

在发达国家，非现金支付早已成为主流，相比之下，我国非现金支付比重虽然在不断提升，但仍存在明显不足。现金支付尤其是大额现金支付不利

于中央银行、税务机关和其他行政主体对市场运行的监测和调控,也不利于降低社会服务成本、提高资金的周转和使用效率。为此,大力推广非现金支付工具仍然是中央银行加强支付清算工作的一个重点。一是要扩大跨行支付清算系统,尤其是银行卡跨行清算系统和农信银支付清算系统等支付清算网络的覆盖面,特别是要扩大在相对落后地区的服务范围,为推广非现金支付创造良好的物质条件。二是要以政策引导金融机构对非现金支付的推广和宣传,提高金融支付意识。三是要继续推动银行卡所代表的传统电子支付工具的发展,因为其在我国仍然有巨大的发展空间。通过进一步适度开放现有的银行卡清算市场,优化银行卡业务收费定价机制,不断拓展银行卡对居民消费和经济增长的内在价值。四是积极借助各类新兴支付方式,特别是利用移动支付、网络支付等支付工具更加便利、自助服务等优点,促进非现金支付服务的平稳快速发展。

(五)适应新技术挑战,推动支付服务与规则的优化

在支付清算体系建设中,面临国内外环境的不断变化,除了安全性和稳定性要求之外,不断提升对各类客户的服务效率,是监管部门需要高度重视的目标。例如,在最具代表性的零售支付领域,首先需要做好风险与效率的权衡,二者不能失之偏颇。监管部门应该更好地引导零售支付市场健康发展,推动支付服务提供主体的自我完善和升级,因为真正能够把零售支付市场"蛋糕"做大的选择,是依托支付平台以及产业链上的多元化增值服务,包括提供面向不同客户的、支付附加的非金融服务和金融服务。同时,我国的支付市场建设还应从全球战略角度看待,重在提升跨境服务能力和水平,从而更有效地为企业和居民提供服务。此外,当前网络信息技术对支付体系带来的重大挑战,在很大程度上都体现于账户层面。面对网络电子账户的快速发展,中央银行一要加快规则建设,包括电子签名等各种"软规则"以及应用远程开户的硬件设施和技术标准,并把握好过渡期网络实名认证账户和线下实名账户之间的关系;二要结合新形势深入研究网络银行和虚拟电子账户的监管问题,及时修订和完善原有的线下规则,或者出台新的监管规则和标准。

（六）加强顶层设计和政策协同，推动包容性支付体系建设

对于普惠金融和包容性金融机制建设来说，不仅应考虑融资问题，而且也需要给予特定人群其他金融功能，尤其是"包容性支付""普惠支付""微支付"等。近年来，有些金融机构依据市场化原则与社会责任相结合的理念，在部分地区推动和实施了一系列扶持政策，但从全国范围来看，相关扶持政策的系统性、科学性等仍有待提升，支持力度有待加大，基层金融机构数量少，非现金支付工具品种少、结构单一，支付结算渠道不畅的现状仍没有得到根本改变。整体来看，我国"三农"和小微企业的支付服务发展依然滞后。对此，人民银行应加强顶层设计，不断引导各类支付市场主体扩大支付服务的覆盖面和提高渗透率，更多惠及广大人民群众和社会发展的薄弱环节。一是加强部门间统筹协调，形成推动农村支付服务环境建设的合力。在全国层面建立人民银行、财政部、银监会等部门共同参与的农村支付服务环境建设工作推进机制，研究设置科学合理的考核评价体系，出台相应的激励约束措施，充分调动各方力量，共同推动农村支付服务环境建设。二是引导市场主体把握我国农村经济发展特点和农民生活习惯，提高小额取现、转账、汇款、各项补贴领取等基础性金融服务在农村地区的可获得性。三是充分借鉴非洲、东南亚等发展中国家的成功经验，鼓励各类机构依托新技术、新手段，克服传统网点式物理服务覆盖率偏低等因素，满足弱势群体和小微企业的支付服务需求。四是鼓励开展新型支付与融资、信贷业务模式的融合创新，满足弱势群体和小微企业的综合金融服务需求。

参考文献

刘士余：《促进我国支付服务市场健康发展》，《中国金融》2014年第11期。

中国人民银行支付结算司：《2014年第一季度支付体系运行总体情况》，中国人民银行网站，2014年5月26日。

中国人民银行支付结算司：《2014年第二季度支付体系运行总体情况》，中国人民银

行网站，2014年8月18日。

中国人民银行支付结算司：《2014年第三季度支付体系运行总体情况》，中国人民银行网站，2014年11月25日。

中国人民银行支付结算司：《2014年第四季度支付体系运行总体情况》，中国人民银行网站，2015年2月12日。

中国人民银行支付结算司：《2014年支付体系运行总体情况》，中国人民银行网站，2015年2月12日。

中国人民银行：《关于全面推进深化农村支付服务环境建设的指导意见》，中国人民银行网站，2014年9月10日。

中国人民银行：《关于加强银行业金融机构人民币同业银行结算账户管理的通知》，中国人民银行网站，2014年6月24日。

Chapter 1　Construction and Operation of China's Central Bank Payment and Settlement System

Abstract：In 2014, the central bank payment and settlement system operated steady. The central bank accounting data concentration system and the second generation system of payment system achieved milepost development, regulating the payment service market development, deepening the rural payment market development has obtained remarkable results. Meanwhile, some payment services risk events has exposed, the pace of RMB internationalization is speeding up, RMB clearing market opens further, etcetera, also put forward higher requirements of the central bank payment and settlement system. In 2015, the central bank should focus on the implementation of the central strategic plan for comprehensive deepening of reform and opening up, the overall strengthening of the rule of law, dealing with the relationship between the development of the market, innovation and norms.

Keywords：Central Bank Payment and Settlement System；The Second Generation Payment Systems；Financial Infrastructure；Innovation

第二章 我国第三方支付机构体系的建设与运行

摘 要： 2014年，我国第三方支付机构体系继续保持快速发展的势头，市场交易规模不断扩大，支付工具创新层出不穷，逐渐成为现代电子商务发展与居民生活不可缺少的金融基础设施。与此同时，在部分第三方支付机构的业务运行中也出现了一些违规现象，损害了第三方支付机构体系的整体形象。在进一步完善相关制度规则和监管模式的同时，第三方支付要真正成为我国支付体系中稳健而具有活力的重要部分，就需在鼓励创新和把控风险之间达到平衡。

关键词： 第三方支付 移动支付 互联网支付 二维码

近年来，包括互联网支付、移动支付、预付卡发行与受理、POS收单等业务在内的第三方支付市场在国内蓬勃发展，交易量持续快速攀升。根据央行数据，2014年第三方支付机构累计发生网络支付[①]业务374.22亿笔，金额24.72万亿元，同比分别增长93.43%和137.6%。另外，根据艾瑞咨询数据，2014年中国第三方支付市场交易规模达23.3万亿元，到2016年市场交易规模预计将达41.3万亿元。

---

① 央行报告中的网络支付业务包括互联网支付、移动电话支付、固定电话支付和数字电视支付业务。

可见，第三方支付体系已成为中国多层次金融服务体系的重要组成部分。但与此同时，接连出现的风险事件、安全问题以及支付机构倒闭等现象，也引发了社会的广泛关注，并致使监管机构采取多种方式着力整顿少数第三方支付机构的违法违规经营问题。

一 2014年我国第三方支付机构体系运行情况

（一）第三方支付机构支付牌照获取情况

2014年7月，人民银行发布了新一批第三方支付牌照名单，共计19家企业，累计已有269家企业获得牌照。本次获得牌照的企业分布于广东、北京、山东、重庆、湖北、广西、陕西、新疆8个省份，其中广东获批企业最多，达8家；北京、山东各3家；其余省份各1家。本批企业虽然多数并不为公众所熟知，但仍可以看到不少大公司的身影。如北京畅捷通支付技术有限公司的大股东是用友软件的子公司；北京帮付宝网络科技有限公司的发起人是安邦保险；北京理房通支付科技有限公司是链家地产的子公司。可见，越来越多的大企业看到第三方支付市场的商机，并纷纷试水。

同时，还有27家已获牌照企业获得了业务类型拓展许可。如拉卡拉支付有限公司在前期互联网支付、数字电视支付、银行卡收单等业务的基础上获准开展移动电话支付和预付卡受理业务；腾讯旗下的财付通获准新增银行卡收单业务；等等。

从地区分布看，已获支付牌照企业分布于全国28个省份，其中北京最多，有57家；上海次之，有54家；随后是广东31家、江苏16家、浙江16家、山东12家。第三方支付机构主要分布于经济较为发达的东部沿海地区，特别是电子商务较为发达的长三角地区集中了86家企业，占获牌企业总数的近1/3（见图2-1）。

第二章 我国第三方支付机构体系的建设与运行

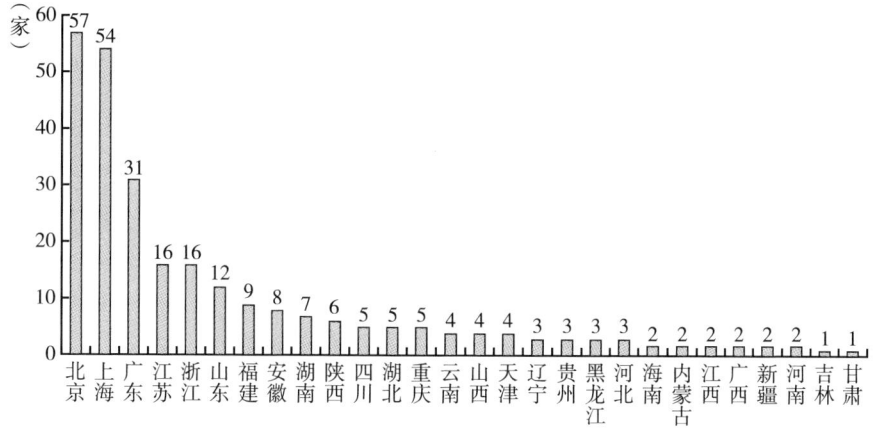

图 2-1 已获支付牌照企业地区分布情况

资料来源：中国人民银行网站、课题组。

从获批业务类型看，第三方支付机构的展业领域主要集中在预付卡受理、预付卡发行及互联网支付三个方面。在269家支付机构中，获得预付卡受理业务许可的有170家，获得预付卡发行业务许可的有160家，获得互联网支付业务许可的有99家，获得银行卡收单业务许可的有60家，获得移动电话支付业务许可的有41家，获得固定电话支付业务许可的有13家，获得数字电视支付业务许可的有6家（见图2-2）。

从获准经营范围看，从事全国性支付业务的机构有113家，区域性的有134家，部分业务获准全国展业、部分业务获准区域性展业的有22家。在获得区域性展业的134家企业中，有115家只能在单一省份开展业务，19家可以在几个省份开展业务（见图2-3）。

（二）第三方支付市场情况

1. 互联网支付

随着我国电子商务环境的不断改善，互联网金融创新日趋活跃，基于互联网的商务活动规模日益扩大，第三方支付机构的互联网支付业务规模快速

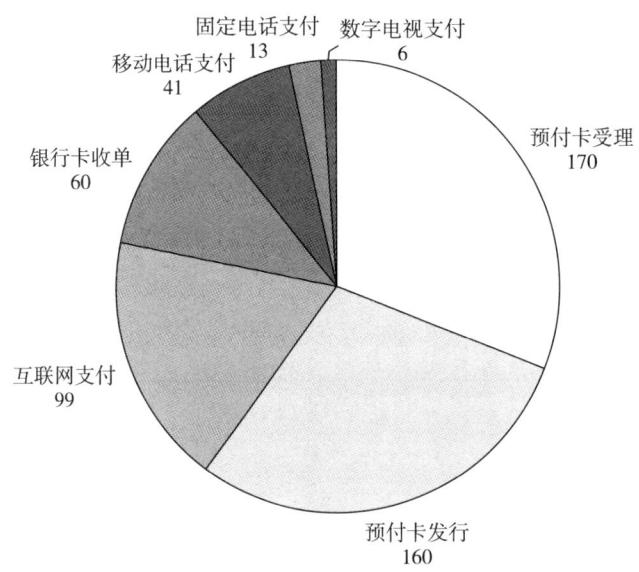

图 2-2　已获支付牌照企业业务类型分布情况

资料来源：中国人民银行网站、课题组。

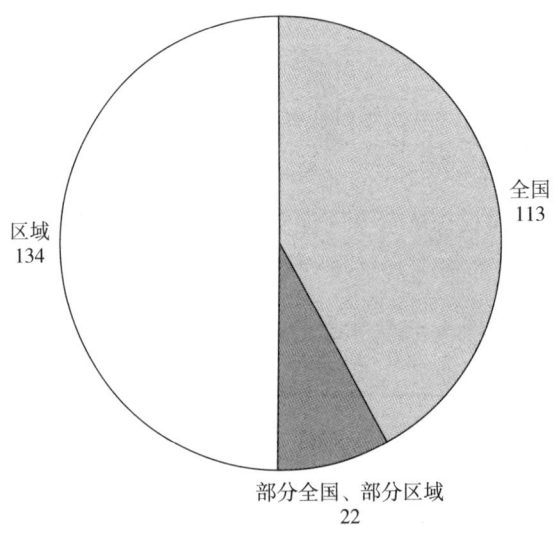

图 2-3　已获支付牌照企业经营范围情况

资料来源：中国人民银行网站、课题组。

增大。根据艾瑞咨询数据，2014年中国第三方互联网支付交易规模达到80767亿元，同比增长50.3%（见图2-4）。

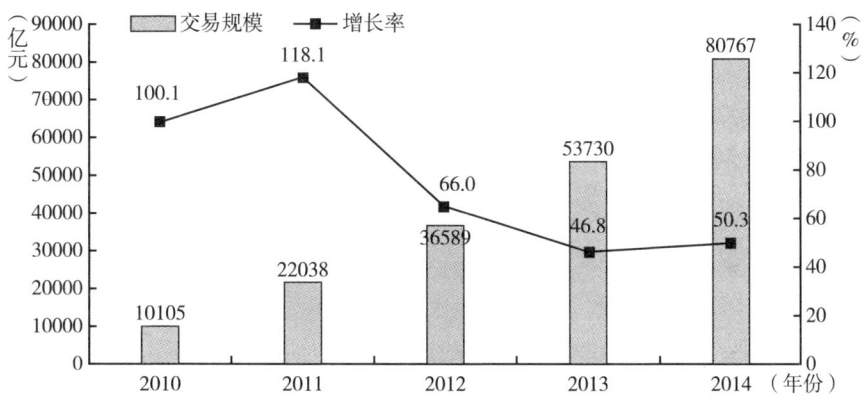

图2-4　第三方互联网支付交易规模

资料来源：艾瑞咨询、课题组。

从交易结构看，2014年，网络购物依然是互联网支付交易中份额最大的业务，占比达到31.5%。但由于其他领域开始发力，网络购物占比较2013年同期下降0.9个百分点。基金申购依然是第二大细分领域，占比为14.7%，但与第三大细分领域航空旅行的份额差距已由7.8个百分点下降至4.3个百分点。值得一提的是，电商B2B的占比由2013年的3.4%上升到7.4%，成为第四大细分领域（见图2-5）。

从互联网支付用户在使用第三方支付时所选择的支付方式看，67.8%的用户使用过快捷支付，其次是第三方支付账户余额支付，占比为66.0%。这两种方式是用户相对普遍接受的支付方式。使用过的人数占比超过40%的还有四种方式，分别为第三方支付跳转至银行借记卡支付（48.1%）、第三方支付跳转至银行信用卡支付（48.0%）、基金份额账户支付（44.3%）、支付平台和银行合作的联名卡支付（42.9%）。互联网支付最常使用的支付方式分别为快捷支付（32.2%）、第三方支付账户余额支付（19.5%）以及支付平台和银行合作的联名卡支付（14.2%）（见图2-6）。

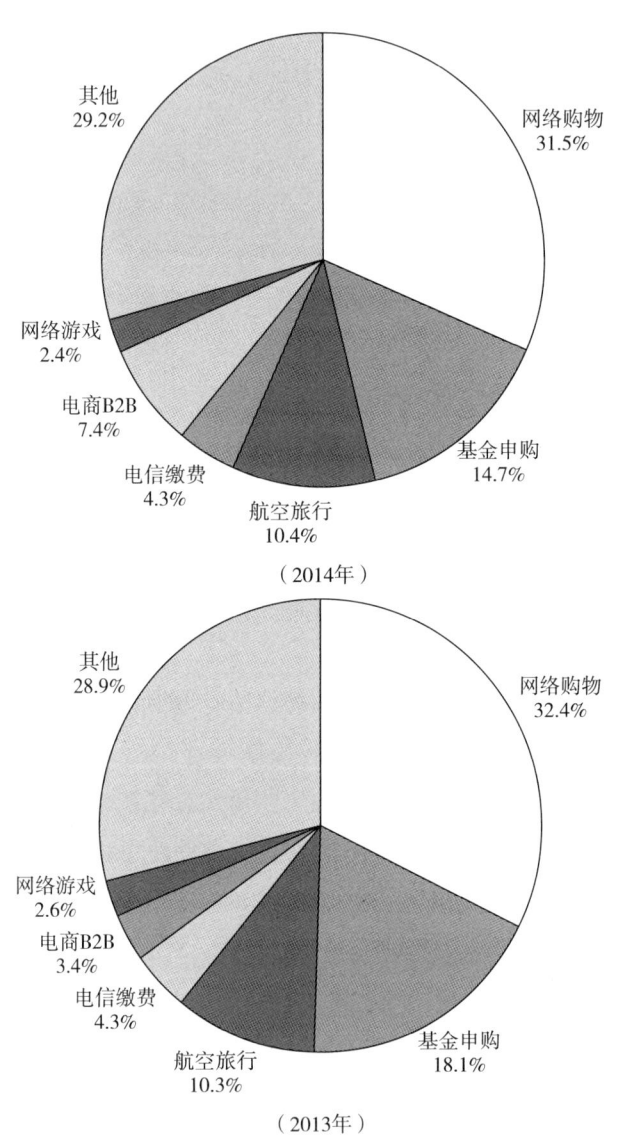

图 2-5　第三方互联网支付交易结构

资料来源：艾瑞咨询、课题组。

2. 移动支付

根据艾瑞咨询数据，2014年，第三方移动支付市场交易规模达到59924.7

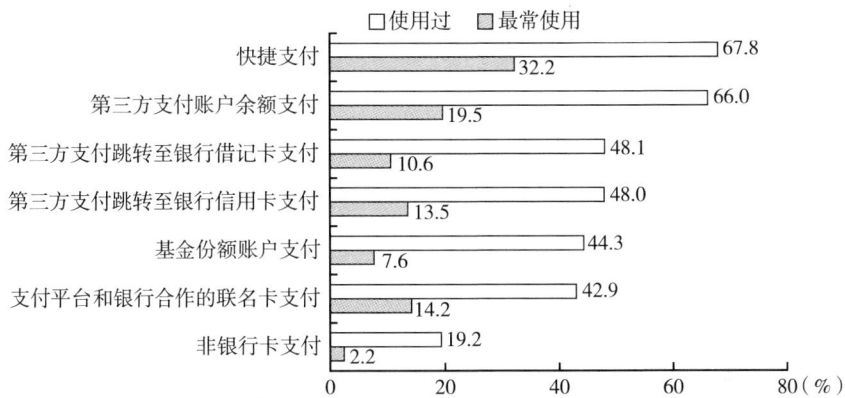

图2-6 用户在使用第三方网络支付时选择的支付方式

资料来源：艾瑞咨询、课题组。

亿元，较2013年增长391.3%（见图2-7）。这得益于诸多因素，如移动支付逐渐被网民接受并成为高频使用支付工具；宝宝类货币基金实现规模化发展；互联网金融产品作为现金管理工具的功能被普遍接受，从而使用户黏性增加；移动支付与社交行为结合越来越紧密；等等。目前，移动支付市场规模已经连续两年保持超高速增长，已成为最重要的新兴支付工具之一。

从交易结构看，2014年，个人应用占比为39.6%，移动金融占比为36.3%，移动消费占比为23.4%，其他占比为0.7%。与2013年相比，在互

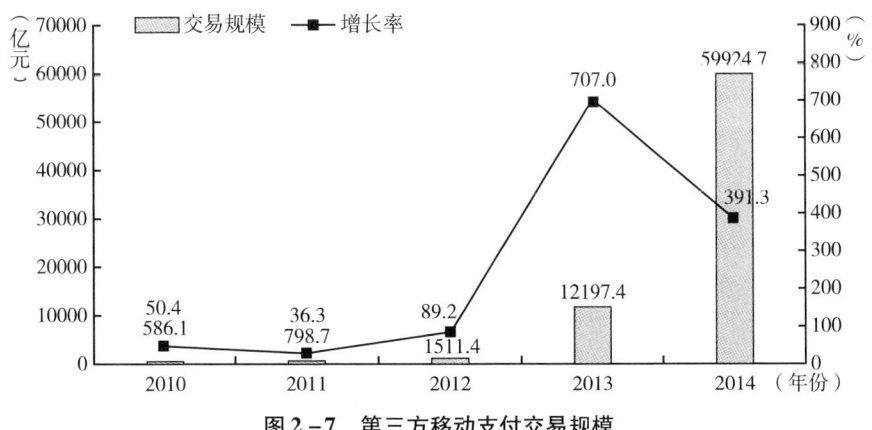

图2-7 第三方移动支付交易规模

资料来源：艾瑞咨询、课题组。

联网金融产品交易快速增长的引领下,移动金融交易规模占比快速提升,较 2013 年增加 11.1 个百分点。同时,随着互联网用户上网消费习惯逐渐从 PC 端转移到移动端,移动消费所占比重也明显增加至 23.4%,交易结构中"三分天下"的局面初步形成(见图 2-8)。

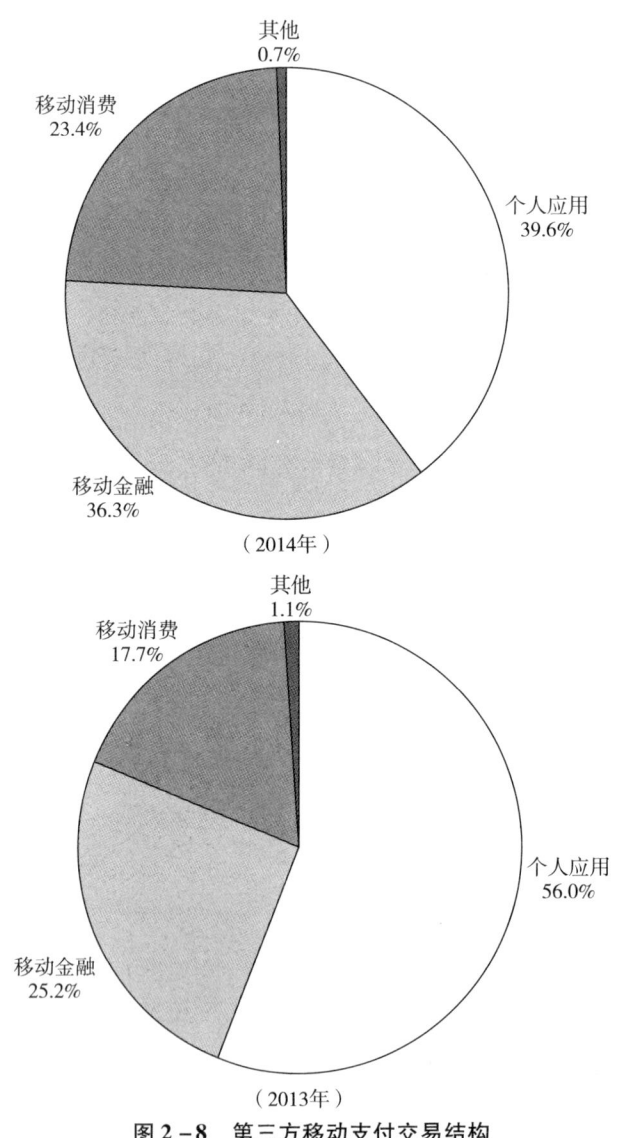

图 2-8 第三方移动支付交易结构

资料来源:艾瑞咨询、课题组。

（三）主要第三方支付机构发展情况

按照业务领域，可以将主要第三方支付机构分为两大类：一类是B2C模式，以支付宝、财付通为代表，它们借助淘宝和微信等知名网站和应用迅速发展，在互联网支付和移动支付业务领域遥遥领先；另一类是B2B模式，以快钱支付、通联支付、汇付天下等为代表，它们作为独立第三方支付机构，致力于发展收单业务、储值业务和衍生金融服务，也在第三方支付市场占据了一席之地。

根据易观智库数据，银联商务、支付宝以各占1/3左右的市场份额稳坐非金融支付机构市场的前两把交椅，属于第一梯队企业；财付通、快钱支付、通联支付、汇付天下以7%～4%的市场占有率分列第三至六名，属于第二梯队企业。与2013年相比，主要第三方支付机构的市场份额排序基本保持不变。值得关注的是，虽然银联商务仍排名第一，但市场份额下降了7个百分点，而支付宝份额大幅上升了15个百分点，二者之间的份额差距大幅缩小。这可能与支付宝积极发展移动端支付场景、大力发展O2O战略和海外支付业务等举措有关。财付通、快钱支付的市场份额保持稳定，通联支付和汇付天下的市场份额则分别下降了1个和2个百分点。八家主要第三方支付机构占据了95%的市场份额，较2013年提升了5个百分点，第三方支付市场集中度进一步增强（见图2-9）。

从互联网支付交易规模看，2014年中国第三方互联网支付市场份额中，支付宝占49.6%，财付通占19.5%，银联商务占11.4%，快钱支付占6.8%，汇付天下占5.2%，易宝支付占3.2%，环迅支付占2.7%，其他占1.6%（见图2-10）。受稳定的网购市场、阿里上市、余额宝引领基金申购持续增长等诸多因素的支撑，支付宝在2014年第三方互联网支付交易中的市场份额仍然占据半壁江山。财付通和银联商务则受益于航空和高铁市场的平稳发展，交易规模有所增长。京东上市带动了与其有合作关系的快钱支付、银联商务市场份额的平稳增长。而对于汇付天下、易宝支付、环迅支付等市场追赶者而言，虽然它们在P2P资金托管领域发展较快，但潜在红利尚未完全体现。

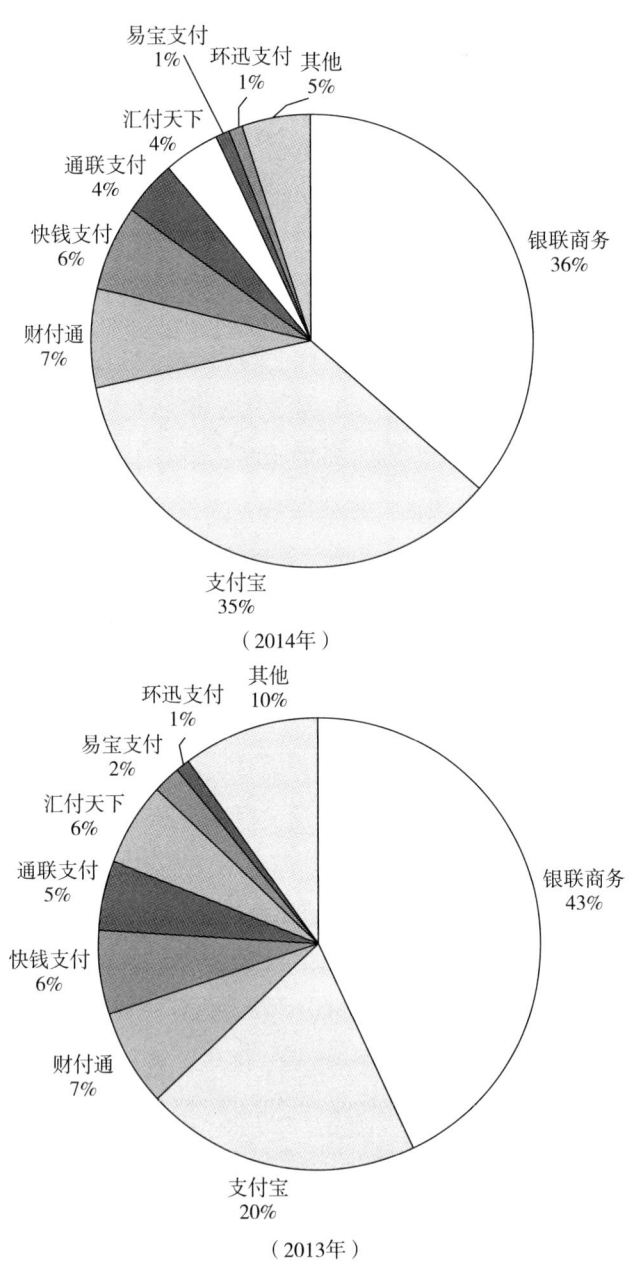

图2-9 非金融支付机构综合支付交易份额

资料来源：易观智库、课题组。

第二章 我国第三方支付机构体系的建设与运行

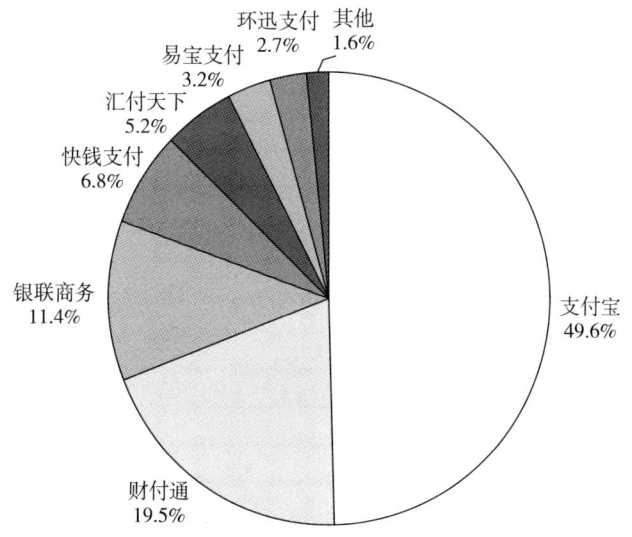

图 2-10　第三方互联网支付交易规模市场份额

资料来源：艾瑞咨询、课题组。

从 iUserTracker[①] 主要支付公司网站月度覆盖人数情况来看，支付宝是当仁不让的第一用户使用网站，覆盖人数达 6010.9 万人，处于遥遥领先的地位。财付通在 2014 年末覆盖人数较 2013 年同期有所下降，降幅为 23.7%。银联商务覆盖人数在 2014 年初略有下降，但后半年增速较快。快钱支付在 2014 年第四季度迅速发力，覆盖人数近乎翻倍。汇付天下在 2014 年后半年增长迅猛，2014 年末覆盖人数较上年同期增长了 12.5 倍（见图 2-11）。

支付宝的市场领先地位在移动支付领域表现得更为明显，占据 82.3% 的市场份额，领先第二位的财付通 71.7 个百分点，"火车头"位置无可撼动。在其他主要移动支付服务的提供机构中，财付通占据 10.6% 的市场份额，拉卡拉占据 3.9% 的市场份额，连连支付、钱袋宝、中国移动、平安付、快钱支付、翼支付、联动优势 7 家企业合计占据 2.2% 的市场份额（见图 2-12）。

---

① 由艾瑞咨询自主研发，是基于庞大的网民样本行为监测所建立的数据库。

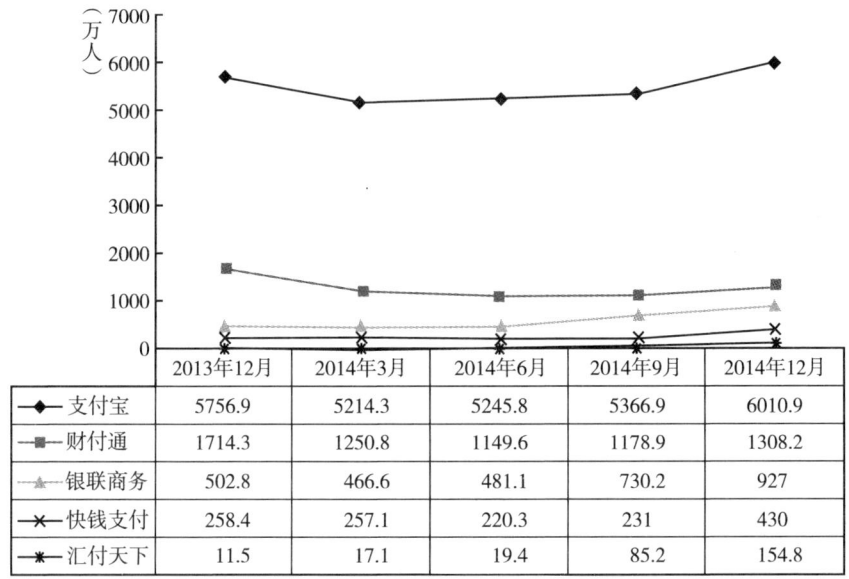

图 2-11 主要支付机构网站月度覆盖人数

资料来源：iUserTracker、课题组。

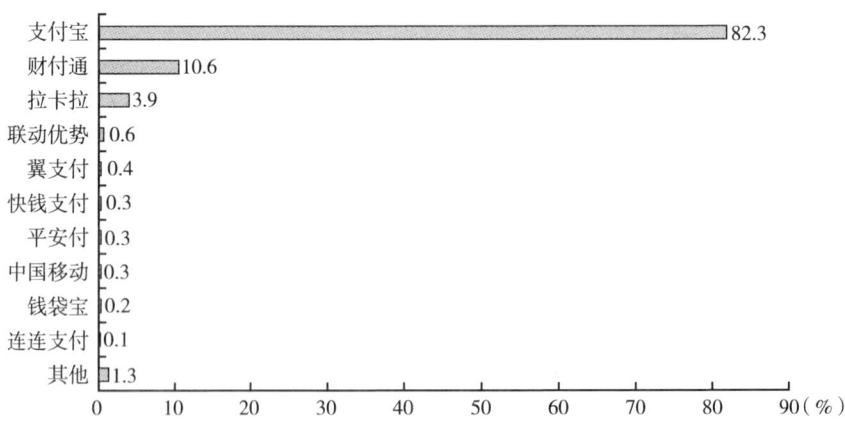

图 2-12 第三方移动支付交易规模市场份额

资料来源：艾瑞咨询、课题组。

mUserTracker[①] 主要移动支付机构 App 月度覆盖人数数据也支持了这一结论。支付宝的用户量领先趋势不仅相当明显，而且用户增长速度也非常快。同互联网支付领域一样，财付通的用户覆盖人数在移动支付领域也有所下降（见图 2 - 13）。

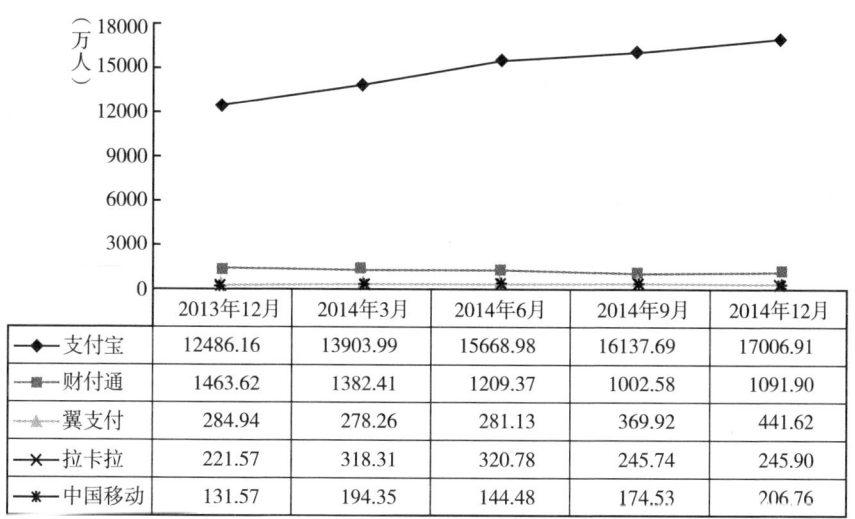

图 2 - 13　主要移动支付机构 App 月度覆盖人数

资料来源：mUserTracker、课题组。

二　2014 年我国第三方支付机构体系的监管环境

第三方支付为金融深化、服务客户创造巨大便利的同时，也开始集中出现各种风险。2014 年以来，第三方支付行业不断出现预授权套现、预授权冲正交易、跨境移机套现、POS 机清算代理商跑路、各种套码造假升级、商

---

① 是由艾瑞咨询基于对中国手机网民连续性行为监测的研究产品，能够提供准确的手机网民形态和使用行为数据。

户收不到结算资金等风险事件。监管部门在前期制度规范的基础上，也加大了行业整治规范的力度，监管环境不断趋严。

（一）叫停二维码支付

由于二维码具有易生成、易操作、使用广泛的特点，因此其应用普及十分迅速。但作为一种支付手段，二维码交易支付主要存在易被复制、易被篡改、易被植入木马等安全隐患，已经成为病毒传播的新渠道。其可以存储信息的特点被黑客利用，在二维码中植入恶意网址或带有病毒的地址链接，并将其伪装成优惠券、打折券等，诱导用户对含有病毒的二维码进行扫码，从而达到盗取用户隐私或对手机恶意扣费的目的。虽然现有技术手段可以在一定程度上保障二维码支付这一创新支付方式的安全，但作为普遍应用的金融支付手段，其交易规则和安全标准还有待完善。因此，2014年3月，人民银行下发紧急文件叫停条码（二维码）支付等面对面支付服务。人民银行函件中指出，线下条码（二维码）的支付安全直接关系到客户的资金安全与信息安全，作为一种突破传统受理终端的支付模式，其验证方式的安全性还有待进一步验证。此后，为了进一步推动二维码支付的健康发展，监管部门委托中国支付清算协会牵头，正在加快推动二维码相关规则的讨论和制定。

（二）对网络支付业务个人账户转账消费设限

2014年3月，人民银行下发了《支付机构网络支付业务管理办法（征求意见稿）》。该办法限制了个人支付账户转账和消费金额，影响较大的规定主要有以下几个方面。

如果该办法正式实施，第三方支付在账户开立、资金来源、转账金额、资金管理、消费金额等方面都将受到严格管理（见图2-14），特别是消费限额管理，对虚拟账户消费将产生重大影响，因为如果超过单笔5000元、累计1万元的消费限额，只能通过银行账户进行，第三方支付在大额消费资金划转

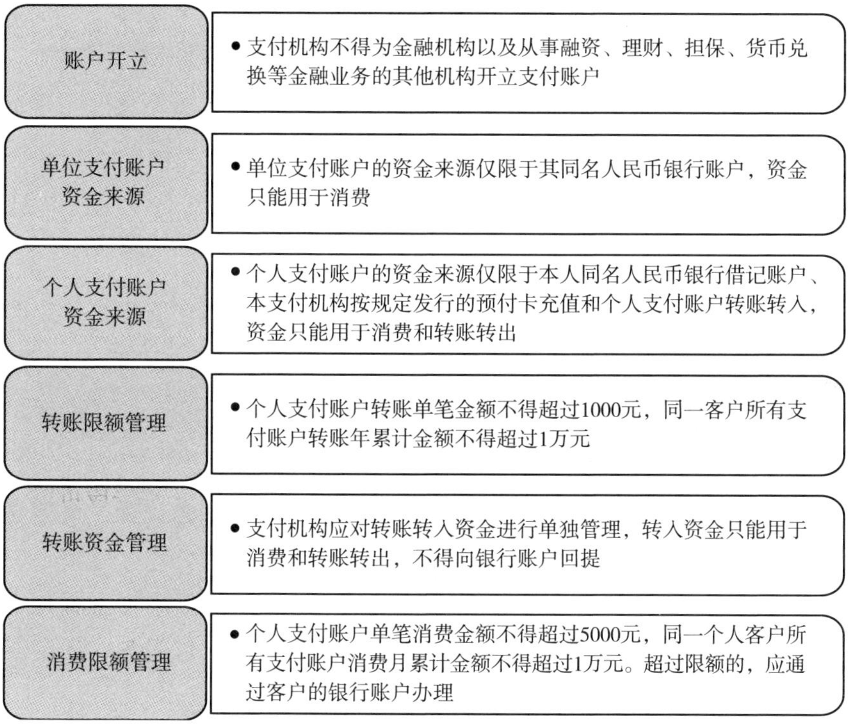

账户开立	● 支付机构不得为金融机构以及从事融资、理财、担保、货币兑换等金融业务的其他机构开立支付账户
单位支付账户资金来源	● 单位支付账户的资金来源仅限于其同名人民币银行账户，资金只能用于消费
个人支付账户资金来源	● 个人支付账户的资金来源仅限于本人同名人民币银行借记账户、本支付机构按规定发行的预付卡充值和个人支付账户转账转入，资金只能用于消费和转账转出
转账限额管理	● 个人支付账户转账单笔金额不得超过1000元，同一客户所有支付账户转账年累计金额不得超过1万元
转账资金管理	● 支付机构应对转账转入资金进行单独管理，转入资金只能用于消费和转账转出，不得向银行账户回提
消费限额管理	● 个人支付账户单笔消费金额不得超过5000元，同一个人客户所有支付账户消费月累计金额不得超过1万元。超过限额的，应通过客户的银行账户办理

图 2-14 《支付机构网络支付业务管理办法（征求意见稿）》相关流程

中将只能起到通道作用。受这一政策影响最大的将是支付宝、财付通等有账户体系的第三方支付机构，对于其余不以账户体系业务为主的第三方支付机构则影响不大。此外，个人账户资金来源限制为本人同名银行借记账户的话，支付宝、财付通等机构推出的各种转账功能将会严格受限。此后，监管部门多次对相关草案进行讨论修改，其中的具体规则也根据各方意见不断调整，截至2014年底仍然停留在商议阶段。

（三）加强商业银行与第三方支付机构合作业务管理

2014年4月，银监会、人民银行联合下发《关于加强商业银行与第三方支付机构合作业务管理的通知》（银监发〔2014〕10号）（以下简称《通知》）。《通知》对第三方支付机构的影响主要体现在以下四个方面。

一是限制支付额度和用途。《通知》要求商业银行"设立与客户技术风险承受能力相匹配的支付限额,包括单笔支付限额和日累计支付限额"。同时,《通知》要求商业银行构建安全的网络通道,制定安全边界,防止第三方机构越界访问。这意味着第三方支付用途仅限于银行允许的支付接口途径,如缴纳水、电、煤气费等,而不能擅自扩大支付接口用途至购物、购买理财产品等方面。

二是增加"快捷支付"程序。《通知》要求商业银行向客户提供临时调整支付限额的服务,要在"进行身份验证和辨别后",适当调整支付限额。同时,对于预留手机号码且设定短信通知的客户,商业银行要"在客户进行支付时,对第三方支付机构提供的手机号码和银行预留的手机号码进行检验,通过后方可进行支付"。这些都增加了快捷支付的操作流程,可能对第三方支付快速、便捷的支付体验造成一定影响。

三是提高关联账户准入标准。《通知》要求商业银行对客户的技术风险承受能力进行评估,"在通过电子渠道验证和辨别客户身份时,应采用双(多)因素验证方式对客户身份进行鉴别,对不具备认证条件的客户,其任何账户不得与第三方支付机构建立业务联系;对于账户与第三方支付机构建立业务关联的客户,应开通至少一种账户变动即时通知技术方式,不具备即时通知条件的客户,不得通过银行与第三方支付机构建立一次签约、多次支付的业务合作关系"。这对于当下以跑马圈地为主要任务的众多第三方支付机构而言,在提示其关注风险控制的同时,也提高了其客户的准入标准。

四是共享客户信息和交易信息。《通知》要求商业银行"应采取技术措施保障来自第三方支付机构的传输数据(如客户数据、交易数据等)和操作指令(如支付指令、身份验证指令等)的完整性、一致性及不可抵赖性"。这使银行接收到的来自第三方支付机构的信息中,除了交易金额外,还包括资金的流向、用途以及客户信息等数据,第三方支付机构的客户信息优势将被削弱。同时,《通知》规定商业银行"应明确要求第三方支付机构不得在未经授权的情况下屏蔽本银行的支付界面与接口",也即客户通过第三方支付时，第三方支付机构必须给予客户是通过第三方支付还是通过网银进行交易的选择权。

（四）大力整顿违法违规行为

2014年3月，人民银行下发《关于银行卡预授权风险事件的通报》。10家从事收单业务的第三方支付机构存在"未落实特约商户实名制管理、交易监测不到位、风险事件处置不力"等问题。其中，汇付天下、易宝支付、随行付、富友、卡友、海科融通、盛付通、捷付睿通8家企业被要求"自2014年4月1日起在全国范围内停止线下收单接入新商户"，银联商务和广东嘉联被要求自查整改。自查整改期限为半年，人民银行将对第三方支付机构的自查整改情况进行验收，验收合格后方可新增商户接入。2014年9月，人民银行再开罚单，要求4家第三方支付机构在一年内退出部分省市收单业务，其中汇付天下涉及15个省市，富友和易宝支付涉及7个省，随行付涉及5个省2个市。

中国银联同样开始对包括"套码"在内的违规行为开出罚单，进行自律规范。目前，不同行业代码的商户对应不同的银行卡刷卡手续费率，如餐饮类商户的手续费率为1.25%，百货类商户的手续费率为0.78%。"套码"是指第三方支付机构在收单过程中，通过伪造大量虚假商户、伪造商户入网材料的方式，将高手续费企业套用低手续费企业的商户类别代码。2014年11月，中国银联发出《关于进一步明确违规整改相关要求的通知》，要求成员机构"准确报备绕银联转接交易迁移信息，年底前须完成所有迁移工作。逾期未报备或报备信息仍不完整、不真实、不规范的，视同违反承诺，将被取消整改期，对所有违规行为照常约束"。事实上，此前已有大量交易通过银联平台转接交易完成，截至2014年第三季度，其规模已达8426.7亿元（见图2-15）。随着迁移工作的完成，银行与第三方支付直连情况将得到进一步规范，银联平台在第三方支付市场规范化发展过程中的作用将得到进一步体现。

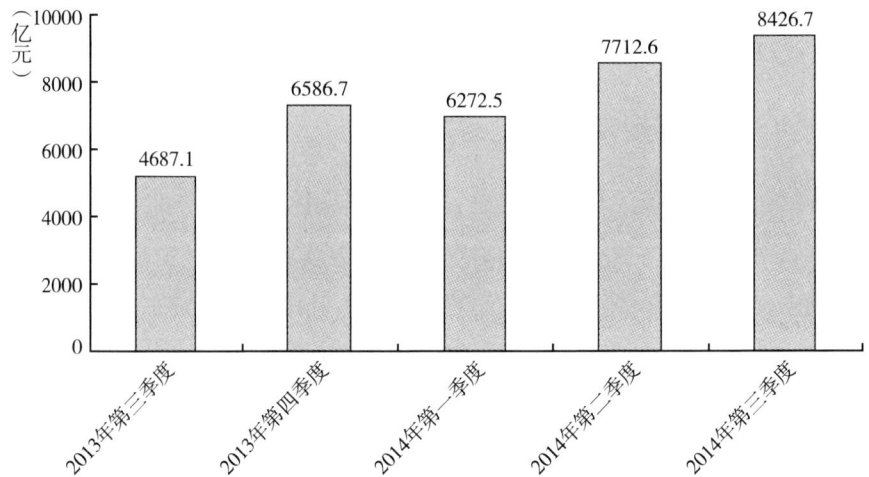

图 2-15　互联网支付平台中国银联转接交易规模

资料来源：艾瑞咨询、课题组。

三　我国第三方支付机构体系面临的问题与挑战

在我国金融改革与创新的浪潮中，第三方支付体系起到的积极作用是不容置疑的。综合来看，第三方支付在我国金融体系中的功能可以概括为"两个服务、三个弥补"。所谓"两个服务"，一是指服务于现代电子商务及网络经济的需求；二是指服务于金融信息和信用管理。所谓"三个弥补"，则是强调对零售支付工具、商业信用、金融服务的弥补。其中，"两个服务"是第三方支付机构的发展基础，也是必须加以充分支持的领域。"三个弥补"中的前两个"弥补"取决于第三方支付之外的制度变化，具有一定的过渡期特征；最后一个"弥补"则是基于支付基础上的互联网融资、理财等功能创新，有的只是利率市场化改革中的"制度套利"创新，有的是新技术带来的金融功能融合，监管者应该在风险可控的前提下给予适度容忍。

伴随着第三方支付服务深入经济社会生活的各个层面，其正面作用逐渐被各方所承认，但是在其高速发展过程中，也出现了众多不可忽视的问题，直接影响其健康、可持续发展,对行业整体形象和前景带来负面影响,因此必须加以高度重视。

(一)问题一:赢利模式不明

从市场份额来看,支付宝、财付通等少数第三方支付机构占据了绝大多数市场份额,而大多数第三方支付机构的赢利模式尚未明确,自主开发和创新能力较弱,缺乏独特的核心竞争力,主要业务模式来自拷贝和模仿,所能提供的产品和服务几乎同质。在对剩余极小的"长尾"市场份额进行竞争时,不少企业为了争夺客户资源,不计成本采取价格战策略,导致自身赢利能力受限以至于亏损,还有企业甚至出现了兑付危机。例如,2014年12月,拥有第三方支付牌照的上海畅购企业服务有限公司被曝资金链断裂,预付卡无法使用,所有门店关闭,将有可能开启国内第三方支付机构破产之先河。

(二)问题二:行业乱象频发

除少数在互联网支付、银行卡收单等方面已有一定客户基础的行业领先企业外,大多数第三方支付机构还处于微利或亏损状态,利用低扣率、零扣率和暗中返点,以及为商户投放收银机、提供营销费用等进行不正当竞争的情况屡见不鲜。如前文提到的人民银行针对第三方支付机构收单业务开出的整改要求,就是因为在预授权环节出现了恶性违规问题:部分发卡行为持卡人在预授权金额115%的范围内了以付款承兑,以满足其消费需求,而一些不法分子利用了这一点,通过与商户"联合",不断套取现金,被曝光的几起事件涉及金额有的甚至上百亿元。再如前文提及的"套码"问题,也成为第三方支付市场中时有发生的违规问题。目前大部分第三方支付机构采用的是代理制,代理商的利润分成与接入商户数量直接挂钩,而与商户缴纳费用无关。因此,代理商为了扩大客户规模、增加业务利润,倾向于采取多种方式帮助接入商户变更行业信息、采用更低费率缴费。而以价格战为主的竞争模式又造成规模较小的支付机构很难独善其身,劣币驱逐良币,行业生态趋于恶化。

2014年上半年银行卡受理市场违规情况见图2-16。

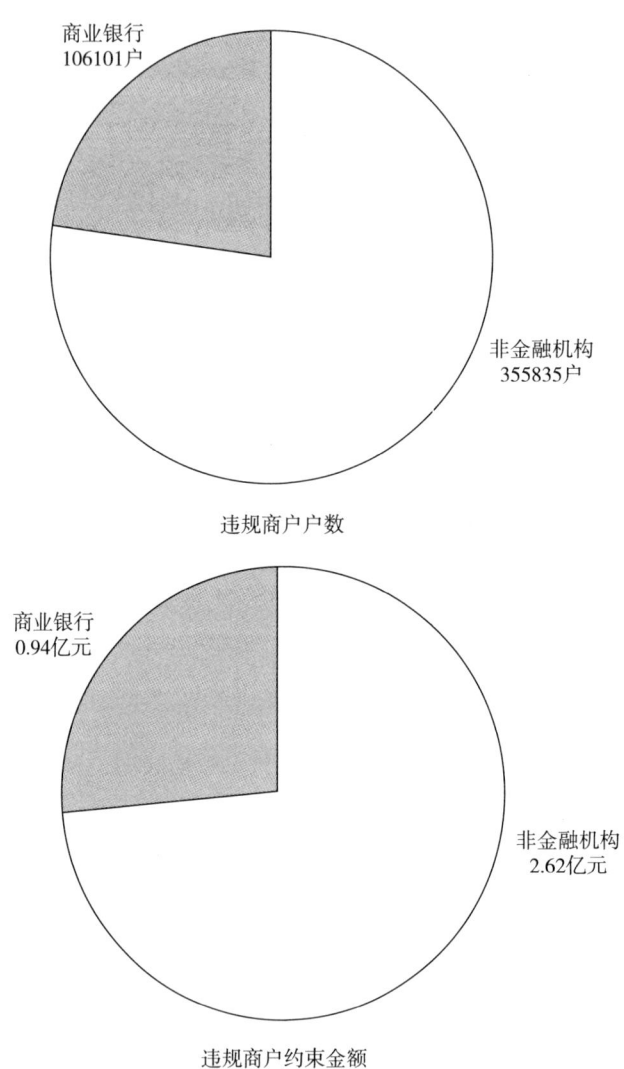

图 2-16　2014 年上半年银行卡受理市场违规情况

资料来源：中国银联、课题组。

（三）问题三：部分监管空白

为了在激烈的行业竞争中争取一席之地，越来越多的第三方支付机构利用广阔的支付平台、大量的数据信息和先进的技术支持等优势，开始拓展业务范围，在电子商务服务商、金融产品交易经纪人、信用评估、担保咨询等领域开展业务，并逐步涉足贷款、基金、证券、保险等传统金融领域，这对现有的分业监管模式提出了不小的挑战，单一监管模式很难跟上行业发展的步伐，容易出现多重监管和监管空白并存的情况。同时，第三方支付机构大多成立时间较短，除了支付宝等龙头企业之外，多数在金融风险管理，以及人力资源、经验积累、管理模式等方面都远远无法与传统金融机构相比，更需要监管部门加大监管力度，规范行业发展。通过现有的监管机制，建立起跨部门的第三方支付运营、风险等方面的信息共享、沟通和监管协调机制，是提高监管有效性的关键。此外，民政部目前在加快推动行业协会与政府部门脱钩，在新的形势下进一步完善中国支付清算协会的功能，实现自律机制在多层次监管模式中的应有职能，在第三方支付机构的市场准入、规范和退出等方面发挥有效作用，也面临更多的问题和挑战。

（四）问题四：潜在风险积累

随着近年来第三方支付市场的繁荣发展，第三方支付已成为我国支付体系中的重要组成部分。而第三方支付机构本身参差不齐，存在管理不够规范的问题，一旦单一企业发生流动性风险或信用风险，即便是一家很小的企业，由于金融体系内的高度关联性，风险也可能迅速放大并传导至其他支付机构和金融机构。同时，第三方交易匿名性、隐蔽性和信息非完整性的特点，使得发卡机构、第三方支付机构、交易转接组织、商户和消费者都很难在第一时间掌握全部交易信息，难以跟踪资金的真实来源和去向，信息不对称问题明显。此外，第三方互联网支付往往不需要消费者的实物卡片，仅凭卡号、密码等信息就可完成消费，这使得少数犯罪分子通过木马程序盗取消费者上述信息后，通过购买充值卡、点卡、网卡等行为，即可顺利套现，且难以追踪。这使得洗钱、信用卡套现、诈骗以及逃税漏税等活动给金融安全带来更大挑战。

（五）总结：把握好创新与风控的"跷跷板"

我国第三方支付拥有巨大的发展潜力，其背后依托的是全球非银行支付快速增长的大背景。但需明确的是，我国第三方支付的内涵与国外非银行支付还存在差异，后者的范围更加丰富，如包括电信运营商等，而不同国家对其定位和监管也有较大差异。

总的来看，第三方支付机构虽然日趋繁荣和活跃，但在整个支付清算体系中仍然居于补充地位。当然，就全球来看，非银行机构在零售支付领域的作用已经与银行不相上下，由此我们应当逐渐跳出"第三方支付"的概念，转而从非银行机构的支付功能创新入手，从新兴电子支付业务的开拓着手，而非只局限于特定类型的支付机构，以适应现代零售支付体系的快速变革。

具体来看，为了有效解决第三方支付发展过程中出现的负面问题，更好地引导其在健康发展的基础上服务于经济社会和居民生活，可以考虑以下几方面的重点措施。一是及时借鉴全球新监管规则的动态变化，了解国外支付市场和组织的演变趋势，对于新技术条件下的线上与线下支付业务进行深入分析，还要考虑到我国在某些领域与国外有所不同的特殊性，不应简单地把线下规则生硬地搬到线上。二是针对新的支付组织、线上支付业务的快速发展，尽快推动相应的新规则建设。这里的规则不仅是指导意见，而且是更加基础性的法律制度规则，要放在顺应现代电子支付发展的历史环境下，以功能与产品监管规则为核心，把不同类型的金融、非金融机构都纳入其中。据此来看，应该关注的重点已经不是传统的线上、线下的概念，而是以支付媒介、交易清算流程来衡量。如移动支付按照过去的分法，既有线上又有线下，实际上却已经在融合，所以在其发展中肯定会遇到游戏规则的矛盾。三是转变监管理念。现在之所以有监管套利，就是因为存在线上与线下的"双轨制"，如传统机构受到过度管制。似乎可以适度提高传统金融机构的创新容忍度，既然通常认为银行类机构的风险控制能力较强，那么这种新的思路变化同样也有助于在改革过渡期内实现平等竞争秩序。应该说，大致上看，为了更好地实现银行与第三方支付机构同类业务监管的一致性，相对现实的选择或许是前者稍微"松"一点，后者稍微"严"一点，从而达到新的竞争均衡。四是监管部门应更加注重运用市场化、国际惯例的手段来监管支付机构，运用不断完善的基础性规则来规范其行为，避免过多运用行政性手段。与此同时，对新兴支付组织、支付产品、支付清算活动加强风险的量化分析和判断，也有助于更好地把握审慎监管与鼓励创新的合理边界。

四 未来发展趋势及前景

（一）未来趋势关键词一：增长

随着电子商务交易规模的持续增长，越来越多的传统行业的互联网化程度日益加深，线下银行卡收单市场交易规模继续扩大，第三方支付机构线上、线下一体化布局日趋完善。在第三方支付市场上，与传统金融行业的深度合作还将以不可忽视的速度持续增长。根据艾瑞咨询的预测数据，至2018年，第三方互联网支付交易规模预计将接近23万亿元，移动支付交易规模也将超过18万亿元（见图2-17、图2-18）。此外，随着互联网、移动网络和智能终端的不断普及，第三方支付行业的辐射范围将逐渐从一、二线中心城市向全国各地区，三、四线城市，小城镇以及乡村渗透发展，而中小城市、乡村的广阔市场或将拉动第三方支付行业的新一轮增长。

（二）未来趋势关键词二：转型

随着第三方支付行业的参与者越来越多，各企业在互联网支付、移动支付、收单等业务领域的竞争越来越激烈，同质化现象越来越严重，业务规模和利润增速的下滑、监管机构的严格监管和大力整顿，促使第三方支付机构纷纷谋求转型，在原有支付业务承担收付款功能的基础上，与财务管理、市场营销、金融服务等业务进行叠加，谋求为客户提供全方位服务。尤其是行业领先的支付机构，将对多年发展积累的大量客户数据信息进行挖掘、整理和利用，对用户账户变动规律、用户支付习惯、用户关注商品类型等进行深度研究，以传统的

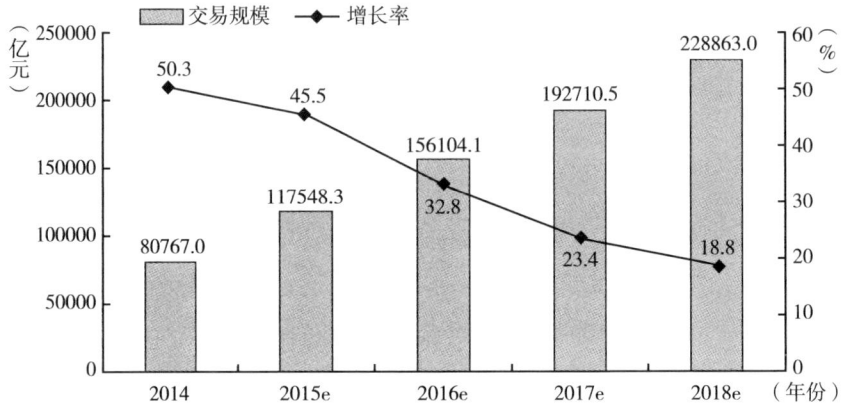

图 2-17　第三方互联网支付交易规模预测

资料来源：艾瑞咨询、课题组。

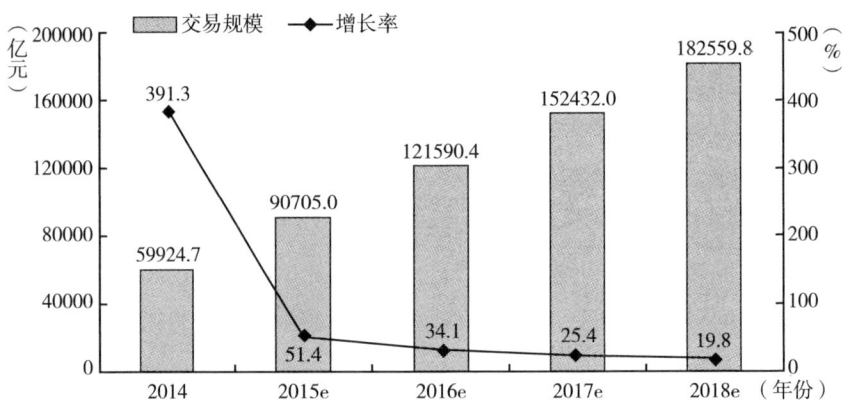

图 2-18　第三方移动支付交易规模预测

资料来源：艾瑞咨询、课题组。

支付业务为中心，向前端和后端进行业务拓展。其中，可以利用过往交易流水、企业基本信息、上下游企业信息、行业基础信息等，向前端发展融资服务、理财服务、财务咨询等业务；利用企业目标客户信息、客户支付习惯信息和账户信息、目标行业及目标市场信息等，向后端发展战略规划、电子商务解决方案、线上营销、市场推广等业务，从而进一步实现支付业务的增值和延伸。

部分第三方支付机构已推出的增值服务见图 2-19。

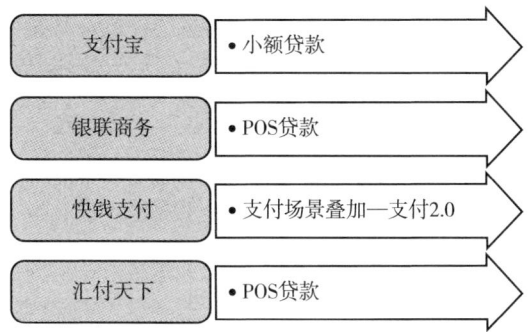

图 2-19 部分第三方支付机构已推出的增值服务

(三) 未来趋势关键词三：并购

随着第三方支付行业的不断发展，行业内积累起来的海量用户数据和广阔的发展前景将吸引越来越多其他行业巨头参与。从 2011 年以来人民银行每年发放的第三方支付牌照数量来看，2014 年发放牌照的步伐已明显放缓（见图 2-20）。在 2015 年初发布的《中国人民银行办公厅关于 2015 年支付结算工作要点的通知》中，已明确"严格支付机构市场准入，鼓励现有机构兼并重组、持续发展健全市场退出机制，研究实施支付机构分类、分级监管"的工作思路。可以预见，未来新增牌照数量将会减少，需要拓展支付渠道的企业可能更多地选择收购已持牌企业。例如，2014 年底万达集团与快钱签署战略投资协议并获得快钱控股权，就是这一趋势的一个缩影。此外，经过不断的市场并购和行业整合，目前没有持续经营能力的部分第三方支付企业甚至会退出市场，从而形成"有进有出"的市场流动特征，逐渐呈现"良币驱逐劣币"的趋势。

(四) 未来趋势关键词四：小额

与传统金融机构处理的支付业务相比，第三方支付机构小额化、高频化趋势明显。从微信支付的使用情况数据也可看出这一趋势，2013 年末到 2014 年末，微信支付的同比增长率达到 332.8%，特别是 2014 年第一季度使用人数从 2751 万人跃升至 7811 万人，增幅达 183.9%，远高于其他季度的增幅（见图 2-21）。

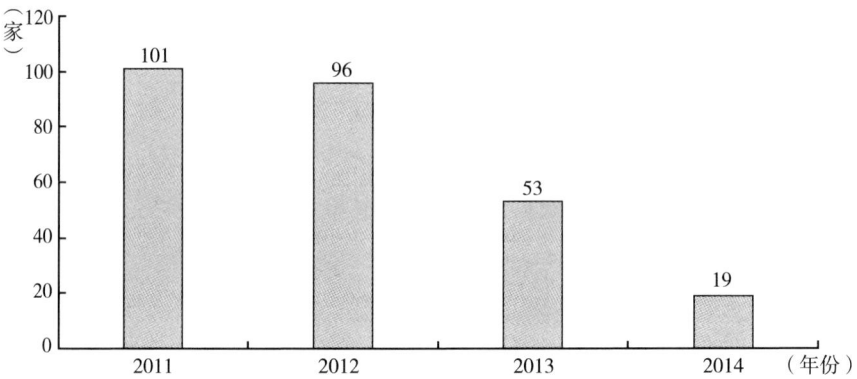

图 2-20　2011～2014 年第三方支付牌照发放情况

资料来源：中国人民银行网站、课题组。

可见，2014 年初微信推出的抢红包活动对其用户人数增长的带动作用强，而类似抢红包活动的小额高频交易正是未来第三方支付机构发展的方向之一。

还需注意的是，对于第三方支付机构的功能本身来说，坚持"小额"也是符合国际主流特点的，但是与我国改革过渡期支付基础上的互联网金融创新相比，则可能会短暂地突破"小额"原则，这一领域的问题挑战是我国所独有的，国外并没有太多可借鉴的先例。因此，如何实现风险与效率的平衡，保持适度合理的监管容忍度，都值得深入研究和思考。

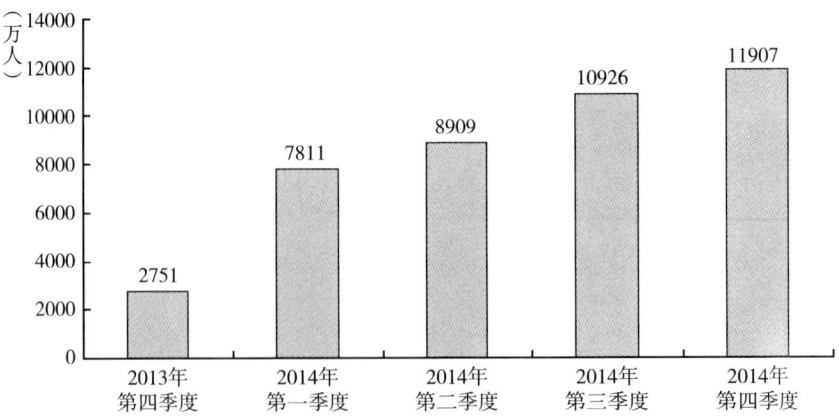

图 2-21　微信支付使用人数

资料来源：财付通、课题组。

（五）未来趋势关键词五：创新

在互联网经济时代，不断创新将是第三方支付机构保持和获取竞争优势的主要手段。可以预见，未来支付机构将以客户为中心，不断挖掘客户需求，增加客户黏性。通过二维码支付、声波支付、指纹支付、短信支付等支付手段创新改善客户体验；通过改进快捷支付流程提高支付便捷性；通过虚拟信用卡、票据电子化等支付模式创新将线下运作模式转为线上，实现线上、线下双向融合；通过无卡支付、虚拟POS机等技术手段创新弱化支付介质，便捷支付操作。

部分第三方支付机构推出的支付创新见图2-22。

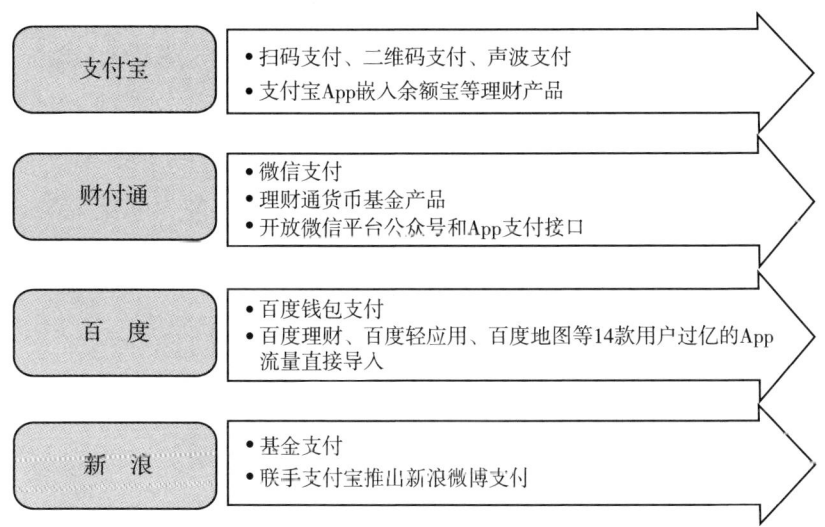

图2-22　部分第三方支付机构推出的支付创新

（六）未来趋势关键词六：规范

未来，在整个第三方支付体系的发展中，规范运行将成为另一条重要主线。在支付产品和服务创新、机构运营和内部管理、备付金的安全保障、与银行业机构的关系等方面，需要建立一个健康、共赢、规范的支付生态协作体系。此外，各方最关注的问题仍旧是在以互联网支持的公共网络系统下，第三方支付既能够给用户提供更有效的支付体验，也会带来一些新的问题，如部分支付企业实际上已经介入清算环节。从长远来看，在新技术的冲击下，各种类型的转接清算组织呈现融合趋势，整个支付清算体系将更具开放性。对以提供网络支付服务为代表的第三方支付企业来说，能够在一定程度上提高小额、零售支付交易的清算效率，并且提供基于大数据的增值服务和信用支持，但与此同时，也面临依据的规则缺位、信息不够透明、结算最终性的信用支撑有所不足等矛盾。

在新技术对整个支付清算不同环节都带来变化的前提下，必然会存在原有规则的适用性变弱，但新规则却依然缺位的问题。关键在于把握可能的风险点，尽快构建以国际惯例为基准、以中国特色为补充的新行业规则。从跨行转接清算组织变革的角度来看，主要需考虑法律风险、系统性风险、运行风险和结算风险，无论是从监管部门还是从具有清算功能的第三方支付企业自身来看，都面临如何促进转接清算业务规范发展的问题。具体对于部分已经介入清算环节的第三方支付企业来说，短期内在仍然缺少市场规则指导的背景下，需要高度重视保持清算环节的透明度、独立性和规范性等，如充分借鉴《金融市场基础设施原则》（PFMI）。

参考文献

杨涛：《第三方支付的转型与监管》，《银行家》2014年第5期。

杨涛：《第三方支付凸显成长性》，《人民日报》2014年5月16日。

中国人民银行支付结算司：《2014年支付体系运行总体情况》，中国人民银行网站，2015年2月12日。

艾瑞咨询网，http://www.iresearch.cn/。

易观智库网，http://www.enfodesk.com/。

Chapter 2　Construction and Operation of China's Third-party Payment System

Abstract: In 2014, the third-party payment platforms continue to maintain good growth momentum. With the rapidly increasing market share and innovation of payment instruments, the third-party payment platforms have already become the necessary financial infrastructure of modern E-commerce and peoples' life. At the same time, there were also some illegal behavior of some third-party payment platforms which damage the public image of the whole industry. The regulatory authorities should improve the relative legal system and supervision mode. In order to be the most dynamic and stable part of China's payment system, the third-party payment platforms should search for some kind of balance between innovation and risk control.

Keywords: Relative Legal System; Mobile Payment; Internet Payment; Quick Response Code

第三章　我国证券清算结算体系的建设与运行

摘　要： 我国证券清算结算体系在2014年总体上保持了运行平稳、业务规模发展迅速的局面。同时，证券清算结算体系建设也在全面推进，诸多领域取得突破性进展，证券清算结算体系的效率和安全均有改善，国际化进程有所加快。本文对我国2014年证券清算结算体系的建设与运行进行了细致的梳理，并结合"新国九条"的相关要求，针对我国证券清算结算体系面临的主要问题提出了一系列相应的改进建议。

关键词： 清算　结算　股票　债券　衍生品

一　2014年我国证券清算结算体系运行情况

从中央债券综合业务系统、中国证券登记结算系统以及银行间市场清算所股份有限公司业务系统[①]来看，2014年我国证券清算结算体系的业务规模发展迅速，总体运行平稳。

（一）中央债券综合业务系统

1. 年度发行总量有所增长

2014年，在中债登登记新发债券1458只，较上年增加308只，同比

---

① 这三大系统通常可以简称为中债登、中证登和上清所。

增长 26.78%；发行量共约 5.95 万亿元，比上年增加 3063.90 亿元，同比增长 5.43%（见图 3-1）。具体来看，政府债券发行 20247.35 亿元，同比增长 6.32%（其中，国债发行 14363.30 亿元，同比增长 7.39%；地方政府债发行 4000.00 亿元，同比增长 14.29%）；政策性银行债发行 22980.52 亿元，同比增长 15.13%；政府支持机构债券发行 1500.00 亿元，与上年持平；受银监会出台《商业银行资本管理办法（试行）》的影响，二级资本工具与商业银行次级债出现了一定程度的替代，商业银行债券发行 834.00 亿元，同比减少 25.34%；二级资本工具发行 3568.50 亿元；非银行金融机构债券发行 632.00 亿元，同比增长 234.39%；企业债券发行 6961.98 亿元，同比增长 46.50%；资产支持证券发行 2793.50 亿元，比上年增加 2684.44 亿元（见图 3-2）。

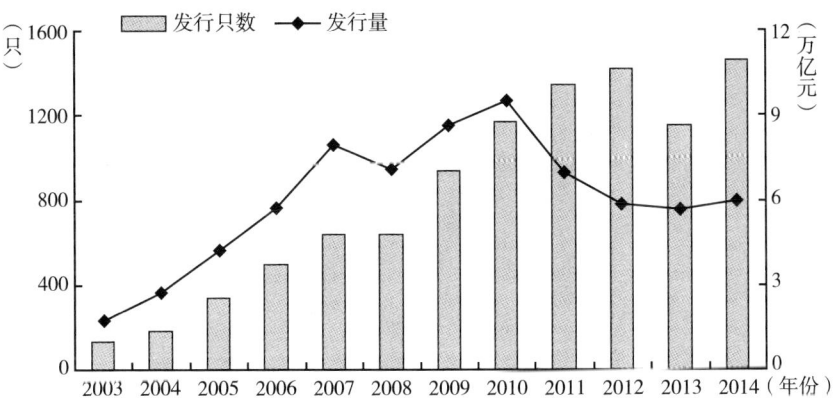

图 3-1　中债登历年发行量变化趋势

资料来源：中国债券信息网。

2. 托管总量继续平稳增加

截至 2014 年底，中债登托管债券总量约为 28.73 万亿元，比上年增加 2.82 万亿元，同比增长 10.88%（见图 3-3）。具体来看，政府债券托管量为 103075.49 亿元，同比增长 12.31%（其中，国债托管量为 85529.55 亿元，同比增长 9.48%；地方政府债托管量为 11623.50 亿元，同比增长

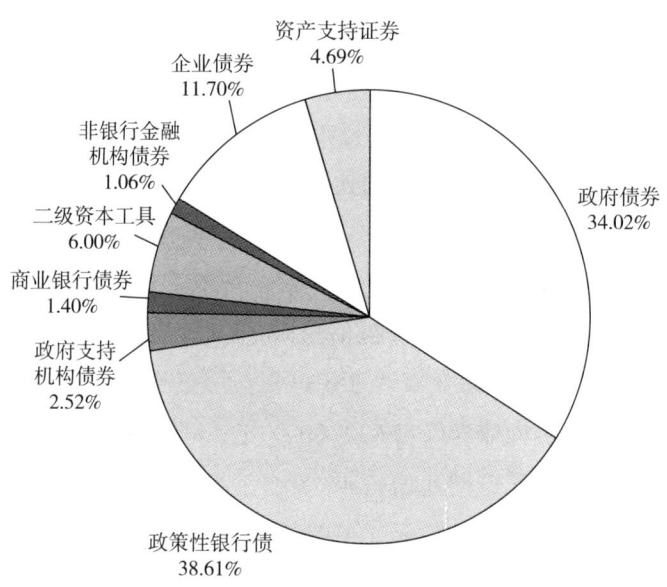

图3-2 中债登2014年各券种累计发行量占比

资料来源：中国债券信息网。

34.91%）；央行票据托管量为4281.72亿元，同比减少22.46%；政策性银行债托管量为99574.40亿元，同比增长12.13%；政府支持机构债券托管量为11025.00亿元，同比增长12.50%；商业银行债券托管量为12533.65亿元，同比减少3.13%；二级资本工具托管量为3583.50亿元，比上年增加3568.50亿元；非银行金融机构债券托管量为451.00亿元，同比增长24.59%；企业债券托管量为29366.51亿元，同比增长25.72%；资产支持证券托管量为2688.93亿元，比上年增加2517.54亿元；中期票据托管量为20634.80亿元，同比减少21.61%；集合票据托管量为50.67亿元，同比减少44.67%；国际机构债券托管量为31.30亿元，与上年持平（见图3-4）。

3. 现券交易规模略有下降，回购交易活跃度明显上升

2014年中债登总计结算量为244.53万亿元，同比增长24.84%。其中，现券交易结算量为30.98万亿元，同比减少16.16%；回购交易结算量为213.55万亿元，同比增长34.37%（见图3-5）。

第三章 我国证券清算结算体系的建设与运行

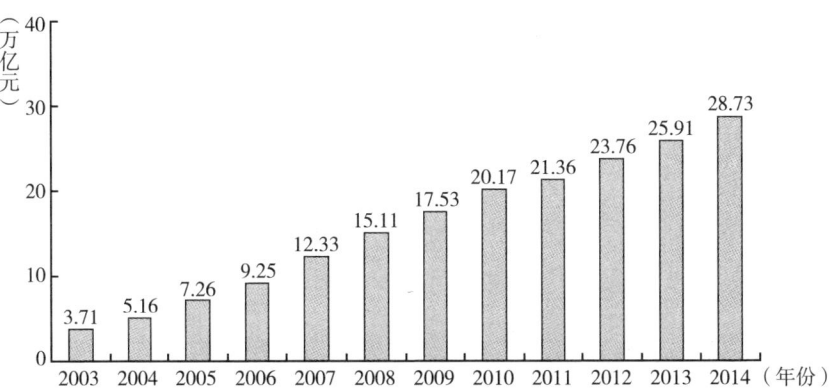

图 3-3 中债登历年托管量变化趋势

资料来源：中国债券信息网。

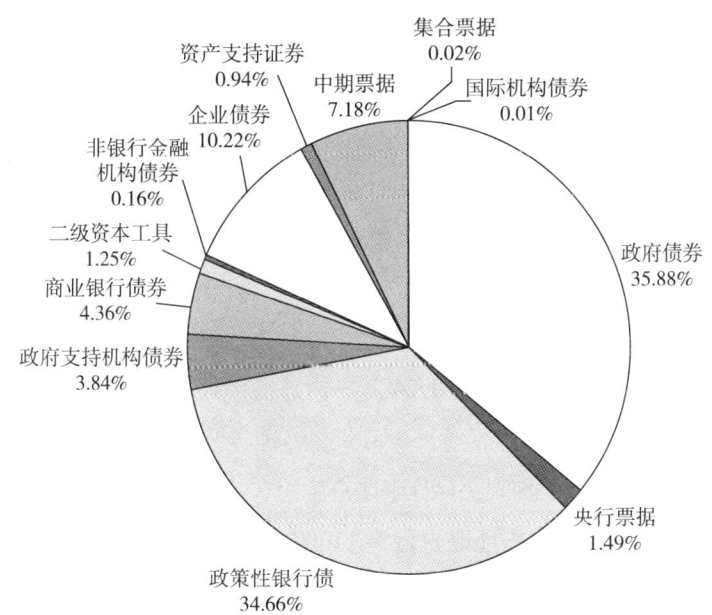

图 3-4 中债登 2014 年各券种托管量占比

资料来源：中国债券信息网。

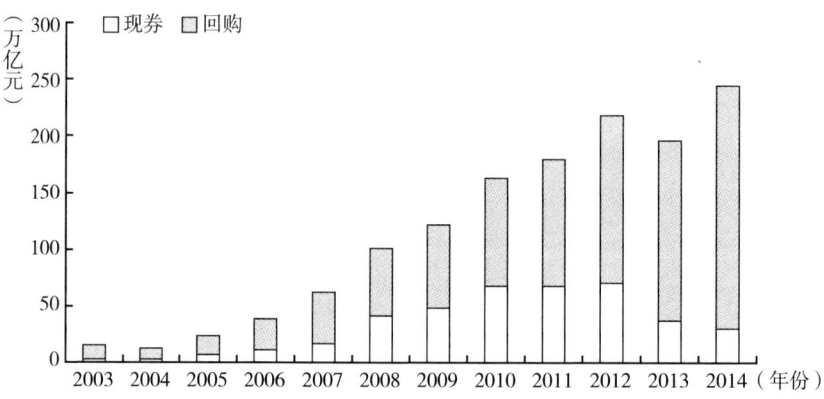

图3-5 中债登历年结算量变化趋势

资料来源：中国债券信息网。

（二）中国证券登记结算系统

1. 新开账户数大幅增加

2014年全年新开股票账户约950.92万户，比上年增加458.02万户，同比增长92.92%。其中，新开A股账户949.18万户，比上年增加457.91万户，增长93.21%（见图3-6）；新开B股账户1.74万户，比上年增加0.11万户，增长6.75%。

截至2014年底，期末股票账户数为18401.17万户。其中，期末A股账户数为18145.62万户，比上年增加882.24万户，增长5.11%；B股账户数为255.55万户，比上年增加1.29万户，增长0.51%。经证券公司核实、申报的休眠账户数为4186.48万户。股票账户去除休眠账户后的有效账户数为14214.69万户。

截至2014年末，一码通账户数为11607.63万户，下挂A股子账户的一码通账户数为7216.83万户。

2. 登记存管的主要证券数量稳步增加

截至2014年末，中证登登记存管的证券数达到6330只，比上年增加1261只（见图3-7）。其中，A股2593只，比上年增加124只；B股104只，比上年减少2只；国债189只，比上年增加12只；地方债7只，比上

第三章 我国证券清算结算体系的建设与运行

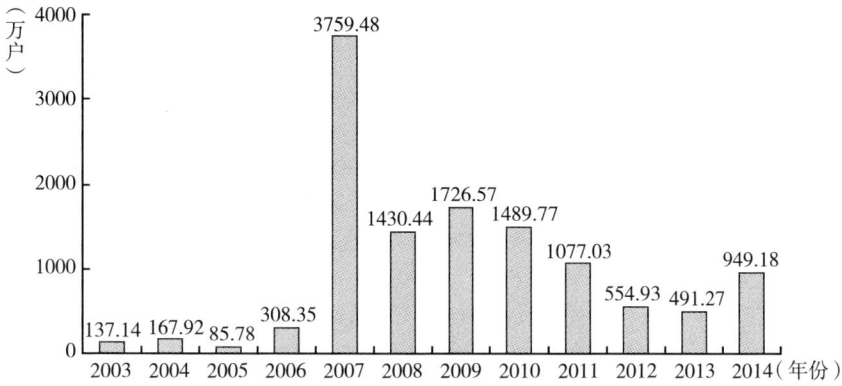

图3-6 历年新开A股账户数变化趋势

资料来源：中证登公司网站。

年增加1只；政策性金融债3只；企业债1503只，比上年增加523只；公司债687只，比上年增加469只；可转债30只，比上年增加3只；分离式可转债2只，比上年减少8只；中小企业私募债613只，比上年增加299只；封闭式基金14只，比上年减少23只；ETF 104只，比上年增加19只；LOF 388只，比上年增加82只；实时申赎货币基金10只，比上年增加2只；资产证券化产品83只，比上年增加57只（见图3-8）。

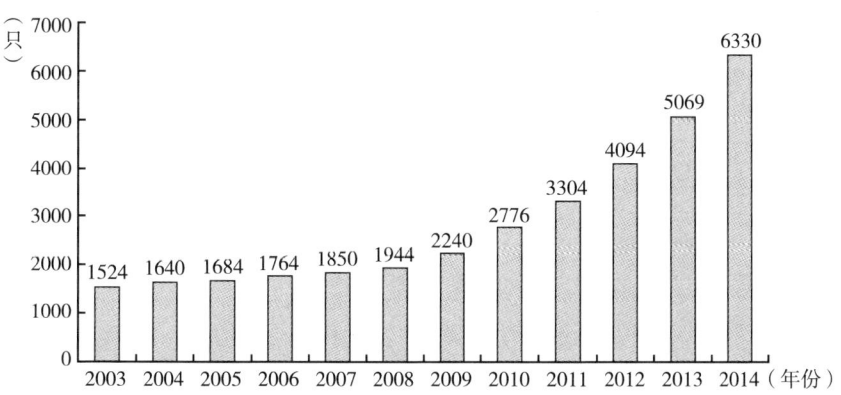

图3-7 中证登历年登记存管证券数量变化趋势

资料来源：中证登公司网站。

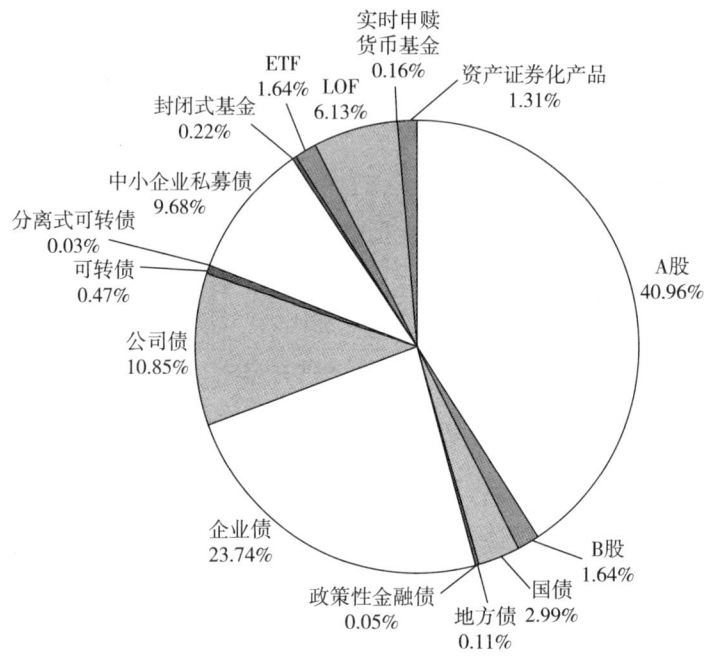

图3-8 中证登2014年登记存管证券数量占比

资料来源：中证登公司网站。

截至2014年末，中证登登记存管的证券面值为65747.20亿元。其中，已上市A股流通面值为32586.90亿元，B股流通面值为276.16亿元，限售流通股面值为4020.54亿元，非流通股面值为4.12亿元，国债面值为2653.35亿元，地方债面值为17.10亿元，政策性金融债面值为300.00亿元，企业债面值为10669.59亿元，公司债面值为9996.06亿元，可转债面值为1153.18亿元，分离式可转债面值为98.00亿元，中小企业私募债面值为1085.20亿元，封闭式基金面值为284.49亿元，ETF面值为808.24亿元，LOF面值为1340.06亿元，实时申赎货币基金面值为209.92亿元，资产证券化产品面值为244.29亿元（见图3-9）。

2014年末，中证登登记存管的证券总市值为405665.80亿元，已上市流通市值为357567.48亿元。其中，已上市A股流通市值为324670.38亿元，B

第三章 我国证券清算结算体系的建设与运行

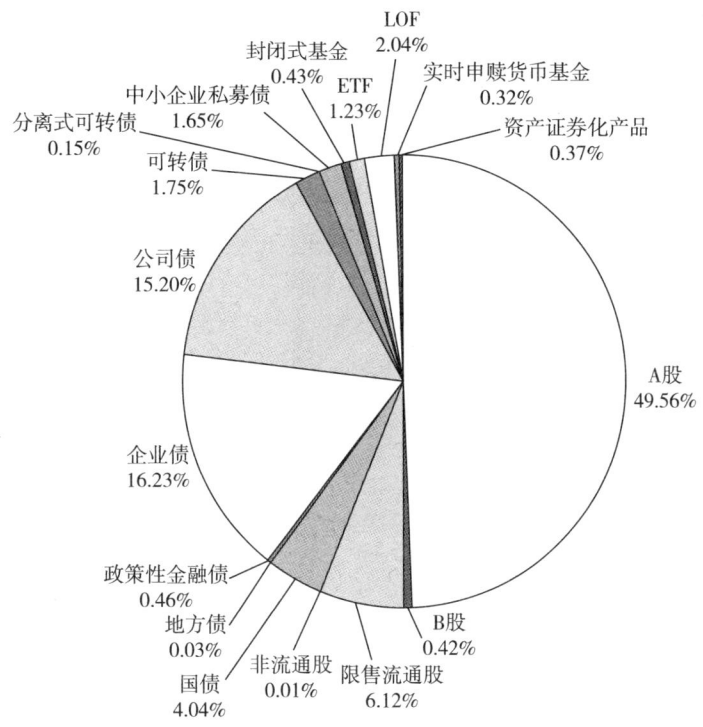

图 3-9 中证登 2014 年登记存管证券面值占比

资料来源：中证登公司网站。

股流通市值为 1713.99 亿元，国债市值为 2661.03 亿元，地方债市值为 17.10 亿元，政策性金融债市值为 314.61，企业债市值为 10853.22 亿元，公司债市值为 9953.40 亿元，可转债市值为 1695.24 亿元，分离式可转债市值为 93.45 亿元，中小企业私募债市值为 996.21 亿元，封闭式基金市值为 200.71 亿元，ETF 市值为 2477.78 亿元，LOF 市值为 1434.06 亿元，实时申赎货币基金市值为 267.69 亿元，资产证券化产品市值为 218.61 亿元（见图 3-10）。

3. 结算总额和结算净额均显著增加

2014 年中证登的证券结算总额为 541.36 万亿元，同比增加 186.06 万亿元，增幅为 52.37%；结算净额为 23.79 万亿元，同比增加 10.17 万亿元，增幅为 74.67%（见图 3-11）。

063

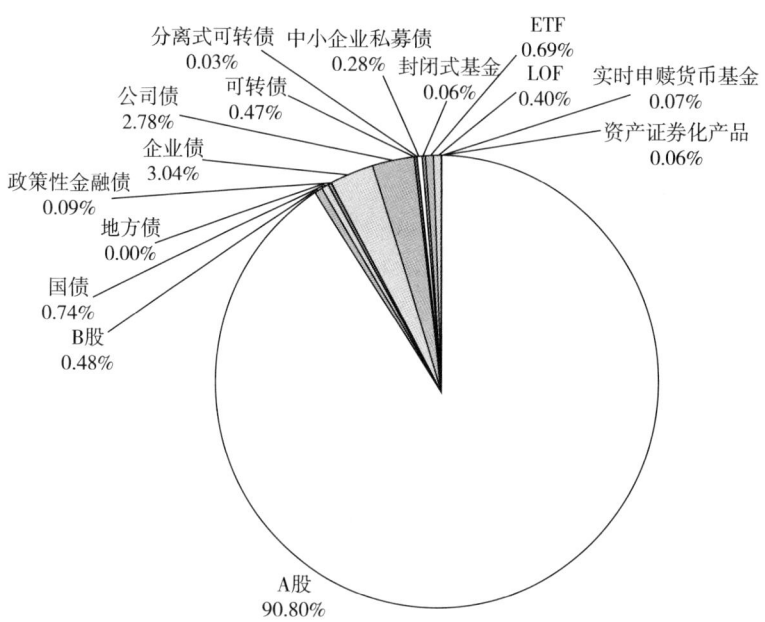

图 3-10 中证登 2014 年登记存管证券流通市值占比

资料来源：中证登公司网站。

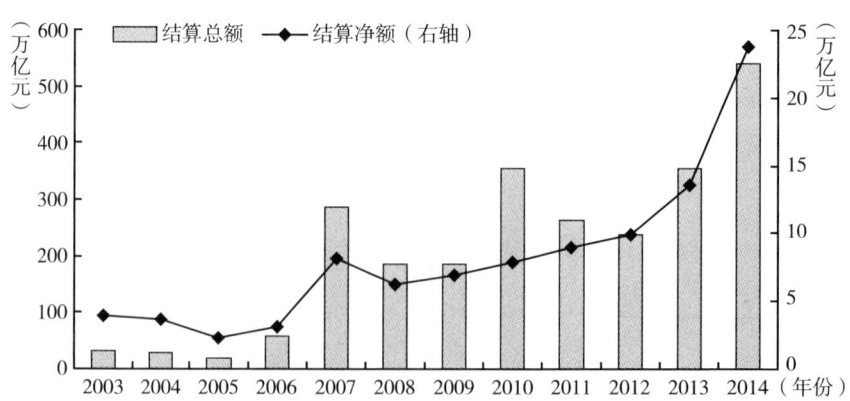

图 3-11 中证登历年结算总额和结算净额变化趋势

资料来源：中证登公司网站。

（三）银行间市场清算所股份有限公司业务系统

1. 年度发行总量显著增长

2014年在上清所登记新发债券4698只，比上年增加2698只，同比增长134.90%；发行量共约5.55万亿元，比上年增加2.76万亿元，同比增长99.19%（见图3-12）。其中，超短期融资券发行10996.00亿元，同比增长45.93%；短期融资券发行10521.53亿元，同比增长26.39%；中期票据发行9368.40亿元，同比增长272.34%；中小企业区域集优票据发行4.30亿元，同比减少92.98%；非公开定向债务融资工具发行10230.16亿元，同比增长80.49%；资产支持票据发行89.20亿元，同比增长85.83%；项目收益票据发行8.00亿元；政府支持机构债券发行600.00亿元，同比增长200%；资产管理公司金融债发行425.00亿元，同比增长254.17%；证券公司短期融资券发行4246.90亿元，同比增长41.76%；同业存单发行8975.60亿元，比上年增加8635.60亿元（见图3-13）。

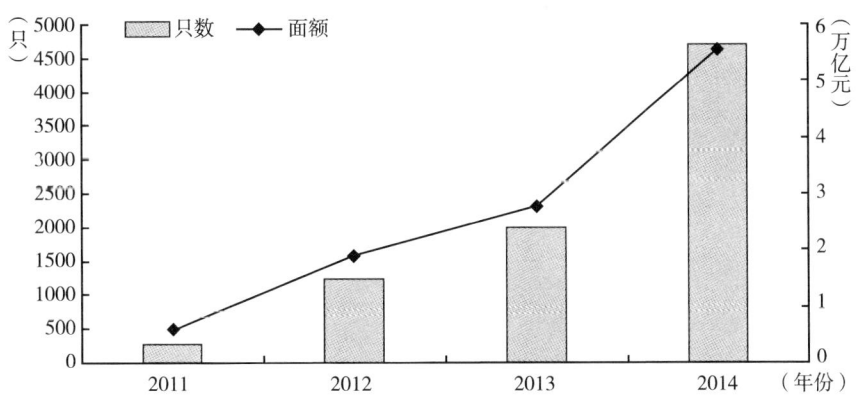

图3-12 上清所历年债券发行量变化趋势

资料来源：上清所网站。

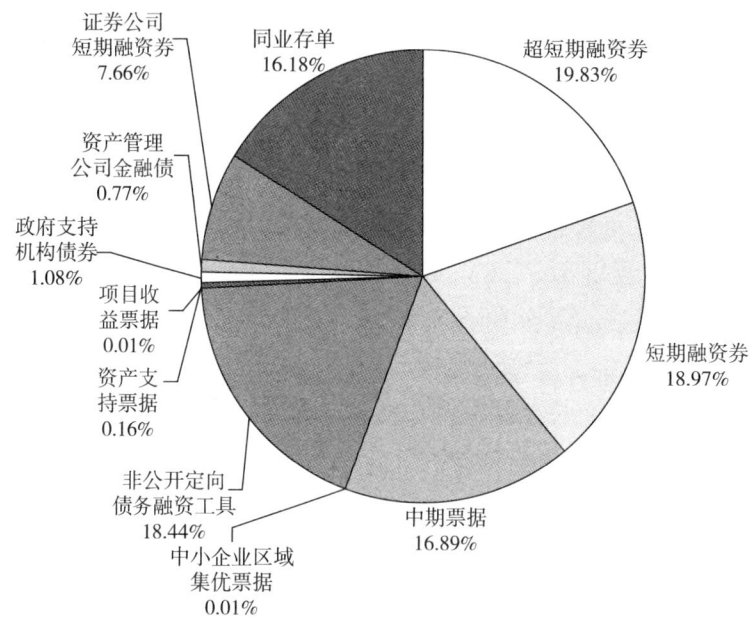

图 3-13 上清所 2014 年各券种累计发行量占比

资料来源：上清所网站。

2. 托管总量大幅增长

截至 2014 年 12 月末，在上清所托管的债券总量约为 5.57 万亿元，比上年增加 2.86 万亿元，同比增长 105.39%（见图 3-14）。其中，超短期融资券托管量为 6999.50 亿元，同比增长 48.01%；短期融资券托管量为 10365.95 亿元，同比增长 22.76%；中期票据托管量为 11876.50 亿元，同比增长 372.02%；中小企业区域集优票据托管量为 88.32 亿元，同比减少 11.02%；非公开定向债务融资工具托管量为 17706.24 亿元，同比增长 87.74%；资产支持票据托管量为 171.40 亿元，同比增长 75.26%；项目收益票据托管量为 8.00 亿元；政府支持机构债券托管量为 650.00 亿元，同比增长 160.00%；资产管理公司金融债托管量为 645.00 亿元，同比增长 193.18%；信贷资产支持证券托管量为 62.21 亿元，同比减少 65.98%；证券公司短期融资券托管量为 1133.90 亿元，同比增长 40.00%；同业存单托管量为 5995.30 亿元，同比增长 1663.32%（见图 3-15）。

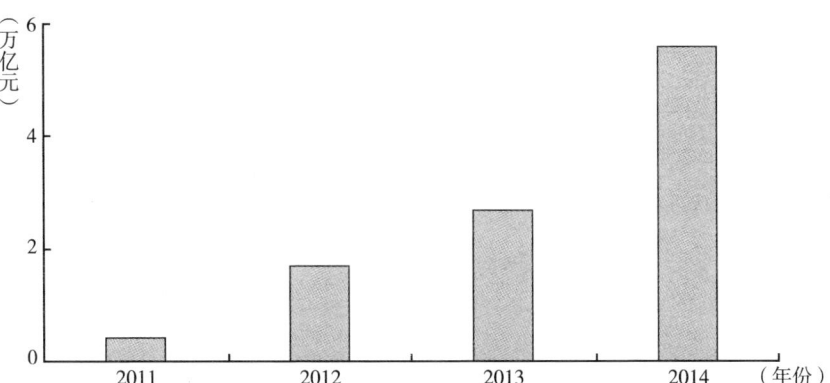

图 3-14 上清所历年托管量变化趋势

资料来源：上清所网站。

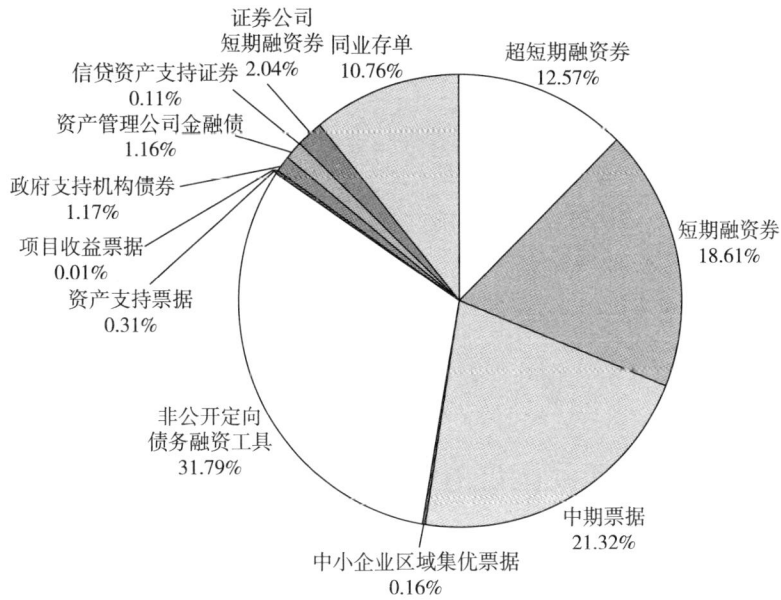

图 3-15 上清所 2014 年各券种托管量占比

资料来源：上清所网站。

3. 现券、回购清算量均明显上升

2014年,上清所累计交易清算量为24.52万亿元,同比增长24.84%。其中,现券清算量为8.55万亿元,同比增长51.82%;回购清算量15.98万亿元,同比增长185.55%(见图3-16)。

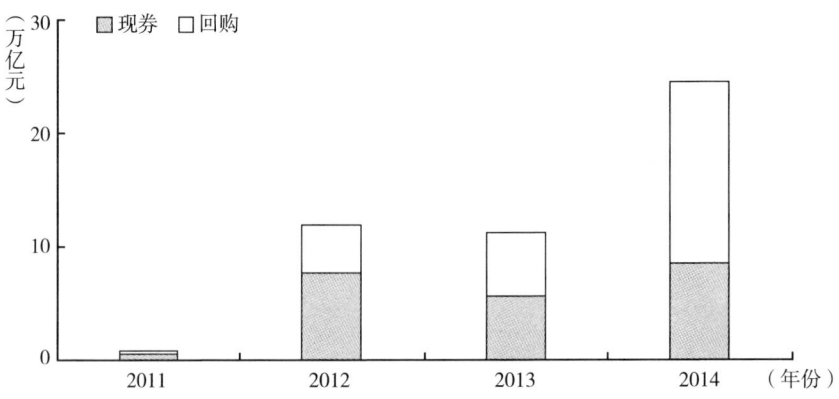

图3-16 上清所历年现券、回购清算量变化趋势

资料来源:上清所网站。

4. 中央对手方清算业务高速增长

2014年,中国场外金融市场中,以中央对手方清算为代表的净额清算业务规模达到19.63万亿元,同比增长72.80%。全年在外汇及衍生品、利率衍生品、大宗商品衍生品上均有新的清算服务推出,较好地满足了市场需求。详见本书第九章"场外金融市场中央对手方清算机制的建立与发展"。

二 2014年我国证券清算结算体系的建设与完善

在"新国九条"的指引下,2014年我国证券清算结算体系建设全面推进,诸多领域取得突破性进展,证券清算结算体系的效率和安全均有改善,国际化进程也有所加快。下面对2014年我国证券清算结算体系建设方面的主要进展进行简要介绍和分析。

（一）沪港通加速资本市场国际化进程

2014年11月17日，备受关注的沪港通正式启动，这标志着中国资本市场对外开放迈出了实质性步伐。沪港通全称为"沪港股票市场交易互联互通机制试点"，是指上海证券交易所和香港联合交易所有限公司通过建立技术连接，允许两地投资者通过当地证券公司（或经纪商）买卖规定范围内对方交易所上市的股票。其主要由沪股通和港股通两部分组成：沪股通是指投资者委托香港经纪商，经由香港联合交易所设立的证券交易服务公司，向上海证券交易所进行申报（买卖盘传递），买卖规定范围内上海证券交易所上市的股票；港股通是指投资者委托内地证券公司，经由上海证券交易所设立的证券交易服务公司，向香港联合交易所进行申报（买卖盘传递），买卖规定范围内香港联合交易所上市的股票。与原来的以资产管理公司为载体的QFII等相比，沪港通极大地降低了交易成本，提高了效率及安全性。舆论普遍认为，对于我国资本市场而言，沪港通的开通具有里程碑式的意义，其撬动了资本市场对外开放的大局，推动了资本项目开放的进程，加快了人民币的国际化步伐。

表面上看，沪港通是前台的交易所之间的连接，但在其背后发挥更为基础性作用的，则是清算结算体系的连接。不少人认为沪港通似乎只准备了半年时间便成功启动，但事实上与前台的技术连接相比，后台的制度连接远为复杂。作为后台的中国证券登记结算有限责任公司和港交所旗下的香港中央结算有限公司自2009年起便着手开展了"内地与香港跨境交易结算直连模式"的合作研究工作。由于内地与香港在证券清算结算方面的制度差异较大，所以双方成立联合研究组，针对互联互通进行了五次深入的研究：第一次主要探讨双方最为切实可行的连接方式；第二次主要针对双方账户体系方面的差异，其中最主要的区别在于香港市场实施以间接持有方式为主的多级持有体系，因此投资者不会出现在股东名册之中，这与内地显著不同；第三次主要针对双方交易机制及交易习惯方面的差异，如节假日、交易时间等的差异，涨跌停、融资融券等的不一致；第四次主要针对双方公司行为方面的差异,如香港公司在分红时可由股东在现金与股票之间自行选择;第五次主要针对双方风险管理方面的差异,相比较而言,香港风控制度安排基本上与国际接轨,而内地则尚存一些具有中国特色的风控制度安排。在五次集中研究的基础上,2012年底,对于上述提及的主要方面及其他方面差异的解决方案,双方基本达成共识,互联互通的基本框架得以敲定。随后,双方前台的交易所以及后台的托管结算机构共同努力,一方面与各方管理部门沟通协调,推动方案落地;另一方面则加快启动技术系统的开发。2014年4月10日,李克强总理在亚洲博鳌论坛上正式宣布将开启上海、香港股票市场的互联互通;当天中午,中国证券监督管理委员会与香港证券及期货事务委员会联合发布公告,公布了上海证券交易所与香港联合交易所准备进行沪港通的具体规定,自此沪港通正式进入公众的视野。2014年9月13日,上交所、中证登、香港交易及结算所有限公司组织两地会员进行沪港通全市场性能及切换测试。2014年11月10日,中国证券监督管理委员会、香港证券及期货事务监察委员会决定批准上交所、中证登、香港联合交易所有限公司、香港中央结算有限公司正式启动沪港股票交易互联互通机制试点。2014年11月17日,沪港通正式启动。

沪港通自开通以来交易并不十分活跃,特别是由于股票所有权和交易结算等机制方面的原因,很多国外大型基金经理对沪港通采取观望态度,并继续依赖建立已久的QFII配额制度进入中国金融市场。不过对于这种双向、全方位、封闭运行、可扩容、风险可控的创新架构来说,平稳运行实际上是初期的最基本要求。随着后续在制度方面的不断完善,沪港通的优势会越发显现。沪港通的主要价值在于其"试验田"的作用,具体到证券清算结算领域,一方面,相应的交易、结算机构以及监管部门通过准备、运行以及完善沪港通,积累了国际合作经验;另一方面,面对沪港通运行中出现的种种机制问题,势必进一步倒逼推动国内交易、清算、结算规则与国际接轨。可以预测,沪港通的成功开通必将为资本市场的进一步开放奠定基础。

（二）"平安1号"探索债市互联互通新模式

2014年6月15日，上交所和中债登分别发布《关于平安银行1号小额消费贷款资产支持证券交易有关事项的通知》和《关于为"平安银行1号小额消费贷款资产支持证券"提供发行支持、登记、托管及结算服务相关事项的通知》，这意味着首只亮相上交所的信贷资产证券化产品即将启动发行。平安银行1号小额消费贷款资产支持证券（以下简称"平安1号"）的总发行规模为26.31亿元，发行人及受托机构均为华能贵诚信托，主承销商为国泰君安证券。2014年6月16日，央行因"平安1号"没有事前报备而暂缓其发行。2014年6月23日，"平安1号"正式获准发行并实现超额认购，信贷资产证券化产品登陆上交所的首次试水终落地。

不过央行的紧急叫停一度在市场上引起轩然大波，舆论哗然，业内激辩。"平安1号"之所以引起如此大的反响，源于其突破性的创新。"平安1号"的主要创新点在于跨市场的交易结构和发行方式，且单独在交易所上市。正因为此，其在发行审批模式上有所突破，突破了以往由央行与银监会共同审批的制度，在银监会审批之后便直接到交易所上市交易，这就绕过了央行。此外，中债登在没有取得央行批复的情况下就试图进行多重跨市场托管，这也可看作对现有多头监管体制的挑战。

"平安1号"的成功发行，一方面有利于拓宽信贷资产支持证券的发行渠道，也将进一步推进监管机制的协调和整合；另一方面对于我国债券市场来说，这同样意味着迈出了银行间债券市场与交易所债券市场互联互通的重要一步。以往的国债、地方政府债券和企业债均是通过转托管来实现两个市场之间的流动的，"平安1号"则探索了一种新的互联互通模式和市场组织模式，即在交易所上市交易，却由中债登负责登记、托管、结算，并且交易方式为券款兑付。虽然这种模式在效率、安全以及适用范围方面均有待于进一步检验，但不可否认，这也是市场化探索中的一次重要尝试。

(三)场外衍生品集中清算业务扩容

场外金融衍生产品市场过度发展且不受监管,是次贷危机爆发的主要原因之一。以往场外市场的交易在达成后由交易双方自行清算,使其风险敞口以及交易对手方信用风险并不透明,这成为系统性风险产生的根源。同时,场外金融衍生品市场具有全球化的特点,大量涉及跨境交易,因缺乏监管而造成的危害会进一步凸显。危机爆发后,G20 领导人系列峰会对场外金融衍生品改革达成共识,推进场外金融衍生品集中清算,成为金融改革的主要目标之一。各国监管部门纷纷出台了针对场外衍生品集中清算的相关要求,以兑现 G20 峰会的承诺。2014 年 1 月 28 日,中国人民银行发布《关于建立场外金融衍生产品集中清算机制及开展人民币利率互换集中清算业务有关事宜的通知》,宣布将对银行间市场场外金融衍生品实施集中清算,赋予上海清算所"合格中央对手方"的地位,并明确了中国金融衍生品集中清算的相关政策。自此,我国正式建立起场外金融衍生产品集中清算的机制。2014年 7 月 1 日,上清所开始对银行间市场份额最大的场外衍生品人民币利率互换交易实行强制集中清算,这意味着我国在场外金融衍生品集中清算方面迈出了重要一步,我国也成为继美国、日本之后第三家实行场外衍生品强制集中清算的国家。2014 年 8 月 4 日,上清所开展国内首批场外大宗商品金融衍生品人民币铁矿石掉期和人民币动力煤掉期中央对手方清算业务,这可视为上清所自利率互换后集中清算业务的首次扩容。2014 年 11 月 3 日,上清所推出人民币外汇交易中央对手方清算业务,包括外汇即期、远期和掉期三个产品,基本上囊括了银行间外汇市场中的绝大部分交易。更详细的情况可参见本书第九章"场外金融市场中央对手方清算机制的建立与发展"。

(四)一码通上线推进证券账户整合

在经过两年的准备之后,被视为"中国资本市场高速公路"的一码通账户于 2014 年 10 月 8 日正式上线。统一账户平台上线至今运行较为平稳,特别是此期间还经受住了自 2014 年底开始的新一轮牛市的考验。

由于历史原因,我国资本市场登记结算后台基础设施的技术业务平台是依照市场的不同而分别设置的,仅中证登就分别在上海、深圳和北京有三套开户系统,并且这三套系统相互隔离,不仅存在重复建设、标准不统一、市场效益不高等问题,而且也使得监管者及金融机构难以获得透明、完整的市场信息。证券账户整合工作便是通过为投资者配发一码通账户,利用统一识别码将其不同的证券账户,诸如沪深 A 股和 B 股、基金、新三板等账户,与统一的一码通账户相关联,从而实现投资者证券资产统一登记、身份统一识别、信息统一归集的目的。同时,建立统一的账户平台,实行账户业务的集中运行,将账户业务的规则进行统一,从而使得各层次的市场账户体系得以实现标准化、统一化,在不同层次之间建立起有机的联系,这将会使市场效率得到极大的提升。作为总账户,一码通对于投资者来说仍实行"一人一户",但是挂在其下的各种证券子账户则逐渐不再受"一人一户"的制约,也就是说,将逐渐允许投资者开立数个同类别的子账户。2015 年 4 月 13 日,A 股市场"一人一户"限制全面放开。

对于投资者来说,一码通可以向其清晰地呈现账户全貌,投资者可据此更加方便地查看其各种证券账户的信息,更加方便地办理各项业务。同时,全面统一的账户业务规则及处理流程,也使得原本存在的市场账户业务差异被消除,有利于提高投资者办理账户业务的效率。对于券商而言,一码通的推行将有利于其对客户风险的识别,便于其进行投资者适当性管理。同时,在集中数据的基础上,也有利于其提供服务精准、量身打造的创新金融产品,从而推动整个行业的创新转型。对于监管者来说,投资者的各种账户被统一关联到一码通账户之下,使监管者可以得到更加完整且透明的交易信息,这有利于监管成本的降低以及监管盲区的减少。作为建设多层次资本市场过程中的一项至关重要的基础性工作,未来一码通账户的覆盖范围必将进一步拓宽。

(五)国债充抵期货保证金业务破冰

2014 年 12 月 26 日,中金所发布修订后的交易及结算细则,宣布将开展国债作为国债期货保证金业务试点,自 2015 年 1 月 1 日起实施。当日,中债登发布了《国债作为期货保证金业务债券质押操作指引》。

使用有价证券来充抵期货保证金是境外期货市场的普遍做法，特别是使用流动性好、处置成本低、价值稳定且容易确定的国债。随着我国金融期货品种越来越丰富，金融机构对国债充抵期货保证金业务的需求逐渐增强。2007年，中国证监会发布了《期货交易所管理办法》，明确了期货交易所可以接受有价证券充抵保证金，这为交易所的后续执行预留了空间。国债冲抵保证金业务参考了业已开展多年的商品期货仓单充抵期货保证金的运作实践，但与标准仓单交易所内质押相比，可参与国债充抵期货保证金的投资者范围更广，同时国债充抵保证金业务的成本也要低于标准仓单质押业务。

国债充抵期货保证金不仅可以使期货交易的成本降低、市场效率得以提升，而且也可以更好地服务于机构投资者，有利于持有国债的投资者更为有效、便利地管理风险，降低国债期现两端的对冲风险。实际上，除国债外，在一些境外成熟市场中，会有更多种类的有价证券可充抵衍生品交易的保证金，而此次国债充抵期货保证金业务试点则是我国在此领域的一次重要探索。虽然试点期在额度等方面仍有许多限制，同时用国债冲抵保证金业务也仅限于国债期货，但是此次业务试点将有助于相关机构及部门理顺有价证券充抵保证金的业务流程，完善相关制度及管理体系，进一步与国际市场接轨。

（六）证通股份欲打造"证券版银联"

在互联网金融热潮的影响下，支付成为国内金融创新集聚的重点领域。不少券商瞄准于此，积极布局支付功能，推动综合金融服务。考虑到各券商单打独斗式的创新存在诸多限制和瓶颈，由国泰君安、中信证券等国内大券商牵头，聚集了约30家一线证券期货经营机构试图共同建立"证券版银联"，希望集结全行业的力量和资源，实现证券行业客户资金账户的联网互通，从而达到增强证券账户支付功能的目的。其在2014年5月将申请方案正式报至证监会机构部。2014年底，神秘的"证券版银联"逐渐被曝光。为了与此前由华创证券推动的证联支付相区别，由中信证券和国泰君安牵头组建的"证券版银联"正式命名为"证通股份有限公司",并于2015年1月8日在上海自贸区注册成立,注册资本为12.25亿元。证通股份首批共有36家发起人股东,包括20家券商、9家基金公司、4家期货公司、2家阳光私募公司以及中证登。此后在短短三个月时间内便"火线"推进第二轮增资扩股,据悉股东数量将扩充到超过70家,总股本金突破20亿元,包括多家知名第三方机构也参与其中。

按照设想,证通股份通过实现证券行业账户体系的联网互通,从而为证券行业开展电子商务提供支持,为证券客户综合理财提供便利。此外,证通股份还将支持证券行业开展股权众筹业务。其计划的收付通道包括商业银行、第三方支付、农信银和城商银、中证登的客户结算备付金以及一码通等账户系统。不过对于证通股份来说,若要成功实现其设想,仍有许多问题亟待解决,特别是要理清客户交易资金与第三方存管的关系,因为《证券法》有"客户资金存管在银行"的明确规定。

目前虽然证通股份已注册成立,但按照计划,其综合理财功能上线投放的截止日期为2015年底,因此我们仍需拭目以待,看其最终以怎样的形式实现联网互通、综合理财的设想。但是不可否认,证通股份的成立是在完善证券账户支付功能方面的一次极其重要的探索。

三 我国证券清算结算体系面临的主要问题

(一)市场互联互通仍有待加强

债券市场分割问题依旧存在。从登记结算方面来看,中证登负责交易所市场,以上市公司债券为主。中债登专注于国债等高信用级别债券的托管,上清所则专注于公司信用债券和创新产品的托管。较为明确的机构分工格局已初步形成,这在一定程度上满足了不同层次投资者的差异化需求。然而,一些体制机制方面的因素造成几方之间的互联互通仍然存在障碍。这尤其体现在交易所与银行间的转托管业务上,手续烦琐、手工办理的转托管业务与高效、自动化处理的交易结算之间形成鲜明对比，无形中增加了交易的成本，不仅带来效率上的损失，而且也形成同质产品在不同市场间的价格差异，有碍于市场整体功能的发挥。此外，监管的差异也催生了套利的空间，这尤其体现在一些产品性质趋同的信用债上，如企业债、公司债、非金融企业债务融资工具等，选择以何种形式在哪里发行，考虑的主要因素之一可能就是要绕过一些监管规则的限制。

交易所市场与区域股权市场之间同样存在分割问题。完善区域股权市场是建设多层次资本市场中不可或缺的一部分，可以有效促进企业特别是中小微企业的股权交易和融资，鼓励科技创新，激活民间资本，加强对实体经济薄弱环节的支持。但是在很多地方，为满足个性化的需求，促进区域股权市场的快速发展，往往并不选择在中证登记结算，而是选择交易清算结算前后台一体化，这使得市场割裂、碎片化问题显现，不仅不利于场外信息的集中透明，而且也会降低市场的流动性与效率。同时，区域股权市场的监管基本上是由地方政府而非证监会负责，监管规则各不相同，这也存在风险隐患。

（二）风险管理有待进一步完善

2014年，央行和证监会大力推进PFMI的评估工作，同时令人瞩目的沪港通也正式开通。无论是对照PFMI的相关原则，还是总结与香港证券清算结算制度方面的差异，都能发现目前我国证券清算结算体系在风险管理方面还有进一步完善的空间。

总体来看，一方面，我国的证券清算结算体系具有良好的风控能力，但其中仍存在一些独特的非市场化的风控机制，随着市场导向的金融体制改革的进一步推进，一些隐患便有可能暴露出来。例如，目前交易所市场的结算安排是通过比较独特的第三方存管机制来模仿券款对付，从消除本金风险的效果来看，其也得到了世界银行和IMF评估的认可。但是随着未来逐步允许银行破产和放开券商牌照，这种变相的券款对付安排便可能存在风险隐患。

另一方面，目前的一些非市场化的风控机制也略显粗放，使得风险管理在许多方面很难做到精细化，如确定保证金额度等。虽然从效果上看风险确实得到了有效控制，甚至低于国外更为成熟的市场，但其代价却是效率的损失。

一些可能与证券清算结算相关的法律也有待进一步明确和完善。例如，在担保品快速处置方面，《物权法》与《担保法》在表述上存在不一致之处。又如，结算最终性可能与《企业破产法》关于无效行为等方面的规定有冲突。此外，当交易出现违约时，尚无标准化的处理程序。在运行风险方面，目前国内的制度安排也与国际要求稍有差距，这尤其体现在对备用站点软硬件以及人员配备的要求上。

（三）对外开放合作尚存制度障碍

国内现有的关于证券清算结算方面的制度安排以及法律环境在不少方面与国际并不完全接轨，阻碍了我国证券清算结算体系与其他国家的互联互通。虽然沪港通对于推动国内资本市场对外开放具有里程碑式的意义，但我们仍能从沪港通推出的艰苦历程中看出这种制度差异为双向开放带来的困难。同时，这种法规差异以及其他种种因素，又使得中国没有加入如《关于间接持有证券的海牙公约》等国际公约，这也在一定程度上影响了中国与其他国家在证券清算结算领域的深度合作。

四 我国证券清算结算体系的完善思路

我国的证券清算结算体系建设正处于高速发展时期，针对目前主要存在的一些问题，结合"新国九条"的相关要求，我们认为主要可从以下几个方面加以改进。

第一，鼓励在统一制度规则下的市场化探索。从国际经验来看，在证券清算结算领域何种市场结构或何种分工格局最为有效，事实上并无确定答案。或许清算结算环节的适度集中有利于发挥规模效应，或许将清算结算环节一体化有利于提升效率，也或许引入适度竞争或将不同环节有效隔离可以防止风险过度集中。在这种情况下，市场化的探索便极为重要。应鼓励清算结算机构以市场为导向探索新的业务模式，促使清算结算机构在更为包容的环境中形成合理的分工格局，从整体上提升我国证券清算结算效率。但前提是需加强监管协调，统一市场准入、运营或退出的规则标准，形成竞争有序的局面，避免出现低效竞争和功能割裂。

第二，加强托管结算机构间的互联互通。目前，债券转托管在发达国家普遍存在并运转流畅，从技术上理应可以实现转托管实时到账。对于债券市场，应支持债券品种在不同市场的交叉挂牌及自主转托管机制，促进债券跨市场顺畅流转；推动托管结算机构信息共享、顺畅连接，加强互联互通，努力提高债券跨市场转托管效率；支持监管机构逐步强化对债券登记结算体系的统一管理，防范系统性风险。对于证券市场，应加强场内场外市场间的互联互通，统一标准，集中数据。

第三，协调清算结算的安全与效率。应加快完善金融市场基础设施相关法律法规，落实PFMI提出的原则；逐步完善市场化的风控机制，促使风险管理逐渐精细化；在场外衍生品市场进一步推进中央对手方清算模式，以市场化方式管理场外市场风险；进一步探索有价证券冲抵保证金业务，以提高市场效率。

第四，推动清算结算机构跨境合作。鼓励清算结算机构充分借鉴沪港通的成功经验，探索多种方式加强与国外金融基础设施互联互通，扩大市场双向开放。同时，进一步推动国内有关交易、清算结算的法律法规与国际接轨，积极落实PFMI原则并接受国际机构评估，以利于国内的清算结算机构得到其他国家的认可。

参考文献

国际货币基金组织、世界银行：《关于中国遵守〈证券结算系统和中央对手方建议〉详细评估报告》，中国金融出版社，2012。

上海清算所:《2014年度中国债券市场统计分析报告》,《会员通讯》2015年第1期。

国际清算银行支付结算体系委员会、国际证监会组织技术委员会:《金融市场基础设施原则》,中国人民银行支付结算司译,中国金融出版社,2013。

中央结算公司债券信息部:《2014年债券市场统计分析报告》,中国债券信息网,2015年1月1日。

Chapter 3 Construction and Operation of China's Securities Payment and Settlement System

Abstract: In 2014, China's clearing and settling system about securities operates stably, and the scale of business developed rapidly. Meanwhile, the construction of the system was advanced comprehensively, and some breakthroughs were achieved, which improved the efficiency and safety of the system and promote the process of internationalization of the system. This paper introduces the construction and function of China's clearing and settling system about securities in 2014, and offers some proposals about the main problems in the system now, combined with the opinions which the State Council issued in 2014 in order to further promote the healthy development of the capital market.

Keywords: Clearing; Settling; Stock; Bond; Derivative

分报告　支付清算体系运行的经济含义

Sub-reports　Economic Implication of Payment and Settlement System Operation

第四章　支付清算体系运行的宏观经济效应

摘　要： 本章对我国支付清算系统指标的结构变化进行了分析，考察了支付清算系统数据与经济增长指标、价格总水平指标之间的关系，发现非现金支付工具、支付系统业务、银行结算账户的总体规模及其中部分项目的增长率可以有效地反映和预测宏观经济运行情况，同时也会受到后者的显著影响。

关键词： 非现金支付工具　支付系统　银行结算账户　经济增长　通货膨胀

第四章 支付清算体系运行的宏观经济效应

一 支付清算业务总体发展态势及其经济含义

2014年，我国的支付清算业务实现了快速增长，尤其是新兴的移动支付等业务更是如此。与此同时，2014年支付清算平均每笔交易规模保持了下降的总体趋势，而单位结算账户在银行结算账户中所占的比重也进一步下降，反映了新兴的快捷支付方式的普及对于小额非现金支付活动和个人银行账户使用所起的推动作用。相信随着支付技术的发展，这一趋势仍将在未来数年内继续（见图4-1）。

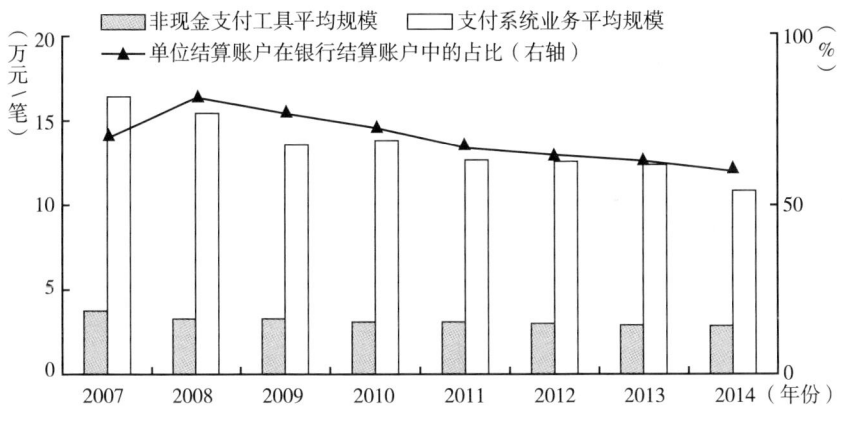

图4-1 我国支付清算业务平均规模与银行结算账户结构

类似的，基于支付清算系统交易估计的货币流通速度在近几年内保持了增长趋势。从图4-2可以看出，非现金支付工具规模与M2的比值从2013年的14.53上升到了2014年的14.80，而支付系统业务规模与M2的比值则从26.6上升到了27.6。新兴支付技术与支付方式的应用使得资金在经济体系中的周转速度变得越来越快，这也给M2在货币政策体系中的地位和相应货币政策调控的有效性带来了挑战。

然而，货币流通速度的提高并没有成比例地带来实体经济产出的增长。从图4-3可以看出，创造1元GDP所对应的非现金支付工具金额从2007

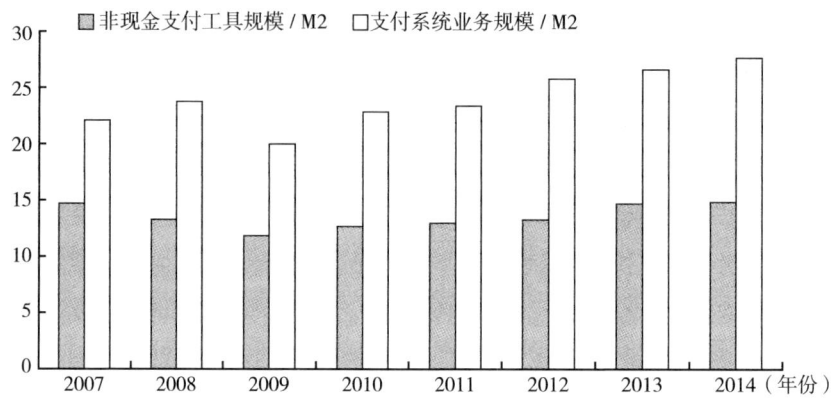

图 4-2 基于支付清算交易估算的货币流通速度

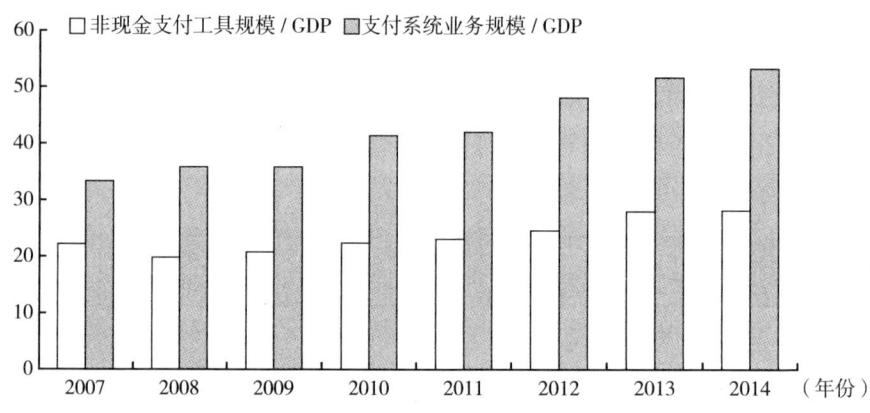

图 4-3 支付清算交易规模与 GDP 的比值

年的 22.31 元上升到了 2014 年的 28.55 元,而其所对应的支付系统业务则从 33.45 元上升到了 53.25 元。随着现代生产链条的不断迂回化和金融体系的复杂化,创造同样数量的 GDP,现在比过去需要更多的支付活动。

将支付清算活动与 GDP 的关系在时间上进一步细化,得到图 4-4 所示的季度值。从图 4-4 可以看出,每单位 GDP 所对应的支付清算交易规模有着不小的波动,并且呈现一定的季节性。例如,2007~2014 年,非现金支付工具规模与 GDP 之比的最小值出现在 2008 年第 4 季度,为 16.51;而最大值出现在 2014 年第 1 季度，为 32.77。支付系统业务规模与 GDP 之比的最小值同样出现在 2008 年第 4 季度，为 25.50；而最大值出现在 2014 年第 2 季度，为 59.46。

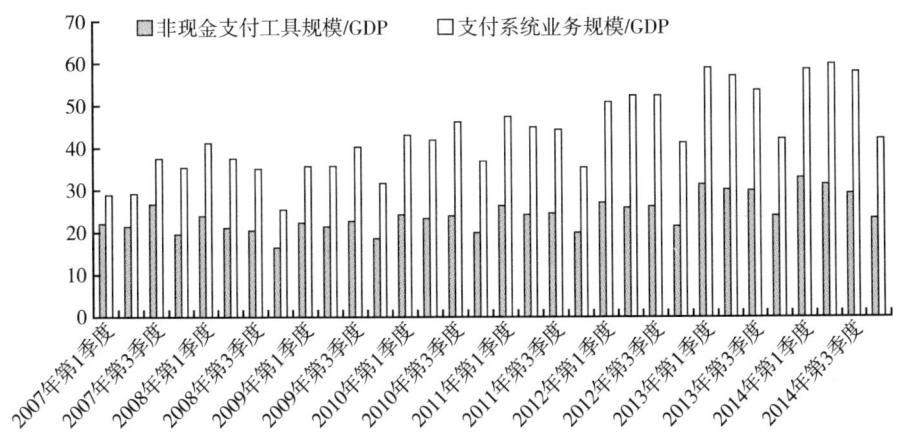

图 4-4　支付清算交易规模与 GDP 的比值

如果给出支付清算交易规模与 GDP 比值的环比增长率，可以更清楚地看到上述关系的季节性。从图 4-5 可以看出，每单位 GDP 所对应的支付清算交易规模增长率在第 1 季度最高，而在第 4 季度最低。根据以往的分析，支付清算交易与 GDP 季度增加值的增长率都有较强的季节性，前者表现为环比增长率在第 1 季度的下降，而后者表现为环比增长率在第 1 季度的下降和第 4 季度的上升。由此可知，支付清算交易规模与 GDP 比值增长率的季节性主要来自 GDP 的季节波动。这也说明支付清算业务有相当程度的独立性，并不完全对应于实体经济活动。

如果仅从支付清算交易规模的增长情况来看，自 2009 年以来，其季节波动性总体上似乎逐渐变得平缓，但是进入 2014 年之后，这种波动性又有强化的迹象。在 2014 年第 2 季度，支付系统业务规模则有了一个 11% 的高增长，之后两个季度则连续下跌（见图 4-6）。

从各支付系统的业务变化情况来看，上述波动来自大额实时支付系统的业务变化。大额实时支付系统一直是支付系统业务的主干，其占比从 2007 年

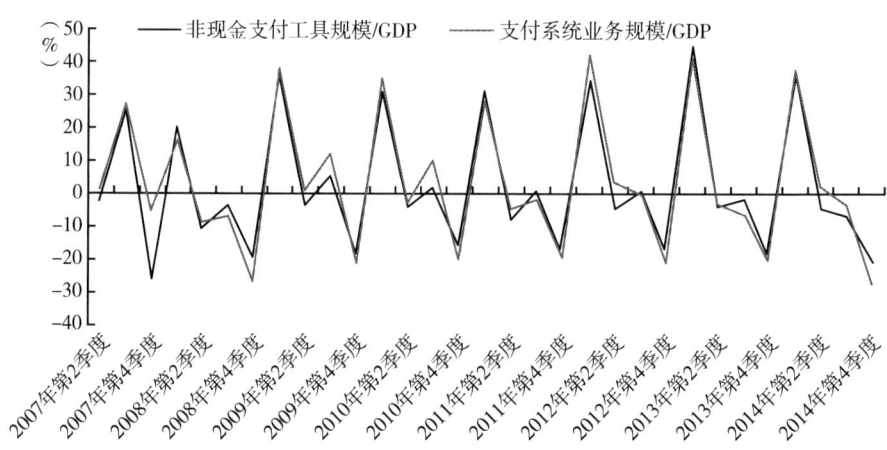

图4-5 支付清算交易规模与GDP比值的环比增长率

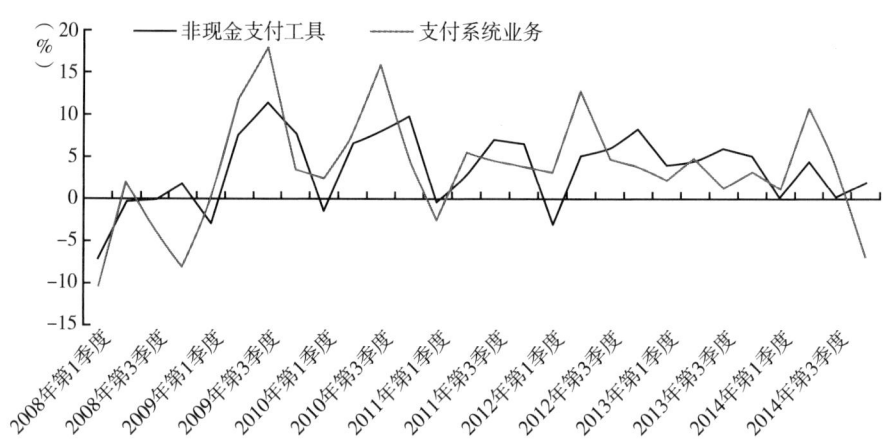

图4-6 支付清算交易规模环比增长率

第1季度的52.48%逐步上升至2013年第1季度的72.30%，此后稍有下降，但2014年第2季度又回升至71.02%。因此，大额实时支付系统的业务变化在很大程度上决定了支付系统业务的波动特征。小额批量支付系统与银行卡跨行支付系统尽管业务增长速度较快，但是在总体规模上还远不能和大额实时支付系统相比。同城票据清算等传统业务则有逐渐萎缩的趋势，不仅在支付系统业务中的占比下降，而且近年来绝对业务规模也在减少（见图4-7）。

第四章 支付清算体系运行的宏观经济效应

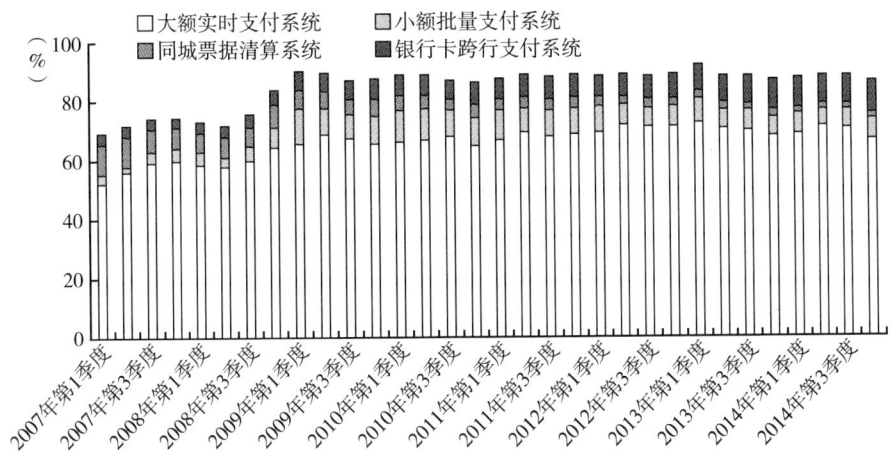

图4-7 各支付系统业务占比

类似的，在非现金支付工具中，票据近年来无论是业务占比还是绝对规模都在下降，银行卡的占比则随着其业务规模的不断扩大而有所上升。比重上升最快的则是汇兑等其他结算方式，由2007年第1季度的35.50%上升至2014年第4季度的60.30%（见图4-8）。

与支付系统业务一样，2014年单位银行结算账户与个人银行结算账户

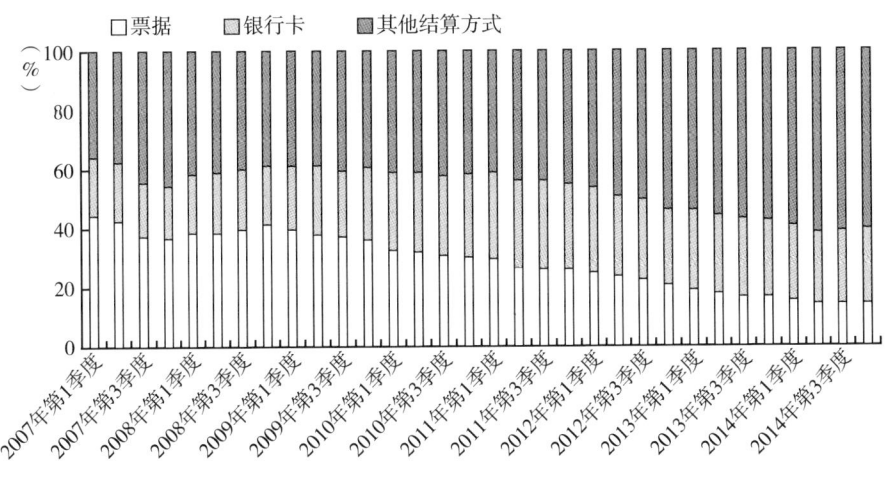

图4-8 非现金支付工具占比

的季度增量在第2季度出现了高增长（分别为27.67%和10.10%），之后两个季度的增长率则大幅下降，其中单位银行结算账户季度增量在第3季度和第4季度的增长率均为负值（见图4-9）。支付系统业务增长率与银行账户增量的上述变化很可能与2014年3月开始实施的注册公司新政策有关，后者大大降低了创设公司的条件，引发了新注册企业数量的大幅增长。

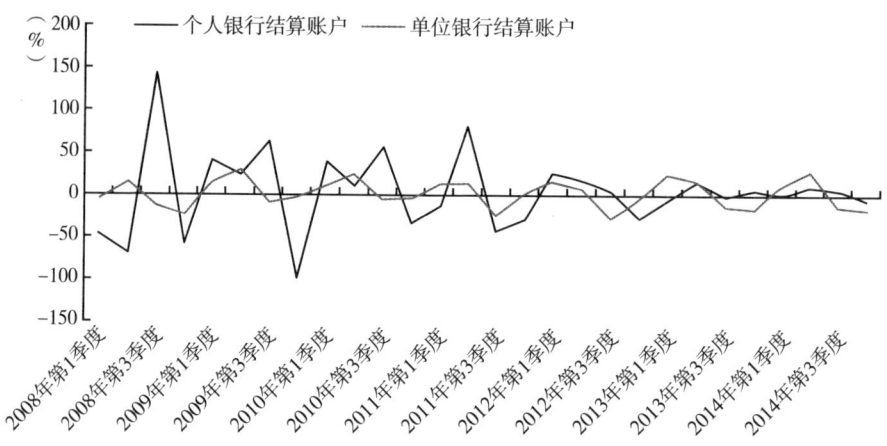

图4-9 银行结算账户增长率变化情况

二 支付清算指标与经济增长的联系

在这一部分，我们主要考察支付清算体系的数据与经济增长指标之间的动态关系。我们将采用季度同比数据来消除GDP与支付清算指标的季节性，并使结果更为直观。

图4-10给出了2008年第1季度至2014年第4季度名义GDP与真实GDP的季度同比增长率。从图4-10可以看出，两者的趋势基本一致，但是名义GDP增长率在近两年有着更强的波动性。两者在数值上的差异反映了物价水平的变动情况。

类似的，非现金支付工具和支付系统业务的季度同比增长率也具有一致的总体趋势，但支付系统业务除了较非现金支付工具有更大的波动性之外，

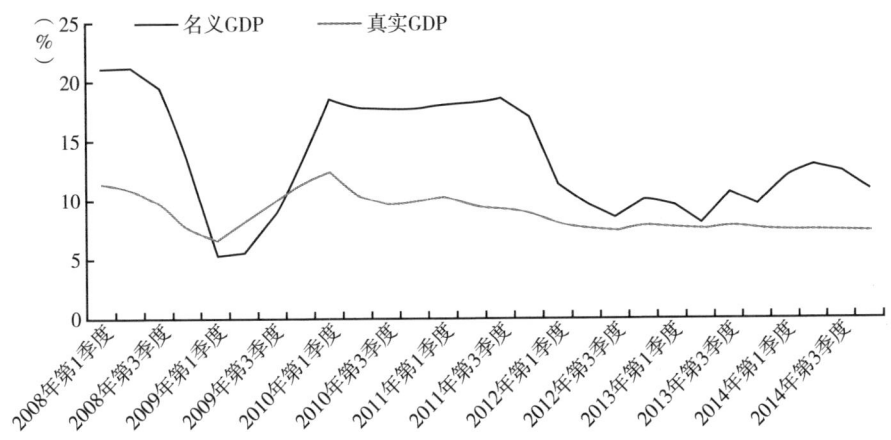

图 4-10　GDP 季度同比增长率变化情况

在周期上似乎也存在交错。从图 4-11 可以看出，支付系统业务的波动要比非现金支付工具滞后一个季度。这一点也在计量检验中得到了证实，支付业务的季度同比增长率与滞后 1 期的非现金支付工具同比增长率显著相关①，后者可以解释前者超过一半的波动。

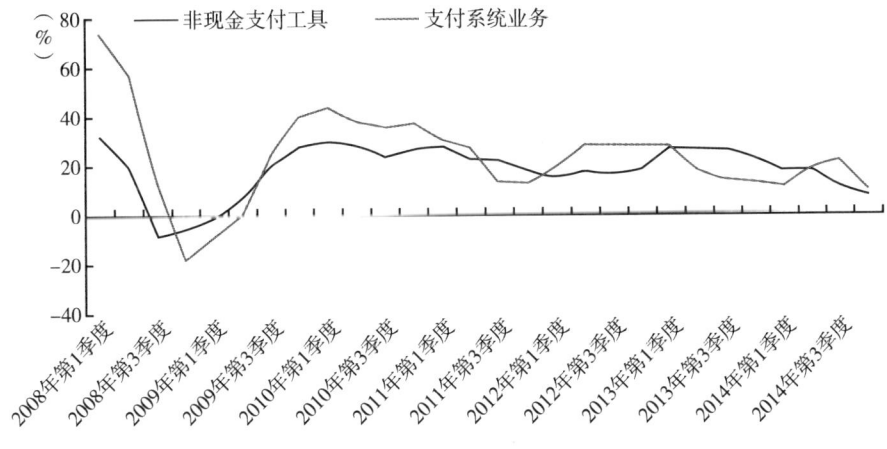

图 4-11　支付清算业务季度同比增长率变化情况

---

① 由于数据期间的长度有限，计量检验对显著性的要求较高，在本章我们所说的"显著"相关关系对应于 1% 的显著性水平。

（一）支付清算指标与名义GDP的关系

我们首先考察名义GDP与支付清算指标之间的关系。回归分析表明，名义GDP的季度同比增长率与滞后2期的非现金支付工具增长率显著相关，后者能够解释GDP增长率波动的近50%。非现金支付工具增长率的回归系数是0.30，意味着非现金支付工具规模1%的变动会带来季度GDP约0.30%的变动，它与GDP环比增长率对非现金支付工具环比增长率的回归系数（0.35）非常相近。

图4-12给出了基于非现金支付工具的GDP季度同比增长率拟合图。从图4-12可以看出，拟合值的波动幅度总体上要低于名义GDP的实际值。2008年第3季度至2009年第2季度，拟合值与实际值吻合得非常好，之后拟合值开始低于实际值，直至2012年第1季度，拟合值又超出实际值。考虑到前面分析所显示的单位GDP对应支付清算业务规模的增长趋势，GDP季度同比增长率拟合值与实际值之间的上述交错关系并不奇怪，它同样反映了支付清算业务增速超过GDP增速的总体趋势。

由于非现金支付工具与GDP的关系存在两个季度的滞后期，因此它具有一定的"预测"能力。从图4-12来看，基于非现金支付工具的GDP季

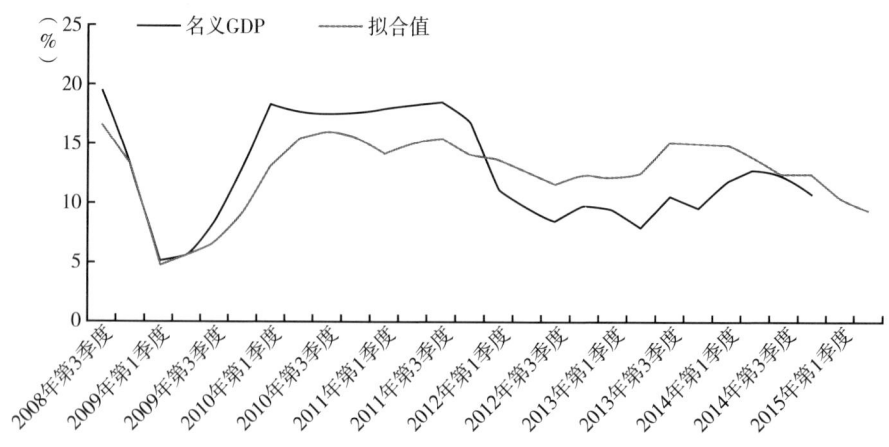

图4-12 基于非现金支付工具的名义GDP季度同比增长率拟合

度同比增长率在2015年的前两个季度有下行趋势，预测值分别为10.5%和9.5%，低于2012年以来的平均水平。

除了总体的非现金支付工具规模之外，我们也考察了其内部不同支付方式与GDP之间的联系，结果发现，除了汇兑等支付方式与GDP之间的关系不显著之外，票据与银行卡同GDP增长率都有很强的相关性。尤其是银行卡，其滞后2期的同比增长率可以解释GDP季度同比增长率波动的70%以上，拟合优度远远超过总体非现金支付工具，这一点在图4-13中显示得非常清楚。如果基于银行卡业务规模进行预测，则2015年前两个季度的名义GDP同比增长率分别为8.0%和8.2%，比基于总体非现金支付工具的预测更为悲观。

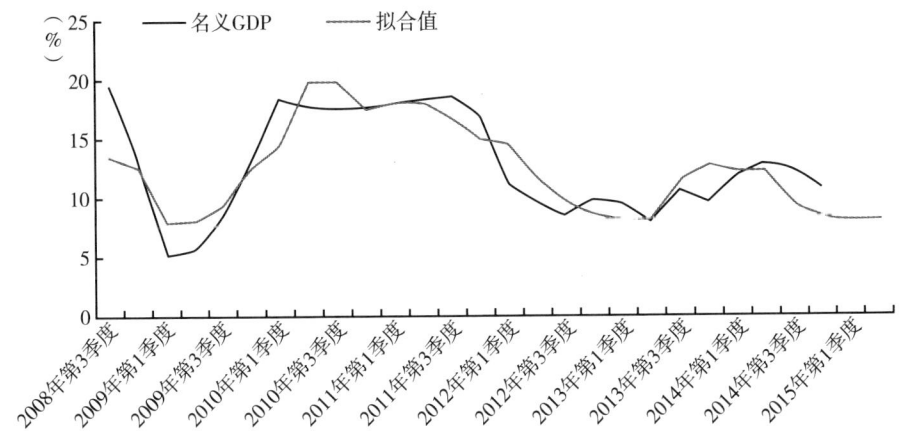

图4-13 基于银行卡支付业务的名义GDP季度同比增长率拟合

从图4-14可以看出，基于票据业务的名义GDP季度同比增长率拟合值要比实际值的波动更大，并且从2013年第4季度开始，拟合值显著低于实际值。由于近年来票据业务的规模逐步萎缩，基于长期数据得到的相关关系肯定会低估近期票据业务变动对于GDP的影响，因此上述拟合图形的特征是可以理解的。如果基于票据业务规模进行预测，则2015年前两个季度的名义GDP同比增长率分别为7.9%和8.1%，甚至低于基于银行卡业务的预测值。考虑到近年来其拟合值显著低估了名义 GDP 增长率,实际情况应该好于预测值。

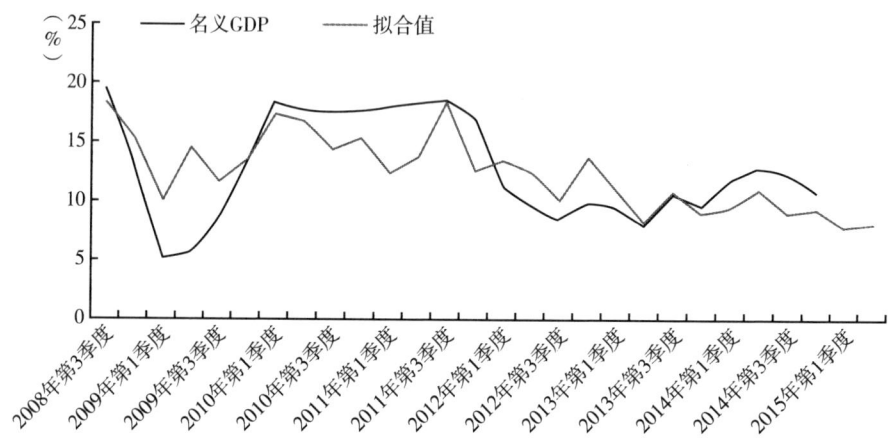

图 4-14 基于票据业务的名义 GDP 季度同比增长率拟合

在支付系统业务方面,我们同样发现了其与名义 GDP 增长率之间的相关性。回归分析表明,GDP 的季度增长率与滞后 1 期的支付系统业务金额增长率呈正相关,并且显著性与拟合优度都高于非现金支付工具,能够解释名义 GDP 季度同比增长率约 60% 的波动;其回归系数是 0.18,这意味着非现金支付业务规模 1% 的变动会带来季度 GDP 约 0.18% 的变动。从图 4-15 可以看出,基于支付系统业务的拟合值在 2009 年第 4 季度之前与名义 GDP 的同比增长率非常吻合,但是在此之后则出现了分离。进入 2013 年之后,拟合值与实际值的缺口虽然缩小,但波动趋势经常相反,这显示出支付系统业务与实体经济活动之间的联系并不紧密。

总体上看,大部分支付系统业务都与名义 GDP 的同比增长率有着显著的相关性,其中拟合优度最高的则是行内支付系统,它在显著性与拟合优度上都要高于支付系统总体业务规模的拟合效果。行内支付系统业务的同比增长率可以解释名义 GDP 季度同比增长率波动的 65%,其 1% 的变动对应着名义 GDP 约 0.15% 的变动。从图 4-16 可以看出,基于行内支付系统业务

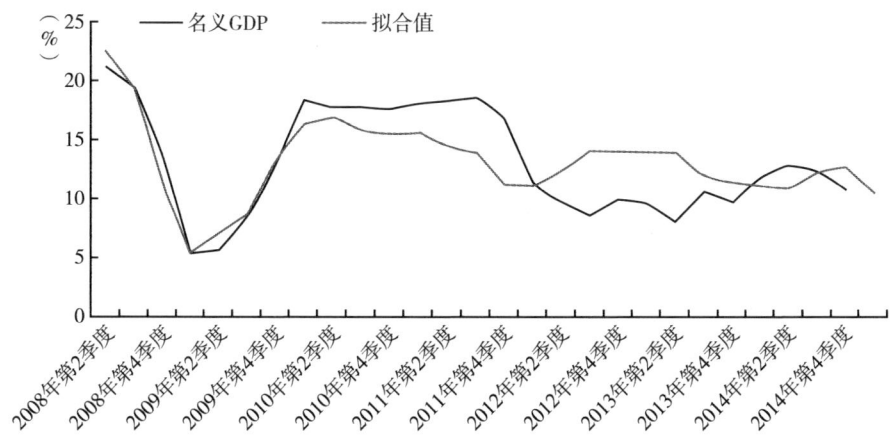

图 4-15　基于支付系统业务的名义 GDP 季度同比增长率拟合

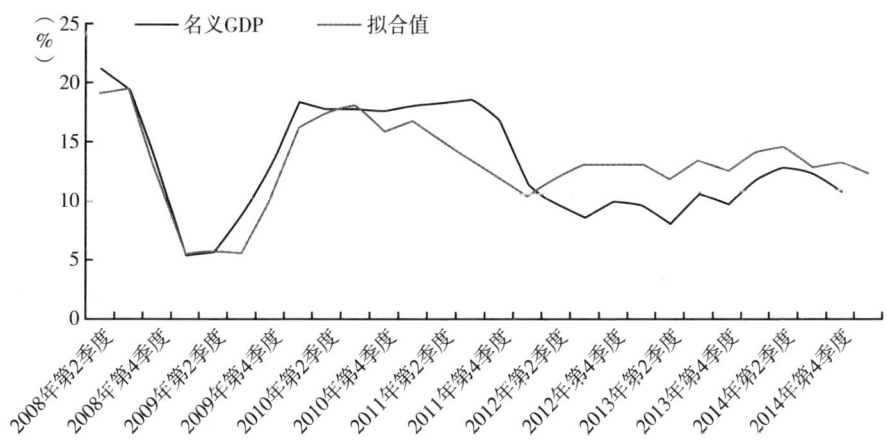

图 4-16　基于行内支付系统业务的名义 GDP 季度同比增长率拟合

的 GDP 增长率拟合值在 2009 年第 2 季度至 2010 年第 2 季度与名义 GDP 增长率的差异要超过基于总体支付系统业务的拟合值，但是在 2012 年第 4 季度之后，它的波动趋势则与名义 GDP 增长率保持了高度的一致。从这一点来看，基于行内支付系统业务的 GDP 增长率拟合值更适合于近期的预测。根据它的波动情况，2015 年第 1 季度的名义 GDP 同比增长率预测值为 12% 左右，明显高于非现金支付工具的预测值。

在支付系统当中,值得注意的还有银行卡跨行支付系统。不同于其他支付系统,它与名义 GDP 同比增长率相关的是滞后 2 期而非 1 期指标值。银行卡跨行支付系统与名义 GDP 的相关性无论是在显著性还是拟合优度上都低于其他支付系统,只能解释 1/3 的名义 GDP 波动(见图 4-17)。

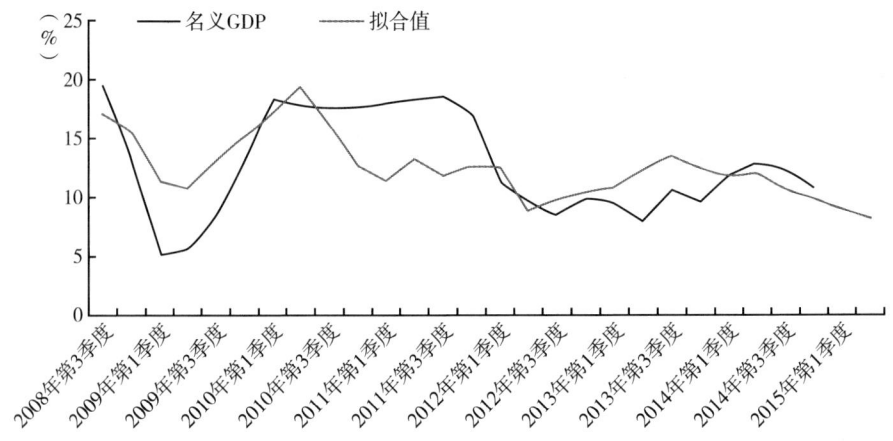

图 4-17　基于银行卡跨行支付系统业务的名义 GDP 季度同比增长率拟合

作为支付清算体系的核心要素之一,银行结算账户数量的增长也反映了经济活动对于支付清算业务不断扩张的需求。但从计量结果来看,个人银行结算账户与单位银行结算账户同名义 GDP 的关系存在较大的差异。个人银行结算账户无论是水平值还是季度增量的变化率都与名义 GDP 增长率之间没有显著相关性,而单位银行结算账户则与名义 GDP 紧密关联。滞后 2 期的新增单位银行结算账户增长率可以解释名义 GDP 增长率近一半的波动,并且 1% 的新增单位银行结算账户数量变动对应着名义 GDP 约 0.17% 的变动。根据近期单位银行结算账户季度增量的变动,2015 年前两季度的名义 GDP 同比增长率的预测值均为 13% 左右,是基于支付清算指标所做的 GDP 预测值中最高的(见图 4-18)。

非现金支付工具、支付系统业务与银行结算账户在名义 GDP 拟合上具有不同的动态,因此我们考虑将其中高相关性的指标抽取出来重新加以组合,以提高拟合的精度。计量检验显示,单位银行结算账户季度增量与非现

第四章 支付清算体系运行的宏观经济效应

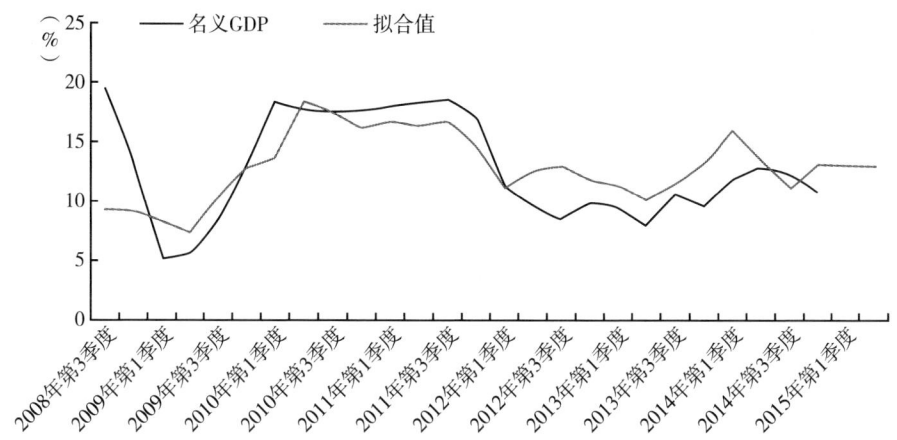

图 4-18 基于单位银行结算账户季度增量的名义 GDP 季度同比增长率拟合

金支付工具和支付系统业务有着较强的多重共线性，因此我们最终用银行卡支付业务与行内支付系统组成新的拟合指标体系，它能够解释名义 GDP 季度同比增长率波动的 80%。从图 4-19 可以看出，这一综合拟合的效果确实要优于以往的拟合方法，说明非现金支付工具与支付系统业务在反映实体经济变化方面存在互补性。根据这个综合指标体系，2015 年第 1 季度的名义 GDP 同比增长率预测值为 9% 左右。

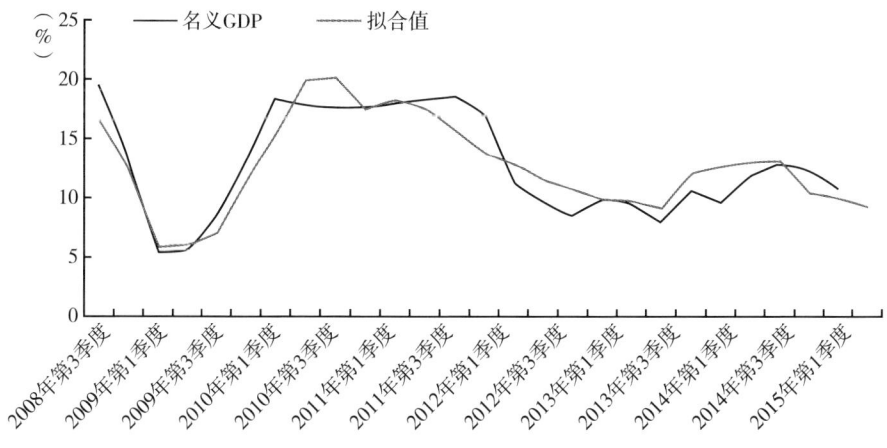

图 4-19 基于银行卡支付业务和行内支付系统业务的名义 GDP 季度同比增长率拟合

（二）支付清算指标与真实 GDP 的关系

在分析了支付清算指标与名义 GDP 季度同比增长率之间的关系之后，我们用类似的方法来分析它们与真实 GDP 增长率之间的关系。由于真实 GDP 增长率已经剔除了价格水平变动的影响，因此支付清算指标与它的相关性更能体现金融体系的"纯粹"实体经济效应。

不同于名义 GDP，在真实 GDP 的季度同比增长率与总体非现金支付工具规模增长率之间没有发现显著相关关系。但在更具体的非现金支付工具种类上，我们发现票据与信用卡同真实 GDP 相关。滞后 1 期的票据增长率能够解释真实 GDP 季度同比增长率大约一半的波动，1% 的票据支付规模变动对应着 0.17% 的真实 GDP 变动。从图 4-20 可以看出，尽管拟合值在总体趋势上与真实 GDP 增长率的实际值一致，但是在那些小的波动上，拟合值与实际值的运动趋势不尽相同。进入 2013 年之后，拟合值与实际值的波动都有放缓的趋势。根据两者的关系，2015 年第 1 季度真实 GDP 的同比增长率预测值为 7% 左右。

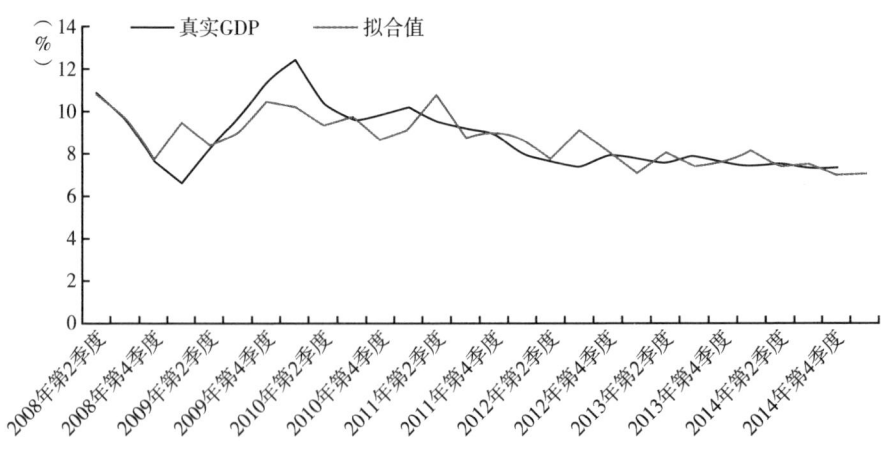

图 4-20　基于票据支付业务的真实 GDP 季度同比增长率拟合

银行卡支付业务与真实 GDP 之间的相关性无论是在显著性还是拟合优度上都要高于票据支付业务。滞后 1 期的银行卡支付业务增长率可以解释真实 GDP 同比增长率波动的 60% 以上，1% 的银行卡支付业务规模变动对应着 0.07% 的真实 GDP 变动。从图 4-21 可以看出，基于银行卡支付业务的真实 GDP 增长率拟合值在细节上要优于基于票据支付业务的拟合效果，而且自 2014 年第 2 季度以来拟合值与实际值有明显的收敛趋势。如果基于银行卡支付业务的变动趋势进行预测，则 2015 年第 1 季度的真实 GDP 同比增长率为 7.3% 左右，比基于票据业务的预测值稍高一些。

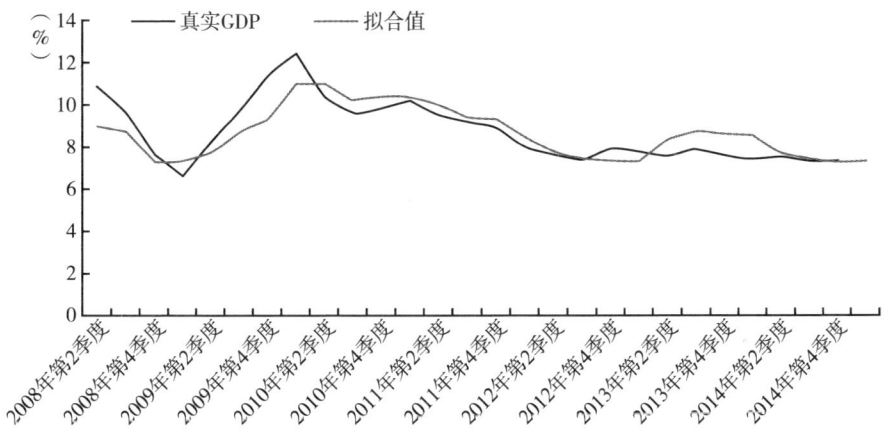

图 4-21　基于银行卡支付业务的真实 GDP 季度同比增长率拟合

不同于非现金支付工具，支付系统业务与真实 GDP 之间有着显著的相关性。支付系统业务增长率可以解释当期 GDP 季度同比增长率近一半的波动，1% 的支付系统业务规模变动对应着 0.06% 的真实 GDP 变动。从图 4-22 可以看出，基于支付系统业务的真实 GDP 增长率拟合效果并不是很好，并且由于支付系统业务与真实 GDP 增长率的相关关系基于当期值，因此其拟合值也就没有预测功能。

在各支付系统中，大额实时支付系统业务与真实 GDP 有着显著的相关性。它在显著性上高于总体支付系统业务规模的相关性，但是在拟合优度上低于后者。大额实时支付系统业务增长率可以解释当期真实 GDP 季度同比增长率中约 45% 的波动。从图 4-23 可以看出，其拟合值的动态与基于总体支付系统业务的拟合非常相似。

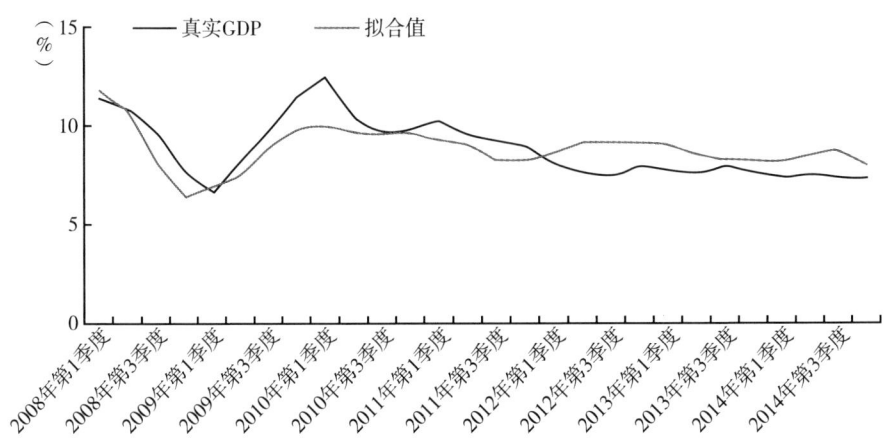

图 4-22 基于支付系统业务的真实 GDP 季度同比增长率拟合

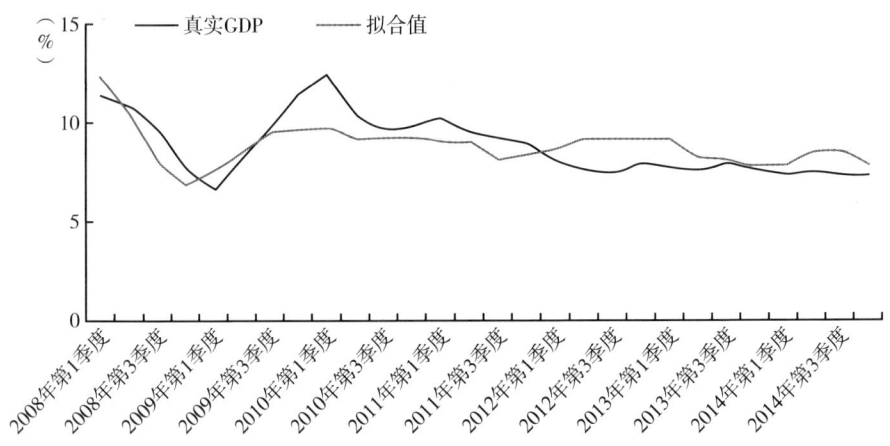

图 4-23 基于大额实时支付系统业务的真实 GDP 季度同比增长率拟合

同城票据清算系统业务与行内支付系统业务也与真实 GDP 相关，并且在显著性与拟合优度上类似，都能够解释后者同比增长率波动的 40% 左右。对比图 4-24 和图 4-25 可以看出，基于两者的真实 GDP 增长率拟合动态有显著差异，因此它们在实体经济上的影响并不完全重合。

值得注意的是银行卡跨行支付业务，它与真实 GDP 之间的相关性并不体现在当期，而是滞后 1 期，并且其相关性在显著性与拟合优度上也大大超出其他支付系统业务。滞后 1 期的银行卡跨行支付业务增长率波动可以解释真实 GDP 季

第四章 支付清算体系运行的宏观经济效应

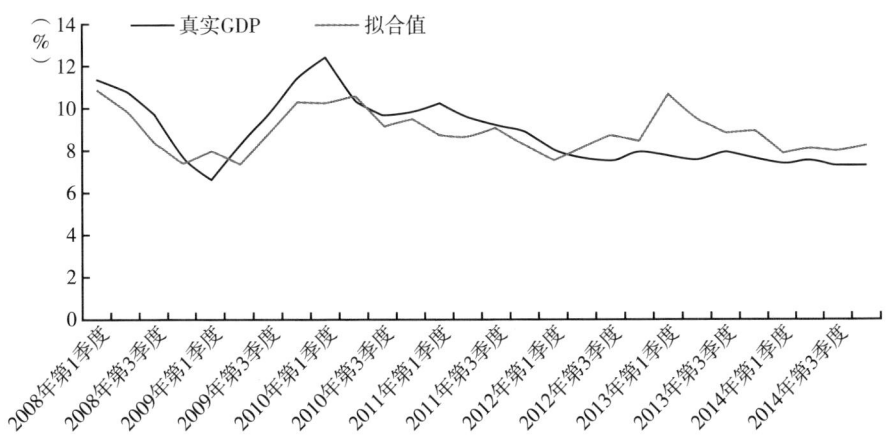

图 4-24 基于同城票据清算系统业务的真实 GDP 季度同比增长率拟合

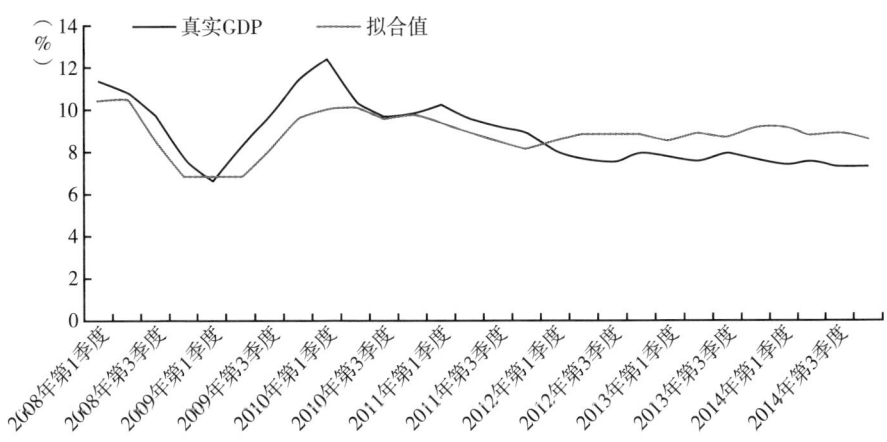

图 4-25 基于行内支付系统业务的真实 GDP 季度同比增长率拟合

度同比增长率波动的近 70%。从图 4-26 可以看出，基于银行卡跨行支付业务的真实 GDP 拟合效果明显优于其他支付系统，尤其在 2010 年之前更是如此。从它的拟合值来看，2015 年第 1 季度的 GDP 同比增长率预测值为 6.5% 左右。

在名义 GDP 方面，个人银行结算账户的变化几乎毫无影响，然而对于真实 GDP，个人银行结算账户季度增量却有着显著的相关性。滞后 2 期和滞后 3 期的个人银行结算账户增长率可以共同解释真实 GDP 季节同比增长率

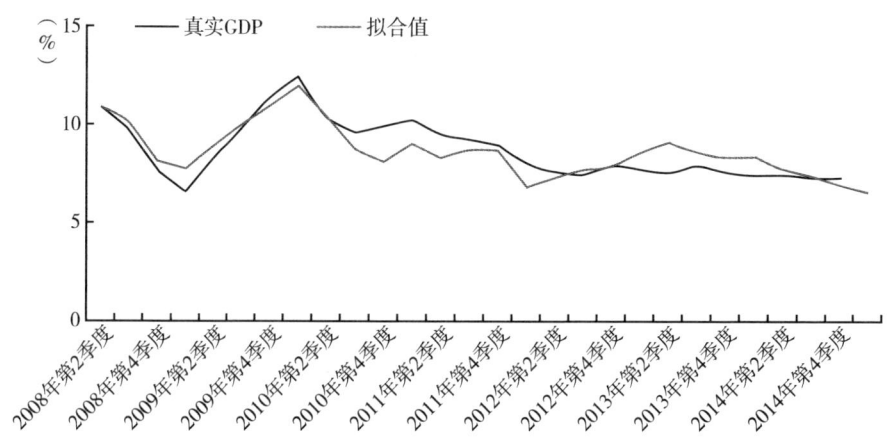

图4-26 基于银行卡跨行支付业务的真实GDP季度同比增长率拟合

波动的一半以上。从图4-27可以看出,基于个人银行结算账户的真实GDP季度同比增长率拟合值与实际值在总体趋势上匹配较好,但是在小的波动上方向经常不一致。如果基于个人银行结算账户的动态进行预测,则2015年前两个季度的真实GDP同比增长率均为8%左右。

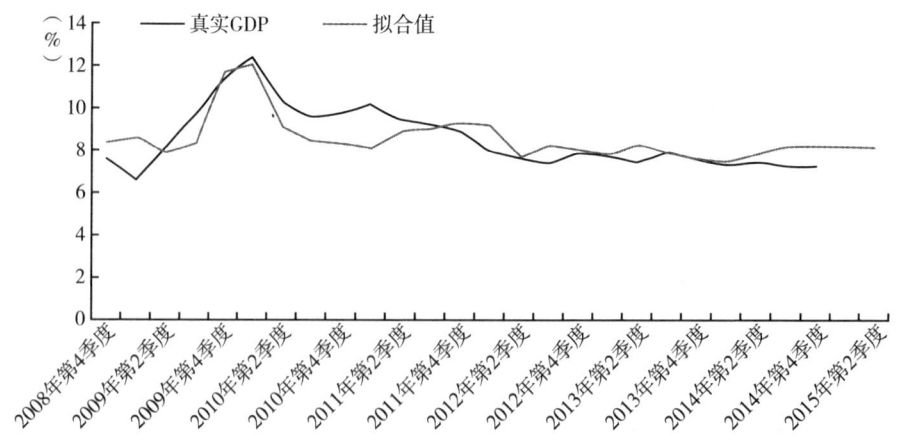

**图4-27 基于个人银行结算账户(滞后2期+滞后3期)的
真实GDP季度同比增长率拟合**

单位银行结算账户也与真实GDP的季节同比增长率相关,但显著性和拟合优度都不太高。单位银行结算账户季度增长的变动可以解释真实GDP

的季节同比增长率波动的近 1/4，远低于个人银行结算账户，也低于非现金支付工具和支付系统业务。从图 4-28 可以看出，基于单位结算账户的真实 GDP 增长率拟合效果很一般。

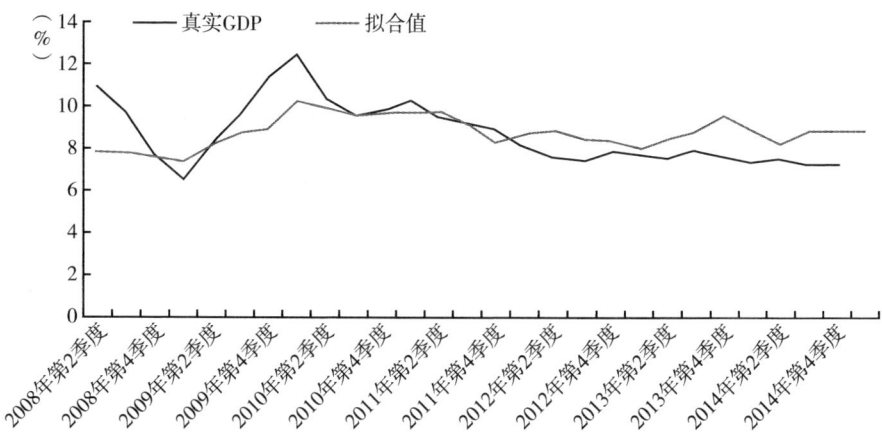

图 4-28　基于单位银行结算账户的真实 GDP 季度同比增长率拟合

类似于名义 GDP 的情形，我们将与真实 GDP 显著相关的支付清算指标抽取出来加以组合，以提高拟合优度。经过试验之后发现，由滞后 1 期的银行卡支付业务与滞后 2 期的个人银行结算账户构成的组合能够解释近 80% 的真实 GDP 季节同比增长率波动。如果基于这一指标组合进行预测，则 2015 年第 1 季度的真实 GDP 同比增长率约为 7.3%（见图 4-29）。

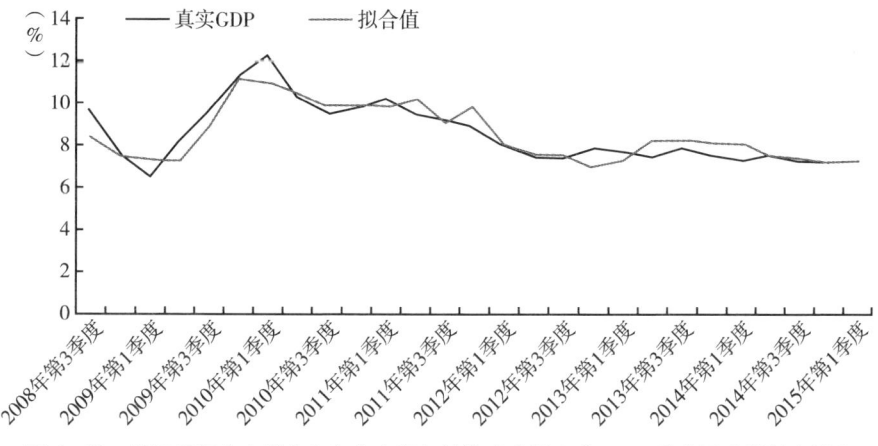

图 4-29　基于银行卡支付业务和个人银行结算账户的真实 GDP 季度同比增长率拟合

三 支付清算指标与总体价格水平的联系

在分析了支付清算数据与 GDP 的关系之后,我们继续探索它们与 CPI 和 PPI 等价格指标之间的关系。根据费雪方程式,在给定商品总量时,价格水平取决于经济中的货币总量和货币流通速度。由于支付清算系统影响着货币流通速度,因此它也会影响总体价格水平。CPI 与 PPI 的季度同比增长率见图 4-30。从图 4-30 可以看出,两者在总体趋势上是一致的,但 PPI 增长率的波动性较 CPI 更大。

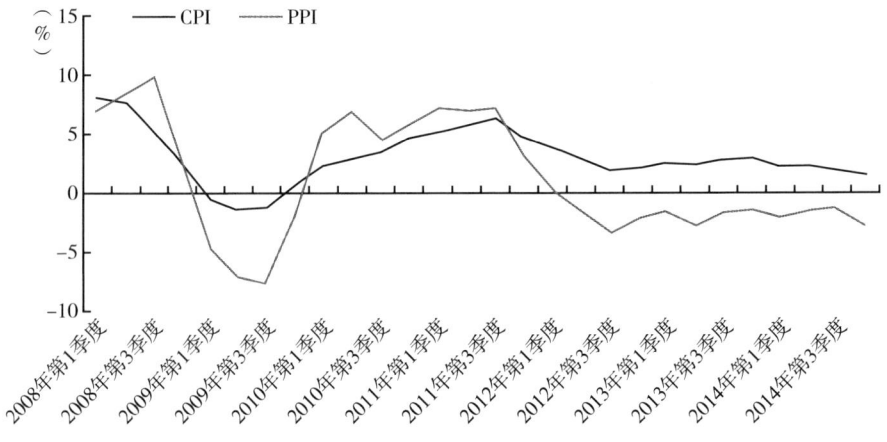

图 4-30 CPI 与 PPI 季度同比增长率

CPI 与 PPI 增长率的共同趋势提示它们之间存在密切的联系。回归分析显示,CPI 与 PPI 之间存在显著的相关性,后者可以解释前者 70% 以上的波动。在影响强度上,1% 的 PPI 变动对应着 0.41% 的 CPI 变动。从图 4-31 可以看出,除了 2010 年前两个季度之外,基于 PPI 的 CPI 拟合值与实际值匹配得非常好。

(一)支付清算指标与 CPI 的联系

首先看 CPI 与支付清算指标之间的关系。对于非现金支付工具,CPI 与

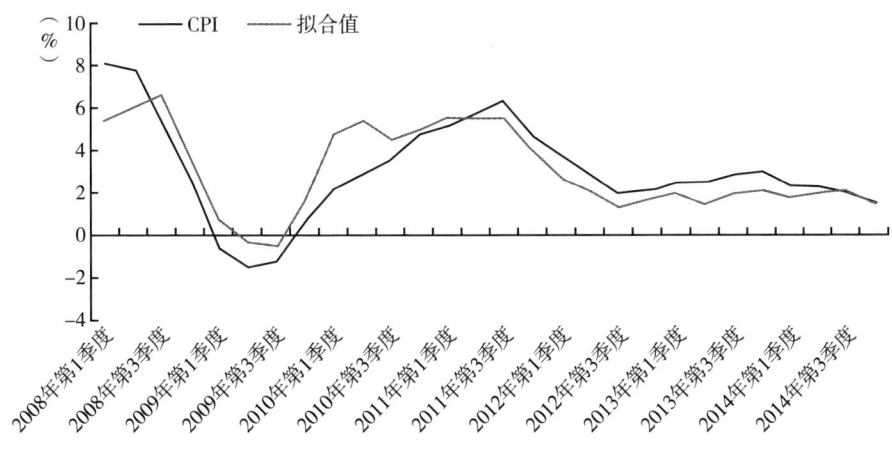

图 4-31 基于 PPI 的 CPI 同比增长率拟合

其滞后 2 期的业务金额显著相关，后者能够解释其增长率波动的 70% 以上。每 1% 非现金支付业务规模的变化，对应着两个季度之后 CPI 约 0.16% 的变动。从图 4-32 可以看出，基于非现金支付工具的 CPI 拟合值在 2010 年第 2 季度之前与实际值较吻合，之后则有较大缺口，在 2012 年第 2 季度开始持续高于实际值。根据非现金支付工具规模的变化，2015 年前两季度的 CPI 同比增长率预测值分别为 1.8% 和 1.2% 左右。

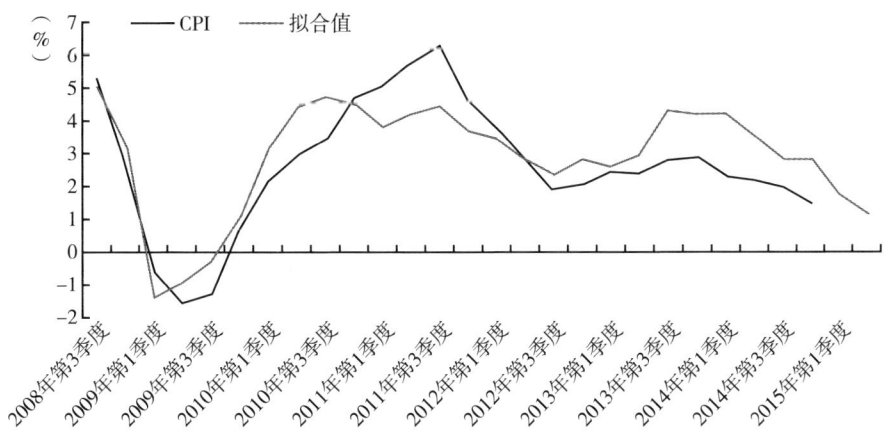

图 4-32 基于非现金支付工具的 CPI 同比增长率拟合

在非现金支付工具中,银行卡和汇兑等其他方式同 CPI 变化率的关系显著,并且时滞都是两个季度,票据与 CPI 变动的关系则不显著。滞后 2 期的银行卡支付业务增长率可以解释 CPI 季度同比增长率约一半的波动;1% 银行卡支付业务规模的变化对应着两个季度之后 CPI 约 0.08% 的变动。从图 4-33 可以看出,基于银行卡支付业务的 CPI 拟合效果不是很好,也难以作为 CPI 的有效预测指标。

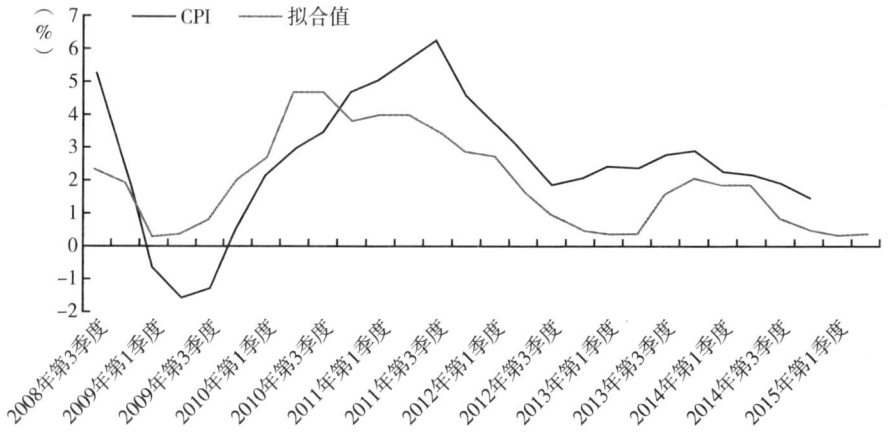

图 4-33　基于银行卡支付业务的 CPI 同比增长率拟合

同银行卡支付类似,滞后 2 期的汇兑等其他结算方式业务增长率可以解释 CPI 季度同比增长率约一半的波动;1% 支付业务规模的变化对应着两个季度之后 CPI 约 0.08% 的变动。从图 4-34 可以看出,基于汇兑等其他结算方式业务的 CPI 拟合在 2010 年第 3 季度之前效果较好,之后则与实际值有较大差异,但从 2012 年第 3 季度开始则又有向实际值收敛的趋势。根据它的动态进行预测,则 2015 年前两个季度的 CPI 同比增长率分别为 1.6% 和 1% 左右。

CPI 与支付系统业务规模也有密切联系。滞后 1 期的支付系统业务增长率可以解释 CPI 季度同比增长率约一半的波动;1% 支付业务规模的变化对应着一个季度之后 CPI 约 0.08% 的变动。从图 4-35 可以看出,基于支付系统业务的 CPI 拟合在 2010 年第 2 季度之前的效果相对较好,之后则差异较大。

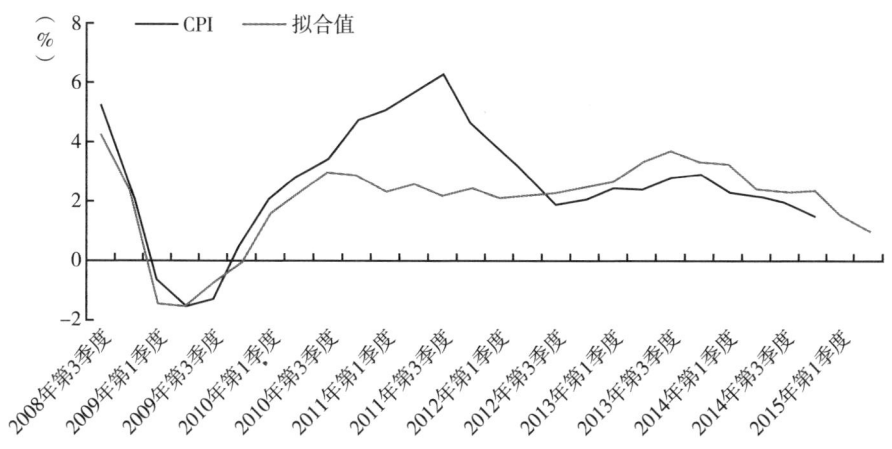

图4-34 基于汇兑等其他结算方式业务的CPI同比增长率拟合

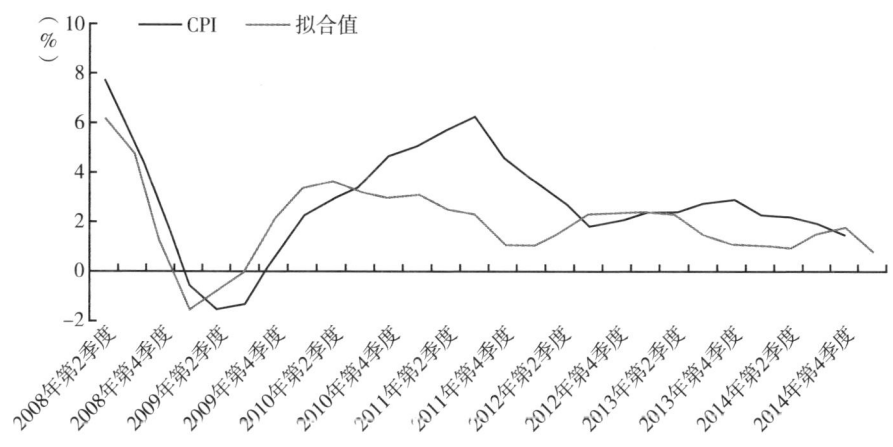

图4-35 基于支付系统业务的CPI同比增长率拟合

在具体的支付系统业务中,滞后1期的大额实时支付系统和同城票据清算系统业务也与CPI增长率呈正相关,但在显著性与拟合优度上都要低于整体支付系统业务,只能解释CPI增长率波动中不足40%的部分。滞后1期的行内支付系统业务与CPI增长率的相关性则表现得更为显著,它能够解释后者波动中近60%的部分(见图4-36)。

在银行结算账户方面,滞后3期的个人银行结算账户增长率与CPI同比

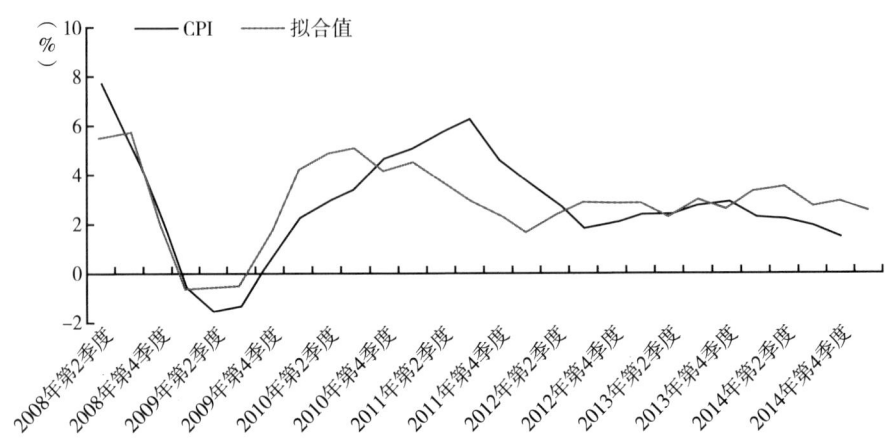

图4-36 基于行内支付系统业务的CPI同比增长率拟合

增长率呈显著正相关，并且可以解释后者波动的1/3左右，但在具体拟合效果上则不是很理想。与此相应，滞后1期的单位银行结算账户增长率则可以解释CPI同比增长率约80%的波动，并且拟合效果也好得多。根据其动态，2015年第1季度CPI同比增长率的预测值为1.5%左右（见图4-37）。

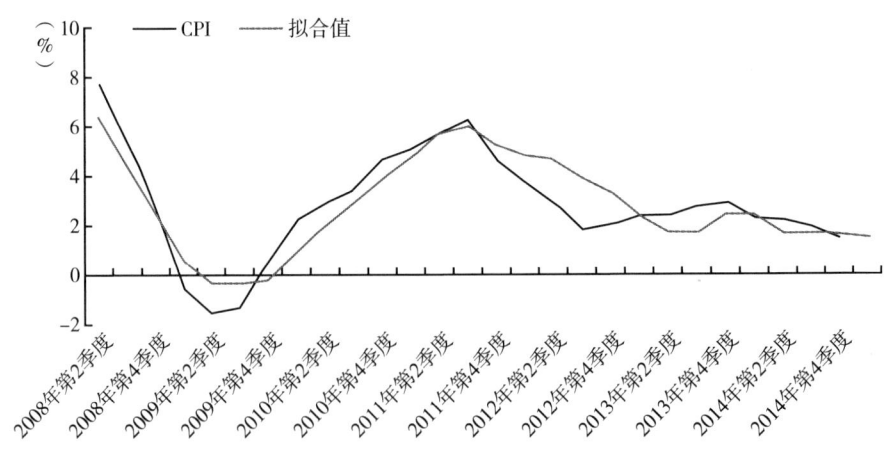

图4-37 基于单位银行结算账户的CPI同比增长率拟合

考虑到总体价格水平是金融市场决策的重要参考变量之一，它应该会对相应的支付清算业务产生影响，因此我们考察了它与支付清算指标在另一个方向的关联性,并且得到了肯定的结果。对于非现金支付工具,CPI 波动显著地与其呈负相关。滞后 3 期的 CPI 同比增长率可以解释非现金支付工具增长率波动的约 60%,1% 的 CPI 指数变化对应着 3 个季度之后非现金支付工具规模 2.93% 的反方向变化。从图 4-38 可以看出,基于 CPI 的拟合值与非现金支付工具规模同比变化率的实际值在总体趋势上一致,但在 2014 年第 1 季度之后则有分离的倾向,这其中的原因值得进一步探询。

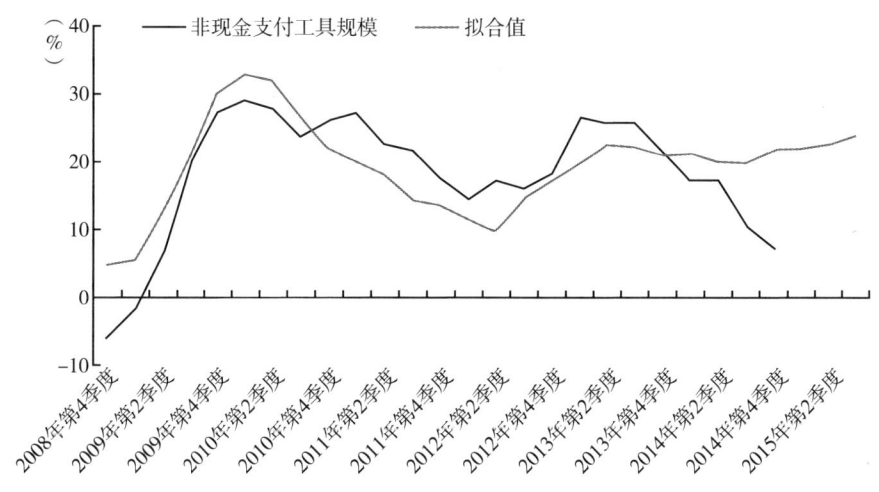

图 4-38 基于 CPI 的非现金支付工具同比增长率拟合

类似的,滞后 3 期的 CPI 波动对支付系统业务规模的同比变化率也有显著的负效应,它可以解释后者波动的一半以上。1% 的 CPI 指数变化对应着 3 个季度之后支付系统业务金额 4.56% 的反方向变化。从图 4-39 可以看出,基于 CPI 的支付系统业务同比增长率拟合效果在 2009 年第 3 季度至 2011 年第 4 季度较好,此后拟合值与实际值则有较大差异,波动趋势也不尽相同。

除了非现金支付方式与支付系统业务的总体规模之外,我们同样也考察了 CPI 变动对具体支付方式与不同类项支付系统业务的影响。在非现金支付工具中,滞后 3 期的 CPI 变动对银行卡支付和汇兑等其他结算方式的季度同比增长率都有显著的负向影响,但对票据支付则没有显著影响。对于具体的支付系统,滞后 3 期的 CPI 变动对同城票据清算系统和行内支付系统业务同比增长率有显著

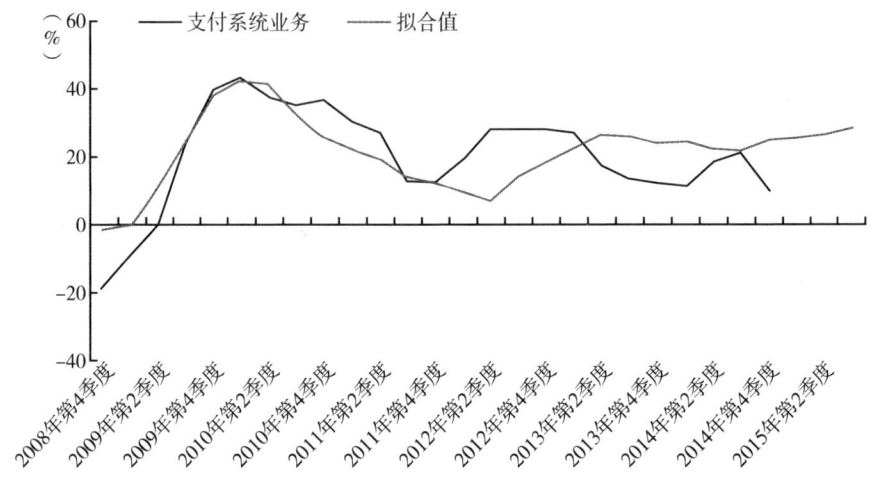

图4-39 基于CPI的支付系统业务同比增长率拟合

负向影响,并且有着较高的拟合优度;滞后2期的CPI变动对大额实时支付系统和银行卡跨行支付系统有负向影响,但无论是在显著性还是在拟合优度上都要低于前者。此外,滞后3期的CPI变动对单位银行结算账户季度增量的同比增长率有显著的负向影响,并且能够解释后者60%以上的波动(见图4-40)。

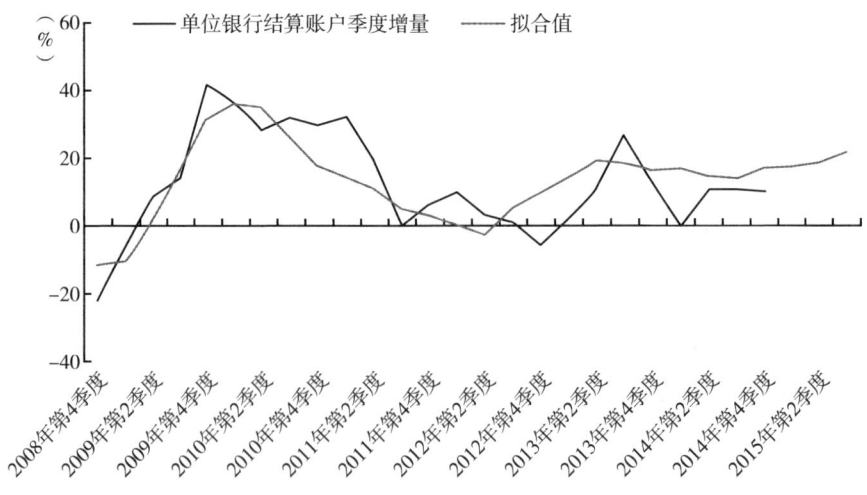

图4-40 基于CPI的单位银行结算账户季度增量同比增长率拟合

（二）支付清算指标与 PPI 的联系

与 CPI 一样，PPI 和支付清算指标之间也有着密切的联系。滞后 2 期的非现金支付工具增长率与 PPI 季度同比增长率显著相关，并且能够解释后者约一半的波动。从拟合效果来看，基于非现金支付工具的 PPI 同比增长率拟合值虽然与实际值之间有一定差异，但是在总体趋势和波动方向上则是一致的（见图 4 – 41）。

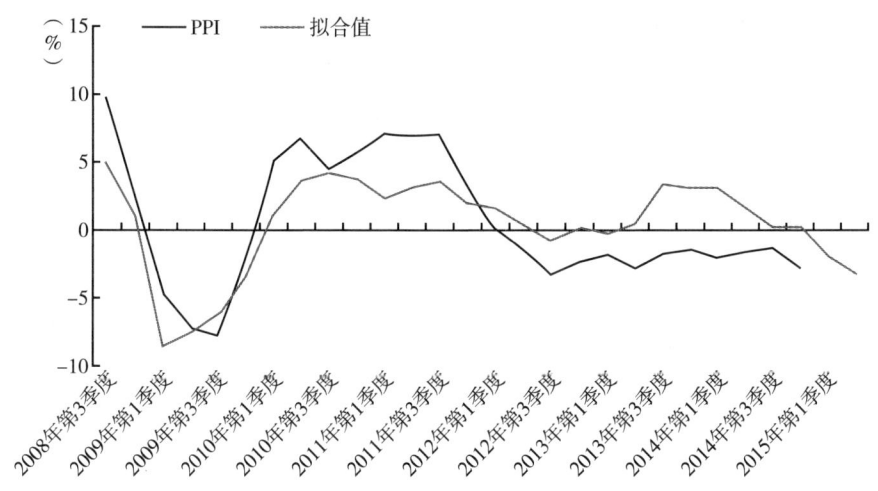

图 4 – 41　基于非现金支付工具的 PPI 同比增长率拟合

对于具体的非现金支付工具，票据、银行卡和汇兑等其他结算方式都与 PPI 增长率显著相关。其中相关关系显著性与拟合优度最高的是银行卡支付增长率，它可以解释 PPI 增长率 2/3 的波动，而最弱的则是汇兑等其他结算方式的增长率（见图 4 – 42）。

滞后 2 期的支付系统业务增长率与 PPI 季度同比增长率显著相关，并且能够解释后者 60% 的波动。从图 4 – 43 可以看出，就拟合效果来说，基于支付系统业务的 PPI 同比增长率拟合值在 2010 年之前与实际值匹配较好，之后的差异则比较大。对于各具体的支付系统，滞后 2 期的大额实时支付系统、同城票据清算系统、银行卡跨行支付系统业务增长率和滞后 1 期的行内支付系统业

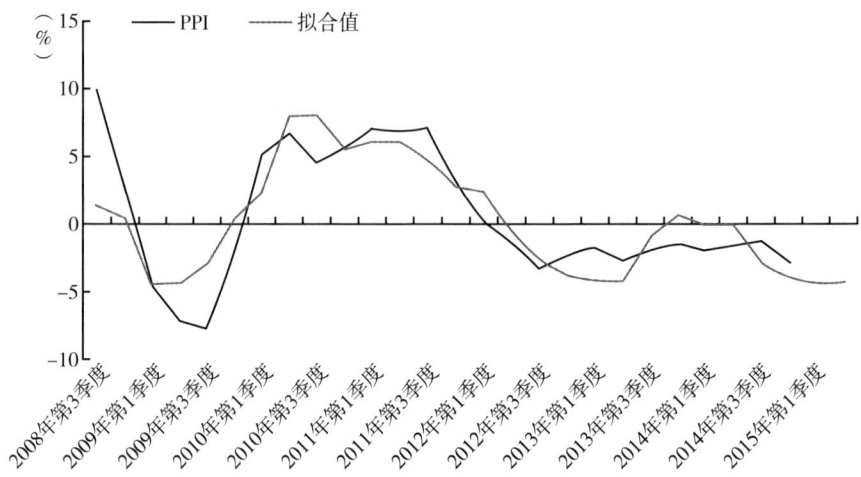

图4-42 基于银行卡支付业务的PPI同比增长率拟合

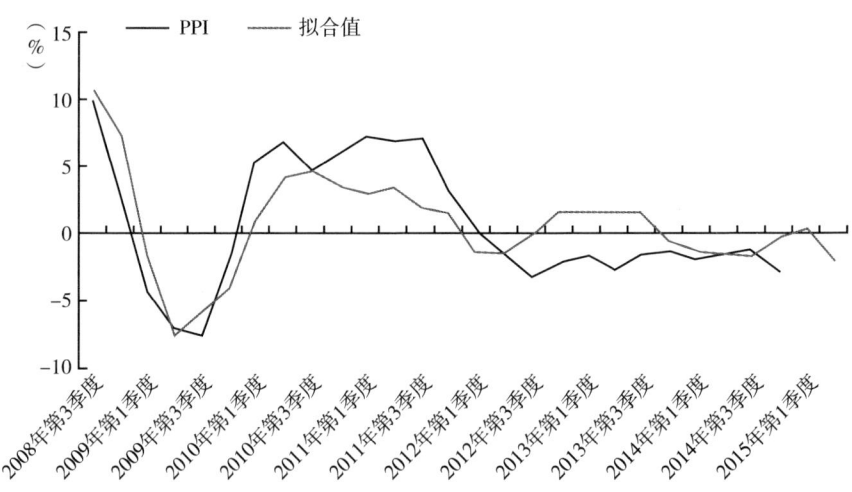

图4-43 基于支付系统业务的PPI同比增长率拟合

务增长率均与PPI同比增长率呈显著正相关,其中显著性与拟合优度最高的是行内支付系统业务增长率,最低的则是银行卡跨行支付系统业务增长率。

在银行结算账户方面,个人银行结算账户变动与PPI的相关性不显著。滞后1期的单位银行结算账户增长率与PPI同比增长率呈显著呈正相关,并且可以解释后者一半的波动。滞后 3 期的单位银行结算账户季度增量增长率也与 PPI 同比增长率呈正相关，并且在显著性和拟合优度上与滞后 1 期的单位银行结算账户增长率类似（见图 4-44）。

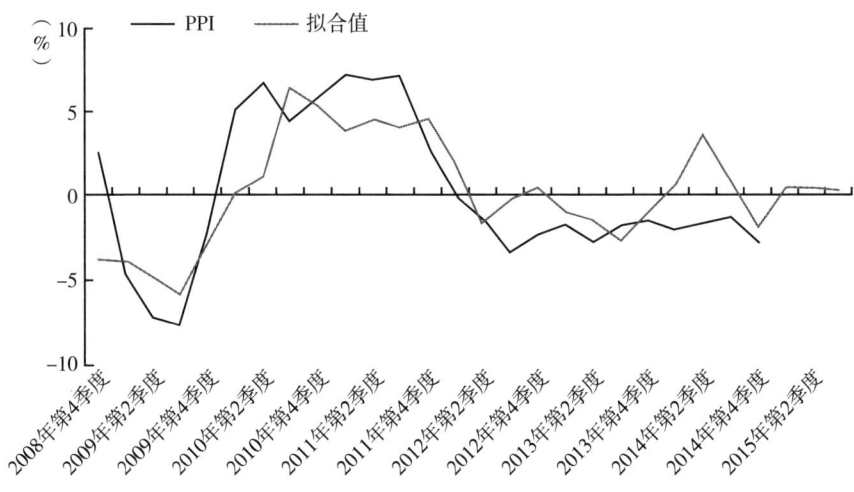

图 4-44　基于单位银行结算账户季度增量的 PPI 同比增长率拟合

我们同样考察了 PPI 变动对支付清算指标的影响，并得到了与 CPI 类似的结论。滞后 3 期的 PPI 增长率与非现金支付工具及支付系统业务同比增长率呈显著负相关。在非现金支付工具中，滞后 3 期的 PPI 变动对银行卡支付和汇兑等其他结算方式的季度同比增长率都有显著的负向影响，但对票据支付则没有显著影响。对于具体的支付系统，滞后 3 期的 CPI 变动对同城票据清算系统和行内支付系统业务同比增长率有显著的负向影响。在银行结算账户方面，则没有发现 PPI 变动的显著效应。

Chapter 4　Macroeconomic Implication of Payment and Settlement Data

Abstract：This chapter describes the structural change of payment and settlement indexes and explores their relationship with economic growth and price level. It shows that the indexes on noncash payment, payment system transaction, and bank settlement account can effectively reflect and predict macroeconomic condition. Also these indexes are significantly impacted by the later.

Keywords: Noncash Payment; Payment System; Bank Settlement Account; Economic Growth; Inflation

第五章 支付清算体系运行、区域经济与金融发展[*]

摘　要： 本章基于中国人民银行大额实时支付系统数据，对全国各地区在资金流动中的地位及相关关系进行了描述，分析了上述资金流动背后的驱动因素及其特定资金流动模式形成的原因，并以长三角地区为例着重讨论了区域经济一体化与资金流动之间的关系。

关键词： 大额实时支付系统　区域经济　经济一体化

本章将基于中国人民银行大额实时支付系统数据，对我国区域经济与金融发展的关系做一分析，并从资金流动的视角讨论长三角地区经济一体化的进展。

一　各地区资金流动规模

与2012年相比，2013年各地区资金流动规模的分布态势并没有显著变化。2012年，资金流动总量最高的5个地区依次为北京、上海、深圳、江苏、广东，资金流动总量最低的5个地区依次为西藏、青海、海南、宁夏和贵州。2013年，资金流动总量最高的5个地区依次为北京、上海、江苏、广东、深圳，而资金流动总量最低的5个地区依次为西藏、青海、宁夏、海

---

[*] 由于数据的可得性，本章的年度数据截至2013年。

南和贵州（见图5-1）。这两个年份内包含的地区都没有变化，只是内部的排名稍有改变。

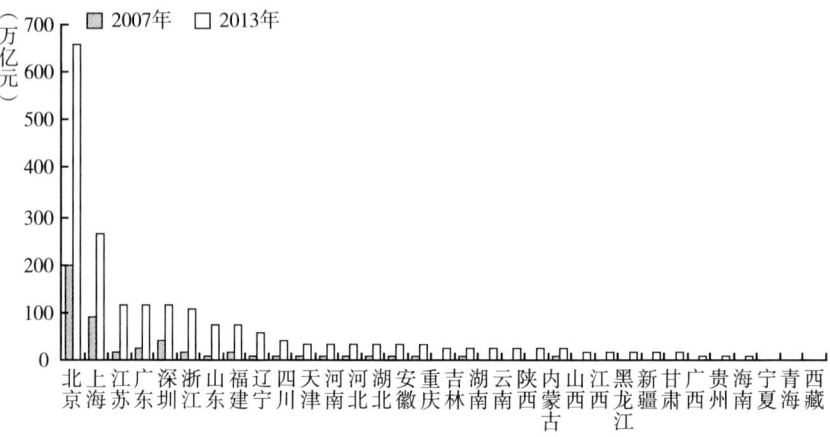

图5-1 各地区大额实时资金流动规模

注：图中的资金流动规模为区域年度资金流入与流出的平均值。

延续了各地区在大额实时资金流动规模上的基本排序状况，2013年的资金流动离散程度也大致与上年相同。2013年，北京、上海、深圳三地的资金流动规模在总量中所占的比重分别为32%、13%和5%，其中北京的占比较2012年下降了2个百分点，延续了2007年以来资金流动在区域上的分散化趋势。深圳和上海的比重则在自2011年开始的三年内保持了稳定态势（见图5-2）。

从地区内部大额实时资金流转规模的比较上看，分散化的趋势还在延续。2012年，北京、上海和深圳在地区内部大额实时资金流动规模中所占的比重分别为36%、12%和4%；2013年，三地的占比分别为32%、11%和4%。其中北京的份额下降了4个百分点，这是2008年以来的最大降幅。上海也从连续三年保持的12%下降了1个百分点。相应的，其他地区所占比重则从2012年的49%上升到2013年的53%（见图5-3）。

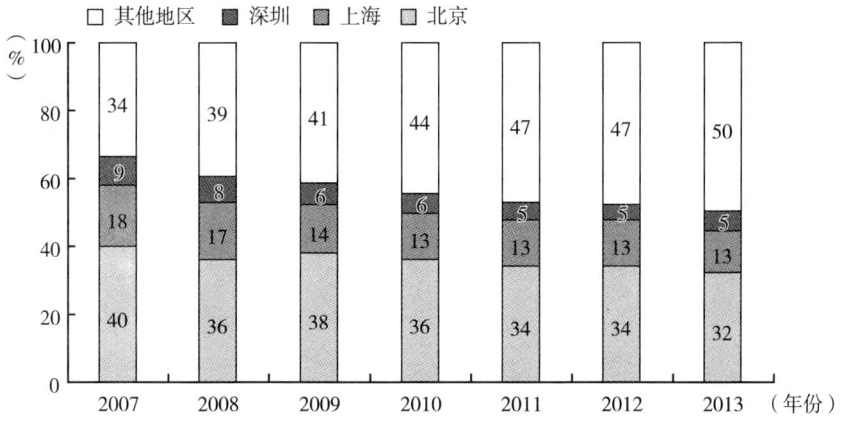

图 5-2 北京、上海与深圳大额实时资金流动规模占比变化

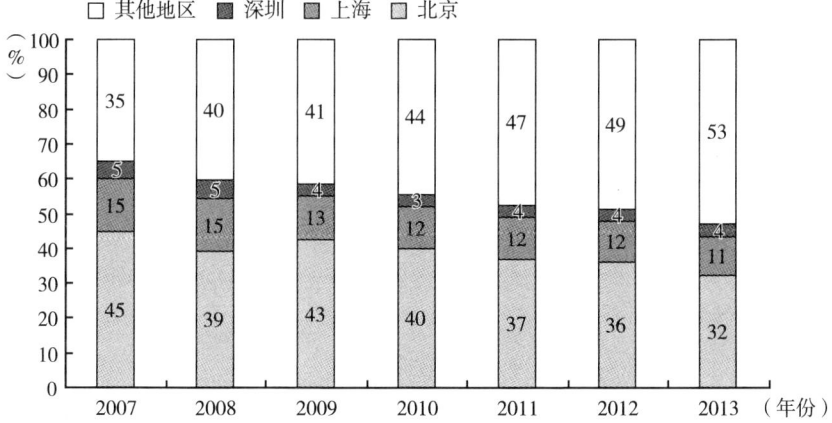

图 5-3 北京、上海与深圳地区内部大额实时资金流动规模占比变化

二 地区间资金流动情况

各地区之间大额实时支付系统资金流动情况反映了其经济与金融的联系。总体上，大额实时支付系统在各地区内部的交易规模与地区之间的交易规模保持着相对稳定的比例，地区之间交易额占比为55%～56%，但2013年的比例则突破了这一区间，地区之间的资金流动占到了总量的58%（见图5-4）。

在地区之间资金流动模式上，除了深圳之外，各地区大额实时支付系统

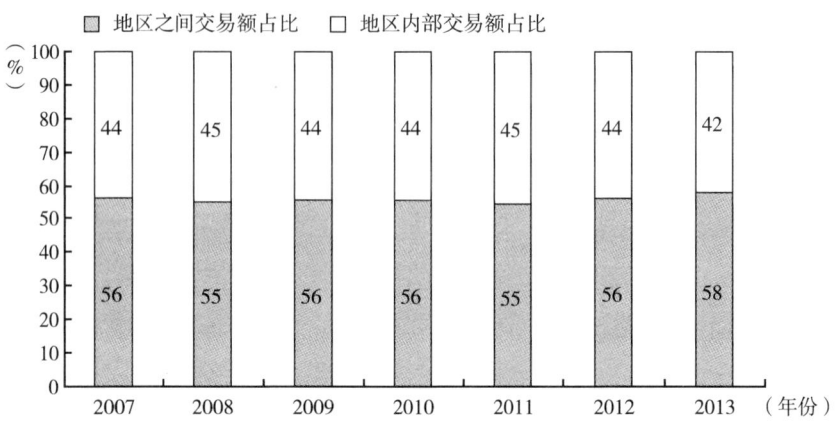

图 5-4 大额实时支付系统在各地区内部及地区之间交易规模比例

资金流动最大的交易对象是自身,并且其比重都在 30% 以上。与此同时,有近一半的地区与自身的资金交易比重接近或超过 50%。深圳大额实时支付系统资金流动的最大交易对象不是本市(占比为 28%),而是北京(占比为 41%)。除此之外,上海、天津、福建等地区与北京的资金交易比重也接近于同自身的交易比重。

图 5-5 显示,北京与其他地区之间的资金流动比重在 2013 年有所下

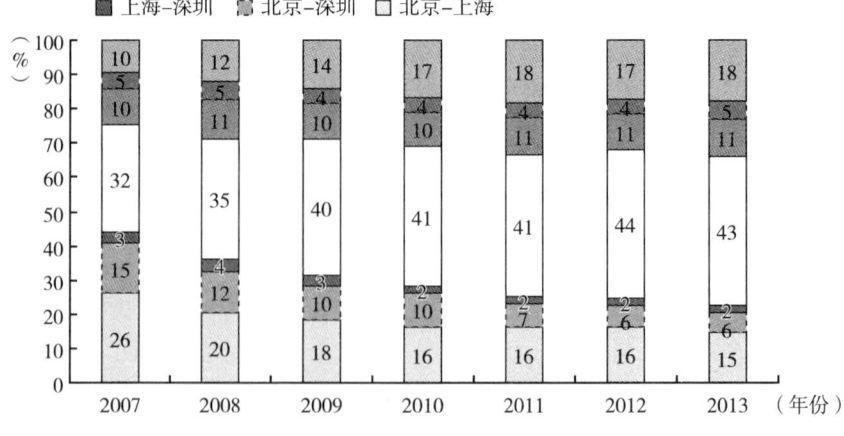

图 5-5 大额实时支付系统地区之间交易状况

注:基数为全国异地交易金额总和。

降，从2012年的44%变为43%，从而改变了该比重往年连续上升的趋势；北京与上海之间的资金流动比重也从2012年的16%变为15%。上海与其他地区之间的资金流动比重保持了2012年的水平不变，仍为11%；深圳与其他地区之间的资金流动比重则上升了1个百分点，从4%上升为5%。由于这些比重变化都比较微小，因此不能判定这是否意味着北京在全国资金流动中的枢纽地位不断提高的趋势发生了扭转。

为了更好地了解地区之间的资金流动模式，我们同样用聚类分析方法对各地区进行分类。由于相较于年度数据，各年加总数据的分析效果更好，也更具代表性，因此我们采用的原始数据为2007~2013年各地区大额实时资金交易比重（见表5-1）。交易比重越大，意味着两城市之间的经济关系越紧密。

聚类步骤见图5-6，所有32个地区按照资金关系紧密程度逐一被归类，并最终合并为一个总体。从图5-6可以看出，各地区的聚类关系与2012年相比基本未发生变化，地域相邻仍是决定经济联系的主要因素。北京、上海、深圳、广东、福建、天津、海南等沿海发达地区之间的关系紧密，首先被聚为一类。其他城市之间的聚类情况也与地缘因素密切相关。

三 区域经济一体化与资金流动分析
——以长三角地区为例

目前，区域经济一体化已经成为我国区域经济发展的重要趋势，而资金流动状况则是反映经济与金融一体化的重要指标。下面我们以长三角地区为例，对其在全国金融体系中的地位以及长三角地区内各省市的资金联系进行分析。

根据国务院2010年批准的《长江三角洲地区区域规划》，长三角地区包括上海、江苏和浙江，其中上海是长三角经济一体化的枢纽。值得注意的是，尽管上海早在2000年代中期就开始建设金融中心，并且在2009年正式确立了建设国际金融中心的目标，但是从全国的资金流动情况来看，上海在全国金融体系中的地位并没有上升，反而有所下降。与此同时，长三角地区的另两个省——江苏和浙江，在这段时间内的地位则有所上升，大额实时资

表5-1 各地区大额实时资金交易比重

单位：%

地区	北京	天津	河北	山西	内蒙古	辽宁	吉林	黑龙江	上海	江苏	浙江	安徽	福建	江西	山东	河南	湖北	湖南	广东	广西	重庆	四川	贵州	云南	西藏	陕西	甘肃	青海	宁夏	新疆	深圳
北京	48	1	1	1	1	2	1	1	14	3	3	1	2	1	2	1	1	1	4	0	1	1	0	1	0	1	0	0	0	0	7
天津	31	35	2	1	0	2	1	1	10	2	2	0	2	0	2	1	0	0	2	0	0	1	0	0	0	0	0	0	0	0	3
河北	27	2	51	1	0	1	0	0	3	1	1	1	2	0	2	1	1	0	2	0	0	1	0	0	0	0	0	0	0	0	2
山西	26	1	1	52	1	1	0	0	3	1	1	0	2	0	2	2	1	1	2	0	0	0	0	0	0	1	0	0	0	0	2
内蒙古	31	1	1	1	49	1	1	0	3	1	1	0	2	0	2	1	0	0	1	0	0	1	0	0	0	0	0	0	0	0	1
辽宁	26	1	1	1	1	43	2	2	5	2	2	0	3	1	2	1	1	0	2	0	0	1	0	0	0	1	0	0	0	0	2
吉林	24	1	1	0	1	4	41	2	4	2	3	0	3	0	2	1	0	1	2	0	0	0	0	0	0	1	0	0	0	0	2
黑龙江	28	2	1	1	0	4	2	41	4	1	1	0	3	0	1	1	0	0	2	0	0	0	0	0	0	1	0	0	0	0	5
上海	35	1	0	1	0	1	0	0	40	3	2	1	2	0	2	1	0	0	3	0	0	1	0	0	0	1	0	0	0	0	2
江苏	25	1	0	0	0	1	1	0	9	48	3	1	2	0	2	1	1	1	2	0	0	0	0	0	0	1	0	0	0	0	2
浙江	21	1	0	0	0	2	0	0	8	3	50	1	2	1	2	1	0	1	2	0	0	1	0	0	0	1	0	0	0	0	2
安徽	27	0	1	0	0	2	1	0	6	3	2	50	2	1	2	1	2	0	3	0	0	0	0	0	0	1	0	0	0	0	4
福建	25	1	0	0	0	1	0	0	13	3	2	1	30	0	2	1	0	0	3	0	0	0	0	0	0	1	0	0	0	0	2
江西	30	0	0	1	0	1	1	0	4	3	2	0	3	43	2	1	0	2	3	0	0	1	0	1	0	1	0	0	0	0	2
山东	23	1	1	0	0	2	0	2	6	2	2	0	2	0	50	2	1	0	1	2	0	2	1	0	0	0	0	0	0	0	2
河南	19	1	0	0	0	1	1	1	5	3	3	0	2	0	2	46	1	1	2	0	2	1	0	0	0	1	0	0	0	0	2
湖北	30	0	0	0	0	1	1	1	5	1	2	0	4	0	1	2	42	1	3	0	1	1	0	0	0	0	0	0	0	0	2

第五章 支付清算体系运行、区域经济与金融发展

续表

地区	北京	天津	河北	山西	内蒙古	辽宁	吉林	黑龙江	上海	江苏	浙江	安徽	福建	江西	山东	河南	湖北	湖南	广东	海南	广西	重庆	四川	贵州	云南	西藏	陕西	甘肃	青海	宁夏	新疆	深圳
湖南	26	1	0	1	0	1	1	0	6	2	2	0	5	1	1	1	1	41	3	0	0	1	1	0	0	0	0	0	0	0	0	3
广东	26	1	0	0	0	1	0	0	8	2	1	2	2	2	1	1	1	1	44	0	0	0	1	0	0	0	0	0	0	0	0	7
海南	30	1	0	0	0	0	0	0	6	1	1	1	1	0	0	1	1	1	3	44	0	0	1	0	1	0	0	0	0	0	0	4
广西	27	0	0	0	0	1	0	1	4	1	1	1	2	0	0	1	0	0	3	0	50	1	1	1	0	0	0	0	0	0	0	2
重庆	25	1	0	0	0	2	2	0	6	2	1	1	2	0	2	4	1	1	1	0	0	42	2	1	0	0	0	0	0	0	0	3
四川	25	1	1	0	0	2	1	1	3	1	1	1	3	3	1	1	1	1	2	0	0	2	49	0	1	0	1	0	0	0	1	2
贵州	24	1	0	0	0	0	0	0	4	1	1	0	2	0	1	0	0	1	2	0	1	2	2	52	0	0	0	1	0	0	0	2
云南	24	0	0	0	0	0	0	0	4	0	0	0	0	0	0	1	0	1	2	0	1	1	1	0	54	0	0	0	1	0	0	3
西藏	39	0	0	0	1	0	0	0	1	0	0	0	0	0	0	0	0	1	0	0	0	0	3	0	0	49	0	1	1	0	0	1
陕西	24	1	0	1	1	0	0	1	5	2	1	0	0	0	0	1	2	1	2	0	1	0	2	0	0	0	51	1	0	0	0	2
甘肃	26	0	0	0	0	0	0	0	4	0	1	0	0	0	0	1	0	0	0	0	0	0	1	0	0	0	1	49	1	0	1	2
青海	29	0	0	1	1	0	0	0	2	1	1	0	1	0	2	0	0	0	0	0	0	0	0	0	0	0	0	2	52	0	0	2
宁夏	32	1	0	0	0	0	0	0	4	2	1	1	2	1	1	2	0	0	0	0	0	0	2	0	0	0	1	1	0	45	0	1
新疆	28	1	0	0	0	1	0	0	4	2	1	2	0	0	2	1	0	0	0	0	0	1	0	0	0	0	0	1	0	0	48	2
深圳	41	1	0	0	0	0	0	0	11	2	2	1	2	2	2	1	1	1	5	0	0	1	1	0	0	0	0	0	0	0	0	28

注：表格中的值（2007～2013年平均值）是交易金额各行所在地区总交易金额的比例，横向加总为100%。

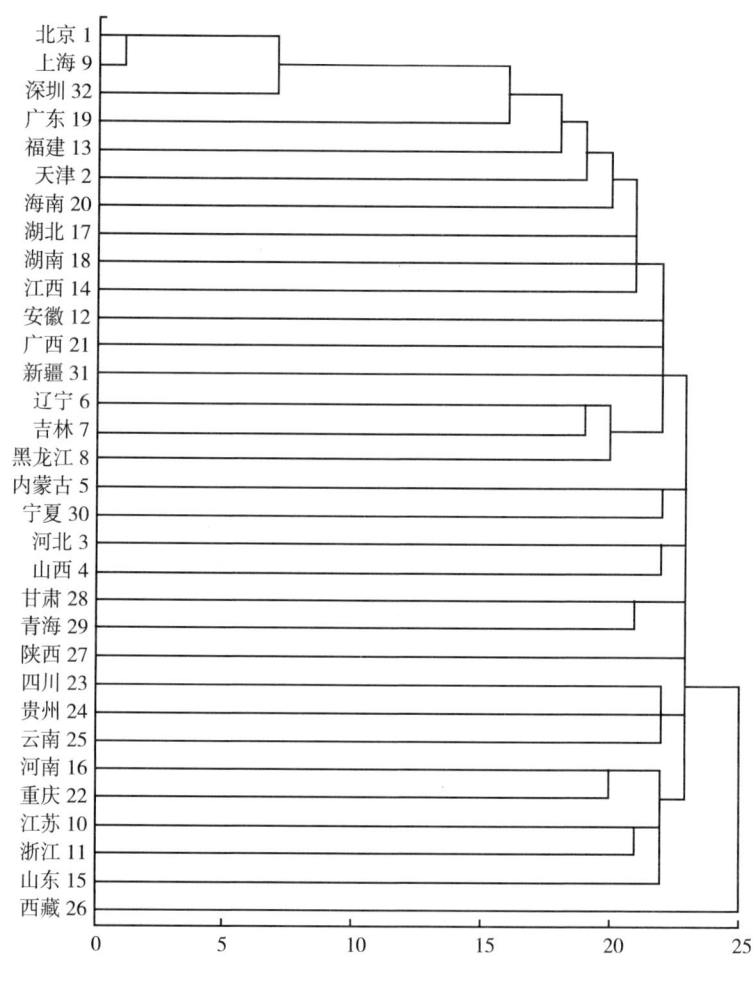

图 5-6 聚类分析

金流动占比分别从 2007 年的 4% 和 3% 变为 2013 年的 6% 和 5%（见图 5-7）。

如果将长三角地区整体纳入观察，情况则有所变化。从图 5-8 可以看出，2007~2013 年，长三角地区内部大额实时资金流动在全国所占的比重基本保持在 26%，其间 2008 年上升为 28%，但随即在 2009 年下降至 24%，然后在 2011 年回升至 26%。显然，2009 年长三角地区资金流动比重的下降是由于全球金融危机的影响，而在总体上，江苏与浙江两省资金流动占比的上升弥补了上海资金流动占比的下降。

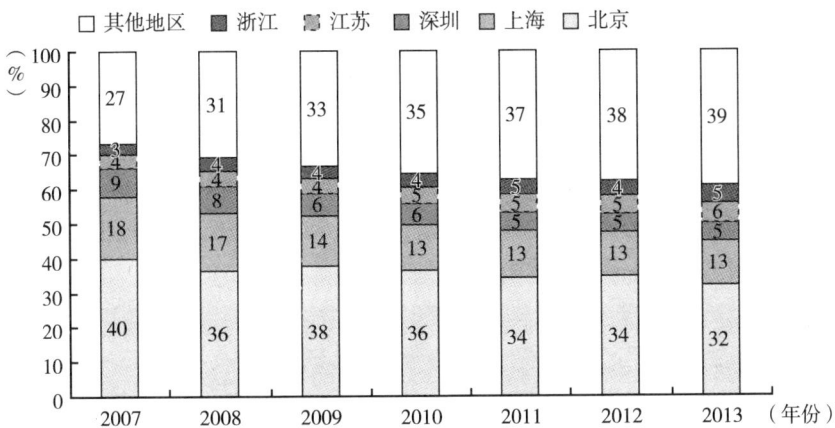

图 5-7　北京、深圳与长三角地区大额实时资金流动规模占比变化

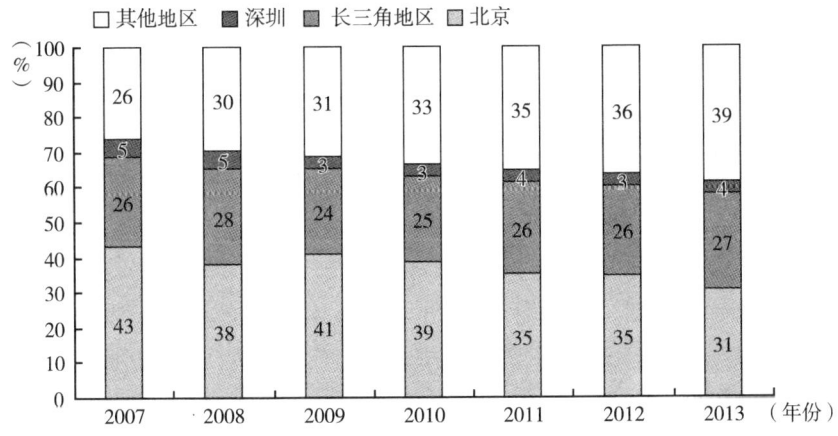

图 5-8　北京、深圳与长三角地区内部大额实时资金流动规模占比变化

如果用整个长三角地区替换上海,那么其在全国资金流动中的地位下降得相对不明显。尽管长三角地区与北京之间的资金流动规模占比仍然明显下降,从2007年的33%变为2013年的25%,但长三角地区与其他地区之间的资金流动规模占比则从11%上升到14%(见图5-9)。同样,江苏与浙江同其他地区之间资金流动份额的上升弥补了上海比重的下降。

再看长三角地区内部的资金流动情况。显然,上海是长三角地区资金流动的枢纽。其中，上海与江苏之间的资金流动关系更为紧密，占总体比重的46%左右；上海与浙江之间的资金流动份额在2007~2013年有所下降，从40%变为37%。浙江与江苏之间的资金流动相对比重较小，并且看起来受全球金融危机的影响更为显著（见图5－10）。

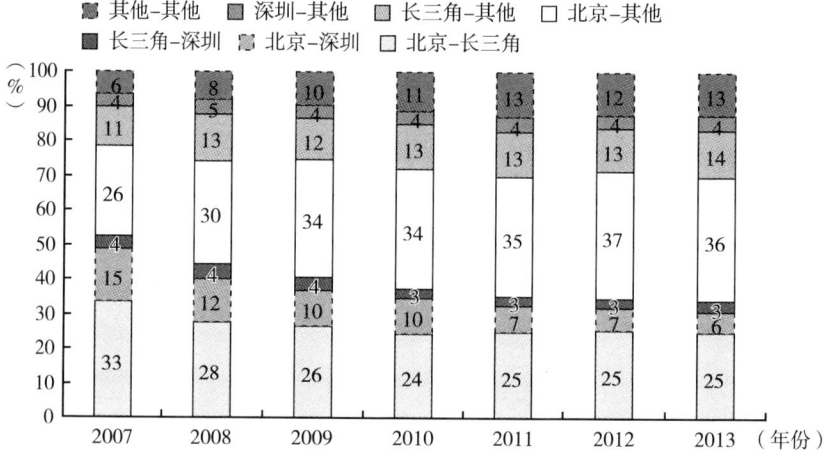

图5－9 大额实时支付系统地区间交易状况（北京、长三角、深圳）

注：基数为全国异地交易金额总和。

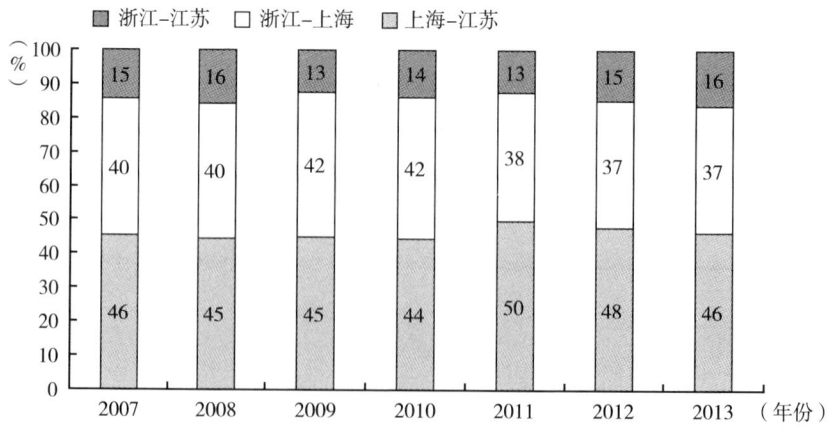

图5－10 长三角地区内部省市之间资金流动状况

注：基数为三省市异地交易金额总和。

总结上述分析，我们看到，同处长三角地区的浙江和江苏在全国资金流动中所占比重的上升部分弥补了上海比重下降而导致的区域地位弱化，然而区域内部的资金联系并没有强化的趋势。在长三角地区内部，上海与江苏的联系要比与浙江更为紧密，且后者有进一步疏离的迹象。因此，长三角地区的经济与金融一体化要获得实质性进展，还有相当多的工作要做。

Chapter 5　Regional Economies and Financial Development

Abstract：Based on the data from High－Value Payment System（HVPS）of People's Bank of China，this chapter ranks Chinese province-level regions by the volume of payment and describes the pattern of fund transfer between them. It analyzes the driving factors behind the payment flows between the regions and discusses the relationship between regional integration and payment flows with Yangtze River Delta as an example.

Keywords：High－Value Payment System；Regional Economy；Regional Integration

第六章 支付清算体系运行与金融系统稳定

摘　要： 本章从纵向与横向两个维度对支付清算运行与宏观经济波动及金融系统稳定之间的关系进行了考察。在纵向维度，本章以支付清算运行指标与经济增长之间的长期稳定关系为基准，通过当前支付清算运行规模与上述基准关系的对比，评估了金融体系中是否存在泡沫及其严重程度。在横向维度，本章分析了近年来银行类金融机构在资金流动模式上的结构变化，并分析了其对于金融系统稳定性的含义。

关键词： 支付清算　宏观经济波动　金融稳定

本章将从纵向和横向两个维度，考察支付清算体系运行与宏观经济波动之间的关系，并对金融体系的脆弱性进行评估。

一　宏观经济周期预警

在前面的分析中我们已经看到，M2 等货币数量指标难以全面地描述资金运行对宏观经济的影响。在这种情况下，我们考虑用支付清算指标来更为精确地反映经济中的金融活跃程度或流动性状况。这其中的一个有利因素是，通过前面的分析我们已经知道支付清算活动与 GDP 之间存在相对稳定的相关关系。因此，创造一定数量的 GDP 对应着一定的支付清算交易规模，如果支付清算交易的总量显著高于这一正常值，那么就意味着其中可能夹杂过多的泡沫或投机成分。为此，我们可以基于现有数据获得 GDP 增速与支付清算交易规模增长率之间的长期关系，再由当前支付清算数据生成 GDP 增速的拟合值，然后将拟合值与实际值进行对比，看是否存在较大的偏离。通过对基于支付清算数据拟合的 GDP 增长率的残差分析，我们可以较为精确地把握这种偏离程度。

基于第四章的分析，我们采用以下两个拟合公式：

$$g_{NGDP} = 0.1604706 \times L2.g_{CARD} + 0.0709424 \times L.g_{INTRABANK} + 7.480769 \quad (1)$$

$$g_{RGDP} = 0.0623718 \times L.g_{CARD} + 0.064573 \times L2.g_{PACCT} + 6.880902 \quad (2)$$

其中，g_{NGDP}、g_{RGDP}、g_{CARD}、$g_{INTRABANK}$、g_{PACCT} 分别表示名义 GDP、真实 GDP、银行卡支付业务、行内支付系统业务、个人银行结算账户季度增量指标的季度同比增长率，L 为滞后算子。

图 6-1 给出了基于式（1）得到的名义 GDP 季度同比增长率的拟合残差。残差的值越大，表明名义 GDP 的拟合值超出实际值越多，从而经济中存在流动性泡沫的可能性也就越大。可以看到，残差在正负方向上基本对称，总体位于 -3%~3% 的区间内。其中，2010 年第 3 季度、2012 年第 3 季度和 2013 年第 4 季度的残差在 2% 之上，而 2008 年第 3 季度、2010 年第 1 季度和 2011 年第 4 季度的残差则在 -3% 附近。需要注意的是，由于拟合 GDP 的支付清算指标采用的是滞后 1 期和 2 期的数据，因此残差反映的也是相应时期 1~2 个季度前的流动性状况。

图 6-2 给出了基于式（2）得到的真实 GDP 季度同比增长率的拟合残差。在理论上，由于真实 GDP 剔除了价格因素，其拟合残差更能反映经济中流动性与实体经济需求之间的错配关系。可以看到，真实 GDP 的残差分布范围要低于名义 GDP，基本集中在 -1.5%~1.0% 的区间内。其中，2011 年第 4 季度达到 1.0%，而 2008 年第 3 季度和 2010 年第 1 季度在 -1.0% 以下。对比名义 GDP 和真实 GDP 的残差分布，不难发现其动态存在较大差异，尤其是在 2011 年第 4 季度到 2013 年第 3 季度，两者的波动方向经常相反。两者波动方向的背离来源于支付清算指标之间波动特征

的差异和价格水平的变动,它也在一定程度上反映了当时宏观经济环境的特殊性。

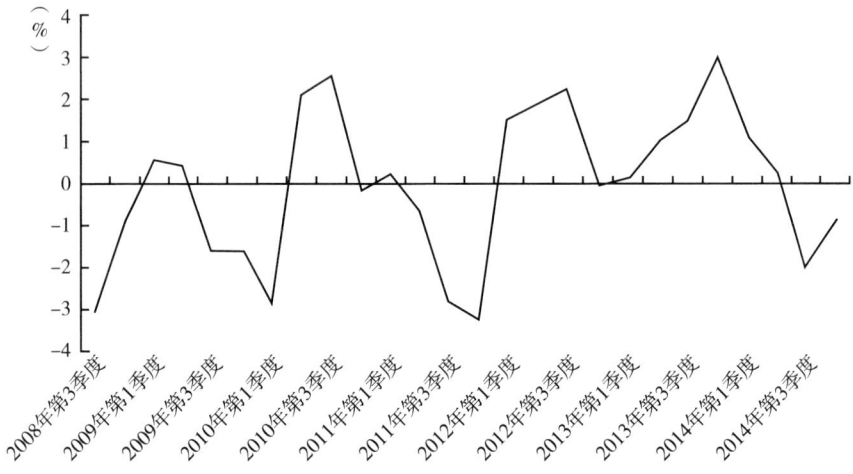

图6-1 名义GDP季度同比增长率拟合残差

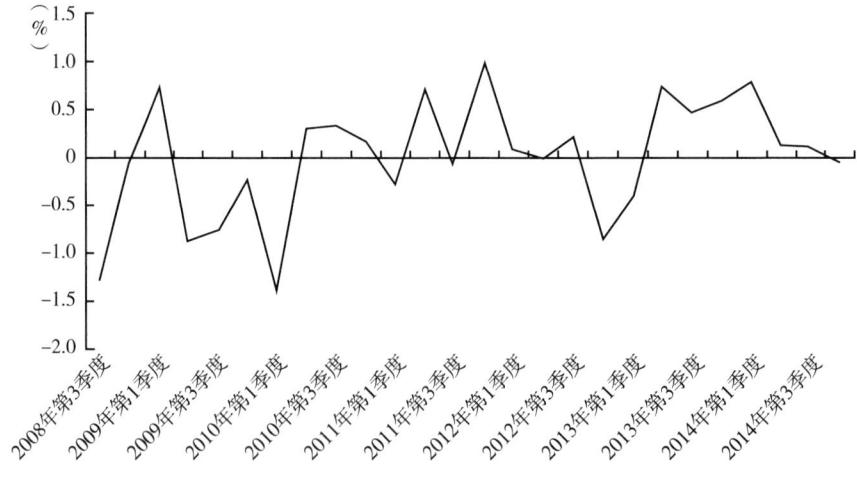

图6-2 真实GDP季度同比增长率拟合残差

为进一步了解名义GDP与真实GDP拟合残差波动不一致的原因,我们在图6-3中给出了同期的PPI与CPI增长率。可以看到,价格水平的波动确实能够解释上述差异的一部分,如名义GDP与真实GDP在2011年第4季度和2014年第3季度的趋势背离,但是并非所有差异都能因此得到合理解释。并且在某些时期,如2008年第3季度,即便是价格水平发生大幅变化,也没有影响GDP名义值和真实值波动的一致性。因此,对于这两种残差之间的差异及其经济含义,尚需进行进一步探讨。

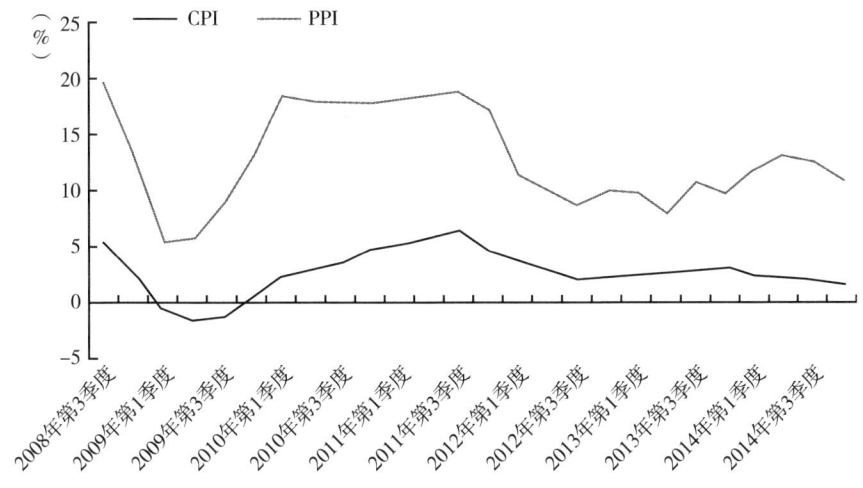

图6-3　CPI与PPI季度同比增长率

由于数据长度的限制,目前我们还无法设置GDP拟合残差波动幅度的预警区间。鉴于支付清算指标与宏观经济变量之间的密切联系,上述监测方法应该能够为宏观经济波动的评估提供一定的参考。随着数据的逐步积累和对相应指标含义的进一步探索,支付清算体系将会在宏观经济稳定政策中发挥更大的作用。

二　银行间资金流动与金融体系稳定性

与宏观经济风险的时间维度相对应,由金融体系结构而产生的金融脆弱性则是系统性风险的空间维度。金融机构之间的资金流动模式在相当程度上反映了它们之间的业务关系和可能的风险传染渠道,因此也是分析金融体系稳定性的一个重要侧面。

就金融机构在资金流动中的份额来看,与2012年相比,2013年国有商业银行的比重继续下降,由36%变为35%,其他银行金融机构的比重也下降了2个百分点。与此相对应,股份制商业银行的比重在2013年上升了3个百分点,由29%变为32%(见图6-4)。相对于前几年市场结构相对稳定的局面,股份制商业银行比重的上升可能预示着金融市场的进一步变迁。

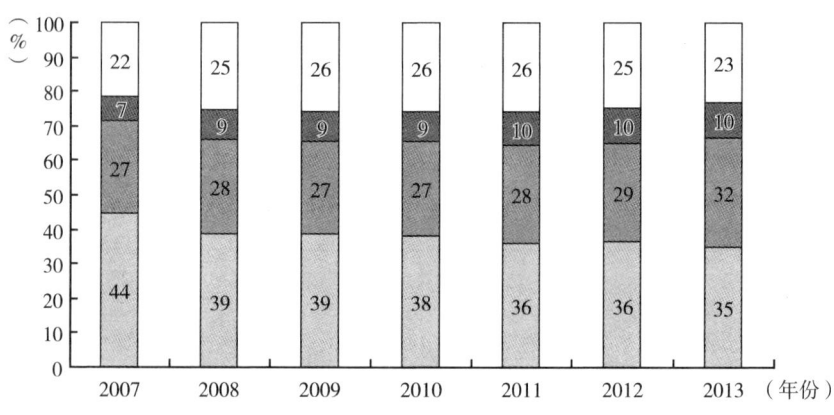

图6-4 各类金融机构在大额实时支付系统中的比重变化

在平均每笔交易金额上,2013年仍然是政策性银行和其他银行金融机构的数值最大,远远领先于其后的外资银行,在城市信用社全部改制为城市商业银行之后,农村信用社排在了平均交易规模的末端(见图6-5)。只要各类金融机构的业务类型不发生大的转变,这种交易的平均规模分布也不会出现明显变化。

从各金融机构的资金流入流出情况来看,2013年,绝大部分类型的银行和信用社在大额实时支付系统中都是资金净流入,只有中国邮政储蓄银行保持着资金净流出的状态,同时城市信用社的资金净流入也随着改制的完成而归零(见表6-1)。

在资金流向上,2010~2012年的3年间,同类金融机构内部资金流转与不同类型机构间资金流转的比例都保持在43∶57的水平上。2013年,这一常态被打破,上述比例变成45∶55,恢复到2008年的状态(见图6-6)。这一变动是否预示着同类金融机构内部资金流转比例再次上升,甚至回到危机前的状态,还有待观察。

第六章 支付清算体系运行与金融系统稳定

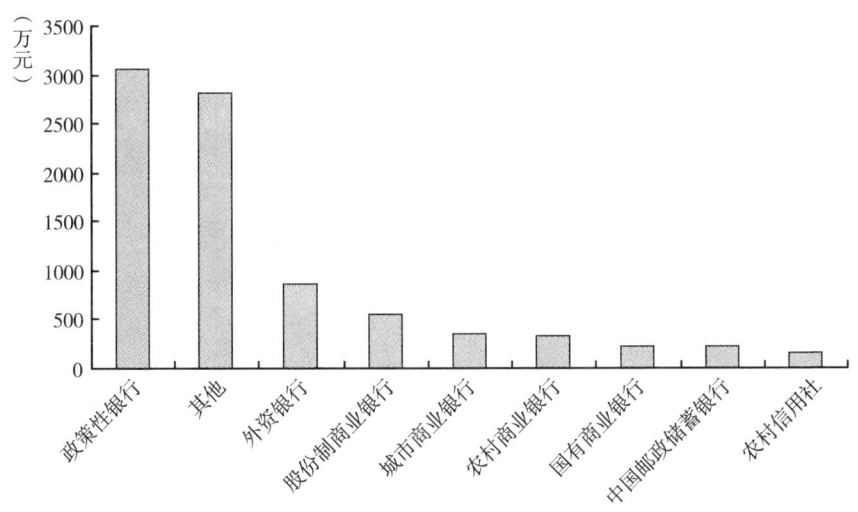

图 6-5 各类金融机构在大额实时支付系统中的平均每笔交易金额

表 6-1 各类金融机构的资金流入情况

机构类型	2007 年	2008 年	2009 年	2010 年	2011 年	2012 年	2013 年
国有商业银行	40452	156564	141810	169464	172844	154045	118800
股份制商业银行	31409	119481	129941	160216	169163	190350	183981
城市商业银行	9754	42194	47794	71459	85695	92354	79150
政策性银行	9022	28350	22301	24891	16885	16647	11548
农村信用社	-943	12546	13297	18274	14554	15609	13721
外资银行	-1363	7081	7698	13106	16044	17442	7644
农村商业银行	611	2304	2578	4999	14402	17517	15849
中国邮政储蓄银行	-298	1944	951	3090	1326	-535	-1968
城市信用社	555	1475	985	446	154	33	0
其他	-89198	-371938	-367354	-465946	-491067	-503461	-428725

在同类机构内部的资金流转总量中，2013 年国有商业银行的比重由 2012 年的 50% 下降为 46%，而股份制商业银行的比重则由 36% 大幅上升为 42%，这种结构变化与两者在总体资金流动规模上的比重变化趋势是一致的。2013 年其他金融机构的比重较 2012 年再下降 1 个百分点，变为 3%（见图 6-7）。

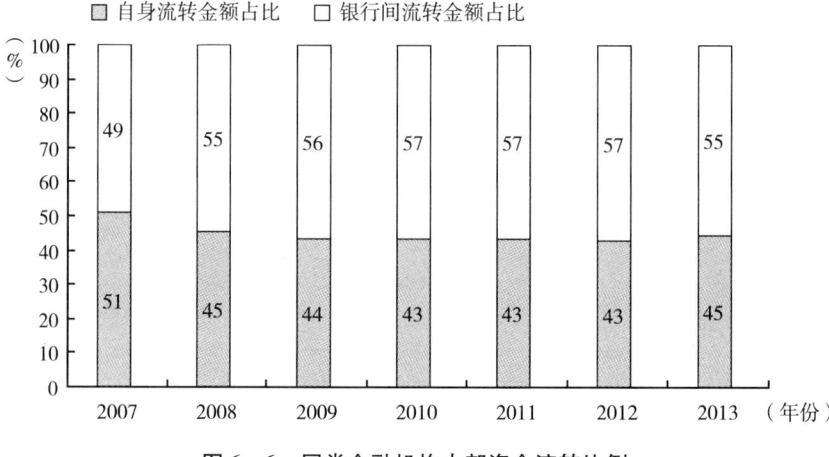

图6-6 同类金融机构内部资金流转比例

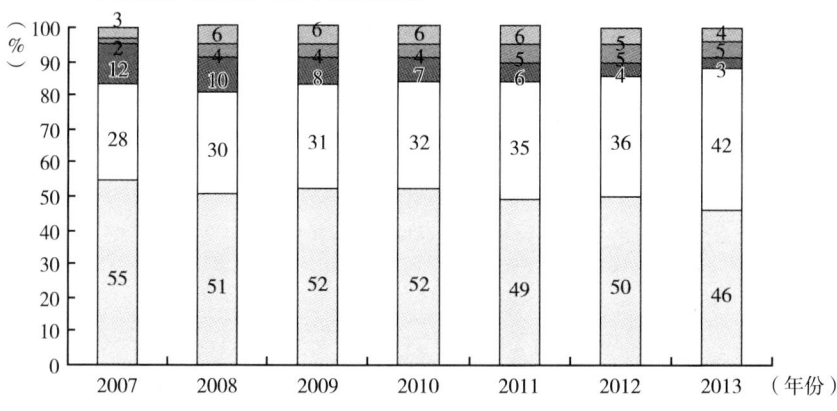

图6-7 各类金融机构内部资金占比变化

在不同类型金融机构之间的资金流转方面,2013年国有商业银行的比重全面下滑,其与城市商业银行、其他银行金融机构和剩余金融机构的资金交易占比较2012年各下降了1个百分点。国有商业银行与股份制商业银行之间资金交易的占比则由19%上升为21%(见图6-8),然而综合其他数据变动来看,这一比重上升更多地反映了股份制商业银行而不是国有商业银行市场地位的强化。

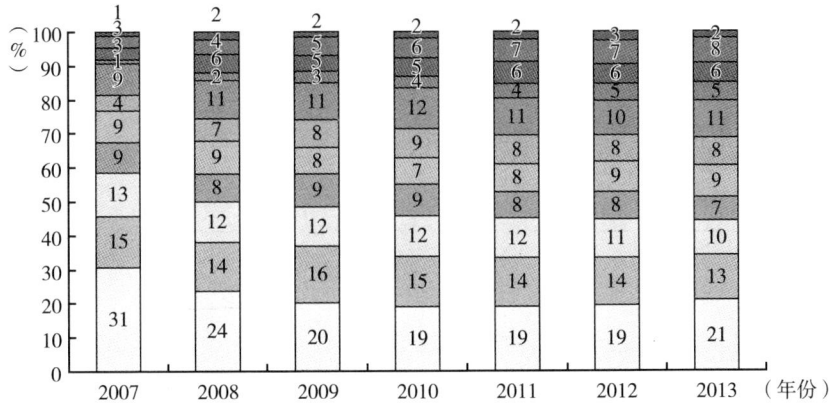

图6-8 不同类型金融机构之间资金流动占比变化

表6-2更为具体地显示了大额实时支付系统内的资金交易状况。从表6-2中可以看出,对于大部分金融机构类型而言,国有商业银行和股份制商业银行是主要的资金交易对象。这其中的例外是外资银行,其最大份额的资金流动发生在同类机构之间。

表6-2 各类金融机构的资金交易比重

单位:%

机构类型	城市商业银行	股份制商业银行	国有商业银行	农村商业银行	农村信用社	其他	外资银行	政策性银行	中国邮政储蓄银行
城市商业银行	21	26	24	2	6	12	2	5	1
股份制商业银行	8	54	20	1	4	8	2	2	1
国有商业银行	6	15	59	1	4	11	2	1	1
农村商业银行	18	23	24	4	6	17	1	6	1
农村信用社	12	28	30	2	9	16	0	3	1

续表

机构类型	城市商业银行	股份制商业银行	国有商业银行	农村商业银行	农村信用社	其他	外资银行	政策性银行	中国邮政储蓄银行
其他	10	19	34	2	6	21	3	3	2
外资银行	5	19	20	0	1	9	41	3	1
政策性银行	18	19	18	3	4	14	4	17	3
中国邮政储蓄银行	14	25	30	1	4	18	2	7	0

注：表格中的值（2007~2013年平均值）是交易金额占各行金融机构总交易金额的比例，横向加总为100%。

为了对银行间的资金流动模式进行综合分析，我们对2007~2013年各银行资金交易占比情况进行了相关性分析。相关系数大，则意味着两种银行的交易模式类似。银行间资金流动的相关系数见表6-3。

表6-3 银行间资金流动的相关系数

机构类型	城市商业银行	城市信用社	股份制商业银行	国有商业银行	农村商业银行	农村信用社	其他	外资银行	政策性银行	中国邮政储蓄银行
城市商业银行	1	0.962	0.804	0.735	0.988	0.956	0.815	0.266	0.837	0.943
城市信用社	0.962	1	0.739	0.8	0.968	0.974	0.874	0.229	0.725	0.93
股份制商业银行	0.804	0.739	1	0.455	0.784	0.831	0.573	0.336	0.603	0.726
国有商业银行	0.735	0.8	0.455	1	0.771	0.819	0.876	0.336	0.531	0.844
农村商业银行	0.988	0.968	0.784	0.771	1	0.972	0.881	0.252	0.843	0.974
农村信用社	0.956	0.974	0.831	0.819	0.972	1	0.892	0.288	0.733	0.954
其他	0.815	0.874	0.573	0.876	0.881	0.892	1	0.326	0.673	0.939
外资银行	0.266	0.229	0.336	0.336	0.252	0.288	0.326	1	0.2	0.329
政策性银行	0.837	0.725	0.603	0.531	0.843	0.733	0.673	0.2	1	0.848
中国邮政储蓄银行	0.943	0.93	0.726	0.844	0.974	0.954	0.939	0.329	0.848	1

从表 6-3 可以看出，城市商业银行、农村商业银行、农村信用社等小型金融机构的交易模式相关性较高，而外资银行与其余任何金融机构之间的交易模式相关性都比较弱。从这一点上看，外资银行在国内实际上处于相对独立的市场空间。银行间的资金流动模式表明，目前我国的金融交易仍然具有相当的集中度，国有商业银行在其中发挥着枢纽和主导作用。正如许多系统性风险的情景分析所显示的，在这种资金流动模式下，只要国有商业银行不发生危机，对金融系统的冲击就不会造成太严重的后果[①]。但从另一个角度来考虑，这也提醒我们要加强对国有商业银行的风险监控，密切关注随着股份制商业银行崛起而导致的资金流动结构变化，以避免出现风险过于集中的局面，同时也为将来可能出现的风险未雨绸缪。

Chapter 6 Financial Systemic Risks

Abstract：This chapter discusses the implication of payment and settlement indexes on macroeconomic fluctuation and financial stability. Taking the long-term relationship between payment and settlement transaction and GDP growth as a reference, it evaluate the scale of bubbles in the economy. It also analyzes the structural changes of fund flow pattern between banking institutions and their implication on financial fragility.

Keywords：Payment and Settlement; Business Cycle; Financial Stability

---

[①] 王鹏、付延平、李文贺：《基于合成数据的系统性风险传染研究》，《金融评论》2014 年第 6 期。

第七章　支付清算体系运行与货币政策

摘　要： 本章总结了 2014 年货币政策操作的主要内容和特点，基于 2008～2014 年的数据分析了支付清算运行对货币供给的影响，发现支付清算系统的业务规模与货币供给之间存在显著的正相关关系，同时分析了跨境人民币结算和第三方支付对货币政策的影响。

关键词： 支付清算　货币政策　货币供给

一　2014 年货币政策实施概况

（一）货币政策操作概况

2014 年以来，面对复杂多变的国内外经济金融形势，中国人民银行根据党中央、国务院的统一部署，坚持稳中求进、改革创新，继续实施稳健的货币政策，既保持定力，又主动作为，瞄准经济运行中的突出问题，不断补充和完善货币政策工具组合，适时适度预调微调。基于货币政策工具的视角，货币政策操作概况主要包括以下四点。

第一，灵活开展公开市场操作。2014 年上半年，针对外汇占款增长前快后慢、春节等季节性因素对流动性影响较大的特点，以正回购操作为主、逆回购操作为辅，搭配使用短期流动性调节工具（SLO）灵活开展公开市场操作，保持流动性总量合理适度和分布均衡；进入下半年之后，综合考虑流动性总量仍较为充裕，但外汇占款增长进一步放缓、影响流动性供求的不确定因素有所增多的实际情况，逐步降低公开市场正回购操作的频率，直至暂停正回购操作，并通过正回购和央行票据到期、开展 SLO 操作等适时适度投放流动性，与其他工具相配合促进流动性平稳增长，同时加强预调微调，熨平流动性短期波动。

第二，适时开展常备借贷便利操作，创设中期借贷便利。为了积极探索发挥常备借贷便利利率作为货币市场利率上限的作用，稳定市场预期，促进货币市场稳定高效运行，中国人民银行于 2014 年 9 月创设中期借贷便利业务。该业务主要向符合要求的商业银行、政策性银行提供中期基础货币，保证其流动性。2014 年春节前夕，中国人民银行总行和试点地区的各个分支机构对符合条件的金融机构给予了短期流动性支持。这为中期借贷便利的开展提供了实践性的经验。从我国现阶段货币市场的总体运行情况来看，通过外汇占款来增加基础货币供给的政策效果远不如以前明显，而此时中期借贷便利的推出增加了基础货币补充的便利性与主动性，营造了中性适度的货币金融环境，这有利于货币市场的稳定和社会融资的增长。

第三，实施定向降准，调整存款准备金交存范围。中国人民银行在 2014 年对部分金融机构的存款准备金率做出了适当调整。2014 年 4 月 22 日，中国人民银行决定从 4 月 25 日起下调县域农村商业银行人民币存款准备金率 2 个百分点，下调县域农村合作银行人民币存款准备金率 0.5 个百分点；2014 年 6 月 9 日，中国人民银行决定从 6 月 16 日起对符合审慎经营要求且"三农"和小微企业贷款达到一定比例的商业银行（不含 4 月 25 日已下调过准备金率的机构）下调人民币存款准备金率 0.5 个百分点，对财务公司、金融租赁公司和汽车金融公司下调人民币存款准备金率 0.5 个百分点。此外，中国人民银行于 2015 年起对存款统计口径进行调整，将存款类金融机构吸收的原在同业往来项下统计的证券及交易结算类存放、银行业非存款类存放、SPV 存放、其他金融机构存放以及境外金融机构存放纳入各项存款统计范围，上述新纳入各项存款口径的存款计入存款准备金交存范围，适用的存款准备金率暂定为零。

第四，新设信贷政策支持再贷款等工具，加大再贷款、再贴现力度，支持优化信贷投放。中国人民银行于 2014 年初调整再贷款分类，设立信贷政策支持再贷款类别,包括支农再贷款和新设的支小再贷款,并创设抵押补充贷款(PSL),主要发挥促进信贷结构调整的作用,支持金融机构扩大对"三农"、小微企业和"棚改"等国民经济重点领域和薄弱环节的信贷投放。进一步完善信贷政策支持再贷款和再贴现管理政策,多次增加支农、支小再贷款和再贴现额度。

(二)货币供给概况

2014年末,广义货币供应量M2余额为122.8万亿元,按可比口径同比增长12.2%,增速比上年末低1.4个百分点。狭义货币供应量M1余额为34.8万亿元,按可比口径同比增长3.2%,增速比上年末低6.1个百分点。流通中货币M0余额为6.0万亿元,按可比口径同比增长2.9%,增速比上年末低4.3个百分点(见图7-1、图7-2)。全年现金净投放1688亿元,同比少投放2227亿元。

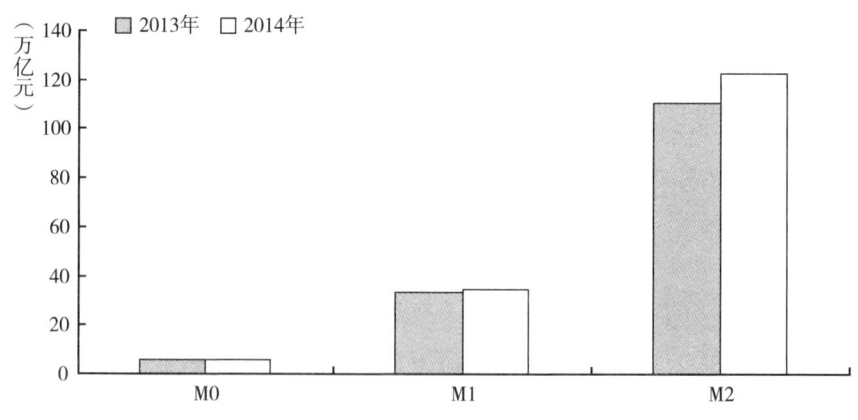

图7-1 2013年和2014年M0、M1、M2余额

资料来源:中国人民银行。

2014年下半年以来,受我国经济结构调整、表外融资收缩、监管增强的影响,货币增速有所放缓,但目前M2的增速比名义GDP高出3个百分点左右,能够满足实体经济的有效需求。年末基础货币余额为29.4万亿元,同比增长8.5%,比年初增加2.3万亿元,增速比上年末高1.1个百分点。

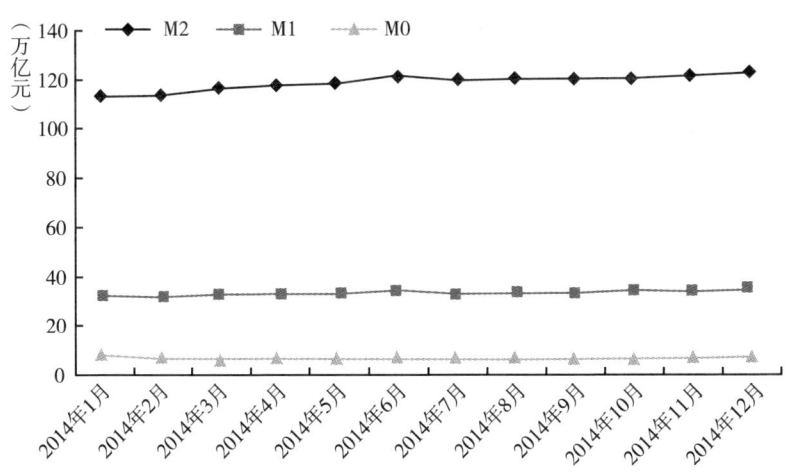

图 7-2 2014 年 1~12 月 M0、M1、M2 余额

资料来源：中国人民银行。

货币乘数为 4.18，比上年末高 0.10。金融机构超额准备金率为 2.7%，其中农村信用社为 8.5%。

2014 年基础货币供给渠道有所变动，中央银行货币政策工具（包括公开市场操作、再贷款再贴现和其他流动性支持工具）逐步取代外汇占款成为基础货币供给的主渠道。全年央行货币政策工具供给基础货币约 2 万亿元，同比增加 2.1 万亿元；外汇占款供给基础货币约 6400 亿元，同比减少 2.1 万亿元。此外，财政存款同比少增超过 5000 亿元，也相应同比少减了基础货币。

二 支付清算体系对货币供给的影响

支付清算体系是中央银行向金融机构及社会经济活动提供资金清算服务的综合安排[①]，而货币政策是中央银行所进行的控制货币供给和信贷的行

---

① 由中央银行为各金融机构开展清算业务，既能保证结算渠道的畅通，加速商品流通和资金周转，保证经济生活的正常运行，又能使中央银行从宏观层面上及时掌握社会资金及经济状态，为政策调控提供依据。具体来说，支付清算体系的内容主要包括清算机构、支付结算制度、支付系统、银行间清算制度与操作。

动,那么支付清算体系和货币供给之间存在怎么样的关系呢?我们试图对此加以分析。

(一)支付清算体系对货币政策影响的理论分析

第一,支付清算体系对货币政策工具的影响。支付清算体系的快速发展有力地促进了货币政策存款准备金管理和公开市场操作的效率。央行在进行存款准备金考核时,支付清算体系为其提供了准确即时的信息,央行可以根据该信息进行判断,控制和调整其法定存款准备金的缴存额度。央行的中央债券簿记系统连接着公开市场操作系统和支付清算系统。当央行进行公开市场操作时,支付清算系统会收到来自中央债券簿记系统的第三方指令,由国家处理中心办理即时转账,此时,中央债券簿记系统同步完成债券过户。在这种情况下,资金清算和债券交割的速度都得到了很大的提升。

第二,支付清算体系对货币政策传导的影响。支付清算系统连接着各金融机构和金融市场,已经成为货币政策传导的重要渠道,是支持金融市场交易、服务货币政策运行的重要机制。在发达的支付清算体系支持下,资金的清算速度能够更加快捷便利,金融机构也更容易捕捉与货币政策相关的信息,这可以使其对货币政策变化做出迅速反应,从而可以有效缩短货币政策传导中的时滞。随着货币政策时滞的缩短,货币政策传导的时效性得以大幅度提高。

第三,支付清算体系对货币政策中介目标的影响。随着支付工具的快速创新,支付清算体系对货币供求关系产生冲击,进而影响对货币供给量的测度与控制。可以采用技术手段消除部分影响,如可以加强对货币流通和相关经济指标的观测、加强对基础货币的对冲等。支付清算体系对货币可测性的影响是持续的,虽然采用技术手段可以消除部分影响,但是这种影响明显会降低货币供给量作为货币政策中介目标的有效性。另外,支付体系中会保存大量的信息,这些信息在反映货币政策的效果上具有重要的参考价值。其中,有两类信息尤其要注意:一类是金融机构的头寸;另一类是地区间的资金流向和流量。支付体系所积累的这两类信息对于反馈货币政策的效果作用显著。

整体上看,支付清算体系最重要的功能在于为信息交换和资金流动提供重要的通道。另外，支付清算体系改变了货币政策的一些前提和基础，为货币政策的研究提供了一个新的视角。当然，支付清算体系对货币政策的影响虽然重要，但它代替不了货币政策工具的操作。虽然支付是货币的基本属性之一，但就中央银行货币政策的视角看，支付清算体系只是对货币政策带来影响的外在条件之一。

（二）支付清算运行对货币供给影响的实证研究

1. 变量的选取及模型的建立

被解释变量分别为不同口径的货币供给量 M0、M1、M2。解释变量除了非现金工具结算规模和支付系统结算规模外，根据凯恩斯的货币需求理论，选取 GDP 作为收入变量，选取一至三年期央行贷款基准利率作为利率指标。另外，有学者认为外汇储备也是影响货币供给量的重要因素，所以我们也加入外汇储备变量。由于非现金支付业务金额和支付系统结算金额的相关性比较强，所以把二者分别放在两个模型中。根据以上分析，建立如下计量模型：

$$M_{i,t} = C + \alpha_1 \ln Noncash_t + \alpha_2 \ln GDP_t + \alpha_3 \ln Reserve_t + \alpha_4 Rate_t + \varepsilon_t$$
$$M_{i,t} = C' + \alpha_5 \ln Scale_t + \alpha_6 \ln GDP_t + \alpha_7 \ln Reserve_t + \alpha_8 Rate_t + \varepsilon'_t$$

其中，M_i 表示货币供给量 M_1、M_2、M_3；$Noncash$ 表示非现金支付工具结算规模；$Scale$ 为支付系统结算规模；GDP 为国内生产总值，表示收入指标；$Reserve$ 表示外汇储备；$Rate$ 表示一至三年期央行贷款基准利率；t 为时间变量；$\alpha_1, \cdots, \alpha_8$ 分别为各变量的系数；ε_t 和 ε'_t 为误差项；ln 表示变量取对数。

2. 数据来源及处理

各解释变量和被解释变量的数据范围均为 2008～2014 年，以一个季度为一个时间点，共 28 个季度（见表 7-1）。其中，非现金支付结算规模数据和支付系统结算规模数据均来自 2008 年第一季度以来央行各季度《支付体系运行总体情况》；各口径货币供给量数据来自央行各季度《货币政策执行报告》；GDP 数据来自《中国统计年鉴》和国家统计局数据库；一至三年期央行贷款基准利率数据来自《中国金融年鉴》；外汇储备数据来自国家外汇管理局。由于非现金支付结算规模、支付系统结算规模、GDP、外汇储备及各口径货币供给量均为季度数据，为消除季节性因素，故对各变量进行季节调整①。非现金支付结算规模、支付系统结算规模、GDP、外汇储备及各口径货币供给量均取对数，以增加数据的平稳性。

表7-1 2008年第一季度至2014年第四季度各变量数据

季 度	M0（万亿元）	M1（万亿元）	M2（万亿元）	非现金支付结算规模（万亿元）	支付系统清算规模（万亿元）	GDP（万亿元）	外汇储备（万亿美元）	基准利率（%）
2008年第一季度	9.96	45.59	126.19	158.09	272.39	6.63	1.68	7.56
2008年第二季度	9.11	45.99	130.87	157.46	278.31	7.42	1.81	7.56
2008年第三季度	9.33	46.76	134.81	157.28	268.13	7.65	1.91	7.29
2008年第四季度	9.71	48.12	138.69	160.17	247.38	9.70	1.95	5.40
2009年第一季度	11.00	50.79	153.35	155.50	247.92	6.98	1.95	5.40
2009年第二季度	10.15	55.34	165.77	167.89	279.00	7.84	2.13	5.40
2009年第三季度	10.54	59.80	173.52	188.50	334.20	8.31	2.27	5.40
2009年第四季度	11.03	64.15	179.15	203.86	346.42	10.96	2.40	5.40
2010年第一季度	12.27	68.33	191.16	201.03	354.91	8.26	2.45	5.40
2010年第二季度	11.72	71.10	199.38	214.75	384.07	9.23	2.45	5.40
2010年第三季度	12.13	72.88	205.80	232.64	451.65	9.77	2.65	5.40

① 采用的方法为Census X12季节调整方法。

续表

季　度	M0 （万亿元）	M1 （万亿元）	M2 （万亿元）	非现金支付结算规模 （万亿元）	支付系统清算规模 （万亿元）	GDP （万亿元）	外汇储备 （万亿美元）	基准利率 （％）
2010年第四季度	12.85	77.94	213.60	256.76	473.35	12.89	2.85	5.85
2011年第一季度	15.02	78.72	222.81	255.98	461.31	9.75	3.04	6.10
2011年第二季度	13.46	81.07	230.16	263.41	488.03	10.90	3.20	6.40
2011年第三季度	13.81	81.11	234.12	282.82	510.87	11.59	3.20	6.65
2011年第四季度	14.46	84.78	249.39	302.14	531.69	15.08	3.18	6.65
2012年第一季度	16.09	81.83	261.86	293.35	548.27	10.85	3.30	6.65
2012年第二季度	14.85	84.12	271.46	308.37	624.04	11.95	3.24	6.40
2012年第三季度	15.34	85.56	278.77	328.02	654.64	12.57	3.29	6.15
2012年第四季度	15.85	89.89	285.54	356.57	681.34	16.57	3.31	6.15
2013年第一季度	17.82	91.82	302.66	371.46	697.50	11.89	3.44	6.15
2013年第二季度	16.41	93.14	312.91	388.52	732.35	12.92	3.50	6.15
2013年第三季度	16.58	93.70	319.08	412.89	742.54	13.91	3.66	6.15
2013年第四季度	17.06	98.16	325.60	434.69	767.18	18.17	3.82	6.15
2014年第一季度	19.71	95.92	341.60	435.96	776.02	13.29	3.95	6.15
2014年第二季度	17.36	99.38	356.07	456.20	867.02	14.58	3.99	6.15
2014年第三季度	17.42	99.06	359.38	457.98	902.21	15.63	3.89	6.15
2014年第四季度	17.64	101.28	363.62	467.24	843.60	20.14	3.84	6.15

3. 平稳性检验

首先对各变量采用ADF检验方法进行平稳性检验，检验结果见表7-2。

表7-2 单位根检验结果

变量名称	检验形式(C,T,L)	ADF检验统计量	1%水平临界值	5%水平临界值	10%水平临界值	是否平稳
$\ln M_0$	(C,T,0)	-2.067	-3.700	-2.976	-2.627	不平稳
$D\ln M_0$	(C,0,0)	-4.663	-3.711	-2.981	-2.630	平稳
$\ln M_1$	(C,T,0)	-0.195	-4.339	-3.588	-3.229	不平稳
$D\ln M_1$	(C,0,0)	-3.493	-4.356	-3.595	-3.233	平稳
$\ln M_2$	(C,T,0)	-0.592	-4.339	-3.588	-3.229	不平稳
$D\ln M_2$	(C,0,0)	-3.194	-3.711	-2.981	-2.630	平稳
$\ln Noncash$	(C,T,0)	-2.406	-4.339	-3.588	-3.229	不平稳
$D\ln Noncash$	(C,0,11)	-23.391	-4.728	-3.760	-3.325	平稳
$\ln Scale$	(C,T,0)	-2.174	-4.339	-3.588	-3.229	不平稳
$D\ln Scale$	(C,0,0)	-2.892	-3.711	-2.981	-2.630	平稳
$\ln GDP$	(C,T,0)	-1.025	-4.339	-3.588	-3.229	不平稳
$D\ln GDP$	(C,0,0)	-2.727	-3.711	-2.981	-2.630	平稳
$\ln Reserve$	(C,T,1)	-1.009	-4.356	-3.595	-3.233	不平稳
$D\ln Reserve$	(C,0,0)	-3.066	-3.711	-2.981	-2.630	平稳
$\ln Rate$	(C,T,1)	-0.821	-2.657	-1.954	-1.609	不平稳
$D\ln Rate$	(C,0,0)	-4.065	-3.711	-2.981	-2.630	平稳

通过ADF检验，发现原序列均不平稳，ADF值均大于10%显著水平下的临界值。一阶差分后，$\ln M_0$、$\ln Noncash$和$\ln Rate$在1%显著水平上平稳，$\ln M_2$和$\ln Reserve$在5%显著水平上平稳，$\ln M_1$、$\ln Scale$和$\ln GDP$在10%显著水平上平稳。

4. 回归结果与分析

通过一阶差分后,各自变量均为平稳序列,可以进行最小二乘法回归。运用 Eviews 7.2,得到以下回归结果(见表 7-3)。

表 7-3 最小二乘法(OLS)回归结果

名 称	M0 方程		M1 方程		M2 方程	
	(1)	(2)	(3)	(4)	(5)	(6)
C	0.5166 **	0.5838 ***	3.0576 ***	2.5755 ***	2.2098 ***	2.2853 ***
$\ln Noncash$	0.1921 **		0.1893 *		0.2956 **	
$\ln Scale$		0.1284 *		0.4026 ***		0.2116 **
$\ln GDP$	0.3173 *	0.4251 ***	-0.2778	-0.6562 *	0.7187 ***	0.8598 ***
$\ln Reserve$	0.2864 ***	0.2546 ***	0.9668 *	0.9596 **	0.1554	0.1076
$\ln Rate$	-0.0085	-0.0107	-0.0243 *	-0.0285 **	-0.0546 ***	-0.0581 ***
R^2	0.9946	0.9945	0.9822	0.9883	0.9946	0.9966
调整后的 R^2	0.9936	0.9935	0.9791	0.9863	0.9936	0.9960

注:*、**、*** 分别表示在 1%、5%、10% 水平上显著。

通过 OLS 回归方程可以发现,第一,非现金支付的系数为正,至少在 10% 水平上显著。这说明非现金支付与货币供给量存在明显的正相关关系,随着非现金支付的增加,货币供给量也相应增加。一方面,当非现金支付增加时,超额准备金率和现金漏损率均会下降,货币乘数上升,从而增加货币供给量;另一方面,非现金支付减少了在途资金数量,增加了货币的流通速度。第二,支付系统清算规模系数为正,也均为至少在 10% 水平上显著,这说明随着支付系统清算规模的增加,货币供给量也相应增加。支付系统是货币政策传导的重要渠道,通过支付系统进行资金清算,提高了资金清算的速度,缩短了货币政策传导过程中的时滞性。当支付系统清算规模扩大时,货币供给量也相应增加。另外,研究发现,GDP 与 M0 和 M2 存在正相关关系且系数显著;外汇储备与 M0 和 M1 存在正相关关系且系数显著,与 M1 也存在正相关关系,但系数不显著;利率与 M1、M2 存在负相关关系且系数显著,与 M0 也存在负相关关系,但系数不显著。

三 跨境贸易人民币结算对货币政策的影响

随着跨境贸易人民币结算规模的快速增长,其已经对货币政策产生了较大的影响。

(一)跨境贸易人民币结算现状

随着我国经济实力的不断增强,人民币作为支付货币、结算货币已经在某些国家和地区中大量使用,并且能够同这些国家和地区的货币自由兑换。人民币国际化的道路日趋明朗,在一些经济体中,甚至开始部分承担起国际货币的一些职能。跨境人民币结算是实现人民币国际化的重要步骤之一。

2014年,我国投资和跨境贸易人民币结算业务保持平稳发展。据统计,2014年银行累计办理人民币跨境直接投资结算金额为10485.8亿元。其中,外商直接投资结算金额为8620.2亿元,同比增长92%;人民币对外直接投资结算金额为1865.6亿元,同比增长118%。另外,人民币跨境金融交易渠道逐步拓展,2014年末RQFII试点已拓展到10个境外国家和地区,可投资额度达8700亿元;在14个国家和地区建立了人民币清算安排,支持人民币成为区域计价、结算及投融资货币;已与全球28个中央银行或货币当局签署了双边本币互换协议。在跨境贸易方面,银行累计办理跨境贸易人民币结算业务6.55万亿元,同比增长42%。其中,服务贸易及其他经常项目结算金额为0.65万亿元;货物贸易仍占主导,结算金额为5.90万亿元(见图7-3)。跨境贸易人民币结算实收2.73万亿元,实付3.82万亿元,收付比为1:1.4。

(二)跨境人民币结算对货币政策的影响

第一,外汇占款变化影响货币供给量的变化。使用跨境人民币结算时,如果人民币收支相等,那么跨境人民币结算对外汇占款没有影响。

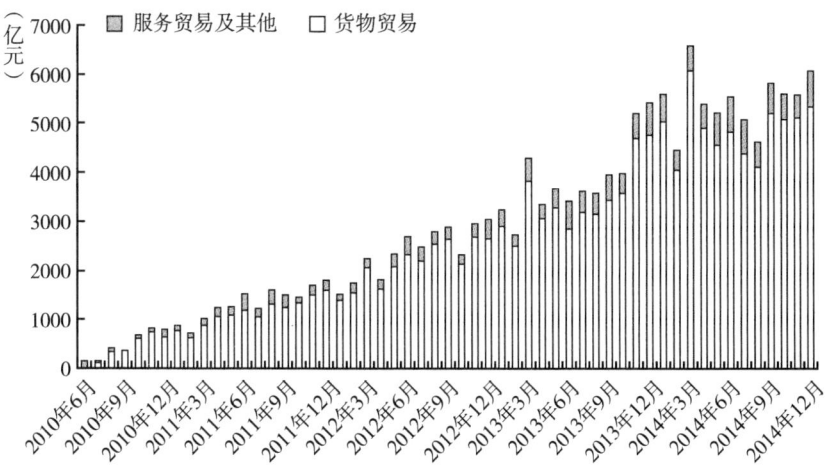

图7-3 跨境贸易人民币结算按月情况

资料来源：中国人民银行。

但如果出口人民币收入大于进口人民币支出时，外汇占款将会下降；同理，如果进口人民币支出大于出口人民币收入时，外汇占款将会增加。目前，我国跨境贸易人民币结算中进口支付的人民币要多于出口收入的人民币，这会导致外汇占款的增加，在现有制度下可间接增加用以对冲的货币供给量。

第二，跨境贸易人民币结算增加货币政策操作的难度。跨境贸易人民币结算下对人民币的需求由两部分构成：一部分是境内需求；另一部分是境外需求。境外人民币需求取决于多种因素，如人民币汇率预期、通货膨胀率、相对利率等。由于这些因素，市场会时常变化，国外需求也会经常波动，从而会影响人民币总体需求的稳定性，增加货币政策操作的难度。

第三，人民币利率和汇率受离岸市场的影响加大。目前跨境贸易人民币结算中进口支付的人民币要多于出口收入的人民币，这表明境外人民币将逐步增加，那么离岸人民币市场将会快速发展。随着离岸人民币市场的不断扩大，离岸人民币利率和汇率的变化必将影响在岸人民币的货币市场和外汇市场，从而在一定程度上影响利率和汇率的变化。利率和汇率作为中央银行货币政策的中介目标，二者受到离岸人民币市场的影响越大，货币政策的可控性和自主性受到的挑战就会越大。

四 第三方支付对货币政策的影响

伴随着大数据、云计算和移动互联等信息技术的发展浪潮，以第三方支付、P2P小贷、众筹融资等为代表的互联网金融，自2013年以来迎来了高速发展期。互联网在深刻改变我们生活方式的同时，也给这些非金融机构带来了巨大的新空间，第三方支付就是其中的典型代表。随着第三方支付的蓬勃发展，其已经对货币政策产生了一定的影响。具体可以从以下几个方面来看。

第一，对货币政策稳定性的影响。在监管不完善的情况下，某些第三方支付机构可能利用沉淀资金进行投融资活动，这在一定程度上具有货币创造功能。但这种货币创造功能游离于现有的监管体系之外，不被中央银行所掌握，这样会对货币政策和金融稳定带来一定的影响。

第二，能够提高货币乘数。货币乘数 =（现金漏损率 + 1）/（法定准备金率 + 超额准备率 + 现金漏损率）。其中，现金漏损率 = M0/（M1 - M0）。第三方支付提供的支付产品属于非现金支付，其大规模使用会降低现金漏损率。根据测算，现金漏损率已从2008年的0.253下降至2014年的0.211[①]。现金漏损率的下降会提高货币乘数，从而增加货币供给量。

第三，能够提高货币流通速度。相对于现金结算，可以快速实现资金的划转；相对于商业银行的网银支付，第三方支付以方便、快捷而著称，而且能够降低资金划转成本，促进资金在不同账户间的流动。总体上看，第三方支付的快速发展，确实有助于提高资金清算的效率，提高货币流通的速度，从而增加货币供给量。

---

① 该数据由作者测算得出。

参考文献

巴曙松、牛播坤：《新常态背景下降低融资成本的策略研究》，《经济纵横》2015年第1期。

查全亚：《现代化支付体系对银行流动性及货币政策影响的实证分析》，《金融纵横》2008年第1期。

李芳丽：《跨境贸易结算货币方式与货币政策实施效果》，浙江大学硕士学位论文，2014。

庞贞燕、王桓：《支付体系与货币和货币政策基本关系研究》，《金融研究》2009年第3期。

薛严清、黄巧霞、王潮端：《非现金支付工具发展对现金的替代作用研究》，《金融会计》2009年第9期。

杨彪、李冀申：《第三方支付的宏观经济风险及宏观审慎监管》，《财经科学》2012年第4期。

杨弋帆：《电子货币对货币供给及货币乘数的影响机制研究——包含第三方支付机构的三级创造体系》，《上海金融》2014年第3期。

Chapter 7　Monetary Policy

Abstract：This chapter summarizes the contents of the monetary policy operations in 2014 and analyzes the effects of payment and settlement transaction on money supply. The results show a significant correlation between transaction volume in payment and settlement system and the scale of money supply. It also discusses the impact of cross-border RMB settlement and the third party payment on monetary policy.

Keywords：Payment and Settlement；Monetary Policy；Money Supply

专题报告 支付清算体系热点考察、比较分析及文献综述

Special Topics Hot Review, Comparative Analysis and Literature Survey of Payment and Settlement Systems

第八章 创新环境下的银行卡市场发展[*]

摘　要： 本章从政策、经济、社会和技术四个方面阐述了 2014 年银行卡市场的发展环境，分析了国内银行卡市场规模及变化，梳理了银行卡在发卡、受理、新兴业务及相关应用领域的支付创新，并预测了 2015 年支付行业政策、传统银行卡市场和创新支付的发展趋势。

关键词： 银行卡　支付　创新　发展趋势

---

[*] 若未特别说明，本章的数据均来自中国银联。

第八章 创新环境下的银行卡市场发展

一 银行卡市场发展环境的变化

2014年,国内银行卡市场运行中,在秩序规范、清算市场开放、金融IC卡推广、深化农村支付服务环境建设等方面,一系列相关政策纷纷出台,银行卡产业政策支持力度继续加大,监管环境不断完善。与此同时,新兴支付方式与行业应用的深度融合不断冲击着传统银行卡产业,也促使商业银行、支付机构等不断进行业务创新、商业模式探索和战略转型。

(一)政策环境

2014年,相关政府部门先后出台了多项推动国内银行卡市场和支付市场创新发展的政策,积极引导银行卡产业快速健康发展。同时,中国人民银行(以下简称"人行")、中国银行业监督管理委员会(以下简称"银监会")等监管机构针对银行卡市场中存在的违规问题加大了监管力度,并提出了进一步的规范要求。

首先,在银行卡转接清算市场方面,2014年10月29日,国务院常务会议决定放开银行卡清算市场,符合条件的内外资企业,均可申请在我国境内设立银行卡清算机构。2015年国内预计将出现新的银行卡转接清算机构,竞争主体的多元化和市场机制的调节作用将会进一步激发市场主体的创新,促进其不断提高经营管理水平,从而有利于促进支付技术和安全水平的进一步提高,给社会带来更好的支付服务体验。

其次,在银行卡发卡和受理方面,针对银行卡市场违规行为,人行和银监会多次出台相关规定,持续规范银行卡市场秩序。

2014年1月,人行下发《中国人民银行关于加强银行卡业务管理的通知》(银发〔2014〕5号),要求发卡银行严格落实银行账户实名制,规范代理办卡业务流程;加强银行卡业务合作风险管理,健全银行卡交易检测机制,依法保障持卡人的合法权益。要求收单机构确保交易信息的真实性、准确性和完整性,落实本地化管理要求,规范银行卡受理终端(网络支付接口）的使用，严控收单外包业务风险，并加强特约商户信用卡受理功能管理。该通知对规范银行卡日常交易中伪卡、套现等风险和违规行为起到了积极作用。

针对 2013 年底发生的银行卡预授权风险事件，2014 年 3 月，人行发文对 10 家非金融类支付机构（以下简称"非金机构"）进行了处罚，要求 8 家非金机构停止接入新商户，要求 2 家非金机构进行自查。

2014 年 9 月，人行再次下发对 4 家非金机构的处罚意见，要求其退出部分省市的现有收单业务。人行对套码、虚拟商户、虚假预授权、切机和套现等收单乱象进行整顿，有利于促进整个收单市场的健康发展。

2014 年 3 月，人行支付结算司下发关于暂停线下条码（二维码）支付等业务意见的函；2014 年 4 月，银监会和人行联合下发《关于加强商业银行与第三方支付机构合作业务管理的通知》（银监发〔2014〕10 号）。这两项政策在本书前面已经进行了分析。2014 年 9 月，中国支付清算协会发布《银行卡业务风险控制与安全管理指引》（以下简称《指引》）。《指引》着重提升对持卡人合法权益的保障水平，全面提升风险防范水平；针对银行卡新型业务流程提出具体应对措施，围绕银行卡行业的新型风险事件提出系统应对方案。《指引》既有利于推动银行卡市场主体进行风险防范，又显示出行业自律组织在银行卡市场健康持续发展方面的积极作用。

此外，2014 年，人行、中国支付清算协会多次下发通知以促进金融 IC 卡的推广，这些通知涉及金融 IC 卡应用领域的拓宽、技术标准的完善和受理环境的建设等。

2014 年 1 月，人行下发《关于进一步扩大金融 IC 卡在公共服务领域应用工作的通知》（银办发〔2014〕22 号），决定进一步扩大金融 IC 卡在公共服务领域应用工作，提升金融信息化服务普惠程度，在原有 47 个应用城市的基础上，新增 63 个城市，要求围绕公共服务领域应用这一中心，结合当地特色和社会需求进行消化吸收，努力推动一卡多应用工作的开展，努力提升金融 IC 卡一卡多应用水平。

2014 年 3 月，人行下发《关于做好 2014 年金融 IC 卡推广工作的通知》（银办发〔2014〕57号），对2014年金融IC卡推广工作进行了部署，要求切实提高金融IC卡芯片使用率，引导存量磁条卡升级，探索发行单芯片金融IC卡，降低复合卡片降级使用率；持续推进金融IC卡在公共服务领域一卡多应用；进一步做好金融IC卡推广环境建设，完善电子现金跨行圈存环境，调整优化受理终端操作流程，推动非接触式受理终端布放，加大IC卡软环境建设力度；继续推进金融IC卡发行，推动PBOC 3.0标准卡成为发卡主流；鼓励自主安全可控芯片及算法应用，推动金融IC卡创新应用。

2014年4月，中国支付清算协会技术标准工作委员会发布《金融IC卡个人终端安全技术指引》（中支协技术标准发〔2014〕1号），对金融IC卡个人终端在硬件、软件、终端安全及系统安全等方面提出了相关要求。

2014年5月，人行下发《关于逐步关闭金融IC卡降级交易有关事项的通知》（银办发〔2014〕107号），要求各商业银行、收单机构按照《关闭ATM、POS金融IC卡降级交易技术实施方案》于2014年8月31日前做好关闭境内ATM渠道降级交易相关工作，于10月31日前做好关闭境内POS渠道降级交易相关工作，以充分发挥金融IC卡的安全优势，避免由于金融IC卡降级交易可能产生的新的伪卡欺诈风险。

2014年11月，人行下发《关于进一步做好金融IC卡应用工作的通知》（银办发〔2014〕246号），要求突出重点、高效推动金融IC卡应用工作；提升电子现金的使用率和便捷性；加快落实PBOC 3.0标准，提升金融IC卡安全可控水平和使用质量，自2015年4月1日起，各发卡银行新发行的金融IC卡应符合PBOC 3.0标准；大力推广基于金融IC卡芯片的线上有卡交易方式，自2016年1月1日起，各单位开展的移动金融服务应以基于金融IC卡芯片的有卡交易方式为主。

最后，在支付环境建设方面，2014年8月，人行下发《关于全面推进深化农村支付服务环境建设的指导意见》（银发〔2014〕235号），要求深化助农取款服务、优化农民工银行卡特色服务、丰富支付服务主体、推广非现金支付、完善政策扶持体系、加强风险管理、强化宣传培训等。该指导意见的出台,有利于推动支付网络向农村地区延伸,推动金融普惠,进一步促进我国城乡一体化发展。

(二)经济环境

我国经济发展逐步进入"新常态",2014年经济增速稳中缓降,而消费对经济增长的贡献率从2013年的50.0%提高到51.2%。2014年国内居民人均可支配收入实际增长8.0%,高于GDP增长率,居民收入水平的持续增长会进一步提高其消费能力,以消费驱动、创新驱动为主的经济发展模式以及各行各业信息化水平的提高,都将为银行卡发展提供更为广阔的市场空间。

同时,银行卡市场发展水平的持续提升,反过来又将进一步拉动消费的增长。居民消费主要受消费倾向和可支配收入两方面的影响,因此,银行卡对消费的拉动作用可分解为两部分。一是通过提供支付便利来提高消费意愿。中国银联的研究表明,我国银行卡渗透率每上升10个百分点,能直接提升居民消费倾向0.5个百分点。二是通过信用卡的消费信贷功能来预支未来收入,扩大当期可支配的消费资金。2014年末国内银行卡渗透率达到47.70%,结合信用卡消费信贷作用,2014年全年银行卡合计拉动城镇居民消费金额1580亿元。

此外,作为我国新一轮对外开放的战略支点,国家"一带一路"战略的实施将会进一步促进我国与东南亚、中东和欧洲等地区的区域融合,并极大地带动投资、商贸规模性发展,商贸的发展进而会产生对包括银行卡支付在内的跨境金融服务的需求,这将进一步推进国内银行卡市场主体的国际业务的发展。

(三)社会环境

首先,当前国内居民消费观念正发生转变,信贷消费已成为一种生活方式。国内消费信贷规模在过去十年中增长近8倍,截至2014年底,居民消费性贷款余额达15.4万亿元,未来仍将保持较高增速。消费观念的转变将会给信用卡在消费信贷市场的发展提供广阔的舞台,特别是随着近年来信用卡分期业务的发展，其应用领域不断拓展延伸，实现方式更加多样化。除了传统的账单分期、线下商户分期付款等业务，信用卡分期在网络购物领域的应用日益广泛，越来越多的银行推出了信用卡预借现金分期业务。

其次，消费文化由"物质需求的生存型"向"追求生活品质的发展型"转变。这也是国内居民出境游热、境外购物热、"海淘"热的原因之一。这种转变给境内支付企业走出国门、实现国际化提供了巨大的机遇。

最后，近年来国内中小企业融资成为难点，P2P 网贷等互联网金融发展成为热点，这些业务活动的关键点之一是需要建立健全完善的征信体系，而银行卡支付过程中所积累的海量交易数据恰恰为评估个人或中小商户的信用提供了重要依据。因此，一些规模较大的交易平台或商户先后涉足支付业务，以便掌握更多的交易数据，从而有利于开展基于数据分析结果的精准营销，以及风险更加可控的"小微贷"等金融服务。

（四）技术环境

互联网化正在我国深入推进，其影响已经从零售、公共事业缴费走向餐饮、宾馆、旅游、交通等与居民生活密切相关的各类服务行业，以及房地产业、制造业等传统行业。移动通信技术快速发展，3G 的普及带来了移动互联网的大发展，4G 的到来将会推动整个社会进入物联网时代，商务和支付的背景将会被深刻改变。

伴随支付技术创新速度的加快，支付连接方式、实现方式不断变化，NFC、二维码、音频、生物支付等创新不断涌现，支付越来越呈现线上线下的综合一体化趋势。同时，银行卡卡片技术及标准也不断升级，国内银行发行的磁条卡正在大规模地向金融 IC 卡迁移。互联网技术和移动技术的发展，对银行卡和支付的风险防范提出了更高的要求。

二 银行卡市场规模的增长

2014 年，国内银行卡市场稳步发展，银行卡发卡量平稳增长，受理环境进一步完善,受理商户、联网POS终端继续保持高速增长,受国内经济下行和房地产市场不景气等因素影响,银行卡跨行交易规模增速有所下滑。随着电子商务的快速发展,互联网支付、移动支付规模依然保持较高的增长速度。

(一)发卡市场规模及变化①

截至2014年底,全国累计发行银行卡49.36亿张,同比增长17.1%,较上年下降2.1个百分点(见图8-1)。当年新增发卡量7.22亿张,较2013年增长6.2%。

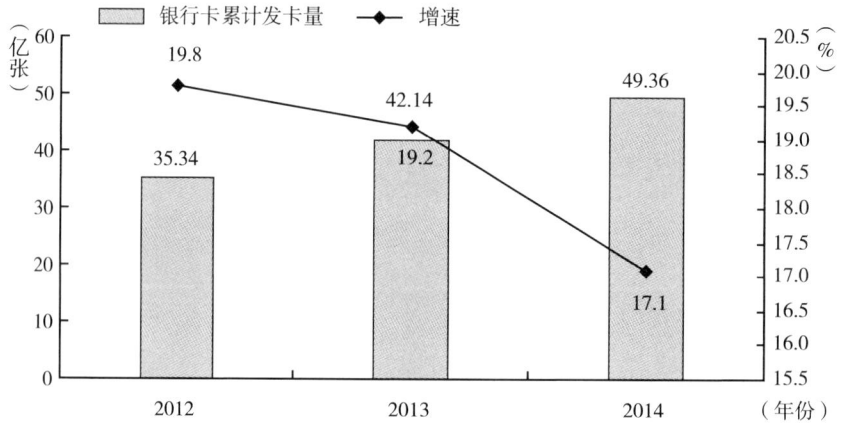

图8-1　2012~2014年国内银行卡累计发卡量及增速

就不同卡种的发卡量变化来看,借记卡尽管基数较大,但凭借应用更为广泛的优势(包括消费、投资理财、转账汇款等),其发卡增速已经连续三年超过信用卡。截至2014年底,借记卡累计发卡量达44.81亿张,同比增长17.2%(见图8-2);信用卡累计发卡量为4.55亿张,同比增长16.4%(见图8-3)。借记卡在银行卡总量中的占比为90.8%,较上年提升0.1个百分点。

---

① 资料来源:中国人民银行。

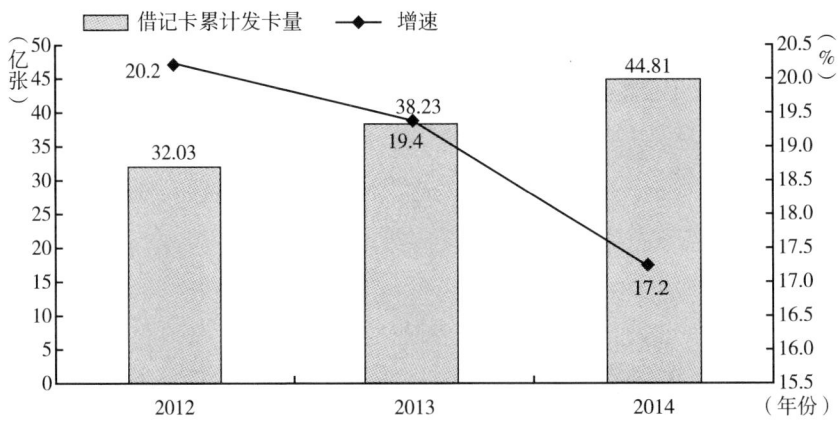

图 8-2　2012～2014 年国内借记卡累计发卡量及增速

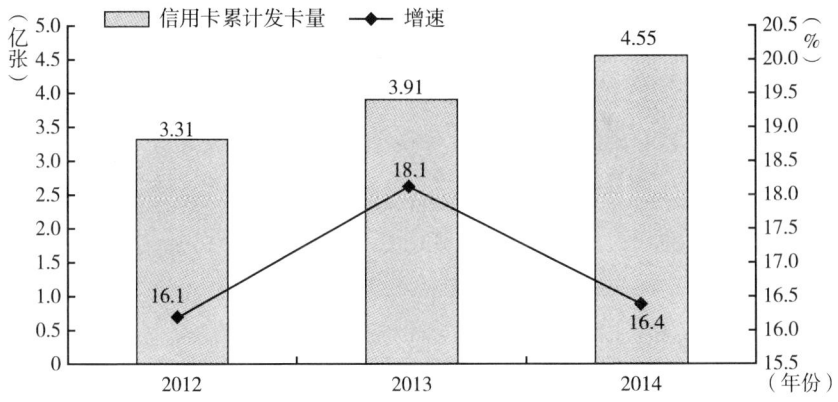

图 8-3　2012～2014 年国内信用卡累计发卡量及增速

2014 年发卡市场的亮点之一是金融 IC 卡的高速增长。截至 2014 年底，全国共有 228 家商业银行发行金融 IC 卡，较年初新增 82 家；金融 IC 卡累计发卡量达到 12.26 亿张，较年初新增 6.34 亿张，占全年新增银行卡总量的 88%。

（二）受理市场规模及变化

国内收单市场主体的多元化带来了收单业务竞争的不断升级，在各收单主体的积极投入下，近年来国内受理市场保持快速发展的态势。截至 2014

年底，国内银行卡受理商户达 1203.4 万户，较上年增长 57.6%，增速与 2013 年基本持平（见图 8-4）。

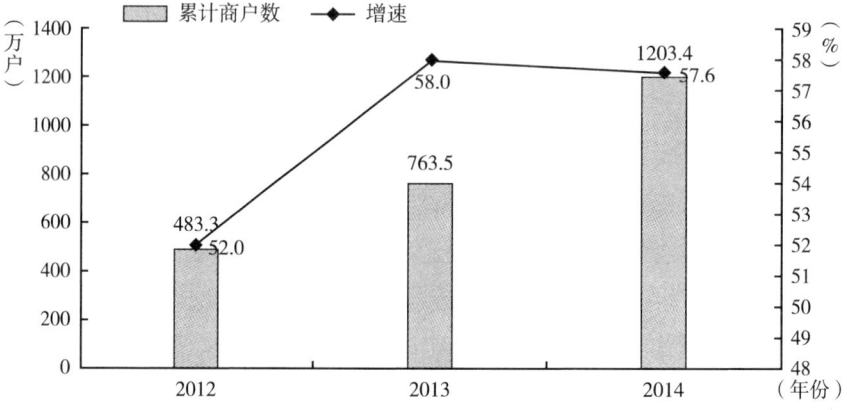

图 8-4 2012~2014 年国内银行卡受理商户规模和增速

从受理商户①的结构及其变化来看，一般类活动商户占比最高，为 71.7%，较上年下滑 5.9 个百分点；在受理商户自然增长和 MCC 违规套用的双重影响下，民生类活动商户同比增长 136.2%，占比大幅提升 7.3 个百分点；餐娱类活动商户占比为 8.0%，较上年下滑 1.3 个百分点（见表 8-1）。

表 8-1 2014 年国内五大类活动商户分布及变化

类 别	活动商户占比(%)	占比较上年变化(个百分点)	增速(%)
餐娱类	8.0	-1.3	28.3
一般类	71.7	-5.9	37.3
民生类	19.8	7.3	136.2
公益类	0.5	-0.1	13.1
其他类	0.1	0.0	-4.5

从受理终端的变化来看，截至 2014 年底，全国联网 ATM 达 61.5 万台，比上年增长 18.3%，增速较上年下滑 6.8 个百分点（见图 8-5）。

---

① 指活动商户（即每个月有一次交易的商户）。

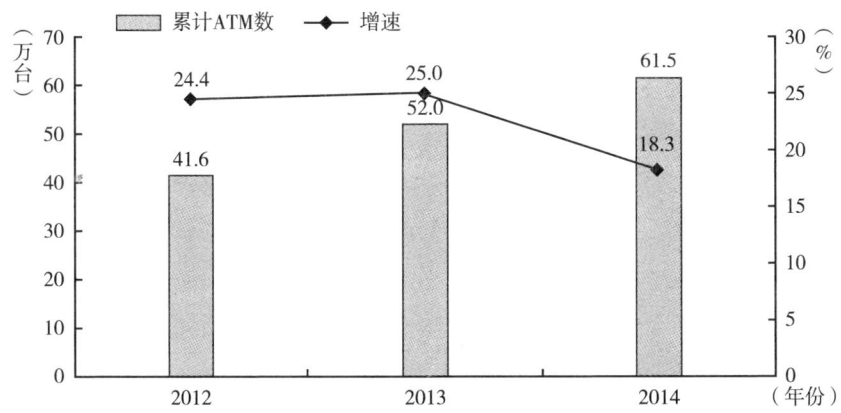

图8-5 2012~2014年国内ATM机具规模和增速

资料来源：中国人民银行。

伴随着受理商户的持续快速增长，POS终端规模也一直保持较高的增速。截至2014年底，全国联网POS终端达1593.5万台，增速进一步提高至49.9%（见图8-6）。同时，所有POS终端均已完成金融IC卡受理改造。其中，支持非接触式支付的POS终端已经超过620万台，特别是山东、河南和湖南的非接POS终端总量在全国非接POS终端总量中的占比超过30%。

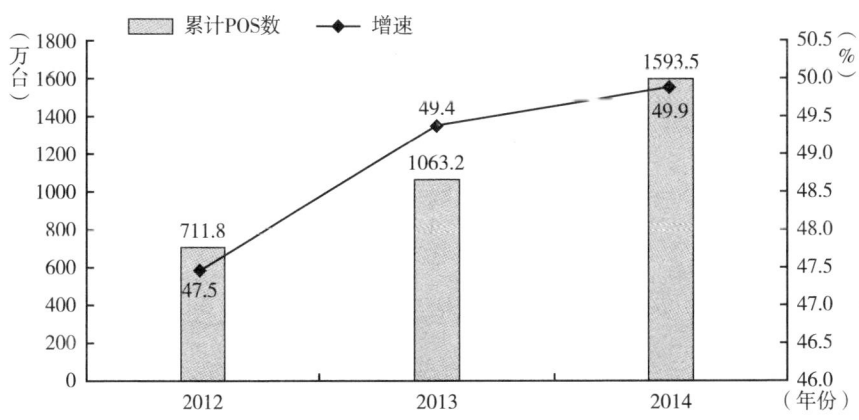

图8-6 2012~2014年国内POS终端规模和增速

（三）交易规模及结构变化

央行发布的《2014年支付体系运行总体情况》显示，2014年全国共发生银行卡交易595.73亿笔，同比增长25.16%，增速加快2.85个百分点；实现交易金额449.90万亿元，同比增长6.27%，增速放缓16.01个百分点。其中，银行卡存现87.90亿笔，金额70.64万亿元，同比分别增长10.68%和6.05%；取现199.11亿笔，金额74.41万亿元，同比分别增长9.90%和5.10%；转账业务111.18亿笔，金额262.46万亿元，同比分别增长29.79%和3.28%；消费业务197.54亿笔，金额42.38万亿元，同比分别增长52.30%和33.16%。

2014年，移动支付交易45.24亿笔，金额22.6万亿元，同比分别增长170.25%和134.30%。同期互联网支付业务285.74亿笔，金额1376.0万亿元，同比分别增长20.70%和29.72%（见表8-2）。

表8-2 2013~2014年互联网及移动支付交易金额占比及变化

单位：万亿元，%

年份	互联网交易金额	增速	移动支付交易金额	增速
2013	1060.8	28.9	9.6	317.6
2014	1376.0	29.7	22.6	134.3

就跨行交易规模的变化来看，2014年，银行卡跨行交易笔数①和交易金额分别为186.7亿笔和41.1万亿元，分别增长23.4%和27.3%，增速较上年分别提升2.1个和放缓21.1个百分点（见图8-7、图8-8）。

2014年，ATM跨行交易增速低于银行卡整体跨行交易增长水平，其交易笔数和交易金额占比分别为26.0%和11.0%，较上年略有下降。POS跨行交易增速亦低于银行卡整体跨行交易增长水平，其交易笔数和交易金额占比分别为66.0%和70.3%，较上年分别下降0.1个和3.3个百分点（见图8-9、图8-10）。相比较而言，包括互联网支付、手机支付和电话支付在内的其他渠道跨行交易的迅猛发展带动了整体跨行交易的增长，其交易金额占比已接近20%。

---

① 此处是指银行卡跨行成功交易笔数。全文如无特别说明，均指银行卡跨行清算笔数。

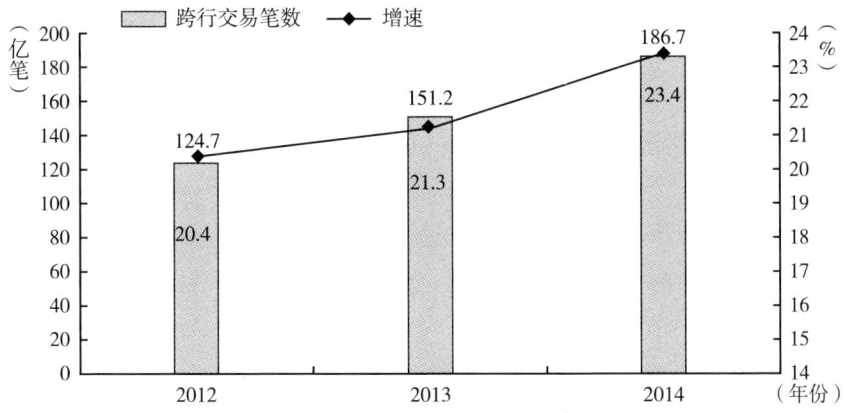

图 8-7　2012~2014 年国内银行卡跨行交易笔数及增速

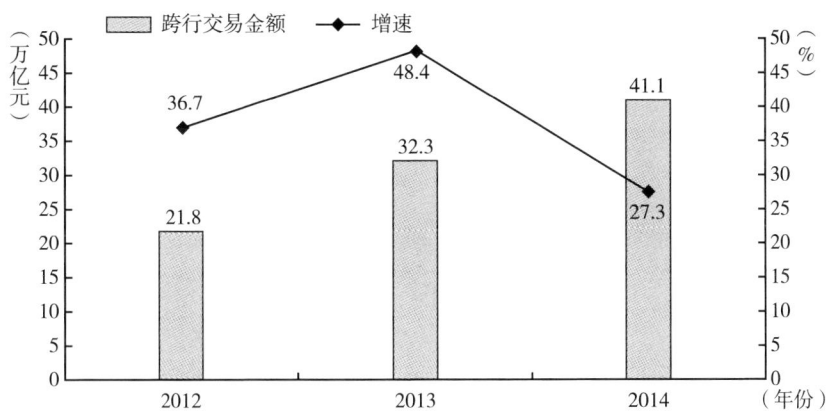

图 8-8　2012~2014 年国内银行卡跨行交易金额及增速

三　银行卡市场创新的不断突破

2014 年，国内各商业银行积极发卡，银行卡产品数量进一步增加，银行卡产品体系不断健全。随着移动互联网等信息技术的快速发展，银行卡产品功能不断创新，金融 IC 卡应用场景不断丰富和完善，各种新兴的支付终端和支付方式层出不穷。

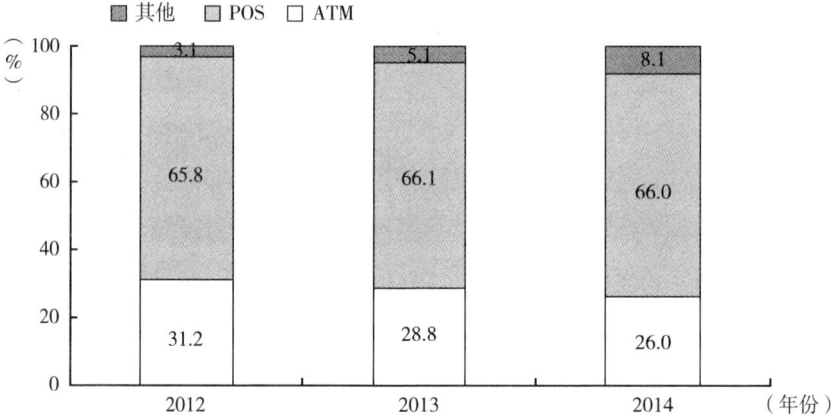

图 8-9　2012~2014 年银行卡分渠道跨行交易笔数占比及其变化

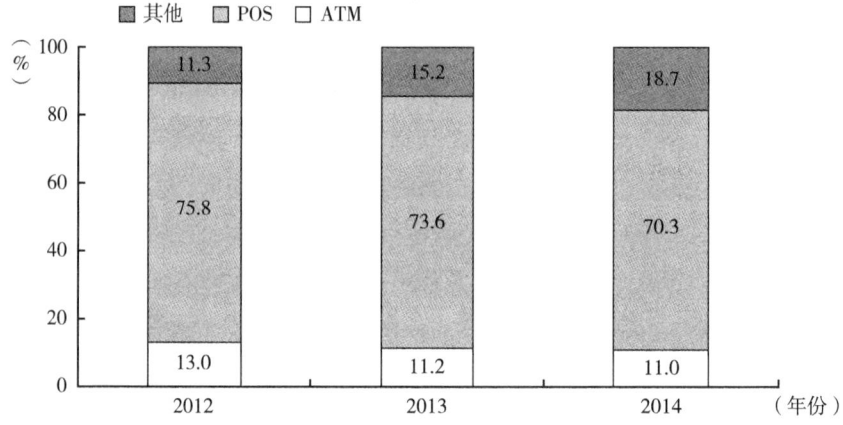

图 8-10　2012~2014 年银行卡分渠道跨行交易金额占比及其变化

（一）发卡端

商业银行继续在银行卡业务上发力，进一步加大银行卡产品和功能创新力度，推进银行卡在社保、医疗、公共交通和文化教育等多个领域应用的深化。

商业银行加大了对银行卡产品体系进行规划和建设的力度，除继续在高端卡市场发力外，还推出了更多针对细分人群的卡产品，进一步满足了持卡人的个性化需求。例如，中国建设银行、中信银行和花旗银行等联合中国银联发行了顶级钻石卡产品；招商银行携手中源协和推出了首张以存储生命资源为主题的"生命银行卡"，这款卡产品主要涵盖了干细胞和免疫细胞存储、基因检测及基因数据存储等个性化治疗。银行卡产品开始覆盖到老年群体，如哈尔滨银行推出老年人专属银行卡"龙龄卡"，为老年人提供便捷的综合金融服务，包括开立多个账户、免费短信提醒、生活缴费等。

同时，银行卡的客户群已经从个人逐步延伸至政府机构和企事业单位。2014年，越来越多的商业银行与政府、企业开展银行卡方面的合作，纷纷推出了公务卡和商务卡。

由于在定位和服务对象上的不同，各家银行的商务卡特点有所差异。例如，招商银行的商务卡主要针对企业常跨境差旅人员设计，主要功能包括境外消费、人民币还款、自选购汇日期、自选账单日期、提供企业服务平台等；平安银行推出的贷贷平安商务卡是为小微客户量身定制的以小额信用循环贷款为核心，集融资、结算、增值服务等功能于一体的创新金融产品。

在发卡市场进入精耕细作时代之后，商业银行不仅追求卡产品设计上的独树一帜，而且注重避免营销活动上的趋同，其营销活动的专属特色日渐显现。如交通银行的"最红星期五"活动，广发银行的"周五买一送一分享日"活动，光大银行的10元看电影、美食和洗车活动等，持续时间较长、优惠力度较大。同时，正在进行市场化转型的中国银联也开始强化营销活动的针对性。2014年中国银联在全国范围内先后推出了"银联62儿童消费节"、金融IC卡"重阳感恩季"等主题营销活动。

为了改善持卡人的用卡体验，发卡机构继续优化电话银行、网上银行和手机银行的功能和流程，丰富这些传统电子渠道上的业务类型。商业银行借鉴互联网思维，改变了过去建立自有渠道的模式，纷纷加大对微信业务的投入力度，建立微信银行、微信营销平台等，持卡人通过微信即可查询信用卡账单、申请分期付款、了解营销活动等。

（二）受理端

随着移动通信技术的快速发展和智能终端的迅速普及，支付产业的创新持续涌现，在产业各方的大力投入和市场培育下，传统受理终端或形态升级或叠加新功能，同时新兴的支付终端和支付方式层出不穷。

目前国内大量的中小商户尚未实现银行卡受理，为了解决中小商户收单收益低、成本高的难题，收单机构纷纷推出了新型的商户受理终端。例如，农业银行针对小微商户开发了手机 POS 产品；中国银行推出了"中银收单 mPOS"，将传统 POS 功能与智能移动终端 App 应用相结合；具有市场潜力的中小商户收单市场也吸引了众多非金融类收单机构，如银联商务"全民付"手机刷卡器、快钱"快刷"和汇付天下"POSmini"等都是面向中小商户的刷卡器产品；中国银联也推出了面向小微商户的 mPOS。此类终端的共同特点是成本较传统 POS 大大降低，终端具有更好的移动性，功能不再仅局限于银行卡受理，还能在一定程度上满足商户的交易数据统计、库存分析等方面的信息化需求。

随着个人之间资金来往业务的增长，银行卡市场主体还开发了针对个人用户的迷你支付终端。迷你支付终端的主要特点是受理设备的迷你化以及与移动终端、电脑等设备的结合，主要分为移动迷你支付终端和互联网迷你支付终端。移动迷你支付终端主要指类 Square 模式移动刷卡器，通过音频接口、Dock 数据接口或蓝牙技术与移动智能终端相连接实现 POS 功能。拉卡拉、乐刷、盒子支付和盛付通等都推出了面向个人的刷卡器。互联网迷你支付终端是基于互联网渠道，通过 USB 端口与计算机相连，主要面向个人消费者或家庭用户的迷你支付终端。目前国内常见的产品有银联"迷你付"（Minipay）和拉卡拉"超级盾"。如银联的"迷你付"既能支持日常的购物消费、公共事业缴费、转账等基本功能，又能实现金融 IC 卡电子现金的跨行圈存。

2014 年，随着电视智能化的推行以及三网融合应用的普及，电视支付的发展空间得到了进一步扩张。电视支付通过数字电视、互联网电视、IPTV 等智能电视终端，依托广电或电信运营商网络，支持持卡人进行点播、费用缴纳以及电视购物等多种服务的支付，是面向个人和家庭的新型电子支付产品。目前银视通已经拥有 2100 万个用户，覆盖全国 13 个省市。同时，一些非金融支付机构借助电视盒子或与传媒机构合作，将互联网支付引入家庭电视支付环节。

在传统支付领域有所突破、给人们日常生活带来支付便捷的是中国银联推出的"闪付"（Quick Pass）。"闪付"是一种非接触式支付产品及应用，持卡人在选购商品或服务时，确认相应金额后，用具备"闪付"功能的金融IC卡或银联移动支付产品，在支持"闪付"的非接触式支付终端上快速完成支付，无须输入密码和签名。这个特点满足了便利店、停车场、快餐连锁店等日常小额支付商户的需求。如持卡人在麦当劳、星巴克、汉堡王和一些自助售卖机上都能享受到"闪付"带来的支付便捷。2014年，非接触式金融IC卡交易笔数和交易金额同比分别增长1.1倍和5.7倍。

（三）业务端

在传统支付领域，商业银行与中国银联合作在传统受理终端或渠道上不断叠加新型业务，加强业务创新，以丰富产品服务内容和满足不同客户的需求。如ATM跨行转账、ATM无卡取款、助农取款、信用卡跨行还款、信用卡跨行分期付款、便民缴费、代付和农民工特色服务等。

为了更充分地利用和发挥ATM终端及渠道的作用，除传统存取款业务外，近年来ATM上叠加了无卡取款、跨行转账、小额取款等业务，并取得了较快的发展。

ATM无卡取款是指持卡人通过手机银行或网上银行进行申请取款，持卡人选择预约取款金额、期限和取款区域等，无须携带银行卡，只需凭授权码及取款密码便可在ATM上提取现金。无卡取款既能避免取款后忘记取卡的麻烦，又能防止磁条卡被测录的风险。从2014年下半年起，福建、山东和广东等地的ATM开始支持10元的小额取款，给持卡人兑换提取零钱提供了极大的方便。

ATM跨行转账是指持卡人可以通过ATM自助完成不同发卡机构银行卡账户之间的资金转移。相比其他转账产品，持卡人通过任意一台开通跨行转账功能的ATM就可以完成交易，无须输入发卡行行号、资金汇入方姓名，并突破了必须通过发卡行渠道完成交易的限制。截至2014年末，四大行、邮政储蓄银行、全国性股份制银行和绝大多数区域性银行均已开通ATM跨行转账业务。2014年，银联ATM跨行转账交易笔数同比增长127%，交易金额同比增长165%。

在移动支付领域，传统金融机构、银行卡转接清算机构、互联网公司等产业参与方都大力推动移动支付的普及，通过与打车、医疗、旅游、停车、便利店、订餐等日常消费类行业商户合作，引导用户消费习惯逐步从PC端向移动端迁移。此类业务在国内的典型代表有NFC支付和二维码支付。

NFC支付是指在NFC手机的主板、SIM卡或SD卡等插槽内插入集成了银行卡账户信息的专用eSE、SIM卡或SD卡，并结合相应的手机客户端软件，为用户提供近场支付和远程支付的一种服务。由于产业链较复杂、产业协调难度较大，基于NFC技术的移动支付发展缓慢。但2014年以来，随着谷歌将Host-Card Emulation（HCE）技术整合至安卓4.4系统中并向开发者开放，降低了产业链协调成本，再加上国际卡公司开始接受HCE并利用支付标记（Token）替代银行卡号码，NFC支付迎来转机。2014年，苹果公司推出基于NFC的Apple Pay，随后三星、华为、OPPO、小米等主流手机厂商都将NFC作为产品标配。随着支付标记标准和规范的发布以及国际卡公司大力推动支付标记的商用，一直对NFC支付持保留态度的PayPal也开始认可这种支付方式。同时，监管机构对金融IC卡发展的支持和收单机构对线下受理终端的非接改造，推动国内受理环境不断改善。在产业各方的共同推动和普及下，国内NFC支付正迎来新的发展契机。随着VISA在英国试点NFC大额支付应用，未来NFC有可能超出日常消费的小额支付范畴，向更多的消费支付领域延伸。

二维码支付，是指以二维码为信息载体，通过移动终端或商户终端直接或间接获取支付要素，并利用已有支付渠道完成交易的一种支付方式。按照交易发起方划分，二维码支付模式主要包括主读模式和被读模式两种。目前，互联网公司是二维码支付的主要推动力量，其应用领域已较为广泛，出租车、便利店、百货店、药店等商户都已支持二维码支付。商业银行也在积极尝试推出基于二维码的相关业务，如交通银行设计了二维码取款；邮政储蓄银行推出了封闭式的二维码支付；兰州银行在餐饮、影院等场景试水二维码支付；等等。

（四）应用领域

支付产业各方在加强支付产品研发及营销创新的同时，加大跨界发展力度，积极为医疗、教育、物流、百货、超市、酒店、售票等行业提供完整的支付解决方案，抢占日常居民消费领域入口以寻求新的赢利增长点。

在医疗卫生领域，传统银行卡市场主体已经不再局限于通过发行银行卡附加医疗权益或金融IC卡加载医疗应用的方式，开始尝试通过推出综合支付解决方案的形式与相关部门或医疗机构合作。如国家卫生和计划生育委员会与中国银联签署《居民健康卡惠民应用创新服务战略合作协议》，共同制定居民健康卡的工作思路和升级技术标准。中国银联推出了诊疗便民支付产品，患者可通过APP或线下自助终端完成挂号、预约、缴费和退款等服务，这一产品已经在上海中山医院等医院得到了应用。互联网支付企业则提出"未来医院""智慧医院"解决方案，通过其产品客户端实现预约挂号、候诊提醒、支付诊费等功能。

在教育领域，商业银行在很多地区都加大金融IC卡的应用，如建行、交行等与湖南（株洲）职业教育科技园合作发行了"职教城智慧卡"，实现了园区内12所高校的跨校区使用；海口农商银行与海南师范大学合作推出了海南地区首个金融IC卡校园应用项目。支付宝通过支付宝钱包实现了校园一卡通充值、教育缴费、学生购物优惠等。

在公共交通领域，商业银行与交通部门联合积极推进金融IC卡的使用，如北京、青岛、石家庄等地的出租车已经能够受理金融IC卡；中铁银通IC卡刷卡过闸机业务已在京津、沪宁、沪杭、广珠等11条高铁路线开通。截至2014年底，全国150多个县级以上城市实现了公共交通领域的金融IC卡应用。互联网公司通过打车软件为消费者提供预约叫车、车费支付等服务。

除了这些日常生活应用外，中国银联还将银行卡应用延伸到征信领域。2014年10月，人民银行征信中心与中国银联合作推出采取银行卡身份验证方式通过互联网查询本人征信报告，身份验证结果实时反馈。银行卡身份验证的方式可以解决原有"私密性问题验证"和"数字证书验证"方式通过率不高的问题，更方便用户使用。

银行卡在国内应用领域不断拓展的同时，在境外的使用范围也进一步扩大。截至2014年底，银联卡已经能够在境外150个国家和地区使用，能够受理银联卡的商户达1427.8万户。随着国内"海淘"热的兴起，越来越多的境外电子商务企业开始支持国内支付品牌，如Amazon、eBay、Gmarket、Shopbop、乐天和佰宜杰等都已支持银联卡支付。同时，商业银行相继涉足"海淘"，如兴业银行与洋码头、麦乐购等跨境电子商务企业合作，在其商城推出"海外直购"频道。

四 2015年银行卡市场发展趋势

（一）"促进创新与规范发展并重"将成为银行卡产业政策的主旋律

一是进一步促进受理市场的规范发展。现有银行卡定价机制的不健全、部分收单机构在商户拓展及风险管理方面的薄弱等因素，使得银行卡交易中伪卡、套现等风险和违规问题仍然存在，银行卡市场风险形势依然严峻。一方面，2014年监管机构已经针对受理市场乱象多次下发了相关通知，并叫停了部分非金融类机构的收单业务。2015年，监管机构、自律组织将在现有体系架构的基础上逐步完善行业监管，继续加大对行业发展的指导力度。另一方面，发改委正牵头进行银行卡刷卡手续费定价机制调整和优化，特别是在取消或缩小商户行业价差、统筹线上线下交易渠道定价等方面的意向，将有助于解决支付市场因价格而出现的违规问题，营造更为有序的受理环境，形成促进产业升级的长效机制。

二是持卡人个人信息保护问题将会得到重视。在银行卡业务的开展过程中存储了持卡人的财务状况、家庭情况、交易记录等多方面的个人信息。从国内目前的立法情况来看，有关数据信息安全的主要规定散见于各部门的规章中，如人行发布的《关于银行业金融机构做好个人金融信息保护工作的通知》、银监会发布的《关于加强商业银行电子银行业务客户信息管理有关要求的通知》和《银行业金融机构外包风险管理指引》、工信部制定的国家标准《信息安全技术个人信息保护指南》等。然而，《个人信息保护法》一直未能出台。随着大数据在支付行业的普遍应用，以及获得征信牌照公司的业务启动，保护个人信息将成为监管的重要目标。

三是支付创新业务将在规范中前行。2015年市场上将会继续出现各种形式的业务创新和产品创新。监管机构将会在鼓励支付创新的同时，加强监管规范，逐步厘清创新的底线和边界。

（二）传统银行卡市场发展趋势

一是金融IC卡的渗透率将快速提高。2015年，监管部门的大力支持和产业相关方的共同推动将促使金融IC卡步入快速普及期。其卡片介质的行业多应用特性有助于扩大行业合作范围，进一步拓宽金融IC卡在医疗、教育、便民支付、公共交通、停车缴费等与民生息息相关的日常生活领域的应用，金融IC卡的多应用特性也会带动银行卡产品设计的创新。

二是农村支付市场将迈上新台阶。随着农村城镇化进程的加快以及中小商户价值的凸显，2015年支付产业各方将进一步加快线下领域和农村地区的市场布局，大力拓展本地化生活服务类商户和二级地市、农村地区的受理商户，预计2015年全国受理商户规模将继续保持快速增长，农村市场和中小商户蕴含的巨大发展潜力将给银行卡产业带来广泛的发展空间。

三是国内支付主体走出国门的步伐加快。国内银行卡清算市场将在2015年开放，具有全球性网络的国际卡公司将进入这一市场。国内银行卡清算机构尽管拥有本土化优势，但全球一体化的发展使得银行卡清算机构的竞争舞台是全球市场而不是仅仅局限于本土市场，因此，国内银行卡清算机构将会加大对国际市场的投入力度，以尽快弥补国际市场的短板。

（三）创新支付发展趋势

互联网信息渠道的搭建完善、移动智能终端的普及以及互联网金融的快速创新，都将推动商业银行快速转型，加大支付及日常金融业务在电子信息渠道下的分销权重与投入比例，构建综合性、开放化的金融服务平台。同时，金融机构也会结合移动互联的特殊属性，利用远程视频、VTM等技术手段和硬件设备，努力争取在远程发卡与开户方面有所突破，从而提高银行卡在申办、使用等流程上的用户体验，形成线上线下互通互联、体验一致的一体化金融服务体系。

拥有互联网背景的非金融支付机构会加速对线下支付市场的争夺，并以此为基础向移动商务和移动金融延伸，进入企业的客户管理、进销存管理、财务管理等核心领域。在此背景下，包括医疗、教育、公交、旅游、百货、餐饮、酒店等在内的传统产业为弥补渠道发展短板并增强自身实力，也会选择以战略合作、股权投资、业务联盟等形式与这些新兴机构展开深度合作，由此呈现传统产业与新兴产业融合式和联盟式的发展态势。

作为银行卡双边市场中的平台——银行卡转接清算机构在向综合支付服务提供商转型的过程中，也将会加速创新。一方面，其客户正从传统的发卡机构和收单机构向持卡人和商户延伸，通过向持卡人和商户提供更好的综合支付体验，来提升对发卡机构和收单机构的服务水平，因此，银行卡转接清算机构将会陆续推出直接面向持卡人和商户的产品与业务；另一方面，由于单纯的支付服务已经难以满足持卡人和商户的需求，银行卡转接清算机构会更多地联合产业各方，提供包括信贷、库存管理等以支付为基础的综合解决方案，银行卡转接清算机构这一平台将可能发展成为"各类平台的平台"。

参考文献

中国人民银行支付结算司：《2014年支付体系运行总体情况》，中国人民银行网站，2015年2月12日。

中国人民银行网站，http://www.pbc.gov.cn/。

中国银监会网站，http://www.cbrc.gov.cn/。

中国支付清算协会网站，http://www.pcac.org.cn/。

Chapter 8　Development of Bank Card Market with Innovation

Abstract: This article describes the development environment of bankcard's market from the political, economic, social and technological factors in 2014, analyses the size and change of the domestic bankcard market, sorts out the payment innovation of bankcard in the issue, acceptance, new services and related applications fields. Finally, the paper analyses the regulatory policy of payment industry, traditional bankcard's market and the development trend of innovative payment in 2015.

Keywords: Bankcard, Payment, Innovation, Development Trend

第九章 场外金融市场中央对手方清算机制的建立与发展*

摘　要： 相对于其他清算模式，中央对手方清算能够更有效地提高金融市场的透明度和稳定性。金融危机之后，在场外市场推进强制集中清算成为国际上的共识。中国为顺应全球金融市场变革的潮流，成立了专业化的清算机构，并逐步在场外金融市场建立起运行规范、市场化色彩明显、对标国际的中央对手方清算机制。本章旨在介绍中央对手方清算的概念、作用及发展现状，特别是对中国场外金融市场中央对手方清算机制的建立及发展历程进行较为全面的梳理。

关键词： 场外市场　中央对手方　清算　衍生品

伴随着全球金融自由化进程的不断深入、金融监管的逐步放松以及全球一体化的渐次推进，日益活跃的金融创新推动了金融市场，尤其是场外市场的迅速发展。根据国际清算银行（BIS）2014年11月发布的最新统计数据，场外衍生品市场的未到期合约名义本金规模是场内的9.4倍，场外交易市场（OTC）在金融交易活动中的地位日渐凸显。因此，本章将侧重讨论场外交易市场的中央对手方（CCP）机制建设与发展问题。

伴随着场外金融市场的发展，采用CCP清算机制，可以有效消除对手方风险，促进市场交易活跃，有效管理系统性风险。从微观角度来看，净额

---

* 本章感谢上海清算所及相关研究人员在调研及写作过程中提供的帮助，顺致谢忱。

轧差还可以显著提高资金使用效率,降低市场参与者的参与成本。2008年金融危机以来,CCP在化解系统性风险方面的作用得到了充分发挥和高度重视,中国也顺应全球金融市场变革的潮流,成立了专业化的清算机构来推动金融市场交易后处理机制的完善与发展。

一 CCP的概念和作用

根据国际清算银行的定义,清算(Clearing)是指"在结算之前,对支付指令或证券交易指令进行传送、匹配、在某些情况下确认的过程,也可能包含轧差以及最终结算头寸的建立。在某些不精确的应用中,清算一词也可能包含结算"。

相对于资金支付的清算,金融市场领域清算概念的内涵更为复杂。欧洲中央对手方清算协会(EACH)2004年向欧盟提供的一份报告中,建议对清算服务进行统一的界定。该报告认为,从金融市场交易的整个流程(或生命周期)看,清算包括交易达成之后、权责履行之前的所有活动,具体环节包括交易信息的接收及管理、公司行为等交易后续处理、对手方风险评估、保证金计算、抵押品管理、轧差、发起结算指令、信息报告以及其他可能影响风险管理和结算安排的例外事件服务等。

从参与主体的数量看,清算可分为双边清算和多边清算。从权责计算的结果看,清算可分为全额清算和净额清算。CCP清算是多边净额清算的一种特定类型,其核心是引入了中央对手方机制,即通过合约更替(Novation),使清算服务机构自身成为所有卖方的买方和所有买方的卖方,对已经达成的交易担保交收。

中央对手方清算最早起源于场内衍生品交易市场,学界认为中央对手方清算的最早出现是1891年美国明尼阿波利斯谷物交易所建立的清算所,但1925年美国芝加哥商品交易所(CBOT)建立的清算所(BOTCC)被普遍认为代表了中央对手方清算模式的正式出现。此后,在市场自发需求的推动下,各国金融市场先后出现了针对各金融产品的中央对手方清算模式,包括巴西率先向场外债券、衍生品业务提供 CCP 清算服务，伦敦清算所（LCH）也于 1999 年推出 SwapClear 为全球利率互换（IRS）交易提供 CCP 清算服务，CCP 在衍生品市场、现货市场的场内和场外交易中已经得到广泛应用。

相较于其他清算模式，中央对手方清算的优势在于集中管理交易参与主体的信用风险，其建立的风险盯市、保证金收取、抵押品管理、清算基金、违约处置等成熟、高效的风险管理体系，能够显著提高金融市场的透明度和稳定性，是监管机构改善和加强系统性风险管理的重要政策工具。

在 2008 年国际金融危机中，信用违约互换（CDS）导致的对手方风险激增，使得 CCP 在管理对手方风险上的独特优势充分展现，其应对金融市场尤其是场外金融市场系统性风险的作用获得广泛认同。国际社会经过广泛讨论，在 2009 年 G20 匹兹堡峰会上达成了在 OTC 市场推进强制集中清算的共识，在 CDS 等场外衍生品市场中尽快引入中央对手方清算，成为美、欧等监管机构的重要政策主张之一。

二 CCP 发展的国际现状

2014 年，全球金融市场集中清算向深度发展，产品覆盖面继续扩大，市场渗透率不断提升。与此同时，各国（或地区）对 CCP 的监管政策不断深入，推动力度持续增强，并积极适应 CCP 跨境活动的需要，通过替代合规等途径开展跨司法管辖权的监管合作。

（一）产品覆盖面继续扩大

2014 年，全球金融市场有序推进集中清算机制逐步落实。根据金融稳定理事会（FSB）的统计，在 14 家会员管辖区内可以为利率衍生品交易提供 CCP 清算服务，但目前只有 4 家（中国、日本、韩国和美国）存在发挥效力的强制性清算要求；在 6 家会员管辖区内有 CCP 可以提供信用衍生品清算服务，但只有 2 家管辖区（日本和美国）目前在该类别资产中拥有发挥效力的强制性清算要求（见表 9-1）。

表 9-1 全球金融市场集中清算实施进度

管辖区	2014 年				2015 年		2016 年
	Q1	Q2	Q3	Q4	H1	H2	
阿根廷							
澳大利亚							
巴　西							
加拿大							
中国内地							
欧　盟							
中国香港							
印　度							
印　尼							
日　本							
韩　国							
墨西哥							
俄罗斯							
沙特阿拉伯							
新加坡							
南　非							
瑞　士							
土耳其							
美　国							

注：■ 已经生效的要求　▥ 部分生效的/分阶段的要求　■ 通过（或不适用）法律框架，实施细则已通过　▤ 通过（或不适用）法律框架，实施细则已部分通过　▨ 通过（或不适用）法律框架，实施细则已发布征求意见或建议　■ 通过（或不适用）法律框架　▦ 正在磋商或建议的法律框架　▧ 未计划的法律/监管措施

资料来源：FSD，ODWG 第八次报告。

目前，纳入清算的产品逐步扩大，相应的，提供清算服务的 CCP 逐步增加，金融市场中 CCP 的可获得性显著改善。巴西、欧盟、俄罗斯和美国的 CCP 被准许清算所有类别资产的至少某些子品种；而在另外 10 家会员的管辖区内，CCP 被准许（或即将获得准许）清算至少一类资产。鉴于美国、欧盟在商品、信用、股票、外汇、利率各细分金融市场已经有多个 CCP 同时开展业务，CCP 的互操作性逐步显现（见表 9-2）。

表9-2 全球各细分金融市场CCP数量

管辖区	资产类别				
	商品	信用	股票	外汇	利率
阿根廷					
澳大利亚			1		3
巴西	1	1	1	1	1
加拿大	2	2	2		4
中国内地	1				1
欧盟	9	7	8	8	15
中国香港				1	1
印度				1	1
印尼					
日本		1	1	1	3
韩国					1
墨西哥					1
俄罗斯	1	1	1	1	
沙特阿拉伯					
新加坡	1			1	1
南非					
瑞士	1		1	1	2
土耳其					
美国	4	5	3	7	9

资料来源：FSB，ODWG 第八次报告。

当然，CCP开展跨境清算业务仍然面临来自多个司法管辖权的挑战。对于需要为一笔跨境交易提供集中清算的CCP，它需要获得所有相关管辖区的许可。大部分管辖区要求CCP在当地获得许可，以便满足该辖区的强制性集中清算要求。目前，仅有一家CCP（清算利率衍生品）同时获得6个会员管辖区的许可。绝大部分情况是CCP仅被1~2家会员管辖区准许为某一类别资产提供清算服务（见表9-3）。

表 9-3 分资产类别的 CCP 跨境可获得性

资产类别	可同时在不同辖区提供清算服务的 CCP 数目					
	1 家管辖区	2 家管辖区	3 家管辖区	4 家管辖区	5 家管辖区	6 家管辖区
商品	7	3	1	1	—	—
信用	2	3	3	—	—	—
股票	3	3	3	—	—	—
外汇	4	3	4	—	—	—
利率	4	4	6	2	—	1

注：表中数据为 CCP 的数目，数据统计截至 2012 年 10 月底。这些 CCP 在特定数目的管辖区内同时获得或即将获得准许（或被暂时免除准许要求），为给定类别资产的至少某些场外衍生品子品种提供直接或间接的清算服务。

资料来源：FSB，ODWG 第八次报告。

（二）市场渗透率不断提升

首先，全球场外市场利率互换集中清算市场渗透率过半（见图 9-1）。根据 FSB 的统计，2014 年 9 月底一组大型交易商向 DTCC 提交的交易报告显示，所有子品种类别的集中清算头寸的仍在存续期的本金名义总量约为 169 万亿美元，占目前全球能为场外利率衍生品交易提供清算服务的 CCP 理论清算能力的 56%，占全部估计仍在存续期的本金名义数额的 44%。当前 CCP 覆盖了单一货币利率掉期、隔夜指数掉期、息率基准掉期和远期利率协议（四大子产品组）仍在存续期的本金名义总额的近 100%，而占这些交易商的仍在存续期的本金名义总额 20% 的其他子产品组目前并没有被提供集中清算。

其次，信用衍生品集中清算市场渗透率有待提升（见图 9-2）。2014 年 9 月底，所有市场参与者（不只是大型交易所，并经过多重计数调整）的信用衍生品的仍在存续期的本金名义总额达到 16 万亿美元。根据 CCP 当前提供的信用产品清算服务，大约 7.9 万亿美元（占总额的 50%）可以被集中清算。但事实上只有 2.8 万亿美元（总额的 18%）被集中清算。

中国支付清算发展报告（2015）

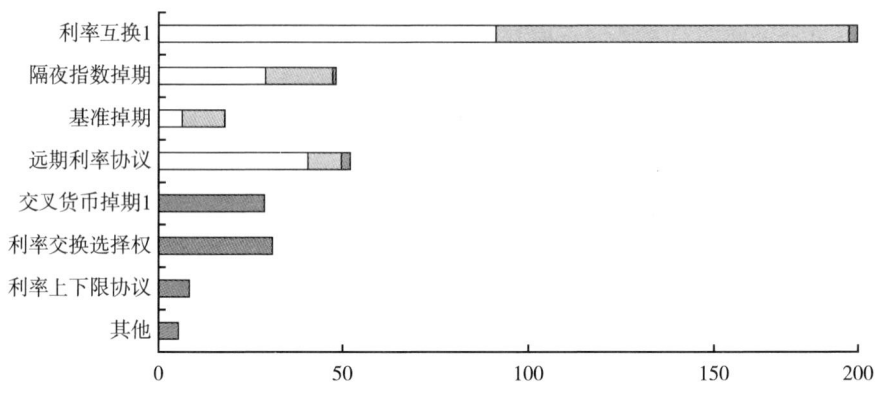

图 9-1　全球场外市场利率互换集中清算渗透率过半

注：①这些估计基于公开交易数据信息和一些 CCP 提交的集中清算数据；这些 CCP 是 ASX、BM&F BOVESPA、CCIL、CME、Eurex、HKEx、JSCC、KDPW、KRX、LCH. Clearnet、Nasdaq OMX、Moscow Exchange、SCH 和 SGX；这些交易既包括某些管辖区的强制性清算交易，也包括自愿性的清算交易。②图示数据为 16 家交易商上报给 DTCC 的交易额，为仍在存续期的本金名义总额，经过交易商集中清算交易的重复计算调整。统计数据截至 2014 年 9 月底。③"1"根据 DTCC 分类标准，包括普通产品（超过总额的 98%）和奇异产品（不到总额的 2%）。

资料来源：FSB，ODWG 第八次报告。

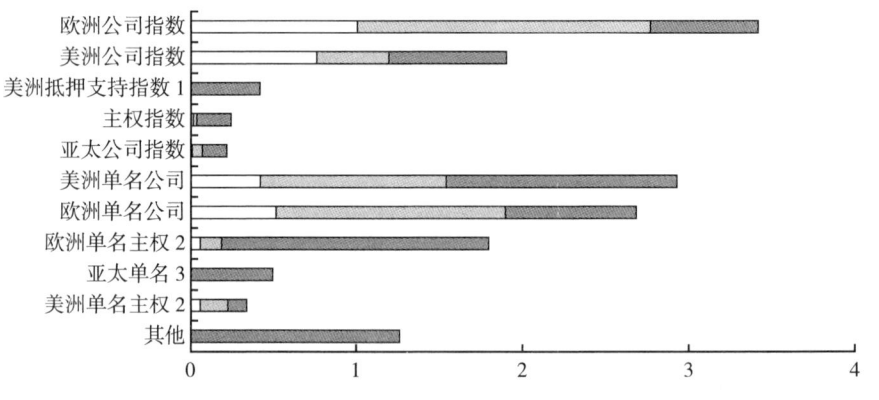

图 9-2　信用衍生品集中清算市场渗透率有待提升

注：①这些估计基于公开交易数据信息和一些 CCP 提交的集中清算数据；这些 CCP 是 CME、Eurex、ICE Clear Credit、ICE Clear Europe、JSCC and LCH. Clearnet；这些交易既包括某些管辖区的强制性清算交易，也包括自愿性的清算交易。②图示数据经过集中清算交易重复计数调整，为所有交易对手向 DTCC 报的数额。统计数据截至 2014 年 9 月底。③"1"包括住宅和商业抵押贷款支持指数；"2"包括主权国家、非主权国家和国有企业；"3"包括日本、亚洲（包括日本）和澳大利亚/新西兰的公司、主权国家和国有企业。

资料来源：FSB，ODWG 第八次报告。

新增场外衍生品交易基本纳入集中清算（见图9-3）。根据美国新的场外衍生品交易公开信息，2014年第3季度，依据CFTC交易报告原则报告的单一货币利率掉期场外衍生品交易的平均集中清算率为75%，信用衍生品指数则为86%。

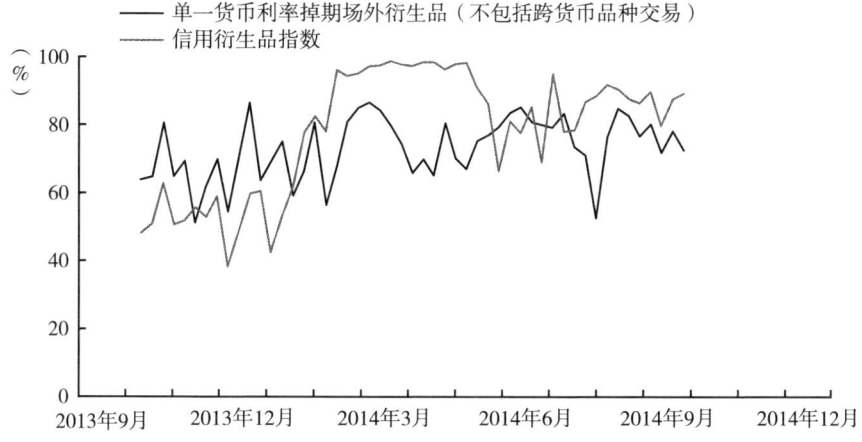

图9-3　美国新增场外衍生品交易基本纳入集中清算

注：根据CFTC交易报备规则汇报给CME Group SDR，DTCC Data Repository and ICE Trade Vault 的交易。清算的交易包括CFTC强制清算要求的交易和自愿清算的交易。
资料来源：FSB，ODWG第八次报告。

境外经验表明，集中清算有助于推动市场交易活跃（见图9-4）。根据CME Clearing 和 LCH. Clcarnet Ltd. 这两家场外利率衍生品交易集中清算公司的部分数据，自2013年以来，客户清算活动显著增加。2014年9月，这些CCP清算的新客户利率衍生品交易名义总额达到16万亿美元，超过一年前客户交易通过这些CCP清算额的2倍。

（三）监管协调逐步推进

2014年，欧洲金融市场管理局（ESMA）开始对欧洲经济区（EEA）内的CCP开展注册工作。截至2014年末，已有15家欧盟区域内的CCP获得注册（见表9-4）。

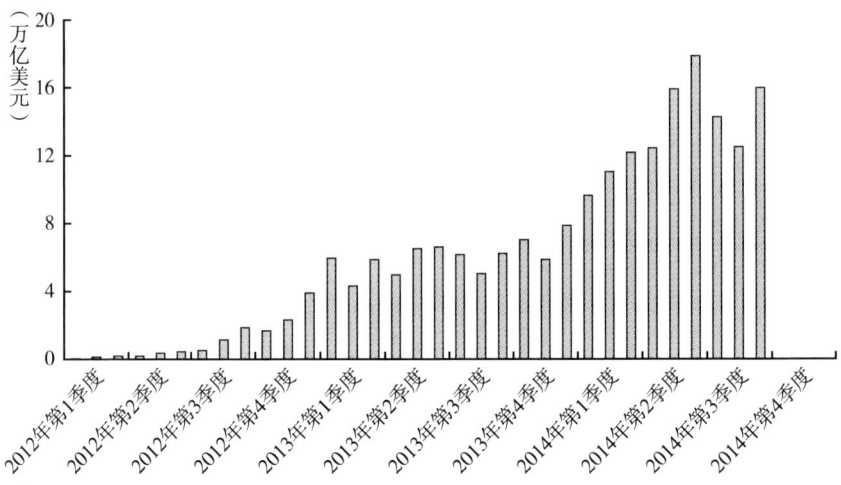

图 9 - 4　集中清算有助于推动市场交易活跃

注：由 CME Clearing 和 LCH. Clearnet Ltd.（Swap Clear）清算的客户交易；这些数据是每次交易的客户一方的数据；假设所有 CME Clearing 数据都是买方交易。

资料来源：FSB，ODWG 第八次报告。

表 9 - 4　ESMA 批准的 EEA 内 QCCP 名单

序号	CCP 名称	所属国	监管机构	批准日期
1	Nasdaq OMX Clearing	瑞典	金管局	2014 - 03 - 18
2	European Central Counterparty N. V.	荷兰	央行	2014 - 04 - 01
3	KDPW_CCP	波兰	金融监督委员会	2014 - 04 - 08
4	Eurex Clearing AG	德国	联邦金融监管局	2014 - 04 - 10
5	Cassa di Compensazione e Garanzia S. p. A. (CCG)	意大利	央行	2014 - 05 - 20
6	LCH. Clearnet SA	法国	审慎监管及处置局	2014 - 05 - 22
7	European Commodity Clearing	德国	联邦金融监管局	2014 - 06 - 11
8	LCH. Clearnet Ltd.	英国	央行	2014 - 06 - 12
9	Keler CCP	匈牙利	央行	2014 - 07 - 04
10	CME Clearing Europe Ltd.	英国	央行	2014 - 08 - 04
11	CCP Austria Abwicklungsstelle für Börsengeschäfte GmbH(CCP. A)	奥地利	金管局	2014 - 08 - 14
12	LME Clear Ltd.	英国	央行	2014 - 09 - 03
13	BME Clearing	西班牙	国家证券市场委员会	2014 - 09 - 16
14	OMIClear - C. C. , S. A.	葡萄牙	证券市场委员会	2014 - 10 - 31
15	Holland Clearing House B. V.	荷兰	央行	2014 - 12 - 12

资料来源：ESMA。

与此同时，ESMA 也开始同步接收非 EEA 的第三国 CCP 申请注册，自 2013 年 3 月 15 日相应的监管技术标准（RTS）生效以来，截至 2014 年内的最新一次更新（2014 年 8 月 11 日），共有 38 家非 EEA 的 CCP 向 ESMA 递交认证，目前 ESMA 均未公布认证批准结果，也未披露有关其认证的相关信息（见表 9-5）。

表 9-5　ESMA 接收非 EEA 第三国的 CCP 申请注册情况

CCP 名称	所属国家/地区	CCP 名称	所属国家/地区
Asigna Compensaciony Liquidacion	墨西哥	MAOF Clearing House Limited	以色列
ASX Clear(Futures)Pty Ltd.	澳大利亚	MCX-SX Clearing Corporation Ltd.	印度
ASX Clear Pty Limited	澳大利亚	Minneapolis Grain Exchange Inc.	美国
BM&FBOVESPA S. A.	巴西	NASDAQ Dubai Limited	迪拜
Bursa Malaysia Derivatives Clearing Berhad(BMDC)	马来西亚	National Securities Clearing Corporation	美国
Canadian Derivatives Clearing Corporation	加拿大	National Securities Clearing Corporation Limited	印度
Chicago Mercantile Exchange Inc.	美国	Natural Gas Exchange Inc.	加拿大
Dubai Commodities Clearing Corporation DMCC	迪拜	New Zealand Clearing and Depository Ltd.	新西兰
Fixed Income Clearing Corporation	美国	OTC Clearing Hong Kong Limited	中国香港
Hong Kong Securities Clearing Company Ltd.	中国香港	Singapore Exchange Derivatives Clearing Limited	新加坡
ICE Clear Canada Inc.	加拿大	SIX x-clear Ltd.	瑞士
ICE Clear Credit LLC	美国	Tel-Aviv Stock Exchange Clearing House Limited	以色列
ICE Clear U. S. Inc.	美国	The Central Depository(Pte)Limited	新加坡
Indian Clearing Corporation Ltd.	印度	The Clearing Corporation of India Ltd.	印度
Japan Commodity Clearing House Co.	日本	The Options Clearing Corporation	美国
Japan Securities Clearing Corporation	日本	JSE Clear(Pty)Ltd.［Previously the Safex Clearing Company(Pty)Ltd.］	南非
Korea Exchange Inc.	韩国	Tokyo Financial Exchange,Inc.	日本
Korea Securities Depository	韩国	HKFE Clearing Corporation Limited	中国香港
LCH. Clearnet LLC	美国	The SEHK Options Clearing House Limited	中国香港

资料来源：ESMA。

根据《欧洲证券市场监管局（ESMA）对第三国中央对手方（TC-CCP）认证的实践指南》的规定，认证决议将在180个工作日之内发放（从ESMA确认该TC-CCP申请完成的通知发放日开始计算），目前ESMA仅公示已提交申请的非EEA的CCP名单，而并未披露申请审批的具体进展。至于EEA内的CCP审批效率则相对较高，如LME Clear Ltd.，根据其网站的表述"LME Clear Ltd.成立于2014年9月22日"，而它在ESMA完成注册的时间为2014年9月3日，早于其成立日期。

另外，美国在2008年金融危机之后，率先通过《多德-弗兰克华尔街改革和个人消费者保护法案》（以下简称《多德-弗兰克法案》），确定了集中清算的发展路径，并明确了美联储（Fed）、美国商品交易委员会（CFTC）、美国证券交易委员会（SEC）之间的监管分工：Fed对具有系统重要性的金融市场设施（FMU）进行监管，CFTC对衍生品清算组织（DCO）进行监管，SEC对清算机构（CA）进行监管。

CFTC在2013年发布《衍生品清算组织和国际标准》的基础上，2014年侧重于跨境监管协调的不断推进。目前CFTC已对澳大利亚、加拿大、欧盟、中国香港、日本和瑞士单独颁布了一份机构层面的相似性认定要求，并对欧盟和日本颁布了一份交易层面的监管要求。CFTC认定以上六个司法管辖区的当地法律与以下几个机构层面的监管要求相似：持仓限额监测；尽职监督；经营持续性和灾难复原能力；研究、清算冲突处理；给定限制条件下，首席合规官、风险管理计划、信息披露的有效性以及掉期数据的记录。这将使在CFTC注册的非美国掉期交易商能够以遵守当地这些方面的法律代替去满足CFTC的监管。

2014年，美国CFTC未出台新的针对CCP的监管措施；受理了Japan Securities Clearing Corporation和LedgerX LLC注册为DCO的申请，但尚未审结；应New York Portfolio Clearing LLC的要求中止了其DCO资格，其仓位由ICE Clear Europe Limited承接；例行性延长了六家境外清算机构的"临时豁免权"，包括澳洲证交所清算有限公司［ASX Clear（Futures）Pty Ltd.］、印度清算公司（India Clearing Corporation Ltd.）、韩国交易所（Korea Exchange

Inc.）、香港场外清算有限公司（OTC Clearing Hong Kong Limited）、日本证券清算公司（Japan Securities Clearing Corporation）和欧洲期货交易所清算公司（Eurex Clearing）。

与此类似，SEC 在 2014 年 6 月 25 日正式采用《基于证券的跨境互换原则》（Cross-Border Security-Based Swap Rules），致力于用一个更全面的方法来解决《多德-弗兰克法案》下关于基于证券的跨境互换交易在注册、监管、清算、交易和报告方面的问题。与此相对应，欧盟在当年 9 月也认可了包括新加坡、中国香港、日本、澳大利亚在内的亚太四国或地区监管机构在 CCP 监管问题上的对等地位，在此基础上，ESMA 在 2014 年 11 月 27 日与澳大利亚监管机构［澳大利亚证券与投资委员会（ASIC）和澳大利亚央行（RBA）］签订谅解备忘录。而欧美监管机构之间（主要是 CFTC 和 ESMA）关于跨域监管的磋商仍在持续，虽然媒体报道已取得一定进展，但仍缺乏标志性成果。

在集中清算进程的推进上，ESMA 于 2014 年 3 月 18 日首次公告将执行 EMIR 之第五章关于强制清算的内容，并于 2014 年 10 月 1 日向欧盟委员会提交了关于 IRS 强制集中清算的监管技术标准（RTS）。与此同时，欧美监管机构将主要注意力转向尚未受到有效监管的外汇衍生品市场，如外汇无本金交割（NDF）。2014 年 10 月 1 日，ESMA 发布《外汇无本金交割远期（NDF）清算标准草案（征求意见稿）》。2014 年 12 月 22 日，CFTC 也初步完成了关于无本金交割外汇远期（NDF）强制集中清算可能性报告。当然，ESMA 关于将外汇 NDF 纳入强制集中清算的动议受到了业界的极大反对，导致这一动议目前已基本流产。

三 CCP 发展的中国经验

为了进一步提升市场透明度，避免市场滥用，有效管理系统性风险，各国均加快了 CCP 的建设和规范管理。2008 年金融危机之后，美国率先成立了洲际交易所清算公司。而中国人民银行认真贯彻落实中央部署，积极应对国际金融危机影响,深化金融市场改革,加强金融基础设施建设,推进上海国际金融中心建设,于2009年11月28日建立了为金融市场提供专业清算服务的上海清算所,这是目前唯一服务于中国场外市场的中央对手方清算机构,也是危机后全球新设的第二家CCP。

自上海清算所成立以来,中国场外金融市场全面进入中央对手方清算时代。经过五年多的建设,中国场外金融市场逐步建立起运行规范、市场化色彩明显、对标国际的中央对手方清算机制,并在全球较早实现了利率互换（IRS）的强制集中清算。

（一）发展历程

目前中国场外金融市场已初步形成了覆盖本币和外币、现货及衍生品、银行间市场及跨市场的集中清算业务体系,较好地支持了中国金融市场的创新发展,切实提高了市场对系统性风险的管理能力。

1. 本币产品

2011年12月19日,上海清算所首次推出现券交易净额清算服务,这是中国银行间债券市场第一项中央对手方集中清算业务,标志着银行间债券市场集中清算机制的正式建立。选择现券交易开展净额清算业务,有着现实的考虑。中央对手方清算机制在中国金融市场还属新生事物,适宜通过比较简单、成熟的产品（债券）及交易方式（现券交易）进行试点,逐步开展市场普及教育工作。事实证明,这样一种循序渐进的拓展安排是符合中国金融市场发展的阶段性特征的。

经人民银行批准,上海清算所将现券净额清算业务从2015年3月30日开始进一步拓展为债券交易净额清算服务,将现券、质押式回购、买断式回购进行统一轧差处理,并适用于上海清算所登记托管的固定收益产品的净额清算业务,进一步将债券净额业务的参与者分为债券净额普通清算会员、债券净额综合清算会员和非清算会员（或称客户）。由此实现了对银行间市场固定收益类产品多种交易方式的全面支持,并实现了市场参与者的有序分层,全面提升了风险管理能力和市场服务能力。

2. 外汇产品

外汇市场是银行间市场交易规模最大、与国际接轨最充分的一个细分市场，上海清算所在推出外汇清算业务之初以业务划转和承接为主，并在此基础上逐步提升清算服务能力，逐步规划将各产品纳入统一的清算业务体系之中。

2011年8月22日，上海清算所承接银行间市场外汇即期竞价清算业务，市场实现平稳过渡，标志着上海清算所正式向金融市场提供净额清算服务。2013年4月12日，上海清算所承接银行间外汇市场人民币外汇询价交易净额清算业务（包括人民币外汇询价即期与远期、掉期净额清算业务）。2014年11月3日，上海清算所将人民币外汇询价远期和掉期交易净额清算期限范围拓展至一年，同步正式推出外汇中央对手方清算业务。通过已经完成的三个步骤，上海清算所已经全面覆盖了银行间外汇市场的主要产品和交易方式，通过实现外汇清算业务整合，推动业务处理能力的提升和服务质量的提高，支持更多的产品创新。

3. 利率衍生品

利率衍生品是利率市场化进程中充分反映市场预期、有效对冲利率风险的工具，长期以来，通过双边自行清算增加了市场参与者的风险管理成本。这一制约已经影响到市场的进一步发展。2011～2013年，作为银行间市场最主要的利率衍生产品，人民币利率互换交易对应名义本金规模分别为2.46万亿元、2.87万亿元、2.63万亿元，规模增长已出现瓶颈，迫切需要通过引入新的交易后处理方式释放市场活力。

为此，上海清算所于2014年1月2日推出人民币利率互换集中清算业务，使IRS成为我国第一个集中清算的场外金融衍生品。2014年7月1日，上海清算所进一步推出人民币利率互换集中清算代理业务，从业务上落实了利率互换强制集中清算的政策要求。由此，中国成为继美国、日本之后，全球第三个实现场外衍生品强制集中清算的国家。为了进一步降低市场参与者成本，自2014年10月起，上海清算所提供抵押品管理功能，清算会员在参与IRS清算过程中，可以通过提交合格抵押品冲抵不超过50%的保证金要求。利率互换集中业务推出伊始就受到市场的热烈欢迎，2014年全年市场成交规模达3.98万亿元，是前三年平均规模的1.5倍。

4. 航运及大宗商品衍生品

中国需求在全球航运及大宗商品市场上占据举足轻重的地位，但是长期以来，航运及大宗商品衍生品的定价货币以美元为主，交易达成基本在境外，客观上造成了定价权旁落。为了推动相关定价权回归境内，助推上海国际金融中心建设，上海清算所按照先推出航运衍生品再逐步推出所承运的大宗商品衍生品的工作思路，在充分考虑市场需求及境外市场成熟度的基础上，逐步搭建了相对完整的清算产品体系。

2012年12月10日，上海清算所人民币远期运费协议（FFA）中央对手方清算业务投入试运行，并于2013年4月16日正式推出。首批推出了海岬型船平均期租远期运费协议（CTC）、巴拿马型船平均期租远期运费协议（PTC）和超灵便型船平均期租远期运费协议（STC）三个产品的中央对手方清算服务。在此基础上，2014年8月4日上海清算所推出国内首批场外大宗商品金融衍生品清算业务——人民币铁矿石掉期（CIS）和人民币动力煤掉期（CSS）中央对手方清算业务，两项业务自推出以来运行平稳。此外，2015年2月6日，上海清算所还进一步推出全球首个溢价指数类金融衍生品——自贸区铜溢价掉期中央对手方清算业务，有效地推动了自由贸易区的发展。

（二）清算规模

伴随着中国场外金融市场集中清算业务的持续推进，清算业务的覆盖面逐渐扩大，市场渗透率日渐提升，清算业务规模保持高速增长态势。2014年，中国场外金融市场中，以中央对手方清算为代表的净额清算业务规模达到19.63万亿元，同比增长72.80%。其中，债券现券CCP清算2331笔，清算面额3733.45亿元，结算金额3776.60亿元；利率互换CCP清算24106笔，名义本金（单边）22549.16亿元；航运及大宗商品衍生品CCP清算266027个月度合约，名义本金（单边）200.76亿元。

（三）市场参与者

伴随着中国场外市场CCP清算机制的快速发展，市场参与者规模也快速增长。2010年9月10日，银行间市场形成首批32家清算会员，成为中国中央对手方清算体系中最早的一批用户，与中央对手方清算业务相适应的清算会员体系建设稳步推进。伴随着债券、外汇等中央对手方清算业务的上线，目前已经初步建立了业务覆盖广泛、风险控制有效的净额清算业务参与者群体。

截至2014年末，银行间债券市场现券净额清算业务参与者有59家，其中银行35家、证券公司23家、财务公司1家。外汇竞价集中清算业务参与机构有246家，外汇询价集中清算业务参与机构有39家。利率互换中央对手方清算业务参与机构有78家，其中综合清算会员5家、普通清算会员42家、非清算会员31家，全年非清算会员提交集中清算的交易占清算总量的5%。同期，航运及大宗商品衍生品中央对手方清算业务的清算会员包括浦发银行、交通银行、建设银行、农业银行、招商证券、中信证券6家；截至2014年末，具备代理清算业务能力的清算会员共为264家客户提供代理清算服务。

四　CCP的主要业务创新实践

（一）利率互换实现强制集中清算

随着利率市场化的稳步推进，金融市场基准利率体系建设成为利率市场化改革的关键。而利率互换业务的发展，对于构造收益率曲线、提高市场流动性，进而推动金融市场基准利率体系建设有着重要的基础性作用。2006年推出的人民币利率互换是我国利率衍生品中交易量占比最高、发展最快的品种，已经成为商业银行等各类金融机构进行资产负债管理、利率风险规避及套利交易的重要工具。

人民币利率互换集中清算是中国场外市场的第一项利率衍生品中央对手方集中清算业务，对利率互换市场的进一步活跃和长远发展具有重要作用。

从微观层面看，利率互换集中清算可以解决双边清算模式下的授信额度限制，降低参与者衍生产品交易的资本拨备要求，从而降低市场参与者的交易成本。从宏观层面看，通过集中清算，可以及时有效地计算和掌握市场成员的风险敞口信息，提高市场透明度，隔离交易对手方风险，防范市场成员违约引发的系统性风险，确立场外衍生产品风险可控的科学发展理念。同时，以人民币利率互换作为我国中央对手方集中清算的第一个场外衍生产品，有助于逐步积累中央对手方清算的实施经验，为建立覆盖整个场外衍生品的中央对手方清算创造更好的条件。

1. 强制清算政策落地

通过上文的分析，我们得出结论，从全球发展状况来看，场外衍生产品中央对手方清算已经是大势所趋。2009年G20匹兹堡峰会就场外衍生产品市场改革达成共识，明确承诺所有标准化的场外衍生产品要实现中央对手方清算。目前，美国、欧盟、日本等发达经济体已经率先完成场外衍生产品改革的立法进程，且均就利率互换的中央对手方清算做出了监管要求。以美国为例，2010年美国出台《多德－弗兰克法案》，要求加强场外衍生产品监管，强力推进场外交易的标准化和集中清算。

2014年1月28日，中国人民银行发布《关于建立场外金融衍生产品集中清算机制及开展人民币利率互换集中清算业务有关事宜的通知》（以下简称《通知》）。根据《通知》要求，全国银行间债券市场参与者达成的人民币利率互换等场外金融衍生产品交易，应按要求进行集中清算，上海清算所提供集中清算服务。

《通知》规定，自2014年7月1日起，金融机构之间新达成的，以FR007、Shibor_ON和Shibor_3M为参考利率的，期限在5年以下（含5年）的人民币利率互换交易，凡参与主体、合约要素符合上海清算所有关规定的，均应提交上海清算所进行集中清算。不能进行集中清算的，应向中国人民银行说明。

《通知》明确了中国人民银行将按照《金融市场基础设施原则》（PFMI）等规定的合格中央对手方的标准，对上海清算所进行持续有效的监督和管理。市场成员应根据有关监管要求，对由上海清算所集中清算的人民币利率互换交易，按照合格中央对手方标准计算相应的风险加权资产。

《通知》特别强调，中国人民银行将根据场外金融衍生产品的风险敞口情况、交易活跃程度、定价机制完善情况、标准化程度及指定集中清算机构的准备充分性等情况，决定其他场外金融衍生产品进行集中清算的类别及具体品种。

自此，我国成为全球第三个在场外金融衍生品领域推行强制集中清算的国家，仅次于美国和日本。

2. 市场发展现状

2014年，银行间市场人民币利率互换交易中央对手方清算业务24507笔，清算金额（名义本金）23049.77亿元，从金额上来看是同期国债期货交易量①的2.62倍。从清算产品构成来看，按照名义本金进行统计，FR007为19092.60亿元，Shibor_O/N为2041.40亿元，Shibor_3M为1915.77亿元，占比分别为82.83%、8.86%、8.31%（见图9-5）。

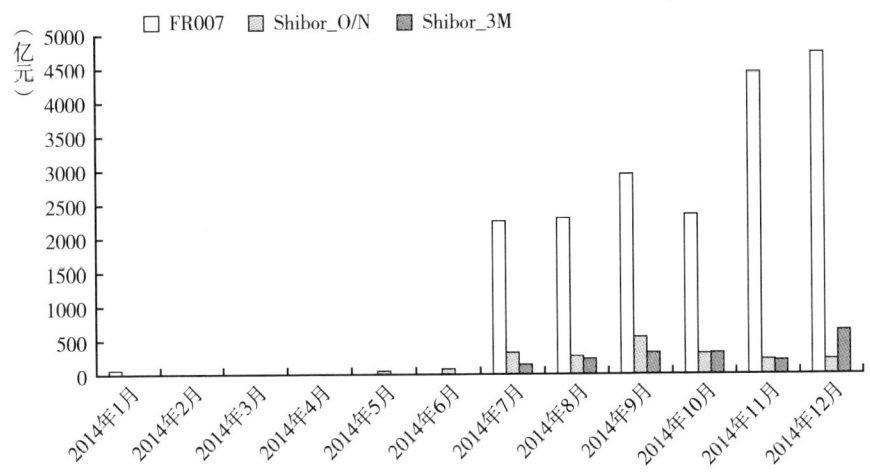

图9-5 2014年银行间市场IRS集中清算规模

资料来源：上海清算所。

---

① 根据中国金融期货交易所的统计数据，2014年国债期货成交922871手（单边），成交金额8785.17亿元。

根据中国外汇交易中心2014年1~12月的统计数据，2014年银行间市场IRS成交42988笔，对应名义本金40317.3亿元。其中，以FR007、Shibor_O/N、Shibor_3M为基准利率且满足期限要求的IRS交易42645笔，对应名义本金40043.22亿元，而满足"银发〔2014〕29号"规定的、可纳入中央对手方清算的IRS交易笔数占比为99.20%、名义本金占比为99.32%。从规模上来看，纳入强制集中清算的上述三类参考利率在IRS交易整体中具有显著的代表性，基本上已实现对整个IRS市场的有效覆盖，针对主流的利率衍生产品落实了风险集中控制措施。

2014年1~12月，银行间市场共完成24507笔IRS的集中清算，对应名义本金规模达23049.77亿元。自2014年7月1日强制集中清算正式实施以来，提交中央对手方清算的交易规模迅速扩大，纳入清算的交易的名义本金规模达22804.57亿元，占全年清算规模的98.94%。

自IRS实施强制集中清算以来，交易继续保持活跃。2014年1~6月，月均成交2989笔，对应名义本金均值为2798.79亿元；自2014年7月1日实施集中清算以来，月均成交4139笔，对应名义本金均值为3894.05亿元，同比分别增长112.91%和98.57%。

在成功上线人民币利率互换集中清算业务的基础上，上海清算所通过引入代理清算机制保证强制集中清算的推进，还不断提升市场服务能力，活跃交易。例如，自2014年10月13日起，上海清算所对提交集中清算的人民币利率互换交易进行实时检查，检查通过后实时进行合约替代，实现实时接单处理，简化了市场参与者的操作流程。此外，自2014年10月起，上海清算所提供抵押品管理功能，清算会员可以向上海清算所提交规定的合格抵押品来冲抵部分保证金要求，进一步发挥了中央对手方清算和中央证券存管业务的协同效应，降低了市场参与者的资金成本。

（二）航运及大宗商品衍生品清算业务持续创新

中国场外市场自2012年起开始逐步推出场外航运及大宗商品金融衍生品交易的中央对手方清算业务，不仅填补了中国场外金融要素市场的空白，满足了实体企业套期保值的需求,而且推动了上海"两个中心"以及人民币清算中心的建设,进一步提升了人民币国际定价权。

1. 业务发展情况

(1) 人民币远期运费协议(FFA)

FFA的市场发展整体呈现平稳趋势。受现货市场波动剧烈、避险需求增加、投资者入市加快等因素影响,人民币FFA业务前期经历了快速增长。但随着航运市场的持续低迷,市场发展速度有所放缓(见图9-6)。

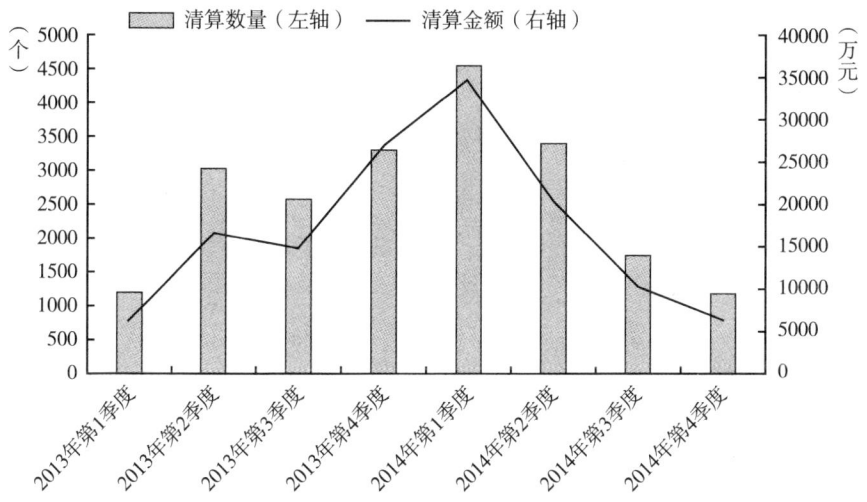

图9-6 2013~2014年人民币FFA业务量

资料来源:上海清算所。

(2) 人民币铁矿石掉期(CIS)、动力煤掉期(CSS)

一是市场反应良好,清算规模平稳增长。铁矿石掉期、动力煤掉期推出后,获得市场较大关注,市场反应良好。2014年,铁矿石交易量基本保持在每月500万吨左右、约合人民币32亿元的清算规模,占同期新加坡清算所同类产品的14%;动力煤交易量稳步上升,到2014年10月的交易量达到840万吨、约合人民币44亿元的清算规模,是同期新加坡清算所同类产品的15倍(见图9-7、图9-8)。

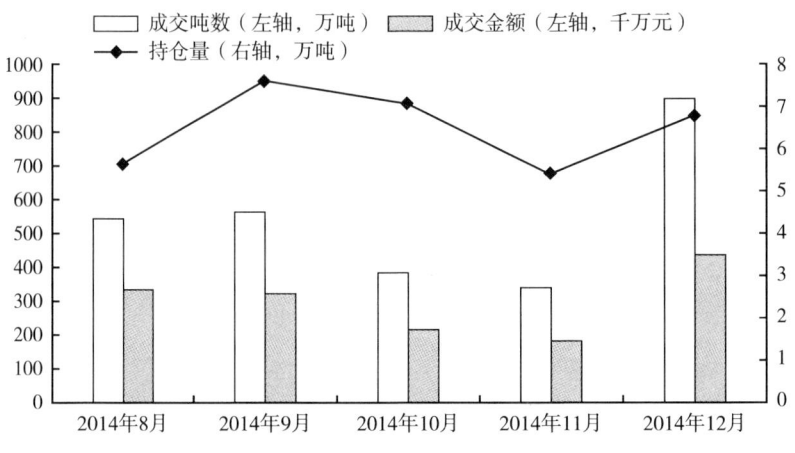

图9-7 2014年人民币CIS业务量

资料来源：上海清算所。

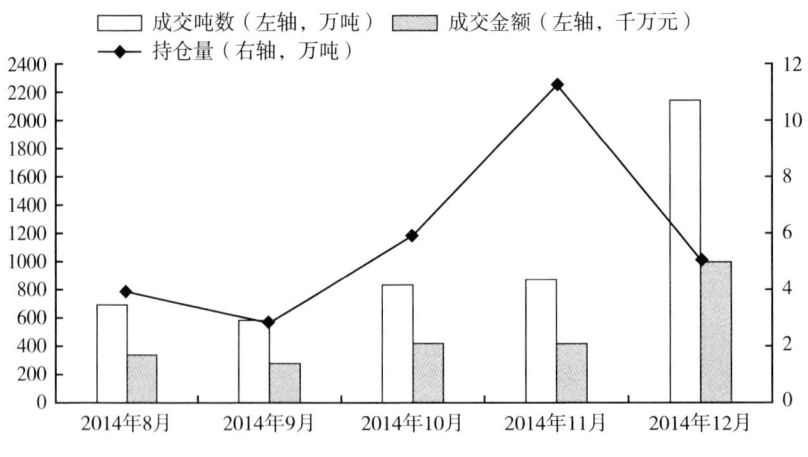

图9-8 2014年人民币CSS业务量

资料来源：上海清算所。

二是近端协议成为交易主力，满足实体套保需求。根据上线三月运行情况，交易主要集中在近端的月度协议及季度协议，能够有效满足实体企业贸易周期对于近端期限协议的套保需求（见图9-9）。

三是流动性提供者积极参与报价交易，提升市场流动性。上海清算所

第九章 场外金融市场中央对手方清算机制的建立与发展

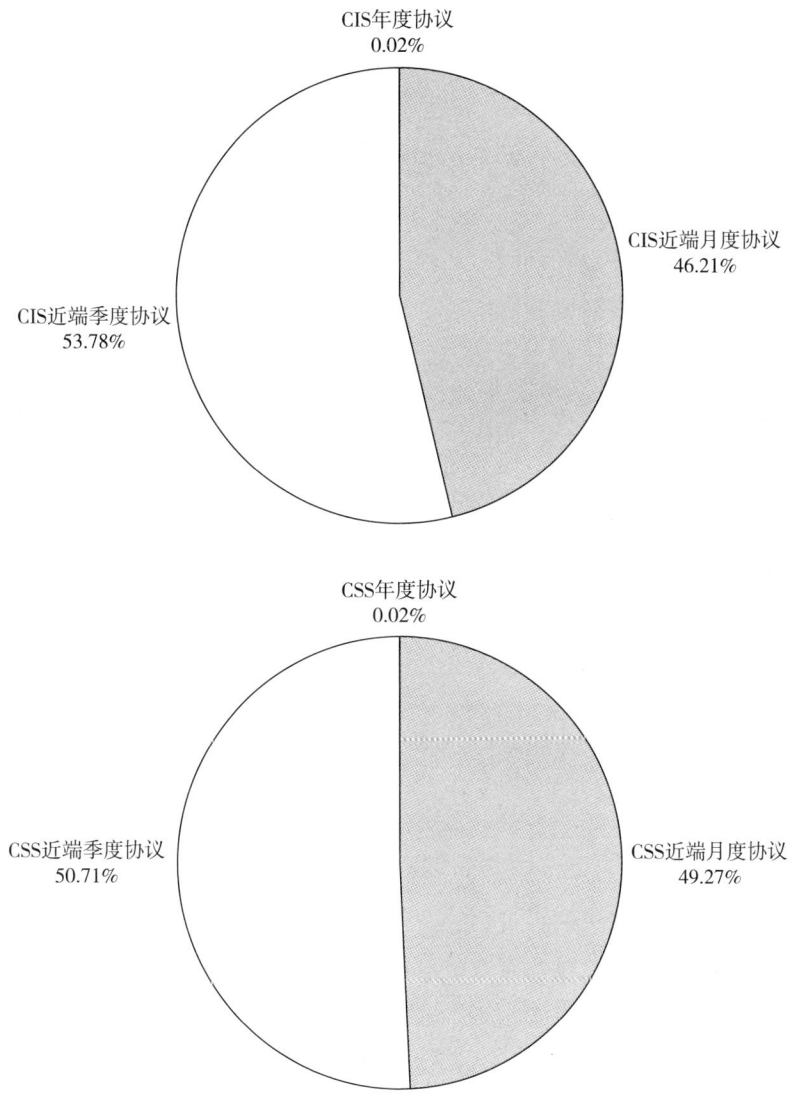

图 9-9 人民币 CIS、CSS 主要交易合约类型

资料来源：上海清算所。

积极引入大型金融机构（中信证券、招商证券）、实体企业等参与场外掉期市场，这些流动性提供者积极参与报价交易，活跃了市场，提升了市场的流动性。

四是与场内期货、国际掉期形成跨市场套利空间。场外掉期与国内期货、国际掉期三者之间既具有高度相关性又有所差异，自掉期业务上线以来，根据对各市场的实证研究，目前跨市场套利空间已经形成，交易者也逐步通过参与多个市场，实现跨市场对冲套利。

2. 发展意义

一是形成场外市场和场内市场共同发展的良性循环。发展场外商品衍生品市场能够改善金融对实体经济服务的深度和广度，加速衍生品的创新和标准化，有利于培育机构投资者的交易和风险管理能力，从而改变场内市场目前存在的个人投资者参与比例过大、投机交易过多、产品创新滞后等现状，逐步形成场外市场和场内市场共同发展的良性循环。

二是有助于提升国内机构投资者的交易和报价能力。国内场外商品衍生品市场旨在汇聚中国机构投资者的交易和报价，将在海外交易的中国投资者吸引回中国市场，这将极大地提升中国机构投资者在国际大宗商品市场中的交易和报价能力。

三是打破目前大宗商品市场美元价格指数定价的局面，有利于争取人民币定价权。国内推出场外商品衍生品业务，主要采用中国的大宗商品价格指数方提供的人民币现货价格指数，并通过报价团形成以人民币计价的大宗商品中远期价格曲线，这将打破"中国作为大宗商品的重要消费者，但交易均以国外指数方提供的美元价格指数定价"的局面，提升人民币在大宗商品现货和衍生品市场中的定价权。

四是有利于加强监管，有效防范系统性风险。作为一个新兴的金融要素市场，场外商品衍生品市场将为中国的金融机构带来广泛的业务发展空间，且与货币市场具有高度联动性。在该市场建立统一的中央对手方清算平台，有利于监管机构及时有效地获取市场交易清算基础数据，加强监测与分析，及时防范和化解市场系统性风险，提高监管效率。

五　国际交流与标准实施

伴随着中国场外市场中央对手方清算业务的不断推进，中国对标国际建设规范化、市场化、国际化的专业清算机构，建立了与国际金融市场做法相一致的监管政策体系，并在美国、日本之后，全球第三个实现了场外衍生产品的集中清算。中国场外市场中央对手方清算业务的发展被国际社会广泛认可。

（一）成功举办CCP12全体会员特别大会

2014年9月25~26日，由上海清算所、CCP12（全球中央对手方协会）国际组织和中国银行间市场交易商协会联合举办的"危机后场外市场改革深化与机制创新"国际研讨会在上海成功召开，上海清算所同期承办2014年度CCP12全体会员特别大会。中国人民银行刘士余副行长、全国人大财政经济委员会吴晓灵副主任委员、国家外汇管理局王小奕副局长、上海市政府金兴明副秘书长等领导出席会议并讲话，高度肯定了中国中央对手方清算机制的发展，与上海国际金融中心建设形成了良性互动。

大会包括"场外市场在多层次资本市场体系中的功能定位与发展前景""合格投资者队伍建设与场外市场发展""场外市场风险防范与中央对手方清算安排""场外金融衍生品的强制集中清算""立足中国（上海）自由贸易试验区发展场外大宗商品金融衍生品市场""CCP12闭门会议"六个主要部分。来自纽约和芝加哥联储、欧盟理事会、法国金融市场管理局等境外监管机构的官员，国际资本市场协会、花旗银行、汇丰银行、芝交所集团、港交所集团等国际组织或国际大机构的高管，境外知名专家、学者，以及我国政府、金融监管、市场机构、中介服务机构等各方面的代表，共约150人参会讨论。

会议讨论取得了丰硕成果。参会者一致认为危机后场外市场深化改革、创新发展的经验弥足珍贵，值得总结。场外市场准确定位及合格投资者适当性建设、中央对手方清算机制系统性风险管理的引入和拓展，以及场外金融衍生品交易报告库的实施，将推动国际金融市场的可持续发展。

2014年度CCP12全体会员特别大会是目前唯一的中央对手方国际同业组织——CCP12首次在中国大陆举办的会议，体现了国际社会对中国金融市场建设和上海国际金融中心建设的重视，也体现了国际同业机构对上海清算所工作的认可。此次会议也得到上海市的高度重视,是 2014 年上海国际金融中心建设的重点工作之一。

(二)与境外监管机构、同业机构开展对话合作

2014 年 11 月 12 日,美国证券交易委员会(SEC)委员 Daniel M. Gallagher 访问上海清算所,与上海清算所许臻董事长进行了广泛深入的沟通。Gallagher 委员在认真听取上海清算所关于中国场外金融市场以及自身机构业务的情况介绍之后,向许臻董事长通报了美国包括 SEC 在内的监管机构涉及场外衍生品市场监管改革的最新动态。Gallagher 委员对上海清算所通过中国(上海)自由贸易试验区大宗商品金融衍生品中央对手方清算业务促进人民币国际化、通过创新产品发行登记托管业务支持中小企业债券融资等经验印象深刻,表示美国监管机构应当在完善监管的同时更加注重鼓励创新、维护美国金融市场的全球竞争力。

2014 年 8 月 28 日,上海清算所许臻董事长与欧清银行集团首席执行官 Tim Howell 在布鲁塞尔举行会谈,双方签署合作意向书。2014 年 9 月 2 日,许臻董事长与 CME 首席执行官 Phupinder Gill 在芝加哥签署合作备忘录。至此,上海清算所已与国际上所有主要的金融市场基础设施建立了战略合作关系。

(三)参加 CPSS - IOSCO 听证讨论会

受 CCP12 组织委托,上海清算所派员参加了 2014 年 6 月 6 日在伦敦举行的《中央对手方量化信息披露标准(征求意见稿)》听证讨论会。会议由更名前的支付结算体系委员会(CPSS)和国际证监会组织(IOSCO)共同举办、英国金融行为监管局(FCA)承办。参会代表包括英格兰银行(BoE)、英国金融行为监管局(FCA)、欧洲央行(ECB)、美联储(Fed)、美国商品期货交易委员会(CFTC)、美国证券交易委员会(SEC)等国际监管机构,以及国际互换和衍生品协会(ISDA)、摩根大通(J. P. Morgan)、高盛(Goldman Sachs)等市场机构及行业协会。

会议围绕该披露标准展开了充分讨论,上海清算所代表 CCP12 从中国

CCP建设的实际出发，阐述了立场，提出了针对性的修改建议，具体参与国际主流监管标准的制定决策过程。

（四）开展PFMI自评估

2014年，中国人民银行统一部署全国的金融市场基础设施，包括CCP依照国际通行的《金融市场基础设施原则》（PFMI）开展自评估工作。根据逐项对照分析，总体来看，中国的中央对手方清算机构基本符合PFMI的要求，主要存在的不足是外部法律环境不健全导致的。针对国内法律体系导致的结算最终性等问题在法律上的不确定性，监管机构和业界已经从推动立法及司法实践的角度进行了持续努力，并取得了积极成果。

六 总结与展望

近年来，中国场外金融市场实现了CCP清算机制的从无到有、从小到大，不仅实现了业务的快速发展和所服务对象的不断拓展，而且中央对手方清算机构建设也取得了显著成绩，成为与国际主流CCP比肩的金融市场基础设施，更加积极主动地参与国际标准的制定完善和与境外重要监管机构的对话沟通。具体表现为以下几个方面。

第一，中国场外金融市场已经基本构建了覆盖本币及外币、现货及衍生品、银行间市场及跨市场的集中清算业务体系，中央对手方清算机构成为提升中国场外金融市场风险管理能力的重要支柱，为金融市场创新和服务实体经济提供了抓手。2014年，中国场外金融市场集中清算规模逼近20万亿元，其中利率衍生品中央对手方清算规模是场内市场同类产品的2.62倍，这充分显示出场外金融市场衍生品及与之配套的集中清算制度的优势。

第二，中国中央对手方清算机制的逐步建立健全，为中国率先实现IRS强制集中清算创造了良好的条件，中国在美国和日本之后，全球第三个在场外金融衍生品领域实现了强制集中清算，积极落实了G20匹兹堡峰会及此后一系列高层对话达成的共识，切实履行了国际承诺。

第三，在银行间市场集中清算机制逐步完善的同时，中央对手方清算机构还在航运衍生品中央对手方清算成功推出的基础上，全面向动力煤、铁矿石等关系国计民生的大宗商品衍生品领域拓展，通过开展航运及大宗商品衍生品中央对手方清算业务，帮助中国确立在相关领域的定价权，为上海国际金融中心和国际航运中心的建设做出了基础性贡献。2014年，人民币动力煤掉期清算量达25.82万笔、5164.16万吨，是同期新加坡清算所同类产品的35倍。

第四，中国的中央对手方清算机构通过积极开展国际交往，在全球CCP同业组织中扮演了重要角色，受邀出席芝加哥联储举办的场外衍生品研讨会，参加支付和市场基础设施委员会（CPMI）、国际证监会组织（IOSCO）等国际组织对全球CCP通行监管规则的制定完善工作，积极发出中国声音，为中国金融市场发展创造更好的外部条件。2014年全球中央对手方协会全体会员特别大会在上海成功举办，产生了积极的国际影响。

第五，通过积极开展集中清算机制的市场教育，不断提供丰富多样的集中清算服务和风险管理手段，持续拓展利率衍生品、外汇、大宗商品衍生品领域的中央对手方清算业务，中央对手方清算机构作为最为重要的金融市场基础设施之一，已经切实提高了中国金融市场交易后处理的发展层级。

随着中国场外金融市场中央对手方清算进入一个新的五年发展期，下一步，中央对手方清算机构不仅会在业务服务能力上继续提升，相应的政策配套环境也会进一步改善，机构建设和产品创新还将迎来新的发展机遇。

中国的专业清算机构也应当进一步落实《金融市场基础设施原则》（PFMI）的各项要求，提高清算业务运行的稳健性和风险管理能力，增强监管机构和市场成员的信心，不断补充财力资源，提高对系统性风险的识别、应对、处理能力，提升服务利率汇率市场化和金融创新的能力以及适应境内外市场竞争的能力。

参考文献

CFTC, "Derivatives Clearing Organizations and International Standards", 17 C. F. R., 2013.

CPSS, "A Glossary of Terms Used in Payments and Settlement Systems", http://www.bis.org/cpmi/publ/d00b.pdf, 2003.

CPSS/IOSCO, "Recommendations for Central Counterparties", http://www.bis.org/cpmi/publ/d64.pdf, 2004.

CPSS/IOSCO, "New Developments in Clearing and Settlement Arrangements for OTC Derivatives", http://www.bis.org/cpmi/publ/d77.pdf, 2007.

CRMPG Ⅲ, "Containing Systemic Risk: The Road to Reform", http://www.crmpolicygroup.org/docs/CRMPG-III.pdf, 2008.

"Dodd-Frank Act", http://www.gpo.gov/fdsys/pkg/PLAW-111publ203/content-detail.html, 2010.

EACH, "Comments of EACH on Communication from the Commission to the Council and the European Parliament—Clearing and Settlement in the European Union—COM（2004）312", http://ec.europa.eu/internal_market/financial-markets/docs/clearing/2004-consultation/each_en.pdf, 2004.

FSB, "Eighth Progress Report on Implementation of OTC Derivatives Market Reforms", http://www.financialstabilityboard.org/wp-content/uploads/r_141107.pdf, 2014.

IMF, "Global Financial Stability Report: Meeting New Challenges to Stability and Building a Safer System", http://www.imf.org/external/pubs/ft/gfsr/2010/01/pdf/text.pdf, 2010.

Pirrong, Craig, "The Clearinghouse Cure", *Regulation*, Winter, 2008-2009.

中国人民银行：《关于建立场外金融衍生产品集中清算机制及开展人民币利率互换集中清算业务有关事宜的通知》，2014。

CFTC 网站，http://www.cftc.gov。

ESMA 网站，http://www.esma.europa.eu。

SEC 网站，http://www.sec.gov。

上海清算所网站，http://www.shclearing.com。

Chapter 9　Establishment and Development of OTC Central Counterparty（CCP）Clearing Mechanism

Abstract: Compared with other clearing mode, central counterparty clearing can more effectively improve the transparency and stability of financial market. After the financial crisis, promoting the mandatory CCP clearing in OTC market has become the consensus in the world. In order to adapt to the changing trend of the global financial market, China set up a CCP clearing organization, and has gradually to established the standardized-operation and market-oriented CCP clearing mechanism in OTC market which conform to the international standard. This paper introduces the concept, function and development of CCP clearing, and especially introduces the establishment and development of China's CCP clearing mechanism in OTC market.

Keywords: OTC Market; CCP; Clearing; Derivative

第十章 人民币跨境支付体系：
现状、问题及完善

摘　要：	人民币跨境贸易结算的启动助推了人民币国际化的进程。人民币国际化进程需要相应的金融基础设施的支撑。人民币跨境支付清算体系的建设有利于推动人民币国际化，监测资金流动，为人民币资本项目可兑换创造条件，提高人民币跨境的清算效率，保证交易的安全。现行人民币跨境清算模式不能完全满足人民币跨境支付清算的需要，也给境内人民币支付清算系统带来了潜在的风险。人民币跨境支付系统的建设可以有效弥补现行人民币跨境清算模式的不足，但不能完全取代它们，在建设过程中还需要借鉴其他国家的经验。
关键词：	人民币跨境支付体系　人民币国际化　金融基础设施

一　人民币跨境支付体系的现状及问题

（一）基本背景

2009年7月，跨境贸易人民币结算试点启动，人民币支付结算由此进入快车道，人民币国际化也因此加快进程，主要表现为：人民币跨境流通规模和使用范围不断扩大；离岸人民币市场的广度和深度不断深化；海外人民币产品日益丰富，衍生产品交易日益活跃；人民币的货币互换规模不断扩大。

目前，人民币在贸易结算、金融交易以及储备等方面的接受和使用程度都有较大提高。据环球同业银行金融电讯协会（SWIFT）统计，人民币已于2014年11月末取代加元和澳元，成为全球第五大支付货币。据中国人民大学测算，截至2013年第三季度，人民币国际化指数（RII）为1.20，同比增长52.46%。随着跨境贸易人民币结算业务的发展，跨境人民币使用范围逐渐从贸易结算扩展至直接投资、外债、对外担保等投融资领域。据中国人民银行统计，经常项目下跨境人民币结算金额从2009年的35.8亿元快速增加到2013年的4.63万亿元；2014年1~10月，经常项目下跨境人民币结算金额已超过5.4万亿元，同比增长51.2%。人民币跨境收支占本外币跨境收支总额的比重由2010年的1.7%上升到2014年第三季度的25%左右。2014年1~10月，人民币对外直接投资金额累计达1448亿元，外商来华直接投资结算金额累计达6516亿元。

为此，构建一个覆盖各主要时区和安全高效的跨境人民币支付清算系统，提高跨境人民币的清算效率，保证交易的安全，显得尤为重要。首先，人民币跨境支付清算体系构建之后，人民币在贸易投资等领域的支付清算将更为普遍，会有更多的参与者参与人民币支付清算进程，从而推动人民币国际化。其次，人民币跨境支付清算体系的构建，能够使监管机构及时监测跨境资金流动的情况，并形成境内、境外双轨制的人民币监管服务体系，增加我国货币调控手段，增强货币调控的有效性。再次，人民币跨境支付清算体系的构建，能够引入新的竞争者和互补者，可以促进中国现代化支付系统（CNAPS）改进技术与服务，提高效率，增强交易安全。最后，在资本项目逐渐实现可自由兑换和中国企业"走出去"、海外投资迅速增加的大背景下，人民币跨境支付清算体系的构建，可为人民币资本项目可兑换等重大金融改革创造条件，更好地为我国企业"走出去"提供金融支持。

（二）现行人民币跨境支付清算体系安排及存在的问题

1. 现行人民币跨境支付清算体系安排

在目前资本项目处于管制的条件下，人民币跨境贸易支付通过以下三种管道进行。

第十章 人民币跨境支付体系：现状、问题及完善

（1）境外清算行模式

清算行模式是指境外参加银行在港澳人民币清算银行开设人民币账户，通过港澳人民币清算银行与境内结算银行之间完成跨境贸易人民币结算资金划拨的方式。在这种方式中，境外参加银行也可以不在港澳人民币清算银行或境内代理行直接开户，而是通过其他已经在港澳人民币清算银行或境内代理行开户的境外参加银行与境内结算银行之间完成跨境贸易人民币结算资金划拨。应该说，这一定义主要是对人民币跨境支付发展初期阶段的认识。以后有学者给出了新的定义。也可以把它称为"港澳清算行模式"[1]。伴随跨境人民币支付结算业务的增加，清算行不再局限于港澳，而是有了更多的银行成为潜在的人民币支付清算行。也就是说，可以在一些离岸人民币业务发展较快的国家和地区，经中国人民银行和当地货币当局协商一致、共同认可，授权特定国家和地区的一些金融机构，为本地提供人民币结算、清算等服务业务。

在上述思路的指导下，自2003年、2004年起，中国银行（香港）有限公司和中国银行澳门分行成为港澳人民币业务清算行；2012年12月，中国银行台北分行成为台湾人民币业务清算行；2013年2月，中国工商银行新加坡分行成为新加坡人民币清算行；2014年6月，中国建设银行（伦敦）有限公司以及中国银行法兰克福分行分别成为伦敦和法兰克福的人民币业务清算行；2014年7月，中国人民银行授权交通银行首尔分行担任首尔地区的人民币业务清算行。

总的来说，授权境外金融机构办理人民币清算、结算等相关业务，有力地推动了境外人民币清算、结算业务有序发展。但是，随着资本项目的逐渐开放，清算行模式的重要性会逐渐减弱，清算行的功能将"退化"为一般的代理行。原因主要有三点[2]：资本项目可兑换之后，就没有必要继续给清算行以人民币购售额度；没有必要继续为清算行提供在境内银行间拆借市场拆入和拆出人民币资金的额度；清算行将不再是境外人民币的主要"出路"

---

[1] 宋新伟：《借鉴美元跨境清算模式完善我国跨境人民币清算体系》，《成都行政学院学报》2012年第6期。

[2] 马骏：《建立新的跨境人民币支付系统》，《国际融资》2012年第6期。

（回流机制）和离岸人民币存款的定价基础。

（2）代理银行模式

按照《跨境贸易人民币结算试点管理办法》的有关规定，具备国际结算能力的境内商业银行，可与境外银行签署人民币代理结算协议，为其开立人民币同业往来账户，代其进行跨境人民币清算和结算服务。境内代理银行与境外银行之间一般通过SWIFT系统传递支付指令，通过人民币同业往来账户完成资金结算。截至2014年7月，境内代理银行为境外参加银行共开立2317个人民币同业往来账户，账户余额达1.4万亿元。

（3）境外机构人民币银行结算账户

经人民银行核准，符合条件的境外机构可以在境内商业银行开立非居民人民币银行结算账户。境外机构通过其境内开户银行进行人民币跨境收付，通过非居民人民币银行结算账户完成跨境资金结算。境内开户银行通过人民银行跨行支付系统来处理跨境人民币业务。截至2014年7月，境外国家和地区的机构在境内开立人民币结算账户1.88万个，账户余额为1287.1亿元。

综上所述，当下，境外人民币清算、结算等业务主要是通过上述三种路径展开的。这三种管道承担起人民币支付清算、结算等业务，并在离岸市场上提供人民币流动性和回流机制等功能。进而言之，人民币大额支付系统为被授权的金融机构提供"接口"；为人民币贸易等的结算提供预先设定的流动性担保；在被授权信用内，向境内银行间拆借市场拆出或拆入人民币资金，旨在为境外金融机构提供流动性担保；赋予人民币资金返回通道以及人民币存款利率的定价机制。

2. 现行人民币跨境支付清算的主要问题

（1）清算效率较低

首先，CNAPS主要立足于境内的支付清算，所以在报文的要求方面没有完全按照SWIFT格式，而是使用中文作为发报语言，业务处理程序也和国际主要支付系统存在差别，存在清算行两系统之间的转换问题。其次，虽然部分银行通过系统升级，报文已经能够自动转换，但还有一些银行仍需要手工操作，极大地影响了跨境人民币清算的效率和资金的安全。最后，尽管部分银行实现了自动化处理,但是由于 CNAPS 的国际认可度较低,其行名、行号等信息仍需人工干预,查找行名、行号存在诸多困难,而国际通行的做法是通过 SWIFT 赋予每个银行及其分行一个代码,这样就可以方便查询。统一标准的建立可以提高支付处理的效率。国际主流银行使用 SWIFT 报文格式和英语传递信息,这样可以降低操作风险和交易费用。

(2) 统计监测难度大

CNAPS 的系统设置和报文设计主要针对境内人民币支付清算,并没有考虑人民币跨境清算的需求[①],没有办法与国际主要支付清算系统进行对接。一是由于境内及跨境人民币均通过 CNAPS 进行清算,若发起行在系统中未做详细说明,系统则无法自动识别资金是否跨境交易,解付行难以有效区分资金来源于境内还是境外,容易造成统计遗漏。二是由于国内大额支付系统报文栏位较少,信息录入无法满足跨境资金的统计监测需求。尤其是当资金通过几道转汇环节后,容易混淆、丢失一些统计要素,从而影响统计监测的全面性和准确性。三是在三类模式并存的情况下,跨境人民币资金流动数据信息需分别从 SWIFT、CNAPS、商业银行内部系统等渠道提取,收集信息的来源较多,而且存在手工环节,数据的完整性、及时性和准确性易受到干扰,带来较大的数据质量隐患,不利于货币监管部门全面掌握人民币跨境流动情况。

(3) 清算渠道繁杂

在使用较多代理行和清算行的通道中,境外参加行和境内代理行以及境外参加行和港澳清算行之间都通过 SWIFT 系统传递交换信息,但境内代理行与港澳清算行之间以及代理行之间是通过 CNAPS 交换信息并划拨资金的,整个业务流程复杂,而且存在人工操作环节,不仅影响了资金的快捷交易,而且增加了清算交易的成本。以中国农业银行为例,其单证类业务(信用证、托收、保函等)主要采取分离式处理模式,电文全部由中国银行国际

[①] 《中国人民银行关于明确跨境人民币业务相关问题的通知》规定,经常项下人民币资金划转使用 60 和 62 报文,资本项下人民币资金划转使用 70 和 71 报文。

结算及贸易融资业务集中化处理系统（GTS）处理，通过 SWIFT 收发；资金划拨则通过大额支付系统，未能实现单证和资金收付在同一系统的集中处理。在汇款类业务中，中国农业银行 90% 以上的跨境人民币汇款通过人民银行规定的大额支付系统专用跨境人民币收支报文办理，少量通过 GTS 办理①。可见，现有跨境人民币支付体系渠道较为分散、流程相互分离、处理环节繁杂等问题，显然有悖于人民币国际化发展的现实需要。

（4）境外风险容易传导至境内

在现行跨境人民币清算安排下，由于境外清算行、代理行和境外机构境内开户银行均通过人民银行跨行支付系统办理跨境人民币业务，在现有清算体系安排下，境外支付清算等相关风险将有诸多通道传递给境内银行和支付系统，容易形成交叉传染，进而难以形成境内外人民币业务清算风险的有效隔离。

二 人民币跨境支付体系的完善：CIPS 应运而生

（一）人民币跨境支付系统发展历程

2012 年 4 月，人民银行首次宣布建立人民币跨境支付系统（China International Payment System，CIPS），并预计在两年内完成。当时，由于开发过程中出现了始料未及的困难和问题，市场参与者普遍预测该系统将于 2016 年正式运行上线。

2014 年 4 月，《2014 年上海国际金融中心建设重点工作安排》正式提出"建设综合性跨境支付平台"。央行货币政策二司司长李波于 2014 年 2 月在央行上海总部召开的跨境人民币业务年度工作会议讲话②中要求加快

---

① 朱珊珊：《跨境人民币清算体系存在的问题及立体式发展思路》，《国际金融》2014 年第 11 期。
② 张珍珠：《央行货政二司司长剧透今年跨境人民币业务重点》，和讯网，2014 年 2 月 21 日，http://news.hexun.com/2014-02-21/162377121.html。

CIPS 的建设。2014 年 9 月 26 日，时任央行副行长刘士余在上海表示，CIPS 建设已经取得较大进展，将落户中国上海。2014 年 10 月 17 日，上海市政府与中国人民银行在北京举行《关于加快上海金融市场基础设施建设的务实合作备忘录》签约仪式。根据该备忘录，央行积极支持上海金融市场基础设施建设，特别是将以人民币全球支付清算为主要功能的 CIPS 落户上海，并推动尽早正式启动该项业务。

2015 年 2 月，人民银行通过与商业金融机构协商，确定 19 家境内中外资银行与人民银行共同推动 CIPS 建设，并向这 19 家银行发布了 CIPS 互联规范和报文标准。2015 年 3 月，国家外汇管理局局长易纲接受采访时透露，人民币跨境支付系统建设将分阶段完成。第一阶段计划于 2015 年第四季度上线运营。该系统将直接连接参与者，通过设立独立账户方式，采用实时全额结算，支持两类业务（客户付款和金融机构汇款），而且将采用国际通行的报文标准，确保报文的可扩展性和兼容性，支持传送报文信息，包括中文和英文两种文字。

（二）人民币跨境支付系统的使命和功能

央行在 2012 年最初介绍 CIPS 时就曾指出[①]，CIPS 主要处理人民币跨境支付业务，业务处理时间和业务类型均独立于 CNAPS。CNAPS 主要为境内银行业金融机构和金融市场参与者提供跨行人民币资金清算服务，是境内跨行人民币资金汇划的主渠道。两个系统之间相互独立，但互联互通。境内机构可以同时作为 CNAPS 和 CIPS 的直接参与者，境外机构不再与 CNAPS 直接相连，而是作为 CIPS 的直接参与者或间接参与者。我们可以这样理解两个系统之间的关系：如果说现在的离岸人民币清算基础设施是城市公路系统，便利了城市交通，那么 CIPS 就像一条高速路，使支付变得更加快捷，而且这条高速路跨越不同的时区，两者之间是互补的关系。

[①] 刘辰瑶：《中国央行组织开发独立的人民币跨境支付系统》，中国新闻网，http://finance.chinanews.com/fortune/2012/04-11/3810970.shtml。

人民银行支付结算司司长励跃认为，人民币跨境支付系统有四项功能[①]：一是连接境内、境外直接参与者，处理人民币贸易类、投资类等跨境支付业务；二是采用国际通行报文标准，支持传输包括中文、英文在内的报文信息；三是覆盖主要时区人民币结算需求；四是提供通用和专线两种接入方式，让参与者自行选择。具体采用什么方式接入CIPS，应一家一家地签订协议。系统和传输渠道都是可以选择的，但是要等到下一阶段出具体方案的时候才能最终确定。

（三）确保CIPS成为最先进的金融基础设施，需要做好顶层设计

中国资本市场尚未完全开放，需要在境内金融市场和离岸人民币市场之间构筑一道防火墙，这将导致跨境人民币每笔支付业务处理过程相对复杂。为此，确保CIPS成为最先进的金融基础设施，需要做好顶层设计，具体路径如下。

1. 在建设理念上，可以适度借鉴国际金融基础设施最新标准

有关CIPS的官方文件披露甚少，但我们通过对未来人民币跨境支付清算规模快速增长的趋势进行推测：这一系统建成运行后，或将成为世界上最为先进的金融基础设施。这主要是因为，人民银行牵头构建这一金融基础设施，或将借鉴国际社会于2012年4月新修订的《金融市场基础设施原则》（PFMI）。PFMI涵盖大额支付系统和小额支付系统运营与治理、中央对手方（CCPs）、中央证券登记（CSDs）和交易回购。这是2008年金融危机发生之后，国际社会针对系统重要性金融基础设施存在问题的最新应对措施，亦是针对国际金融基础设施国际立法的最新进展和重要成果，旨在设定国际标准和最佳实践，以促进金融基础设施安全、高效运行，预防系统性风险累积和爆发。

2. 在实践操作层面，可以适当借鉴美国跨境支付清算方面的经验

美元的跨境结算主要在CHIPS中处理。尽管境内美元也有通过CHIPS

---

① 胡蓉萍、欧阳晓红：《央行构筑人民币跨境支付高速公路》，经济观察网，http://www.eeo.com.cn/2012/0413/224424.shtml。

清算的情况,但主要是通过联邦资金转账系统(FEDWIRE)和国家结算服务系统(NSS)两个大额支付系统进行。CHIPS 具有实时净额结算、资金周转效率高、风险控制机制完善、交易过程安全和处理时间全球化等特点。地方和区域的美元清算系统也曾经出现过,但都因为无法匹敌 CHIPS 的优势而逐渐退出市场。一笔资金只需数秒的时间就可完成支付。参与行更倾向于选择拥有众多成员的中央清算机构。CHIPS 不断更新的技术和值得信赖的风险管理是赢得参与行信任的前提条件。跨境美元清算与结算的相关成功经验可以为建设人民币跨境支付清算体系提供借鉴。

3. 采用具有兼容性的技术标准

建立知名度高、方便快捷的国际银行代码对于支付清算的顺利完成是非常必要的。SWIFT 组织赋予了每一家参与行一个识别码(Bank Identifier Code,BIC)。CIPS 也应当建立类似的识别码,并且与 BIC 兼容。这样,就可以避免 CNAPS 国际知名度不高、使用起来不方便、容易出现差错等缺陷。使用国际标准的银行代码能够提高清算系统的质量和效率。

中国人民银行决定在 CIPS 中采用国际通用的报文标准格式,支持传输包括中文、英文在内的报文信息。应该说,语言障碍是系统建设过程中面临的一个重要问题。当前中国境内人民币支付清算使用 CNAPS,受益人名称、受益人开户行名称、汇款用途申报等信息都使用中文。这些在境内都不会产生问题,但如果向境外进行支付清算就需要转换成 SWIFT MT 报文格式。将汉字转换成 SWIFT MT 报文格式需要使用中国商务编码表,即用四角号码转换。接收端接收时需要再解码,四角号码解码时有可能出现两个不同的汉字。所以,报文信息的准确性会受到影响。由于中国的银行名称没有全部翻译成标准的英语,在提供给国外银行时,境外银行往往需要花费很大力气才能弄明白是哪家银行。第二代 CNAPS 需要向外管局报送汇款目的信息,境内银行对外管局的申报编码较为熟悉,而境外银行则难以准确理解外管局的申报编码。

同时,使用全球广为接受的信息标准来传递电子支付信息也很重要。国际标准信息格式,如 ISO 20022,有望成为 CIPS 和参与行之间传递信息的标准，因为引入 ISO 20022 标准后，汉字才能够使用 SWIFT 的网络。但是，这需要商业银行投入资金进行系统改造，因为当今国际支付市场上使用最多的标准是 ISO 15022。

三 CIPS 建设过程中需考虑的问题

第一，中国监管层及开发设计人员应认真考虑如何认识 CIPS 的定位问题。CIPS 与主要处理境内人民币的 CNAPS 不同，它主要是为跨境人民币支付清算提供服务的一个平台。因此，应该采用国际通用的 SWIFT 报文格式和英语作为主要语言。同时，为扩大其影响力与使用范围，应当设计合理的参与行标准，尽可能让更多的境外参与行成为其成员。衡量这一平台成功与否的一个重要方面，就要看境外银行的参与数量与分布范围。参与银行数量越多，就越有助于人民币支付清算和人民币国际化程度的提高。同时，吸引更多参与行加入 CIPS，扩大 CIPS 成员网范围，可以降低结算风险。

第二，CIPS 一旦上线正式运行，必将影响离岸人民币清算市场的业务和市场份额，这些离岸人民币清算中心需要提供差别化和价值增值服务以吸引客户。在清算行模式下，境外商业银行作为直接参与者加入 CNAPS。清算行作为商业机构，本就为实现赢利而存在，而清算业务带有"准公共服务"的性质。清算行在赢利动机的驱使下，很容易垄断当地清算服务，进而提高清算价格，不利于人民币清算系统的长久发展。境外参与行在 CIPS 建立以后，就可以直接与对手银行进行人民币的跨境清算。这样，境外参与行地位与各个离岸中心的清算行别无二致。清算行在完成自己的历史使命后会退出舞台，因而只是一个过渡性的产物。

但是，清算行模式并不是要立刻退出历史舞台，相反，在现阶段仍有存在和发展的必要。2014 年 9 月，人民银行指定工商银行卢森堡分行和中国银行巴黎分行作为境外人民币清算银行。首先，清算行一般位于金融业比较发达的地区，具有较强的金融服务能力，可以为参与行提供较为全面的人民币清算和其他增值服务。借助境外清算行这一平台，可以加快人民币国际化的步伐和人民币离岸市场的建设。其次，在内地人民币资本项目没有完全放开的背景下，清算行承担着部分海外人民币业务的监测与监管职责。这对于监管机构制定货币政策来说是须臾不可缺少的数据。最后，并不是所有的银行都会接入 CIPS。接入 CIPS 后，一些机构也可能出于成本与效率的考虑而委托其他机构代理清算。清算行模式正好可以填补这一业务空白。CIPS 可能成为以内地为中心的人民币国际化的清算平台，但在内地的清算则要更多发挥本地清算行的作用。以美国为例，以前国内美元清算都在美国境内完成，即便是他国境内同一城市的两家银行，只要涉及美元清算的，就要绕到美国，来回需要两三天的时间。在这样的情况下，就需要本地清算行发挥作用。

第三，其他需要思考的问题。CIPS 会选择什么样的清算和结算模式？是全额结算还是净额结算？如果一家参与行选择在人民银行开立清算账户，那么它该如何有效管理其流动性头寸问题？日间贷记是否扩展至参与行？人民银行在构建 CIPS 时，需要采取谨慎措施来降低结算风险。离岸清算中心的流动性问题是制约其发展的重要因素，若客户突然需要清算或借入大量人民币时，这一矛盾就显得尤为突出。清算的流动性管理、评估对手风险、风险分摊机制和业务计划的连续性是降低风险的关键点。同时，人民银行还应指定明晰的清算规则、结算截止时间（Cutting Time for Clearing）等，需要界定何为"最终性"（Finality）支付和"不能清偿"（Insolvency），以便在参与行之间建立良好的治理规则，创建并稳固参与行对 CIPS 的信心。

参考文献

马骏：《建立新的跨境人民币支付系统》，《国际融资》2012 年第 6 期。

朱珊珊：《跨境人民币清算体系存在的问题及立体式发展思路》，《国际金融》2014 年第 11 期。

Chapter 10 RMB Settlement in Cross-border Trade

Abstract: RMB cross border trade settlement exacerbates the process of internationalization of RMB. RMB internationalization process needs appropriate financial infrastructure. RMB cross border payment and settlement system is conducive to promoting the internationalization of RMB, monitoring cash flow, creating conditions for capital account convertibility and improving the efficiency of cross border RMB clearing to ensure safety of transactions. Today's RMB cross border clearing model is not able to fully meet the needs of RMB cross border payment and settlement, but also poses potential risk to domestic RMB payment and settlement system. The building of cross border payment system can effectively supplement present RMB cross border clearing model, but can not completely replace them. The construction process also need to borrow experience of other developed countries.

Keywords: RMB Cross Border Payment and Settlement System; RMB Internationalization; Financial Infrastructure

第十一章 《金融市场基础设施原则》的重点及应用

摘　要： 金融市场基础设施是"金融的管道",良好的金融市场基础设施对于巩固所服务的市场、增强金融稳定性至关重要。相反,如果缺乏适当的管理,它们也会成为系统性风险的源头及主要扩散渠道。2008年金融危机后,国际清算银行支付结算体系委员会和国际证监会组织技术委员会联合发表了《金融市场基础设施原则》(PFMI),旨在全面加强各国对金融市场基础设施的管理。本章将对金融市场基础设施、PFMI的形成与发展、PFMI的核心内容以及国内外实践情况等进行较为全面的介绍。

关键词： 金融市场基础设施　金融市场基础设施原则　系统性风险

2008年金融危机后,为了全面加强各国对金融市场基础设施的管理,国际清算银行支付结算体系委员会(CPSS)和国际证监会组织(IOSCO)技术委员会联合发表了《金融市场基础设施原则》(PFMI),该原则成为当前各国金融基础设施建设的纲领性文件。中国已承诺在管辖范围内最大限度地采纳这些原则。目前中国人民银行、证监会正在对照PFMI进行评估,今后将迎来国际机构的评估。

本章旨在对金融市场基础设施(FMIs)、PFMI的形成与发展、PFMI的核心内容以及国内外实践情况等进行较为全面的介绍,使各方得以开阔视野,全面、系统地认识和了解国际支付结算的实践做法和相关监管要求,以期促进 PFMI 在国内更有效地落实，促使我国金融市场基础设施向更加安全、高效的方向演进。

一 金融市场基础设施

美国次贷危机的最主要教训之一是使人们认识到防范系统性风险的重要性。从监管层面来说，出于系统性风险的考虑，金融监管从微观审慎升级到宏观审慎，而在学术界，对于系统性风险的研究在危机后也可谓大爆发。与系统性风险相对应的另一个重要概念就是系统重要性金融机构（Systemically Important Financial Institutions，SIFIs），宏观审慎监管得以落实的关键点之一便是有效评估和监管系统重要性金融机构。

人们对于系统性风险的关注点往往集中于金融机构间的联系，对于 SIFIs 的关注点往往聚焦于业务规模大、复杂程度高的大银行和大投行，如金融稳定理事会（FSB）每年定期公布的全球系统重要性金融机构名单便是以银行、投行为主，但作为资金通道（同样意味着作为风险传导通道）的金融市场基础设施尚未得到更为广泛的重视。

已有研究者发现，系统性风险完全可能由金融基础设施的功能不当造成，并且金融基础设施的功能不当也更容易将局部风险进行扩散（Berndsen，2011）。而金融危机则进一步证明了 FMIs 的重要性。正如纽约联邦储备银行总裁兼首席执行官杜德利所言，金融市场基础设施是危机期间的力量之源，它们成功地履行了为交易者及时结算的义务，稳定了市场参与者继续参与交易的信心，因为参与者知道它们的交易一定会被清算和结算（Dudley，2012）。

对于金融市场基础设施的定义，人们的认识大同小异。例如，伯南克认为金融市场基础设施是"金融的管道"（Financial Plumbing），它们通过支持交易、支付、清算和结算从而实现金融机构间的相互联系和相互作用（Bernanke，2009）。在《金融市场基础设施原则》中，金融市场基础设施被定义为参与机构（包括系统运行机构）之间用于清算、结算或记录支付、证券、衍生品及其他金融交易的多边系统。这个定义基本上是将 FMIs 局限在交易后环节,然而在其他文献中,研究者有时也会将交易环节纳入 FMIs 的范围之中(Leon and Perez,2013;Ferrarini and Saguato,2014)。FMIs 在金融体系和更广泛的经济活动中起到了至关重要的作用,安全高效的 FMIs 便利了支付、证券、衍生品合约(包括商品衍生品合约)等货币和其他金融交易的清算、结算以及记录,对于巩固所服务的市场、增强金融稳定性至关重要,并因此得以促进经济的增长。但反过来,FMIs 集中了金融市场中的风险,如果缺乏适当的管理,它们会成为流动性错配和信用风险等金融冲击的源头,或成为上述冲击在国内和国际金融市场中传播的主要渠道。

FMIs 主要包括五类机构,即支付系统、中央证券存管、证券结算系统、中央对手方以及交易数据库,下面分别予以简要介绍。

第一,支付系统(Payment System,PS)是两个或多个参与者之间进行资金转账的一套工具、程序和规则。该系统包括参与者和运行上述安排的单位。支付系统通常以参与者和运行者之间的双边或多边协议为基础,使用商定的运行基础设施实现资金转账。支付系统通常分为零售支付系统和大额支付系统。零售支付系统通常为处理大量金额相对较小的支付业务的资金转账系统,小额支付业务的形式包括支票、贷记转账、直接借记以及卡支付交易等。零售支付系统可由私营部门或公共部门运行,采用延迟净额结算系统(DNS)或实时全额结算系统(RTGS)。大额支付系统通常为处理大额和优先支付业务的资金转账系统。与零售支付系统相比,很多大额支付系统由中央银行运行,使用 RTGS 或类似机制。

第二,中央证券存管(Central Securities Depository,CSD)提供证券账户服务、集中保管服务和资产服务(包括公司行为管理和赎回管理等),在确保证券发行完整性方面(保证证券不会因意外或欺诈而产生、销毁或改变细节)发挥了重要作用。CSD 能够以实物形式持有证券(但应固定化),也能够以无纸化形式(证券仅以电子记录形式存在)持有证券。CSD 的具体活动会因所在辖区和市场惯例的不同而不同。根据司法管辖的持有安排(直接、间接或两者结合),CSD 的经营活动会有差异。CSD 可以保留证券法定所有权的明确记录,然而在某些情况下,独立的证券注册机构也会履行此类公证职能。在许多国家,CSD也运行证券结算系统职能,但在《金融市场基础设施原则》中却将二者视为不同类型的FMIs。

第三,证券结算系统(Securities Settlement System,SSS)通过预先设定的多边规则,支持证券通过簿记系统进行转让和结算。该系统可以实现纯券过户,或在付款后完成证券转让。当以付款为条件过户时,很多系统可以进行付款交割(DvP),当且仅当付款完成时才能进行证券交割。SSS可以提供额外的证券清算和结算功能,如交易和结算指令确认。

第四,中央对手方(Central Counter Party,CCP)自身介入一个或多个市场中已成交合约的交易双方之间,成为每个卖方的买方和每个买方的卖方,并据此确保履行所有敞口合约。CCP通过合约替代、公开报价系统或具有法律约束力的类似安排,成为市场参与者的交易对手。CCP可以通过交易多边轧差以及为所有参与者提供更有效的风险控制手段来显著降低参与者承担的风险,如CCP要求参与者提供抵押品(以初始保证金和其他金融资源形式)来覆盖当前的风险暴露和未来潜在的风险暴露。CCP也可通过违约基金等机制与参与者分担某些风险。因为具备降低参与者面临风险的能力,CCP可降低其所服务市场的系统性风险。CCP风险控制的有效性及其金融资源的充足性对降低风险至关重要。

第五,交易数据库(Trade Repository,TR)是集中保存交易数据电子记录(数据库)的单位。TR是一种新型的FMIs,其地位日趋重要,尤其是在场外衍生品市场。通过数据的集中收集、存储和传递,设计良好且有效控制风险的TR有助于有关管理部门和公共部门提高交易信息的透明度,促进金融稳定,并可以为检查和防止市场滥用提供支持。TR的一项重要功能是为单个机构和整个市场提供信息,这有助于降低风险、提高经营效率和节约成本。相关单位包括交易主体、代理人、CCP和提供附加服务的其他服务供应商,其中附加服务包括支付的中央结算、电子化替代和确认、组合压缩和对账以及抵押品管理等。因为TR持有的信息将为许多利害人使用,所以数据的持续获得性、可靠性和准确性非常重要。

二 PFMI 的形成背景及发展演进

金融全球化使得各国金融市场更加紧密地联系在一起，相应的，金融风险也跨越了国界，相互依存关系在各国 FMIs 之间逐渐形成。在此背景下，为 FMIs 制定国际标准变得越来越重要。这个任务已交由国际清算银行支付结算体系委员会（CPSS，现已更名为"支付和市场基础设施委员会"，简称 CPMI）和国际证监会组织（IOSCO）技术委员会来承担。

2001 年 1 月，借鉴《十国集团国家中央银行间轧差机制委员会的报告》（或称《兰弗鲁斯报告》）的内容，CPSS 出版了《重要支付系统核心原则》（CPSIPS），提出了旨在实现重要支付系统安全、高效设计和运行的 10 条原则。2001 年 11 月，CPSS 和 IOSCO 技术委员会共同发布了《证券结算系统建议》（RSSS），提出了旨在提高 SSS 安全性和高效性的 19 条建议，配套的《证券结算系统建议评估方法》于 2002 年 11 月发布。2004 年 11 月，CPSS 和 IOSCO 技术委员会根据 RSSS 中提出的建议，发布了《中央对手方建议》（RCCP），提出旨在解决 CCP 面临的主要风险的 15 条建议。该报告也包含了评估 CCP 是否符合每条建议的方法。

2008 年的金融危机证明了这些标准的价值。作为缓冲器，FMIs 的平稳运行给予了市场极大的信心，在金融动荡的时期发挥了极其重要的作用。而作为对比，场外衍生品市场则由于缺乏 FMIs 而表现得极其脆弱，其透明度及风险管理方面的问题充分暴露出来。考虑到场外衍生品市场中存在的显著的系统性风险，在 2009 年的匹兹堡峰会上，G20 决定要在场外衍生品市场中充分发挥 FMIs 的作用，特别是要推进场外金融衍生品集中清算。CPSS 和 IOSCO 技术委员会于 2009 年 1 月成立了工作组，为清算场外衍生品的 CCP 如何应用曾经制定的建议提供指导，并为 TR 如何设计和运行给出了需要考虑的要点。该工作组的报告《关于在场外衍生品中央对手中应用 2004 年 CPSS 和 IOSCO 中央对手建议的指引》和《关于场外衍生品市场交易数据库的考虑要点》于 2010 年 5 月作为征求意见稿发布。

尽管 FMIs 在金融危机中表现良好，但无法掩盖其可能存在的缺陷。金融危机暴露了金融体系存在的各种问题，如流动性风险的管理、高质量抵押品的稀缺等，而这些问题不仅存在于金融机构，而且也存在于 FMIs。因此，对 FMIs 使用的增加也就意味着 FMIs 自身的风险管理能力以及有效市场纪律得到了人们更多的关注。人们不能对现有 FMIs 制度安排完全放心的原因在于，在 2008 年金融危机中，公共部门对金融机构给予了相当大的支持，这在一定程度上掩盖了 FMIs 自身在稳定市场的功能方面可能存在的缺陷。2010 年 2 月，CPSS 和 IOSCO 技术委员会启动对现有 FMIs 三套标准 CPSIPS、RSSS、RCCP 的全面评审工作，通过识别和消除国际标准之间的差异来支持 FSB 完善核心金融基础设施和市场的工作，并借此契机试图将上述三套标准进行统一。这次评审还吸取了次贷危机的教训和执行现有国际标准的经验，以及 CPSS、IOSCO 技术委员会、巴塞尔银行监管委员会（BCBS）和其他机构的政策及分析工作的成果。同时，在针对场外衍生品 CCP 及 TR 征求意见过程中收到的反馈也被纳入其中，最终形成了一套统一的标准——《金融市场基础设施原则》（PFMI），并于 2012 年 4 月正式发布。PFMI 取代了原来针对特定 FMIs 的三套国际标准 CPSIPS、RSSS 和 RCCP，通过提高最低要求、提供更详细的指导、扩大标准覆盖的范围（诸如涵盖新的风险管理领域以及新的 FMIs 类型），PFMI 将原先三套标准协调统一并适当强化。对于 PFMI 在哪些主要方面强化了原有标准或增加了新的要求，可参见 Russo（2013）。

2012 年 12 月，CPSS 和 IOSCO 技术委员会联合发布了 PFMI 的补充文件《披露框架和评估方法》的最终版本，旨在促进形成 FMIs 的一致性信息披露以及国际金融机构和各国相关管理部门的一致性评估。披露框架旨在有序地提升金融市场基础设施的公共信息披露，使其与《金融市场基础设施原则》相一致。按照 PFMI 的要求，FMIs 须向市场参与者、有关管理部门以及广大公众提供相关信息，特别是《金融市场基础设施原则》第 23 条规定，FMIs 应提供充分的信息，以使参与者能够准确了解参与 FMIs 应当承担的风险、费用和其他实质性成本。标准化的披露框架将有助于金融市场基础设施在运行、风险概况及风险管理等方面实现透明化,从而更好地为相关利害人提供决策支持。评估方法是为评估《金融市场基础设施原则》的遵守情况提供指导,主要是为国际货币基金、世界银行等国际机构监测与评估各国对PFMI的遵守情况提供国际化标准,但也可用于各国监管部门评估其管辖下的金融市场基础设施对PFMI的遵守情况以及评估监管部门自身对其相应职责的履行情况。实际上,披露框架和评估方法密不可分,评估方法中包含的相关问题可用于指导制定对FMIs的风险、风险管理以及其他方面内容的全面披露框架,而披露反过来又可为评估提供信息来源。

2014年10月,支付和市场基础设施委员会(CPMI,原CPSS)和IOSCO技术委员会联合发布《金融市场基础设施的恢复》(最终版),进一步对PFMI进行了补充。该文件并不是在PFMI之外增加新的标准,而是提供了补充的指导意见以及恢复计划工具箱,以利于PFMI更好地被遵守。该文件也与FSB发布的《金融机构有效处置框架的关键特征》相一致。一些冲击(如金融危机)会使FMIs的流动性和资金实力遭到严重的威胁,并可能使其无法为其所服务的市场及参与者提供关键性服务,这时FMIs的恢复便与市场的恢复息息相关。该文件的目的便是为FMIs和管理部门制订恢复发展计划提供指导,其提供了具体的关于恢复计划的过程和内容方面的指引,详细列明了各种可供参考使用的恢复工具。

针对PFMI的附件F《关于关键服务提供者的监督预期》,CPMI和IOSCO技术委员会制定了《关于关键服务提供者的监督预期评估方法》,并于2014年12月正式发布最终版。一个FMIs的运行可靠性可能依赖于服务提供者(如信息技术和报文提供者)持续、适当地运转。虽然FMIs自身是对其运行可靠性的最终负责者,但管理者、监管者或监督者可使用附件F对其关键服务提供者建立相应的预期,以支持FMIs在整体上的安全和效率。在适用的法律框架下,管理者、监管者或监督者可选择对这些预期进行评估,以增进FMIs的稳定性。这种评估将有利于保证关键服务提供者的服务质量,进而有利于FMIs更好地遵守CPMI和IOSCO提出的各项原则。

三 PFMI 的核心内容

PFMI 从总体架构、信用风险和流动性风险管理、结算、中央证券存管和价值交换结算系统、违约管理、一般业务风险和运行风险管理、准入、效率、透明度 9 个方面提出了 24 条原则，并且明确了中央银行、市场监管者和其他有关管理部门的 5 项职责。核心内容如下。

（一）重要原则

1. 总体架构

原则 1：法律基础。在所有相关司法管辖内，就其活动的每个实质方面而言，FMIs 应该具有稳健的、清晰的、透明的并且可执行的法律基础。

原则 2：治理。FMIs 应该具备清晰、透明的治理安排，促进 FMIs 安全、高效，支持更大范围内金融体系的稳定，保障其他相关公共利益，实现相关利害人的目标。

原则 3：全面风险管理框架。FMIs 应该具备稳健的风险管理框架，全面管理法律风险、信用风险、流动性风险、运行风险和其他风险。

2. 信用风险和流动性风险管理

原则 4：信用风险。FMIs 应该有效地度量、监测和管理其对参与者的信用暴露以及在支付、清算和结算过程中产生的信用暴露。FMIs 应以高置信度持有充足的金融资源，完全覆盖其对每个参与者的信用暴露。此外，涉及更为复杂的风险状况或在多个司法管辖内具有系统重要性的 CCP，应该持有额外的、充足的金融资源来应对各种可能的压力情景，此类情景包括但不限于在极端但可能的市场条件下，两个参与者及其附属机构违约对 CCP 产生的最大信用暴露。所有其他 CCP 应该持有额外的、充足的金融资源来应对各种可能的压力情景，此类情景包括但不限于在极端但可能的市场条件下，单个参与者及其附属机构违约对 CCP 产生的最大信用暴露。

原则5：抵押品。通过抵押品来管理自身或参与者信用暴露的FMIs，应该接受低信用风险、低流动性风险和低市场风险的抵押品。FMIs还应该设定并实施适当保守的垫头和集中度限制。

原则6：保证金。CCP应该具备有效的、基于风险的并定期接受评审的保证金制度，覆盖其在所有产品中对参与者的信用暴露。

原则7：流动性风险。FMIs应该有效地度量、监测和管理其流动性风险。FMIs应该持有足够的所有相关币种的流动性资源，在各种可能的压力情景下，高置信度地实现当日、日间（适当时）、多日支付债务的结算。这些压力情景应该包括但不限于在极端但可能的市场条件下，参与者及其附属机构违约给FMIs带来的最大流动性债务总额。

3. 结算

原则8：结算最终性。FMIs应该最迟于生效日日终提供清晰和确定的最终结算。如果有必要，FMIs应该或最好在日间或实时提供最终结算。

原则9：货币结算。FMIs应该在切实可行的情况下使用中央银行货币进行货币结算。如果不使用中央银行货币，FMIs应该最小化并严格控制因使用商业银行货币而产生的信用风险和流动性风险。

原则10：实物交割。FMIs应该明确规定其有关实物形式的工具或商品的交割义务，并应该识别、监测和管理与这些实物交割相关的风险。

4. 中央证券存管和价值交换结算系统

原则11：中央证券存管。CSD应该具有适当的规则和程序，以确保证券发行的完整性，最小化并管理与证券保管、转让相关的风险。CSD应该以固定化或无纸化形式维护证券，并采用簿记方式转账。

原则12：价值交换结算系统。如果FMIs结算的交易涉及两项相互关联的债务（如证券交易或外汇交易）结算，它应该通过将一项债务的最终结算作为另一项债务最终结算的条件来消除本金风险。

5. 违约管理

原则13：参与者违约规则与程序。FMIs应该具有有效的、定义清晰的规则和程序管理参与者违约。设计的这些规则和程序应该确保FMIs能够采取及时的措施控制损失和流动性压力并继续履行义务。

原则14：分离与转移。CCP应该具有规则和程序，确保参与者客户的头寸和与之相关的、提供给CCP的抵押品可分离与转移。

6. 一般业务风险和运行风险管理

原则15：一般业务风险。FMIs应该识别、监测和管理一般业务风险，持有充足的权益性质的流动性净资产以覆盖潜在的一般业务损失，从而在这些损失发生时能持续运营和提供服务。此外，流动性净资产应始终充足，以确保FMIs的关键运行和服务得以恢复或有序停止。

原则16：托管风险与投资风险。FMIs应该保护自有资产和参与者资产的安全，并将这些资产的损失风险和延迟获取风险降至最低。FMIs的投资应该限于信用风险、市场风险和流动性风险最低的工具。

原则17：运行风险。FMIs应该识别运行风险的内部源头和外部源头，并通过使用适当的系统、制度、程序和控制措施来减轻它们的影响。设计的系统应当具有高度的安全性和运行可靠性，并具有充足的可扩展能力。业务连续性管理应当旨在及时恢复运行和履行FMIs的义务，包括在出现大范围或重大中断事故时。

7. 准入

原则18：准入与参与要求。FMIs应该具有客观的、基于风险的、公开披露的参与标准，支持公平和公开的准入。

原则19：分级参与安排。FMIs应该识别、监测和管理由分级参与安排产生的实质性风险。

原则20：金融市场基础设施的连接。与一个或多个FMIs建立连接的FMIs应该识别、监测和管理与连接相关的风险。

8. 效率

原则21：效率与效力。在满足参与者及所服务市场的要求方面，FMIs

应该具有效率与效力。

原则22：通信程序与标准。FMIs应该使用或至少兼容国际通行的相关通信程序与标准，以进行高效的支付、清算、结算和记录。

9. 透明度

原则23：规则、关键程序和市场数据的披露。FMIs应该具有清晰、全面的规则和程序，提供充分的信息，使参与者能够准确了解参与FMIs应当承担的风险、费用和其他实质性成本。所有相关的规则和关键程序应该公开披露。

原则24：交易数据库市场数据的披露。TR应该根据有关管理部门和公众各自的需求向其提供及时、准确的数据。

（二）中央银行、市场监管者和其他有关管理部门对FMIs的职责

职责A：金融市场基础设施的管理、监管和监督。FMIs应该接受中央银行、市场监管者和其他有关管理部门适当、有效的管理、监管和监督。

职责B：管理、监管和监督的权力与资源。中央银行、市场监管者和其他有关管理部门应当拥有权力和资源来有效履行管理、监管和监督FMIs的职责。

职责C：金融市场基础设施相关政策的披露。中央银行、市场监管者和其他有关管理部门应当明确规定和披露其管理、监管和监督FMIs的政策。

职责D：《金融市场基础设施原则》的应用。中央银行、市场监管者和其他有关管理部门应当采纳CPSS-IOSCO的《金融市场基础设施原则》，并一致地应用这些原则。

职责E：与其他管理部门合作。中央银行、市场监管者和其他有关管理部门应当在国内层面和国际层面（适当时）相互合作，促进FMIs安全、高效。

（三）主要原则的适用性

各项原则对特定类型FMIs的适用性见表11-1。

表 11-1　各项原则对特定类型 FMIs 的适用性

原则	PSs	CSDs	SSSs	CCPs	TRs
1. 法律基础	●	●	●	●	●
2. 治理	●	●	●	●	●
3. 全面风险管理框架	●	●	●	●	●
4. 信用风险	●		●	●	
5. 抵押品	●		●	●	
6. 保证金				●	
7. 流动性风险	●		●	●	
8. 结算最终性	●		●	●	
9. 货币结算	●		●	●	
10. 实物交割		●	●	●	
11. 中央证券存管		●			
12. 价值交换结算系统	●	●	●	●	
13. 参与者违约规则与程序	●	●	●	●	
14. 分离与转移				●	
15. 一般业务风险	●	●	●	●	●
16. 托管风险与投资风险	●	●	●	●	
17. 运行风险	●	●	●	●	●
18. 准入与参与要求	●	●	●	●	●
19. 分级参与安排	●	●	●	●	●
20. 金融市场基础设施的连接		●	●	●	●
21. 效率与效力	●	●	●	●	●
22. 通信程序与标准	●	●	●	●	●
23. 规则、关键程序和市场数据的披露	●	●	●	●	●
24. 交易数据库市场数据的披露					●

PFMI 将原先的三套国际标准 CPSIPS、RSSS 和 RCCP 进行协调统一并适当强化，同时涵盖了新的风险管理领域以及新的 FMIs 类型，其各项原则与 CPSIPS、RSSS 和 RCCP 中相关标准的对应关系见表 11-2。

表 11-2 PFMI 中各项原则与 CPSIPS、RSSS 和 RCCP 中相关标准的对应关系

PFMI	CPSIPS	RSSS	RCCP
《金融市场基础设施原则》			
原则 1	1	1	1
原则 2	10	13	13
原则 3	3		
原则 4	3、5	9	3、5
原则 5	5	9	4、5
原则 6			4、5
原则 7	3、5	9	5
原则 8	4	8	
原则 9	6	10	9
原则 10			10
原则 11		6、11、12	
原则 12		7	10
原则 13			6
原则 14		12	
原则 15			
原则 16		12	7
原则 17	7	11	8
原则 18	9	14	2
原则 19			
原则 20		19	11
原则 21	8	15	12
原则 22		16	
原则 23	2	17	14
原则 24			
中央银行、市场监管者和其他有关管理部门对金融市场基础设施的职责			
职责 A	A	18	15
职责 B	C	18	15
职责 C	A	18	15
职责 D	B、C		
职责 E	D	18	15

四 PFMI的评估落实情况

(一) CPMI和IOSCO技术委员会对PFMI执行情况的国际监测与评估

全面、及时以及一致地执行PFMI中规定的原则和职责是保证主要金融基础设施安全性和稳定性的基础。PFMI公布后，CPMI和IOSCO技术委员会成员已承诺采用其中规定的24条原则以及5个职责，而CPMI和IOSCO技术委员会也同意并已经开始针对PFMI的执行情况对其成员进行监测与评估。为此，由CPMI和IOSCO技术委员会成员组成的督导小组专门设立了常务工作小组，来设计、组织及执行监测评估工作，目前监测评估的范围包括28个国家和地区。监测评估工作分为三级：一级评估是对执行过程的评估，主要评估各国将PFMI的原则和职责落实到其法律、法规和其他政策之中的情况；二级评估是对完整性和一致性的评估，主要评估各国法律、法规和政策是否完整且一致地包含了PFMI规定的各项内容；三级评估是对执行结果的评估，主要评估各国的执行结果是否与PFMI框架相一致。

1. 一级评估

一级评估已于2013年中开始进行。一级评估报告已于2013年8月首次发布，并于2014年5月进行了第一次更新，更新后的报告反映的是各国截至2014年1月的执行情况。由于执行PFMI是一个综合性的、大规模的任务，因此在一个国家内基本上都会涉及不同类型的FMIs以及多个监管部门。总体来看，与2013年8月公布的评估报告相比，更新后的报告显示各国在推进PFMI的执行方面都有显著的进展。在监管部门职责方面，很多国家已经达到了最高的等级，而在金融市场基础设施原则方面，根据FMIs类型的不同落实情况有所不同，普遍来说，CCPs、TRs以及PSs的执行情况较好，而CSDs和SSSs则还有很大的提升空间。具体各国的评估结果汇总见表11-3。

表11-3 一级评估结果汇总（2014年1月）

国家（地区）	原则				职责			
	CCPs	PSs	CSDs & SSSs	TRs	CCPs	PSs	CSDs & SSSs	TRs
欧盟/欧元体系	4	4	2	4	NA	4	NA	4
比利时	EU	EUR	4	EU	NA	EUR	4	NA/EU
德 国	EU	EUR	EU	EU	4	EUR	4	NA/EU
法 国	EU	EUR	EU	EU	4	EUR	4	NA/EU
荷 兰	EU	EUR	EU	EU	4	EUR	4	NA/EU
瑞 典	EU	1/4	EU	EU	4	4	4	NA/EU
西班牙	EU	EUR	EU	EU	4	EUR	4	NA/EU
意大利	EU	EUR	4	EU	4	EUR	4	NA/EU
英 国	EU	4	4	EU	4	4	4	NA/EU
俄罗斯	2	3	2	1	4	4	4	4
瑞 士	3	3	3	2	4	4	4	2
土耳其	1	1	1	1	4	4	4	4
韩 国	2	4	2	1	4	4	4	1
日 本	4	4	4	4	4	4	4	4
沙 特	NA	4	1	4	NA	4	4	4
新加坡	4	4	4	4	4	4	4	4
印 度	4	4	4	4	4	4	4	4
印 尼	1	1	1	NA	4	4	4	NA
中国内地	3	3	3	NA	4	4	4	NA
中国香港	4	4	4	4	4	4	4	4
加拿大	3	3	3	4	4	4	4	4
美 国	1/2/4	2	2	1	4	4	4	4
墨西哥	1	3	3	2	4	4	4	2
阿根廷	3	1	1/3	1	4	4	4	1
巴 西	4	4	4	4	4	4	4	4
智 利	1	2	1	1	4	4	4	1
澳大利亚	4	4	4	4	4	4	4	4
南 非	4	4	3	1	4	4	4	1

注：评分"1"代表相应实施措施草案尚未公布；评分"2"代表实施措施草案已公布，包括处于向公众咨询或立法审议阶段等；评分"3"代表最终实施措施方案已得到权力当局的批准并发布，但尚未开始实施；评分"4"代表最终实施措施方案已经开始发挥效力，相关主体（FMIs和监管部门）已经开始执行PFMI提出的相关原则和职责；"NA"代表该国（地区）没有相应类型的FMIs，因此不需要制定相应措施；"1/4""1/3""1/2/4"代表该国不同监管部门针对某类FMIs制订草案或方案的进度不同，分别处于不同的阶段；"EU"和"EUR"代表该国（地区）该项评分与欧盟/欧元体系评分相同；欧元区国家（地区）对TRs的职责方面评分均为"NA/EU"，代表在欧元区欧元体系（Eurosystem）有助于实现职责E。

2. 二级评估

CPMI 和 IOSCO 技术委员会已于 2014 年开始进行针对 PFMI 的二级评估,并于 2015 年 2 月发布了关于美国、日本和欧盟 CCPs 及 TRs 的二级评估报告,该报告反映的是相应国家和地区截至 2014 年 3 月的执行情况。

(1) 美国

由于 PFMI 的适用范围是具有系统重要性的 FMIs,而在美国,并非所有 CCPs 均被列入具有系统重要性之列,因此评估并不覆盖那些仅针对非系统重要性 CCPs 的制度安排。针对 CCPs 的监管,目前美国存在三套并行的制度,一个特定的 CCP 具体适用哪套制度,主要由其清算产品类型、是否被视为具有系统重要性和一些其他方面的特性所决定。

美国商品期货交易委员会(CFTC)负责监管系统重要性衍生品清算组织(Systemically Important Derivatives Clearing Organizations,SIDCOs),其制定的相应制度已于 2013 年 12 月 31 日生效;美国证券交易委员会(SEC)负责监管覆盖清算机构(Covered Clearing Cgencies,CCAs)[①],其相应制度的制定尚未完成;美国联邦储备委员会负责监管指定金融市场事业单位(Financial Market Utilities,FMUs),其制定的相应制度已于 2014 年 12 月 31 日生效。此外,《多德-弗兰克法案》赋予美国联邦储备委员会监管指定清算单位(包括处于 CFTC 和 SEC 监管下的具有系统重要性的 SIDCOs 和 CCAs)的权力,这体现在修订后的《关于支付系统风险的联邦储备政策》(PSR Policy)的第一部分,已于 2014 年 12 月 31 日生效。针对 TRs 的监管,目前美国存在两套虽然并行但有某些重叠的制度安排。CFTC 负责监管互换数据存储机构(Swap Data Repositories,SDRs),而 SEC 则负责监管以证券为基础的互换数据存储机构(Security-based Swap Data Repositories,

---

① CCAs 是指满足以下三个条件之一的注册清算机构:a) 被金融稳定监管委员会(FSOC)认定为具有系统重要性,并依据《清算监管法案》(*Clearing Supervision Act*) 可被认定为由 SEC 负责监管的指定清算机构;b) 为以证券为基础的互换交易提供中央对手方清算服务,或从事由 SEC 负责监管的具有更为复杂风险状况的活动,依据《清算监管法案》803(8),从事上述两种活动的清算机构将不由 CFTC 负责监管;c) 其他被 SEC 认定为覆盖清算机构的机构。

SBSDRs)。一个 TR 负责提供交易报告的产品归哪个部门监管，则意味着该 TR 接受相应部门的监管；如果 TR 同时提供 CFTC 和 SEC 负责监管的产品的交易报告，则该 TR 同时接受二者监管。

总的来看，美国在针对系统重要性 CCPs 原则执行的完整性和一致性方面表现良好。特别是 CFTC 关于 SIDCOs 的监管制度在大多方面完整且一致地遵守了 PFMI 的规定。而对 SEC 以及美国联邦储备委员会监管制度的初步评估也显示，一旦相应制度制定完成并生效，其也会比较完整且一致地遵守 PFMI 的规定。尽管如此，三套制度均仍有进一步改进的空间。另外，从完整性和一致性来看，美国针对 TRs 的原则落实比较有限，两套制度均仅部分落实了 PFMI 的相关规定。具体的评估结果见表 11-4。

表 11-4　美国执行各项原则的一致性情况：CCPs 和 TRs（2014 年 3 月）

原则	SIDCOs	CCAs	FMUs	SDRs	SBSDRs
1. 法律基础	一致	一致	一致	部分一致	部分一致
2. 治理	一致	大体一致	一致	部分一致	部分一致
3. 全面风险管理框架	一致	大体一致	一致	部分一致	部分一致
4. 信用风险	一致	一致	一致	—	—
5. 抵押品	一致	一致	一致	—	—
6. 保证金	一致	一致	一致	—	—
7. 流动性风险	大体一致	大体一致	一致	—	—
8. 结算最终性	一致	大体一致	一致	—	—
9. 货币结算	一致	部分一致	一致	—	—
10. 实物交割	一致	一致	一致	—	—
11. 中央证券存管	—	—	—	—	—
12. 价值交换结算系统	部分一致	一致	一致	—	—
13. 参与者违约规则与程序	一致	一致	一致	—	—
14. 分离与转移	一致	大体一致	大体一致	—	—
15. 一般业务风险	一致	一致	一致	部分一致	不一致
16. 托管风险与投资风险	大体一致	大体一致	一致	—	—
17. 运行风险	一致	部分一致	一致	部分一致	部分一致
18. 准入与参与要求	一致	一致	一致	部分一致	部分一致
19. 分级参与安排	一致	一致	一致	不一致	不一致
20. 金融市场基础设施的连接	大体一致	大体一致	大体一致	不一致	不一致
21. 效率与效力	一致	大体一致	一致	大体一致	部分一致
22. 通信程序与标准	一致	一致	一致	不一致	不一致
23. 规则、关键程序和市场数据的披露	一致	一致	一致	大体一致	大体一致
24. 交易数据库市场数据的披露	—	—	—	一致	一致

(2) 日本

在日本,有两个部门负责对CCPs和TRs进行监管和监督,分别是金融厅(FSA)和日本银行(BOJ),二者对CCPs和TRs的各项运营活动负有全面且完全重叠的监管职能。金融厅依据《金融商品交易法》(FIEA)对CCPs清算证券及金融衍生品进行监管,同时也负责监管TRs;而出于执行中央银行的部分目标,日本银行需要确保银行以及其他金融机构相互间的资金结算能够顺利完成。金融厅和日本银行在制定相应的政策框架时,高度重视PFMI提出的各项原则。金融厅于2012年12月在其针对监管FMIs的政策声明中采纳了各项原则,并且于2013年12月进一步结合PFMI制定了《金融市场基础设施监管全面指引》;日本银行则在其于2013年3月制定的《金融市场基础设施监管政策》中采纳了各项原则。

在日本,在针对CCPs和TRs的法律、法规及政策框架中,有关PFMI中的各项原则完整、一致且高标准地被采纳,因此在针对CCPs和TRs的二级评估中,其全部评估结果均为"一致"。事实上,《金融市场基础设施监管全面指引》与PFMI并不完全对应,二者间存在一些差距或不一致之处,但是考虑到日本金融市场结构以及监管制度的特性,评估组并未因此调低其各项评估的结果。然而这些差距或不一致之处在现实中仍需引起金融厅的足够重视,因为其可能会模糊对于CCPs和TRs的监管预期。

(3) 欧盟

在欧盟,不同的部门负责对CCPs和TRs进行管理、监管和监督。在评估欧盟关于CCPs的制度框架时,评估组首先考虑的是《欧洲市场基础设施监管》(EMIR)以及相应的监管技术标准。这个监管框架在整个欧盟层面适用,可视为对PFMI的基于规则的执行。它涉及诸多部门:欧盟委员会负责参照欧洲证券与市场管理局(ESMA)和欧洲银行管理局(EBA)的建议建立监管技术框架;欧洲议会和欧盟理事会则负责针对监管框架立法;各国监管部门保留对CCPs的授权和监管职责,但各国均须服从欧盟统一的监管框架。实际上，每个 CCP 不仅要面对本国监管部门的监管，而且要面对业务涉及的其他欧盟国家监管部门、欧洲中央银行体系（ESCB）成员以及 ESMA 的监管。除了 EMIR 及相应的监管技术标准所形成的基于规则的执行外，评估组还需考虑各国中央银行对 CCPs 的监督，这是各国中央银行独立于 EMIR 规则框架之外的职责，可视为对 PFMI 的基于政策的执行，因为在此情况下相应原则的落实是通过政策声明来实现的。评估组评估了涉及执行 PFMI 的八个欧盟国家中央银行，这八个国家分别是比利时、法国、德国、意大利、荷兰、西班牙、瑞典和英国。需要注意的是，上述提及的对于 CCPs 的监管和监督职责间有重叠。对于有关 TRs 制度框架的评估，评估组同样考虑的是 EMIR 以及相应的监管技术标准，与 CCPs 不同，ESMA 是 TRs 的唯一监管者，欧盟委员会参照 ESMA 的建议建立监管技术框架，欧洲议会和欧盟理事会则负责针对监管框架立法。

总的来看，在 CCPs 方面，EMIR 以及相应的监管技术标准构成的监管框架与 PFMI 的大多数原则一致或大体一致，一些规定甚至超过了 PFMI 的最低要求，这尤其体现在与金融风险相关的规定上。即便如此，与 PFMI 相比，以 EMIR 为基础的监管框架仍然存在某些方面的差距和不一致之处。例如，EMIR 框架缺乏对事前计划（诸如对恢复计划及相应工具方面的要求）的相关规定，而事前计划又被认为是 PFMI 的核心宗旨之一，因为如果缺乏相应的事前计划，可能会使 CCPs 难以应对极端市场条件。对于一些欧盟国家来说，中央银行对 CCPs 的额外监督有助于实现与 PFMI 原则的完全一致。在 TRs 方面，EMIR 以及相应的监管技术标准构成的监管框架与 PFMI 的大多数原则一致或大体一致，但同样存在一些差距和不一致。特别是欧盟更加强调对 TRs 在注册环节所应具备的标准设立要详细的要求，而对其运营过程中持续性的要求比较欠缺，这影响了评估组对其相应方面的评估结果。具体的评估结果见表 11-5。

表 11-5　欧盟执行各项原则的一致性情况：CCPs 和 TRs（2014 年 3 月）

原则	CCPs		TRs
	EMIR	中央银行	
1. 法律基础	一致	一致	部分一致
2. 治理	大体一致	一致	大体一致
3. 全面风险管理框架	大体一致	一致	部分一致
4. 信用风险	部分一致	一致	—
5. 抵押品	部分一致	一致	—
6. 保证金	一致	一致	—
7. 流动性风险	一致	一致	—
8. 结算最终性	一致	一致	—
9. 货币结算	大体一致	一致	—
10. 实物交割	一致	一致	—
11. 中央证券存管	—	—	—
12. 价值交换结算系统	一致	一致	—
13. 参与者违约规则与程序	大体一致	一致	—
14. 分离与转移	一致	一致	—
15. 一般业务风险	一致	一致	部分一致
16. 托管风险与投资风险	一致	一致	—
17. 运行风险	一致	一致	大体一致
18. 准入与参与要求	一致	一致	一致
19. 分级参与安排	一致	一致	大体一致
20. 金融市场基础设施的连接	一致	一致	大体一致
21. 效率与效力	部分一致	一致	部分一致
22. 通信程序与标准	一致	一致	一致
23. 规则、关键程序和市场数据的披露	部分一致	一致	部分一致
24. 交易数据库市场数据的披露	—	—	一致

（二）中国推进 PFMI 的情况

为了加强金融基础设施建设，促进金融市场安全高效运行和整体稳定，履行国际组织成员职责，中国高度重视推进《金融市场基础设施原则》的落实，并采取了一系列措施。

第一，为了更好地在相关人员中普及《金融市场基础设施原则》，中国人民银行支付结算司于 2013 年翻译出版了 PFMI 的中文版。此外，中国人民银行还发布了《关于实施〈金融市场基础设施原则〉有关事项的通知》，以使各相关机构充分认识实施PFMI的重要性并对其实施做了初步的部署。

第二，中国人民银行与中国证券监督管理委员会依据《金融市场基础设施原则》联合组织开展了金融市场基础设施评估，评估对象包括中国外汇交易中心、中国人民银行清算总中心、中央国债登记结算有限公司、中国银联股份有限公司、银行间市场清算所股份有限公司、城市商业银行资金清算中心、农信银资金清算中心、中国证券登记结算有限公司、郑州商品交易所、上海期货交易所、大连商品交易所和中国金融期货交易所及其运行的PSs、CSDs、SSSs、CCPs和TRs。评估工作包括内部评估和外部评估两个阶段。首先，各金融市场基础设施根据CPSS和IOSCO技术委员会发布的评估方法，自行对制度建设、业务处理、系统运行等情况进行检查、监测和评估；其次，由中国人民银行和中国证券监督管理委员会组织成立专家组，对金融市场基础设施进行现场或非现场检查。

第三，各机构根据评估结果及专家意见制定适当的改进措施，中国人民银行则借此推动完善金融市场基础设施相关法律法规，提出我国金融市场基础设施发展的指导意见和监督管理金融市场基础设施的相关政策。此外，《证券法》及其他相关法律的修订也将有利于相应原则得到更好的落实。

五 结语

我们看到，出于效率和安全的考虑，尤其是为了更好地控制、减少系统性风险，CPSS和IOSCO技术委员会从国际层面上更新了原有针对不同类型金融市场基础设施的国际标准，制定了统一的《金融市场基础设施原则》，从总体架构、风险管理、违约管理、透明度等方面对FMIs提出了更高的要求。虽然各国对PFMI的落实执行进度不尽相同，体现在本国法律、法规、政策中的具体要求也存在差异，但各国均在朝着完整、一致遵守PFMI的方向努力，这体现了危机后各国在对金融市场的认识以及金融监管的思路上存在某种共识。

由PFMI带来的对FMIs的监管改革，在一些领域可被视为用正式的、非自由选择的、多边结构的、透明的市场来取代曾经的一些非正式的、自由选择的、双边的、不透明的市场，再加上 PFMI 对 FMIs 的治理标准提出的种种带有公共性质的要求，使得这种金融改革被一些学者认为是在用公共或准公共市场取代私人市场（Ferrarini and Saguato，2014）。相较于其他产品或服务市场，金融市场确实具有显著的不同之处，其外部性体现得格外明显，不仅风险容易很快在其中传导，而且影响也往往会波及实体经济的各个领域。因此，对金融市场来说，良好的规则体系以及有效的管理、监管和监督便至关重要，强化对 FMIs 的要求只是其中不可或缺的一部分。但是这并不是对市场在资源配置中的决定性作用的背离，相反，提高 FMIs 的标准，强化 FMIs 在金融市场中的作用，实际上是在强化市场化的风险处置机制。

因此，当前我国依照 PFMI 加强金融市场基础设施建设，不仅有利于金融市场的安全高效和平稳运行，有利于扩大金融领域对外开放与合作、支持人民币国际化，而且可以为进一步推进以市场化为导向、以服务实体经济为目标的金融改革奠定坚实的基础。

参考文献

国际清算银行支付结算体系委员会、国际证监会组织技术委员会：《金融市场基础设施原则》，中国人民银行支付结算司译，中国金融出版社，2013。

Bernanke, B. S., "Financial Reform to Address Systemic Risk", Speech at the Council on Foreign Relations, March 10, 2009, http://www.federalreserve.gov.

Berndsen, R., "What is Happening in Scrooge Digiduck's Warehouse?" Inaugural Address Delivered at Tiburg University, February 25, 2011.

CPSS and IOSCO, "Principles for Financial Market Infrastructures: Disclosure Framework and Assessment Methodology", 2012.

CPSS and IOSCO, "Implementation Monitoring of PFMIs: First Update to Level 1 Assessment Report", 2014.

CPMI and IOSCO, "Recovery of Financial Market Infrastructures", 2014.

CPMI and IOSCO, "Principles for Financial Market Infrastructures: Assessment Methodology for the Oversight Expectations Applicable to Critical Service Providers", 2014.

CPMI and IOSCO, "Implementation Monitoring of PFMIs: Level 2 Assessment Report for Central Counterparties and Trade Repositories – United States", 2015.

CPMI and IOSCO, "Implementation Monitoring of PFMIs: Level 2 Assessment Report for Central Counterparties and Trade Repositories – Japan", 2015.

CPMI and IOSCO, "Implementation Monitoring of PFMIs: Level 2 Assessment Report for Central Counterparties and Trade Repositories – European Union", 2015.

Dudley, W. C., "Reforming the OTC Derivatives Market, Remarks at the Harvard Law School's Symposium on Building the Financial System on the 21st Century", Armonk, New York, March 22, 2012, http://www.newyorkfed.org.

Ferrarini, G. and P. Saguato, "Regulating Financial Market Infrastructures", ECGI Working Paper Series in Law, 259/2014, ECGI, Brussels, Belgium.

Leon, Carlos and J. Perez, "Authority Centrality and Hub Centrality as Metrics of Systemic Importance of Financial Market Infrastructures", Borradores de Economia Papers, No. 754, Banco de la Republica Papers, Colombia, 2013.

Russo, D., "CPSS – IOSCO Principles for Financial Market Infrastructures: Vectors of International Convergence", In Banque de France (ed.), *Financial Stability Review*, No. 17, 2013.

Chapter 11 The Principles for Financial Infrastructures and Its Implementation

Abstract: Financial market infrastructure is financial plumbing. When they are well running, they are benefit to strengthen the markets they serve and play a critical role in fostering financial stability. However, if not properly managed, they would be the source or the major channel of contagion of systemic risk. After the financial crisis, the CPSS and the Technical Committee of IOSCO published the Principles for Financial Market Infrastructures, in order to comprehensively strengthen the management for the FMIs all over the world. This paper comprehensively introduces contents about FMIs, formation and development of PFMI, core contents of PFMI and domestic and abroad practices.

Keywords: FMIs; PFMI; Systemic Risk

第十二章　移动支付国际监管及对中国的启示

摘　要： 移动支付在21世纪初兴起并在近年来取得了长足的发展。移动支付打破了支付的时间、空间限制，有效地推动了电子商务的发展，便利了人们的生活，也推动了普惠金融的建设。尽管移动支付带来了积极的一面，但要对其加强监管。本章简要回顾了移动支付的发展概况，介绍了移动支付常见的分类方式，重点介绍了移动支付的国际监管制度，尤其是美国的监管制度，最后对中国移动支付监管提出了建议。

关键词： 移动支付　风险　国际监管

一　全球移动支付发展概况

（一）基本情况

移动支付技术的发展已经对个人购买货物与服务的方式、消费记录的跟踪以及个人金融管理领域带来了深刻的影响和变革。移动支付同样也成为第三方非银行支付的重要业务范围。事实上，这些新兴的支付服务具有"金融脱媒"的效果，有可能对个人的日常购物行为以及个人与金融机构的互动关系带来深刻的影响与变革。

目前，在世界范围内拥有3G手机的用户已经远远超过了银行卡的拥有者。并且，数码移动设备的全球普及率高于电脑（PC）。据国际电信联盟发布的《2014年度测量信息社会报告》估计，2014年末全球手机用户将达70亿人。另外，市场研究公司IC Insights发布的《2015年IC市场驱动报告》称，2015年全球手机用户量将首次超过全球人口总数，届时全球人口总数将超过74亿人，而手机用户总数将略高于75亿人。在一些发展中国家，特别是信用卡还未广泛使用和许多人还没有银行账户的国家，移动设备成为广泛使用的支付工具。随着手机用户的增加，以及社交网络和电子商务的快速发展，消费者使用移动支付的比例也越来越高。尽管移动支付吸引了越来越多人的注意，但是其发展速度却不均衡：发达国家手机普及率较高，其他设备较为先进，移动支付发展反而出现缓慢现象；发展中国家由于金融服务不够发达，移动支付发展反而极为迅猛。

例如，根据eBay的研究报告，在澳大利亚，大约有1/4的手机用户使用网上购物。仅2010年6月，就有8万多人在eBay网购物。2011年，墨西哥开始实施第一个移动支付计划。墨西哥是一个新兴但潜力巨大的市场，其1.1亿人口中有8700万名手机用户。为此，墨西哥中央银行联合墨西哥财政部，在国家银行和证券委员会的参与下，制定了第一个移动支付监管框架。

此外，对于欧盟来说，部分国家尝试把移动支付进行商业化推广的过程似乎并不成功，但是近年来其移动支付发展不断加快。北美的情况也有所不同，Forrester 2010年的研究报告表明，在美国，尽管有着较高的手机普及率，但移动支付的增长差强人意。尽管有18%的成年人表示对移动支付持积极态度，但他们中只有不到6%的人使用过移动支付。2009年，尽管手机的拥有率达到了89.5%，但仅有约3%的人使用过移动支付，其中约1.1%的人使用非接触式移动支付，2%的人通过短信进行支付。Forrester的研究表明，尽管在过去的三年里消费者对移动支付的兴趣有所增强，但在美国，由于缺乏解决所有支付参与者问题的商业模式，很难说服消费者接受移动支付提供的服务。报告表明，现金交易比率较高的国家，其移动支付发展的速度要快于银行卡交易比率较高的国家。例如，2006年，日本和韩国对现金的依赖度分别为50%和34%；与此相应，美国的现金依赖度只有14%。但这一结论并非放之四海而皆准。意大利和希腊的现金交易比率较高，移动支付市场也在快速发展。总体而言,移动支付的增长速度还是比较快的。2009年,全球移动支付使用人数估计有1.08亿人,较2008年增长了25.6%;这一数据到了2010年就增加到了1.47亿人。ABI的研究表明,2010年,美国的移动支付金额达到了24亿美元,较上年翻了一番。在一些国家,移动商务网站的数量在增加,与此相伴的将是移动支付的增加。

对于中国来说,由于人口众多,电子商务发展迅猛,智能手机普及率较高,现金交易比率也较高,这些都给移动支付的发展提供了良好的环境条件。在其他一些发展中国家,如肯尼亚、菲律宾和印度,由于银行卡人均拥有量很低,移动支付市场同样有着诱人的发展前景。根据联合国贸发会议(UNCTAD)的统计,2008年,新兴和转型经济体3G手机用户达到了36.1亿人。值得注意的是,在这些国家,移动支付的发展还处于初级阶段,潜力巨大。

就全球不同区域的移动支付发展潜力来看,有许多商业调研机构都做过分析。例如,2014年10月,总部位于荷兰阿姆斯特丹的市场调研公司Adyen公布了一份报告认为,就2014年第三季度来看,欧洲是移动支付普及率最高的地区,采用率达到了24%;亚洲排名第二,采用率为17%,也是移动支付发展势头最为迅猛的地区之一,同比增长高达58%;北美地区的移动支付采用率同上一季度没有区别,依旧为16.7%。

什么原因促进了移动支付在世界范围内的兴起?结合移动支付发展实践,我们认为其主要原因在于手机普及率的提高、电子商务的快速发展、人们对便捷和低成本支付方式的需求,以及存在现金交易成本高、安全性低等缺点。还有就是移动支付扩展了金融服务的空间范围和时间限制,使更多的人享受到了银行和非银行金融机构无力提供的金融服务。移动支付快速发展的最根本原因是大众的金融服务需求,就像电子商务因满足了大众购买货物和服务的需求而迅猛发展一样。

(二)移动支付的定义与分类

当前并没有一个广为大家所接受的关于移动支付的定义。不同的机构和研究人员给出了不同的定义。例如,高纳德咨询公司(Gartner)认为,移动支付是指通过手机进行的交易，使用包括银行账户、银行卡、储值账户这类支付工具进行的支付，而不包括使用账单支付系统（Carrier Billing System）进行的支付以及通过声音互动系统（Interactive Voice Response）或者通过插入卡片实现 POS 功能的智能手机进行的支付。

Forrester 公司给出的定义要宽泛得多："移动支付是通过手机发起的资金转移交易，不包括手机的语音功能进行的交易。"德勤研究报告给出了较为全面和完整的定义，认为"移动支付是这样一种支付方式，使用者使用移动设备来实现信息的交换，完成资金从付款人向收款人转移，通过接入通信网络或采用近距离通信技术来实现支付的目的"[1]。国际货币基金组织给出的定义为，"通过接入设备（Access Device）来连接通信网络而发起和传送的支付"[2]。

移动支付从不同的角度可以分为不同的类别，比较通用的分类方式是将移动支付分为近距离支付和远距离支付。

1. 近距离支付

近距离支付（又称近场支付、NFC 支付）是用户使用移动设备进行信息的交换，通过近距离通信技术完成的支付。它需要在用户的移动设备上植入、插入卡片等，在商户的 POS 机上完成支付或者买卖双方的移动设备能够进行通信，完成信息指令的传输。近距离通信技术包括蓝牙、红外、射频技术（RFID）以及其他技术。近距离支付通常在商户的 POS 机上购买商品和服务，支付需要买卖双方都在现场。例如，在美国，星巴克支付 App 与客户的星巴克礼品卡连接，客户通过移动设备发起支付时，会在客户手机上显示一个唯一的条形码，星巴克店内的 POS 机通过读取这一条形码完成支付。智能手机植入读卡器也具有和 POS 机相似的功能。这一模式与 Square 移动支付模式类似。Paypal 和其他一些第三方支付机构也推出了与此类似的近距离支付技术。

---

[1] "Trends and Prospects of Mobile Payment Industry in China 2012 – 2015", www.chinadaily.com.cn/.
[2] Tanai Khiaonarong, "Oversight Issues in Mobile Payments", IMF Working Paper, Monetary and Capital Markets, WP/14/123, www.imf.org/external/pubs/cat/longres.aspx?sk=41747.0.

2. 远距离支付

远距离支付又称网上支付，是使用移动设备通过移动支付后台支持系统完成的支付。支付的发起需要使用移动设备；交易的进行需要借助移动通信网络或互联网。货物或服务的购买者通过他们的移动设备向商户或收款人发起的支付无须接近POS机或收款人。远距离支付可以分为两种类型：移动资金转移交易和购买支付交易。因为支付不是面对面进行的，所以可以通过下述方式完成。

（1）短信。采用这一方式，首先，消费者需要在移动支付服务提供者那里开立一个账户。该账户要与银行账户、借记卡或贷记卡关联到一起，消费者向移动支付服务提供者发送短信列明需要支付的金额和收款人手机号。其次，移动支付服务提供者向消费者发送短信确认交易是否发生，并要求消费者提供个人身份号码以验证支付的真实性。最后，移动支付服务提供者把资金转移到收款人账户。这一支付方式通常用来支付停车费、加油费等，在亚洲和非洲使用较为广泛。

（2）无线应用协议（WAP）。使用这种方式，消费者的移动设备浏览器便进入电商网站，像传统的网上购物一样完成购物。在美国，许多移动资金转移交易是由一个叫Popmoney的公司所提供的P2P交易。典型的远距离支付过程通常为用移动设备在电商网站上发生的购买交易。当使用者在京东、天猫、淘宝、1号店等电子商务网站购买货物或服务提交完订单后，会转到支付界面，使用者需通过网上银行或第三方支付平台（如支付宝、微信支付）完成付款。

（3）移动POS机。2009年，Twitter公司创始人Jack Dorsey联合他人共同创立了移动POS公司——Square。Square的创立将对银行信用卡/借记卡业务产生重要影响。Square创立的最初目标是在苹果手机或iPod上接入移动设备使之变成移动POS终端。Square公司是继Paypal之后第二个进入支付领域的非金融机构，自2012年开始，其支付业务处理量达到60亿美元。Square取得巨大成功后，POS硬件设备和软件设备生产商生产出了自己的移动POS设备。Verifone公司生产出了自己的移动POS设备——Sail。曾经创造出财务软件 Quickbook 的美国直觉公司（Intuit）于 2012 年创立了 Gopayment——一个移动 POS 设备。

（4）虚拟钱包。虚拟钱包是把普通用户钱包里的借记卡、贷记卡、储值卡、预付卡等的信息录入智能手机虚拟钱包 App。智能手机作为支付设备在商户的 POS 机上完成付款或进行远距离支付。主要的信用卡提供商、移动运营商（如 AT&T、Verizon、T‐mobile、Sprint）、知名银行、主要的第三方支付提供者（如 Paypal）和一些技术公司都投入了大量的时间和金钱用于虚拟钱包业务的开发。还有其他一些移动钱包初创企业也引起了人们越来越多的关注，像移动钱包提供者 Isis、谷歌钱包等。

二 移动支付的国际监管框架体系

（一）多边支付监管框架体系：CPSS‐IOSCO

2008 年金融危机之后，国际社会普遍认识到，如果跨境支付清算体系监管缺失，也将产生系统性金融风险。为此，推动多边支付监管框架体系的变革与完善成为后金融危机时代国际金融监管改革的重要大理论和实践问题。

客观而论，围绕多边支付监管框架体系的变革和完善已经取得阶段性成果，其中最具有代表性的成果仍然是 2012 年的 PFMI。尽管新标准主要适用于系统重要性支付系统和主要的金融市场基础设施（FMIs）——证券结算系统、中央证券存储、中央交易对手和交易回购，但它也为移动支付提供了风险评估框架和相关机构应负的责任[①]。

一些国家的中央银行已经考虑对小额支付系统采用 CPSS‐IOSCO 制定的《金融市场基础设施原则》，该原则能够平衡支付的安全和效率需求，为未得到银行服务的人群提供便捷和廉价的金融服务。就国际支付体系监管的完善来看，下一步的工作是制定监管目标、标准、机构安排（如在中央银

---

① 徐超：《加拿大支付清算体系获新生》，《中国社会科学报》2014 年 3 月 14 日。

行内部对移动支付的监管部门）、国内和国外不同部门合作框架。例如，欧洲央行正在为使用先前制定的系统重要性支付系统标准，评估虚拟货币计划可能出现的法律、流动性、操作和信贷风险。同样，《国际汇款服务一般原则》也为移动支付提供了监管框架，可以借鉴使用。

（二）欧盟移动支付监管框架的法律安排

近年来，各种形式的区域经济一体化不断推进，其中欧盟区域最具有代表性。欧盟区域经济一体化旨在推动欧洲统一市场的形成。具体到移动支付问题上，为了创造一个无障碍的单一市场，实现网上支付的安全、高效和对消费者的充分保护，欧盟近年来制定了一系列的法律法规。

《内部市场支付服务 2007/64/EC 号指令》（PSD）。PSD 的制定是为了对在欧洲经济区（EEA，包括挪威、冰岛和列支敦士登）处理的跨境非现金支付打造一个欧盟范围内的单一市场。该法律文件涵盖线下支付、网上支付和移动支付。PSD 建立了透明度、及时支付和信息要求的规则。信息要求包括：对支付服务提供相关的条件和期限信息；安全和防范欺诈的措施；使用者和支付服务提供者的权利和义务，即在支付交易不履行或履行瑕疵时的责任承担规则以及支付工具使用中的欺诈。指令还提供了保护消费者并使之能够在业务尚未完成处理前撤销不想要的交易。值得注意的是，尽管如此，如果支付一旦完成，银行通常要求消费者首先与商家联系解决争议。指令还引进了许可机制以鼓励非银行机构提供支付服务。

《关于电子货币的 2009/110/EC 号指令》。该指令的目的在于为非银行机构和信用机构发行电子货币提供法律依据。其中，电子货币的概念被定义为：电子货币是持有人所拥有的一种货币价值请求权，它存储在电子工具上，收受的资金不少于已发行的货币价值，并被发行商之外的其他企业接受的支付方式。该指令的制定主要是为了应对新兴的、应用日益广泛的预付电子支付产品，预付电子支付产品较多地被用在了通过手机进行的小额支付处理上。

《消费者权利指令》。根据 2004 年欧共体启动的对《消费者法原则》的评估结果，2011 年 7 月，欧盟颁布了《消费者权利指令》。该指令的目的旨在加强和协调适用于跨欧盟各成员远距离销售方面的立法。指令文本旨在确保为消费者提供足够的保护,特别是涉及跨境交易的以数据为内容的产品方面。指令第9条要求:在消费者远距离交易达成前(包括网上交易和移动交易),需要向消费者披露强制性信息(包括支付安排、发货、履行、争议解决)。欧盟各成员需要在2013年12月13日前将该指令转化为国内法。

目前,欧盟委员会正在评估PSD,以应对银行卡支付、网络支付和移动支付发生的变化。之所以推动小额支付立法框架的现代化,主要是为了集中解决三个问题。第一,PSD和《电子货币指令》的合并问题。因为一些国家还没有把《电子货币指令》纳入本国法,两者的合并尚且不具备实行条件。第二,在PSD框架下,消除一些例外,特别是通信提供者例外。第三,扩大对支付系统的规制范围,这将带来法律问题和实践问题,并需要修改《结算最终性指令》(Settlement Finality Directive)。截至2014年6月,对PSD的修改尚未完成。

(三)美国移动支付监管法律体系和机构安排

1. 美国移动支付监管法律体系

各国对移动支付的监管都在摸索当中。一个普遍存在的现象是:多个监管机构都有一定的监管责任,从而出现所谓的"多头监管""九龙治水"现象。与此同时,由于没有专门的监管机构,对移动支付是否存在适用的法律规则还存在争议,有可能出现监管缺位和监管空白现象,解决这一问题的办法只能准用其他相关法律。美国就是一个典型的例子。在美国,众多机构都负有对移动支付的监管责任,同时,对法律是否缺位的问题也有不同意见。美联储理事会副理事长Stephanie Martin认为,美联储相信当前的金融服务条例已经足够多,足以涵盖移动支付的监管[1]。

---

[1] "The Future of Money: Where do Mobile Payments Fit in the Current Regulatory Structure?", Hearing before the H. Subcomm. on Fin. Inst. and Consumer Credit, 112th Cong, 2012, Statement of Stephanie Martin, Assoc. Gen. Counsel, Bd. of Governors of the Fed. Reserve Sys., http://financialservices.house.gov/uploadedfiles/stephanie_martin_testimony.pdf.

综合来看，美国对移动支付的监管框架涉及8部法律/条例，包括：《电子资金划拨法案》和《美联储E条例》；《借贷真实法案》和《美联储Z条例》；《汇票真实法案》；《联邦贸易委员法案：不公平、欺诈、滥用行为或实践》；《消费者保护法案之不公平、欺诈、滥用行为或实践》；《格拉姆－里奇－布里雷法案》（Gramm－Leach－Bliley Act）之隐私和数据安全条款。

2. 美国移动支付监管主体及职责

（1）美国联邦储备委员会

美联储对于支付系统的安全和高效运行非常关切，因为支付系统能够支持经济运行和促进货币政策的执行。作为银行的监管者，美联储致力于确保银行的安全和稳健运营，保护消费者的权益。鉴于其肩负的使命，美联储密切关注着移动支付的发展。美联储法律部与商业银行、移动支付提供商、其他政府机构就移动支付涉及的法律问题进行了广泛的对话。涉及的问题包括：在移动支付领域，是否有足够的法律来保护移动支付的用户信息、支付安全问题以及支付信息的保密问题。对话旨在更好地理解移动支付的发展，评估适用规则和可能的规则缺失，识别可以用规则或条例解决的具体问题以及影响创新的法律障碍问题。

美联储的消费者和社区事务部工作人员正在考虑移动技术对消费者金融和消费者金融行为造成的影响。他们正在监测消费者使用移动技术用于支付的趋势以及这一技术对于那些未被满足群体所带来的影响，包括它是如何影响实时消费者做出决定的。美联储发布的《消费者和移动金融服务2014》研究报告表明，移动支付使用率一直保持平稳，但是在POS上使用的移动支付自2012年以来增长了3倍。这也可能源于它的便捷和消费者的安全感。

随着风险的增加以及突发性风险的加大，美联储银行监管与合规部在倾力解决金融服务行业信息技术问题，或许会修改条例和指导原则。银行监管与合规部主要侧重于银行风险管理以确保其安全和稳健运营。银行监管与合规部对于欺诈问题、安全问题以及移动技术通过不同的渠道和不同的技术平台与支付系统互联问题特别关注。该部门要求银行持续进行监管，密切关注技术的发展。

储备银行运营与支付系统部则主要致力于促进支付系统的安全和高效运行，及时关注和跟踪新兴支付技术的发展及其在支付、清算和结算环节的风险。该部门与其他部门和联邦机构共同分析了包括移动支付在内的新兴支付方式。根据《多德－弗兰克法案》的规定，该部门进行了一项为期三年的支付趋势研究，对通用预付卡进行了年度调查研究。

（2）联邦存款保险公司

联邦存款保险公司旨在通过缴存保险、监督金融机构和对金融机构进行接管等方式，维护美国金融体系的稳定和增强大众的信心。联邦存款保险公司的经济包容委员会（ComE–IN）旨在对金融服务不能完全覆盖的群体纳入主流金融服务。经济包容委员会成立了一个移动金融服务亚委员会来评估手机技术是如何促进金融包容进程的。存款和消费者保护部、经济包容委员会对移动技术促进金融包容问题非常感兴趣。在2014年4月的经济包容委员会会议上，联邦存款保险公司发布了白皮书——《移动金融服务对金融包容潜力评估》。

（3）消费者金融保护局

消费者金融保护局创建于2010年7月，于2011年7月正式开始运营，承担着广泛的消费者金融产品与服务的保护职责，还承担着制定和解释与移动金融服务最为相关的《联邦消费者保护法》的相关工作。

该局可以运用的法律规则首先是《电子资金划拨法案》及《美联储E条例》，适用于使用消费者资金账户经由电子资金划拨进行的移动银行或移动支付交易。《借贷真实性法案》及《美联储Z条例》，适用于使用信用卡进行的移动支付交易。现阶段，使用预付卡账户进行的交易还没有法律可以适用，消费者金融保护局正在进行立法。

消费者金融保护局银行卡与支付市场部经常与业界会晤，了解商业模式，收集支付市场的信息，发现监管或政策漏洞。在此基础上，消费者金融保护局正在评估是否需要制定专门适用于移动支付的规则。该机构最为关切的有关移动支付的三个问题是信息披露、错误解决和安全问题。消费者金融保护局通过"项目催化"（Project Catalyst）与行业内外接触。其"项目催化"团队专门利用工作时间，让消费者金融保护局的专家与各种规模的公司进行非正式的信息交流。研究领域涵盖小额美元贷款、存款、另类保险、电子货币。

(3) 国家信用联盟管理局

作为监管者，国家信用联盟管理局的目标是打造一个强大而安全的信用联盟体系。因此，它主要致力于加强自身能力建设来管理风险。国家信用联盟管理局不断推出新的指南，作为机构检查的依据。它也不断采纳新的技术，如网上银行和手机银行、移动远端吸收存款、社交媒体等。信用联盟需要执行与风险相适应的管理措施，以确保这些服务渠道的安全和稳定。国家信用联盟管理局于2014年成立了一个移动支付工作组，以提高检查人员对移动银行和移动支付的理解，它还制定了一系列指南来帮助信用联盟的检查者解决具体问题。

(4) 财政部消费者政策办公室

财政部消费者政策办公室的工作旨在确保每一个美国人都可以获得安全和付得起的金融产品，以及让每一个人在做出金融决定时都能理解清楚相关信息。该办公室还致力于在消费者金融教育和能力建设、新兴支付平台改进消费者金融选择的技术、确保隐私和数据安全等方面制定政策，以及致力于促进金融包容，因为财政部是各种政府赋权项目预付卡的最大发行者。它重点关注中低收入消费者和未能得到充分金融服务的人群与金融服务体系（包括银行和非银行）的互动。该办公室也试图更好地了解移动电话和其他技术工具，以帮助联邦支付的收款者[如贫困家庭临时援助（TANF）]做出更好的财务决策和管理他们的钱财。它创造了金融赋权创新基金以支持相关事业的发展，帮助家庭管理日常生活中金融方面的事务。

(5) 财政部金融犯罪执行网络（FinCEN）

金融犯罪执行网络的职责是保护金融系统不受洗钱和恐怖金融的影响。它对新的支付手段如移动支付的管理方法是以行为为基础的。也就是说，不管是通过移动终端、网银还是通过柜台办理的业务，都要受到监控。这一方式可以确保对通过不同渠道进行的业务同等对待，可以降低把系统性风险带入支付系统的可能性。它鼓励新创企业，以及工程师和电脑技术专家，更好地理解其在反洗钱等方面所承担的责任，为其提供经验。

(6) 联邦贸易委员会

联邦贸易委员会的职责是阻止商业经营中出现的反竞争、欺诈或不公平对待消费者的行为，提高消费者的选择和公众对竞争过程的理解，并且，在实现上述目标的过程中不能不适当地抑制商业活动。联邦贸易委员会在解决支付行业问题时采用了适用于其他行业的类似原则，即适用《联邦贸易委员会法案》第五条规定的原则——规定了不公平竞争和欺诈行为。不公平竞争和欺诈行为的核心要义在于披露清晰和准确的信息，告知消费者的选择权。

联邦贸易委员会的消费者保护局金融实践部在消费者保护方面具有广泛的职权，职权领域涉及未授权的收费、数据安全和隐私保护。联邦贸易委员会执行的许多案例是关于未经授权的手机账单支付。例如，近年来，儿童未经父母或账户持有人事先同意，用父母的手机购买赌博软件而引发了一系列争议，联邦贸易委员会针对此问题采取了一些行动。

(7) 各州银行监督会议 (CSBS)

各州银行监督会议是州银行监管者的协调机构，其监管范围涵盖在州注册的银行、州授权的银行以及非银行金融服务提供者。2014年初，CSBS宣布创建由各州银行业委员会组成的新兴支付任务行动小组，以评估新兴支付问题，包括移动支付、虚拟货币、支付系统现代化。该行动小组计划于2015年3月22日完成分析工作。新兴支付行动小组与证券管理机构合作，发布了消费者示范指南，还计划举行听证会解决比较棘手的系统问题、支付创新问题和虚拟货币问题。听证会的目标之一就是通过开展更多的协调和统一工作，解决初创企业遵循不同的州法所带来的困惑。行动小组期待与同行分享关于支付方面的法律和监管模式，特别是资金划拨和虚拟货币方面的条例。

（四）其他国家和地区移动支付监管相关法律安排

目前，各国对网上支付和移动支付的监管环境还在改进中。一些国家就移动支付问题制定了特别法律，还有一些国家没有专门的适用于移动支付的法律，移动支付准用《消费者权益保护法》、《电信法》及相关金融条例等。

1. 新加坡移动支付监管法律安排

新加坡货币管理局于2006年6月制定了与中国香港类似的储值工具指南。该指南把储值工具定义为用来支付一定上限货物或服务款项的充值设备，参照移动银行与支付的安全指南执行。《新加坡货币管理局储值工具指南》规定了储值工具的四个主要参与方——使用者、持有者、发卡方、商户；确立了五个核心原则，包括及时赎回、安全和可信赖、权利和责任、信息披露、反洗钱和恐怖金融。该指南作为一个最低标准，有关储值工具的其他事项还要遵循法律和条例，特别是2006年《支付系统（监管）法案》的规定。

2. 韩国移动支付监管法律安排

韩国制定了特别条例。根据2007年《电子金融交易法案》（EFTA）和《电子商务消费者保护法案》（ECPA），涉及电子商务的支付服务提供者需要遵循下列要求：要向消费者提供关于卖方（在卖方官网可以获得）和关于争议解决机制的信息；要使用消费者在订单生效前能够改变或确认的订单格式；在支付过程中要保护消费者的个人信息不被泄露。

3. 中国香港移动支付监管法律安排

一些发达国家和地区已经或正在修改相关法律以加强对消费者和支付系统的保护。对香港来说，储值工具（SVFs）的增多和重要性的增强，包括移动支付和小额支付（RPSs），促使金融服务和财政局以及香港货币管理署（HKMA）着手修改《银行令》和《结算清算系统令》。根据修改议案，储值工具被分为两个主要类型。第一，储值工具既可以是多功能的，也可以是单一功能的。多功能的储值工具被用作由参与商户提供的货物和服务的支付工具；单一功能的储值工具只能被用作由储值工具的发行人提供的货物和服务的预付工具。第二，储值工具既可以使用设备，也可以不使用设备。使用设备的储值工具包括储值卡以及其他实体储值设备；不使用设备的储值工具通常把价值储藏于电脑网络账户或移动网络账户上。

4. 其他国家的移动支付监管法律安排

例如，2010年，俄罗斯政府通过了《国家支付系统法案》。该法案的制定主要是为了规范电子支付，法案要求电子货币运营商向俄罗斯央行申请牌照许可。此外，其他一些国家也正在制定或执行新的规则。加拿大正在进行对支付框架的评估，以便决定是否修改当前法律、采纳新的规则，以解决当前出现的一些新问题。

三 主要结论及对中国的启示

（一）移动支付国际监管的评述性结论

1. 国际社会普遍重视监管问题

移动支付涉及国际金融市场及国内金融市场的安全、稳定与发展。无论是从多边支付清算体系、欧盟区域支付法律安排还是国别监管实践来考察，我们都不难看出，国际社会普遍重视移动支付创新与发展，而且认为移动支付或将成为引领支付体系变革的重要推手。为此，各国制定移动支付法律安排的内在逻辑起点是，在防止移动支付发生系统性金融风险累积与爆发的前提下，积极鼓励移动支付创新与发展。

2. 有效平衡移动支付的创新、消费者保护及监管三者之间的关系

为了增强消费者信心和促进移动支付健康可持续发展，各国都需要未雨绸缪。第一，需要构建移动支付法律体系，具体包括制定监管主体及职责、监管结构和支付牌照许可证发放条件等。第二，反洗钱或者反恐怖金融等法律措施需适度，避免抑制移动支付创新发展。第三，资金保护措施需要加强，特别是在移动支付上升较快的国家和地区。针对消费者的保护始终是支付领域的一个重要问题。任何支付手段和工具的创新都不能以牺牲消费者资金安全为代价,反过来,也不能以保护消费者为借口而制定过分抑制创新的措施。消费者保护的手段可以也应当多样化,如引进保险手段、加强消费者教育、引进担保措施等。第四,及时总结新兴支付方式(包括移动支付)实践发展的经验与教训,以此为基础,适时制定准入门槛和监管措施,加强风险管理,避免出现法律风险、操作风险、系统风险等。

3. 移动支付国际监管结构呈现新趋势

具体而言,移动支付国际监管结构呈现的新趋势主要包括以下几个方面。①多边支付清算体系稳步发展,成为支付体系国际监管合作的重要平台。CPSS – IOSCO 报告重述了对金融市场基础设施(FMIs)的新的国际标准,进一步评价了风险与责任的法律框架,以及监管机构应负的监管责任。②区域支付清算体系发展方兴未艾,成为支付清算体系国际监管合作的重要推手。欧盟支付清算体系法律安排取得进展,将对其他区域支付清算体系法律安排起到示范作用。③主要国家和地区的支付清算体系法律安排呈现监管主体多元化、法律安排综合化、国际合作普遍化等新趋势。

(二)我国移动支付监管安排的基本思路及发展趋势

1. 我国移动支付监管安排的基本思路

当前,中央银行是移动支付的主要监管主体,为此,其在制定移动支付监管安排之时需要遵循以下思路。一是制定监管政策,包括政策要求、支付系统的标准,以及决定政策适用于哪些系统的明确细则。在制定相关法律法规时,可以适当借鉴国际认可的支付结算系统标准。二是赋予监管主体足够的权力和能力履行监管职责。促使中央银行与本国其他监管机构深入协调合作,与其他国家的中央银行、机构开展更有效的国际合作,促进移动支付安全和高效运行。三是处理好移动支付监管与创新的关系。既不能过度监管抑制创新,也不能出现监管缺失,导致出现危害消费者权益和系统安全的行为。支付领域的创新几十年来取得的成果不大,移动支付的出现正是一个创新的"窗口期",监管机构要维护好这片创新的动力源泉。

2. 我国移动支付法律安排的未来趋势

近年来，中国移动支付发展迅速，市场占有率稳步上升。可以预见，在中国，移动支付将进一步得到广大消费者的厚爱，而且在支付市场中的重要性将逐步放大。为防止移动支付滋生不可控制的负面效应，监管当局已经在针对出现的各种问题制定相关的法规、政策，以保证其处于良好运行态势。

涉及移动支付的法律法规、政策主要有：2005年实施的《电子签名法》；《国务院办公厅关于加快电子商务发展的若干意见》（国办发〔2005〕2号）；2005年中国人民银行发布的《电子支付指引（第一号）》；2010年，非金融机构支付服务制度发布实施，中国人民银行先后发布《非金融机构支付服务管理办法》《非金融机构支付服务管理办法实施细则》等规章制度；《网上支付跨行清算系统业务处理办法（试行）》《网上支付跨行清算系统数字证书管理办法（试行）》《网上支付跨行清算系统业务处理手续（试行）》《网上支付跨行清算系统运行管理办法（试行）》等；2011年海关总署发布的《海关总署关于海关税费电子支付业务有关事项的公告》及《海关税费电子支付业务操作规范》；2011年商务部发布的《第三方电子商务交易平台服务规范》，2012年发布的《关于利用电子商务平台开展对外贸易的若干意见》（商电发〔2012〕74号）。

综上可知，目前我国有关移动支付体系的法律框架呈现以下特点：一方面，法律层次低，其中相当一部分是由人民银行制定的文件、指引或办法，其效力比国务院制定的行政法规要低，更低于全国人大及其常委会制定的法律；另一方面，立法分散、多头立法，监管权力和职责都比较模糊，由此造成人民银行、银监会、工业和信息化部、商务部等多个部委都有监管权的混乱局面，不能形成有效的风险监管制度。显然，目前移动支付现有法律制度供给远远不能保证中国移动支付清算体系快速健康发展的需要。若不与时俱进，不仅将阻碍中国移动支付的发展与创新，而且必将延缓中国支付清算体系变革与发展的进程。

结合国际社会支付清算体系立法趋势、中国国情以及中国移动支付发展的具体情况，应该考虑建立由央行主导、相关职能部门和行业协会共同参与的工作小组，从而形成监管合力，共同推进移动支付规则和金融标准的一体化建设。同时，积极推动出台移动支付方面的专项法律法规，并且把移动支付业务监管与反洗钱等结合起来。移动支付问题涉及多方主体，涉及多个层面的法律问题，包括资金划拨、消费者保护、数据保护、电子商务、存款保险、汇兑控制、支付结算清算系统、反洗钱等，尽快推动专项法律建设，不仅可以促进支付清算行业的规范发展和业务创新，而且便于执法部门有法可依。

参考文献

莫万友：《移动支付法律问题探析》，《河北法学》2008年第11期。

杨松、郭金良：《跨境电子支付服务风险监管法律问题研究》，《法治研究》2013年第2期。

中国人民银行支付结算司：《中国支付体系发展报告2013》，中国金融出版社，2014。

CPSS, "Innovations in Retailpayments", Report of the Working Group on Innovations in Retail Payments, 2012.

CPSS – IOSCO, "Principles for Financial Market Infrastructures", 2012.

Crowe, M., S. Pandy and E. Tavilla, "Federal Reserve Bank of Boston, Cynthia Jenkins, Nachau, S., *Mobile Payments Landscape—Two Years Later*, May 2, 2013.

Fonté, E., "Mobile Payments in the United States: How Disintermediation may Affect Delivery of Payment Functions, Financial Inclusion and Anti – Money Laundering Issues", *Washington Journal of Law, Technology & Arts*, 8, Mobile Money Symposium, 2013.

Gease, A. and Q. Joan, "China 20/20: The Future of Mobile Payment in China", *Maverick China Research*, 2014.

Khiaonarong, T., "Oversight Issues in Mobile Payments", IMF Working Paper, Monetary and Capital Markets, No. WP/14/123, 2014.

Martindale, S. and G. Hillebrand, "Pay at Your Own Risk? How to Make Every Way to Pay Safe for Mobile Payments", 2011, http://ssrn.com/abstract=1787587.

OECD, "Report on Consumer Protection in Online and Mobile Payments", OECD Digital Economy Papers, No. 204, 2012.

Pandy, S., "Update on the U. S. Regulatory Landscape for Mobile Payments—Summary of Meeting between Mobile Payments Industry Workgroup (MPIW) and Federal and State Regulators", 2014.

Chapter 12　International Practices in Regulation of Mobile Payment and Their Implications for China

Abstract: Mobile payment sprung up at the beginning of 21th Century and has achieved great development in recent years. Mobile payment could break the constraint of time and space, and effectively promote the development of e-commerce, to facilitate people's lives, but also promote the construction of inclusive finance. We must strengthen regulation and supervision on mobile payment. This report gives a brief review of the development of mobile payments, overview the common classification of mobile payments and the international regulatory regime especially the US regulatory system. Finally, we put forward suggestion to China mobile payment industry.

Keywords: Mobile Payment; Risks; International Regulatory Regime

第十三章　全球主要国家支付清算体系发展概况

摘　要：本章系统地总结了全球非现金支付市场及主要国家（部分发达国家和金砖国家）支付清算体系近年来的发展概况。全球非现金支付体系呈现两大特征：一是移动支付和电子支付的发展势头强劲；二是非银行支付规模不断增加。根据全球支付清算体系基本数据和主要国家支付清算体系发展实践经验，本章总结了全球支付清算体系多维度的发展新趋势。在支付监管方面，区域性监管措施相继出台；在支付创新方面，移动支付成为行业创新重点。跨境支付市场发展的一个新趋势是非银行支付机构异军突起，支付理论则更新缓慢。

关键词：　全球支付清算体系　金砖国家　新趋势

全球支付清算体系发展的历史远远长于货币发展的历史。在货币产生之前，偶然的物物交换已经支配着原始社会的经济生活。自从人类的支付工具从物物交换发展至货币，中央银行统一发行的货币及商业银行结算体系支配着全球经济活动的顺利进行。自支票等非现金支付工具出现之后，全球现金和非现金支付结构逐步发生趋势性的变化，移动支付等新型支付方式出现后，非现金支付市场进入创新驱动的发展阶段。以非现金支付市场为切入点，本章系统地总结了全球非现金支付市场及主要国家（部分发达国家和金砖国家）支付清算体系近年来的发展概况。根据全球支付清算体系的基本数据和主要国家支付清算体系发展的实践经验，总结了全球支付清算体系多维度的发展新趋势，包括支付监管趋势、支付创新趋势、跨境支付市场发展趋势以及支付理论发展概况。

一　全球非现金支付市场发展概况①

2012年，全球非现金支付总量约为3343亿笔，环比增长7.7%，比2011年有所回落。其中，亚洲新兴经济体、非洲、中东和中欧地区是全球非现金支付增速较快的地区，增速为20%左右，而中国和乌克兰的增速高达30%。虽然随着经济复苏及支付服务创新等因素的推动，发达国家的非现金支付不断增长，但其增长势头相对于2011年较弱，相对于发展中国家也较弱，增长速度约为4.5%。两地区的非现金支付总量基数较高，分别为1279亿笔和876亿笔。相较于发达国家，新兴经济体如CEMEA②的非现金支付总量的基数不高，约为288亿笔，但这些国家在不断改善本国的非现金支付基础设施和相关法律法规，大力促进了非现金支付体系的发展，总体为全球非现金支付市场贡献了约55.4%的份额（Capgemini and RBS，2014）。按照非现金支付笔数排名，居前三位的国家均为新型经济体，分别是中国、俄罗斯和韩国。

全球非现金支付体系呈现两大特征。一是移动支付和电子支付的发展势头强劲。移动支付年均增速约为60%；电子支付年均增速相对减弱，2012年约为16%。二是非银行支付规模不断扩大。借助于高科技和电子支付渠道，各种不受监管的非银行金融中介提供的零售支付服务不断增加，冲击着监管体制内的银行零售支付，但其数据统计难度也在增加，尚没有完整的统计数据。

虽然受上述两大因素的冲击，但全球商业银行在2012年依然处理了377万亿美元的非现金交易业务，并获得了3010亿美元的交易收入，非现金交易业务额大约是当年全球GDP（71.7万亿美元）的5倍。由此可见，支付类业务在商业银行业务体系中依然重要。银行卡支付在全球非现金支付体系中依然占据主体。2012年，全球借记卡支付总量为1407亿笔，比2011

---

① 由于全球支付清算市场的数据资料具有滞后性，本部分只能获取2012年的相关数据。在本章随后的内容中，大部分具体指标可获得2013年的数据。
② CEMEA包括波兰、俄罗斯、沙特、南非、土耳其、乌克兰、匈牙利、捷克、罗马尼亚和其他中欧国家及中东市场。

年增长13.4%；信用卡支付总量为627亿笔，比2011年增长9.9%。总体而言，银行卡支付总量约为全球非现金支付总量的60.9%，比2011年略有下降。在银行卡支付总量中，北美和欧洲地区贡献了约60.7%，其中美国银行卡支付对全球的贡献率约为38.3%。

随着新型电子支付工具和电子支票的普及，全球支票支付继续缩水，2012年支付交易量为288亿笔，约为全球非现金支付总量的9.6%。大部分国家的支票支付交易量都在下降，但美国、印度例外。2012年，美国的支票支付交易量为183亿笔，占全球支票支付总交易量的65.1%；印度的支票支付总量占其国内支票支付总量的45%。美国的支票支付交易趋势源自其居民长期使用支票支付的习惯，印度的支票支付稳中增长则源自其政府对支付体系的鼓励性政策和优惠政策支持，如印度国家支付公司的大力推动等。

二 主要国家的支付清算体系建设进展

（一）主要发达国家

1. 美国

根据国际清算银行支付结算委员会等制定的《金融市场基础设施原则》和《多德－弗兰克法案》，美联储在2012年9月修订了国内支付体系的风险管理规则，并对中央证券存托和中央对手方设定了新的风险监管标准。以跨境支付为例，美国的跨境支付针对存款性金融机构制定了新的"汇款转账"（Remittance Transfers）规则。所谓汇款转账，指的是一个自然人从一家美国机构向一家外国存款性金融机构发出的支付，无论这个自然人在汇款转账提供商那里是否有银行账户。

针对新的监管规则，美国银行业已经采取措施强化支付清算行业模块和发展标准，并完善行业规则以使商业银行更好地遵守。例如，美国自动清算所（ACH）发展了新型"REM"交易码，以帮助存款性金融机构更好地识别新型监管规则下汇款转账类型的国际支付。对于国际电传中的国内部分，

第十三章 全球主要国家支付清算体系发展概况

联邦储备银行的联邦电报资金服务和清算所银行间支付体系已经号召发电报的存款性金融机构发展出一个自愿性的市场集会，与美国的电报接收机构达成关于汇款转账的双边协议。这些新的电传支付标识能使发出机构准确地识别哪些支付应该遵守汇款转账双边协议。

美国支付清算体系发展概况见图 13-1 及表 13-1 至表 13-12。

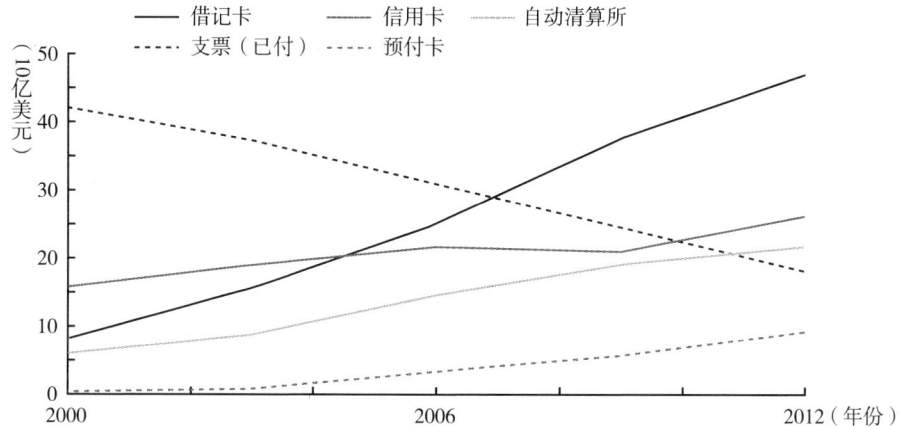

图 13-1　美国各类非现金支付发展趋势：2000~2012 年

资料来源：Federal Reserve System，"The 2013 Federal Reserve Payments Study"，July 2014。

表 13-1　美国非现金支付的数量和增长率：2000~2012 年

单位：10 亿美元

	2000 年	2003 年	2006 年	2009 年	2012 年	2000~2012 年（%）	2009~2012 年（%）
总额	72.4	81.4	95.2	108.1	122.4	4.5	4.2
普通支付卡	20.6	30.8	44.3	58.4	73.9	11.2	8.2
信用卡	12.3	15.2	19.0	19.5	23.8	5.6	6.8
借记卡	8.3	15.6	25.0	37.5	47.0	15.6	7.7
预付卡	0.0	0.0	0.3	1.3	3.1	无	33.9
私人品牌和 EBT 卡	3.8	4.6	5.8	6.1	8.5	6.9	11.6
信用卡	3.3	3.8	2.7	1.5	2.4	-2.6	17.1
预付卡			1.9	2.7	3.6	无	10.8
EBT	0.5	0.8	1.1	2.0	2.5	13.6	8.1
自动清算所（ACH）	6.1	8.8	14.6	19.1	21.7	11.1	4.4
支票（已付）	41.9	37.3	30.5	24.5	18.3	-6.6	-9.2

资料来源：Federal Reserve System，"The 2013 Federal Reserve Payments Study"，July 2014。

表13-2 非银行企业和居民使用的结算中介

单位：10亿美元

	2009年	2010年	2011年	2012年	2013年
银行体系之外流通的钞票和硬币	865.40	920.30	1003.50	1090.00	1159.80
可转换存款	853.30	945.60	1199.60	1409.30	1543.10
非银行旅行支票	5.00	4.60	4.30	6.20	5.90
M1	1723.70	1870.50	2207.40	2505.50	2708.80
外币可转换存款	3.52	7.18	9.01	6.34	8.58

注：M1 = 通货和硬币 + 旅行支票 + 活期存款 + 其他可开具支票的存款。

资料来源：BIS,"Statistics on Payment, Clearing and Settlement Systems in the CPMI Countries", Federal Reserve, 2014。

表13-3 商业银行使用的结算中介

单位：10亿美元

	2009年	2010年	2011年	2012年	2013年
央行持有的可转账资金	1089.467	1022.424	1524.536	1510.351	2491.008
法定准备金	29.783	31.768	53.176	57.672	69.011
自由准备金	1059.684	990.656	1471.360	1452.679	2421.997
其他银行持有的可转账资金	29.430	32.345	40.830	38.029	32.528
央行展期信贷					
峰值	13.226	12.136	7.358	19.107	5.219
平均	2.984	1.983	0.930	2.937	0.879
隔夜	19.742	0.074	0.040	0.042	0.084
较长期融资	143.783	45.268	9.288	0.698	0.098

资料来源：BIS,"Statistics on Payment, Clearing and Settlement Systems in the CPMI Countries", Federal Reserve, 2014。

表13-4 银行券和硬币

单位：10亿美元

	2009年	2010年	2011年	2012年	2013年
银行券和硬币发行总量	928.23	982.72	1075.79	1169.13	1241.16
银行券发行总量	888.32	942.02	1034.50	1127.10	1198.35
USD100	656.39	704.60	782.62	863.07	924.71
USD50	65.35	66.90	69.61	72.52	74.48
USD20	127.55	130.63	141.08	148.95	155.00
USD10	16.23	16.59	17.19	17.75	18.46

续表

	2009 年	2010 年	2011 年	2012 年	2013 年
USD5	11.20	11.46	11.80	12.22	12.70
USD1	9.57	9.73	10.00	10.30	10.61
其他	2.04	2.12	2.21	2.30	2.40
硬币发行总量	39.90	40.70	41.29	42.03	42.82
USD1	4.37	4.87	4.81	4.93	5.02
零币	35.54	35.83	36.48	37.10	37.80
银行持有的银行券和硬币	62.83	62.42	72.99	79.13	81.36
银行体系之外流通的银行券和硬币	865.40	920.30	1002.80	1090.00	1159.80

资料来源：BIS, "Statistics on Payment, Clearing and Settlement Systems in the CPMI Countries", Federal Reserve, US Treasury, 2014。

表13－5　向非银行企业和居民提供支付服务的机构

	2009 年	2010 年	2011 年	2012 年	2013 年
中央银行					
分支机构数量(家)	36	36	36	36	36
银行					
机构数量(家)	15954	15379	14867	14267	13722
分支行数量(家)	110906	110465	118190	117007	116012
交易账户总值(10亿美元)	1059.59	1123.78	1509.98	1755.40	1911.11
——商业银行					
机构数量(家)	6785	6478	6236	6036	5814
分支行数量(家)	79287	78568	86526	87518	86844
交易账户总值(10亿美元)	903.96	956.75	1301.29	1482.88	1608.02
——储蓄机构					
机构数量(家)	1224	1177	1159	1045	996
分支行数量(家)	10276	10463	10237	8963	8609
交易账户总值(10亿美元)	54.47	55.66	62.61	102.52	96.28
——信贷联盟					
机构数量(家)	7705	7488	72236	6956	6685
分支行数量(家)	21343	21434	21427	20526	20559
交易账户总值(10亿美元)	86.56	91.35	102.17	113.07	120.55
——外国银行					
机构数量(家)	240	236	236	230	227
分支行数量(家)	无	无	无	无	无
交易账户总值(10亿美元)	14.60	20.01	43.91	56.94	86.26

资料来源：BIS, "Statistics on Payment, Clearing and Settlement Systems in the CPMI Countries", Federal Reserve, US Treasury, 2014。

表13-6 非银行企业和居民使用的支付工具和终端指数：交易总量

单位：百万笔

	2009年	2010年	2011年	2012年	2013年
支付工具的交易类型					
信贷转账	7323.5	7667.5	8008.8	8493.6	9026.5
非纸币转账	7323.5	7667.5	8008.8	8493.6	9026.5
直接借记（ACH）	11389.8	11736.3	12209.2	12821.7	13574.6
支付卡	60871.5	65228.0	73285.9	77938.6	84220.5
一般借记卡支付	38518.9	43780.4	49006.1	51717.2	56020.8
信用卡支付	22352.6	21447.6	24279.8	26221.4	28199.7
零售商信用卡支付	2655.4	2591.7	2402.8	2424.8	2458.3
支票	24464.9	22389.2	20378.0	18334.5	16319.7
ATMs现金提取	5966.7	无	无	5804.4	无

资料来源：Federal Reserve，EFT Data Book，Thomson Media，The Nilson Report，NACHA；BIS，"Statistics on Payment，Clearing and Settlement Systems in the CPMI Countries"，2014。

表13-7 非银行企业和居民使用的支付工具和终端指数：交易总值

单位：10亿美元

	2009年	2010年	2011年	2012年	2013年
支付工具的交易类型					
信贷转账	21169.6	23065.4	25033.2	69404.2	74297.9
非纸币转账	21169.6	23065.4	25033.2	69404.2	74297.9
直接借记	14641.3	15336.4	16034.1	61793.4	63225.0
支付卡	3385.9	3695.8	4097.1	4417.6	4762.0
一般借记卡支付	1447.3	1648.8	1846.8	1975.8	2130.7
信用卡支付	1938.6	2047.0	2250.3	2441.8	2631.4
零售商信用卡支付	177.2	174.9	200.0	216.0	232.3
支票	31599.4	30475.3	28063.2	26033.0	24177.6
ATMs现金提取	646.7	无	无	687.0	无

资料来源：Federal Reserve，The Nilson Report，HSN Consultants Inc.，Oxnard，CA，NACHA；BIS，"Statistics on Payment，Clearing and Settlement Systems in the CPMI Countries"，2014。

表13-8 支付卡和汇兑工具数量

	2009年	2010年	2011年	2012年	2013年
本国发行卡(百万张)					
现金卡	855.2	795.1	805.2	827.4	845.1
借记卡	278.8	281.3	286.0	290.8	296.0
信用卡	1107.6	857.3	875.2	905.6	917.4
零售商信用卡	531.2	343.5	356.0	369.0	368.3
本国终端(千台)					
ATMs	425.0	无	无	无	无

资料来源：2010年之前的数据来源于EFT Data Book (Thomson Media), The Nilson Report, HSN Consultants Inc., Oxnard, CA; BIS, "Statistics on Payment, Clearing and Settlement Systems in the CPMI Countries", 2014。

表13-9 部分银行间资金转移体系的支付：交易数量

单位：百万笔

	2009年	2010年	2011年	2012年	2013年
大额支付体系					
CHIPS	84.8	90.9	95.1	97.1	103.1
Fedwire	124.7	125.1	127.0	131.6	134.2
支票清算					
私人清算所和交易所	9018.5	8143.7	7427.7	5969.5	6806.2
美联储	8918.0	8018.0	7052.0	6851.0	6171.0
自动清算所(ACH)					
私人	6964.9	7276.5	7598.0	7818.3	8070.4
借记资金转移	4408.1	4625.5	4810.7	4893.2	5031.3
信贷转移	2556.9	2651.0	2787.3	2925.1	3039.1
美联储	8290.4	8340.2	8481.4	8932.2	9481.4
借记资金转移	4731.2	4634.2	4666.1	4896.6	5166.6
信贷转移	3559.1	3706.0	3815.3	4035.6	4314.8
美国支票	6528.4	6227.5	5898.3	5514.0	5092.5
美国ACH	3458.0	3787.1	4138.7	4564.8	5049.3
借记资金转移	2250.6	2476.5	2732.4	3031.9	3376.7
信贷转移	1207.4	1310.5	1406.2	1532.8	1672.6

资料来源：Clearing House Interbank Payments System, Federal Reserve, NACHA; BIS, "Statistics on Payment, Clearing and Settlement Systems in the CPMI Countries", 2014。

表13-10 合约和交易的清算数量

单位：百万笔

	2009年	2010年	2011年	2012年	2013年
国家证券清算公司	23254.0	20372.0	20833.0	17263.0	17723.0
固定收益清算公司	31.1	37.2	44.4	39.1	40.2
政府证券	28.7	34.0	40.5	34.9	36.4
抵押贷款支持证券	2.4	3.2	3.9	4.2	3.8

资料来源：Depository Trust & Clearing Corporation；BIS, "Statistics on Payment, Clearing and Settlement Systems in the CPMI Countries", 2014。

表13-11 合约和交易的清算总值

单位：10亿美元

	2009年	2010年	2011年	2012年	2013年
国家证券清算公司	209690	217450	220790	185670	207220
固定收益清算公司	999900	1205900	1126998	1219100	1155200
政府证券	905100	1101700	1126900	116200	1076500
抵押贷款支持证券	94800	104200	97700	102900	78700

资料来源：Depository Trust & Clearing Corporation；BIS, "Statistics on Payment, Clearing and Settlement Systems in the CPMI Countries", 2014。

表13-12 美国用户双向SWIFT信息流

单位：千条

发出的信息	660288	711977	782697	816912	908699
Ⅰ类信息	92067	104420	115518	127669	135965
Ⅱ类信息	32148	34226	38033	41384	46550
收到的信息	772001	834523	924124	948429	1065767
Ⅰ类信息	87509	99771	111265	124850	133121
Ⅱ类信息	61753	63238	68323	70824	75057
国内信息交换	290863	301427	336956	349040	388017
全球SWIFT信息交换	3760314	4031935	4431100	4589109	5065668

资料来源：SWIFT；BIS, "Statistics on Payment, Clearing and Settlement Systems in the CPMI Countries", 2014。

2. 欧洲地区

对于欧洲地区的概况分析,主要包括奥地利、比利时、芬兰、法国、德国、爱尔兰、意大利、卢森堡、荷兰、葡萄牙、西班牙、希腊、斯洛文尼亚、塞浦路斯、斯洛伐克、爱沙尼亚,共16个国家。欧洲地区支付清算体系发展概况见表13-13至表13-16。

表13-13 非货币金融机构使用的结算中介

单位:10亿欧元

	2009年	2010年	2011年	2012年	2013年
货币金融机构以外流通的银行券和硬币	769.9	808.6	857.5	876.8	921.2
非货币金融机构持有的隔夜存款	4049.8	4224.5	4282.1	4590.9	4828.4
狭义货币供给	4556.2	4754.4	4866.6	5168.7	5445.1
非货币金融机构持有的外币隔夜存款	226.9	250.3	274.8	318.4	347.9
电子货币总值	1.723	2.449	3.087	4.032	4.715
——卡基产品	1.058	1.535	1.915	2.380	2.667
——网络产品	0.665	0.914	1.124	1.567	1.929

资料来源:ECB(Data as of Friday, 12 December, 2014);BIS, "Statistics on Payment, Clearing and Settlement Systems in the CPMI Countries", 2014。

表13-14 银行券和硬币

单位:百万欧元

	2009年	2010年	2011年	2012年	2013年
银行券和硬币发行总量	829280.6	863719.0	913680.0	938173.0	982425
银行券发行总量	806411.5	839702.3	888629.0	912593.0	956184
EUR500	281891.2	287925.9	299588.3	293733.1	291570
EUR200	35647.3	36121.5	36262.2	36846.9	39777
EUR100	147186.1	155106.7	164994.6	170614.2	185001
EUR50	259972.0	277508.0	302257.3	321858.9	348141
EUR20	53804.2	55036.2	57069.0	59767.7	61776
EUR10	20422.8	20392.7	20729.3	21706.8	21555
EUR5	7487.9	7611.4	7728.4	8065.5	8362
硬币发行总量	21316.2	22271.0	23072.7	23658.3	24207
EUR2	8528.8	9042.9	9484.5	9866.2	10188

续表

	2009 年	2010 年	2011 年	2012 年	2013 年
EUR1	6184.3	6345.2	6457.8	6464.9	6512
EUR0.50	2502.5	2581.5	2632.7	2669.9	2716
EUR0.20	1733.0	1804.2	1862.7	1914.8	1951
EUR0.10	1106.1	1156.6	1205.8	1240.8	1272
EUR0.05	710.9	755.9	793.9	828.5	857
EUR0.02	340.0	366.0	389.5	411.5	432
EUR0.01	210.6	228.8	245.7	261.7	276
货币金融机构持有的银行券和硬币	59409.1	55156.9	56144.0	61386.0	61204
货币金融机构之外流通的银行券和硬币	769871.5	808562.0	857537.0	876787.0	921221

资料来源：ECB。

表13-15　部分银行间资金转移体系的支付：交易量

单位：百万笔

	2009 年	2010 年	2011 年	2012 年	2013 年
大额支付体系					
TARGET					
发送的信贷转账	87.84	87.18	88.98	89.62	91.34
各成员之间发送的总信贷转账	61.81	58.77	57.91	56.37	56.61
各成员内部发送的信贷转账	26.02	28.41	31.07	33.25	34.73
EURO1/STEP1					
发送的总交易量	58.29	59.37	62.32	66.59	64.14
信贷转账	58.21	59.29	62.24	66.49	64.04
直接借记	0.02	0.02	0.03	0.03	0.03
其他支付工具	0.06	0.06	0.05	0.07	0.07
交易量集中度(%)	30.7	30.1	30.5	32.7	31.6
STEP2 XCT Service					
发送的总交易量	54.24	46.48	32.78	无	无
信贷转账	54.24	46.48	32.78	无	无
交易量集中度(%)	34.9	36.8	43.4	无	无
STEP2 ICT Service					
发送的总交易量	286.90	301.60	308.10	309.70	277.96
信贷转账	286.90	301.60	308.10	309.70	277.96

续表

	2009年	2010年	2011年	2012年	2013年
交易量集中度(%)	99.3	99.9	99.9	99.9	99.9
STEP2 ICT Service					
发送的总交易量	89.02	176.56	439.38	641.43	1082.98
信贷转账	89.02	176.56	439.38	641.43	1082.98
交易量集中度(%)	25.2	31.0	51.0	46.4	37.7

资料来源：ECB；BIS，"Statistics on Payment, Clearing and Settlement Systems in the CPMI Countries"，2014。

表13-16 部分银行间资金转移体系的支付：交易值

单位：百万欧元

	2009年	2010年	2011年	2012年	2013年
大额支付体系					
TARGET					
发送的信贷转账	536027.1	631440.0	651274.9	711025.8	559696.0
各成员之间发送的总信贷转账	354229.7	450165.8	454336.5	522985.1	389611.0
各成员内部发送的信贷转账	181023.1	180490.0	196626.3	187856.7	170004.8
交易值集中度(%)	14.6	15.6	15.6	13.0	16.9
EURO1/STEP1					
发送的总交易值	65204.2	62207.7	64020.3	57907.3	48677.7
信贷转账	60686.3	57690.0	59483.3	54177.7	45619.4
直接借记	4515.8	4516.2	4535.8	3728.1	2827.5
其他支付工具	2.2	1.5	1.2	1.4	230.8
交易值集中度(%)	46.7	48.5	51.4	51.9	47.4
STEP2 XCT Service					
发送的总交易值	224.2	204.2	156.3	无	无
信贷转账	224.2	204.2	156.3	无	无
交易值集中度(%)	30.2	28.8	38.3	无	无
STEP2 ICT Service					
发送的总交易值	1193.0	1231.0	1239.1	1044.0	919.6
信贷转账	1193.0	1231.0	1239.1	1044.0	919.6
交易值集中度(%)	99.2	99.9	99.9	99.9	99.9
STEP2 ICT Service					
发送的总交易值	518.4	948.5	1579.7	2445.6	3661.7
信贷转账	518.4	948.5	1579.7	2445.6	3661.7
交易值集中度(%)	22.5	27.0	29.0	26.6	27.0

资料来源：ECB；BIS，"Statistics on Payment, Clearing and Settlement Systems in the CPMI Countries"，2014。

3. 英国

英国支付清算体系发展概况见表 13-17 至表 13-26。

表 13-17　非银行企业和居民使用的结算中介

单位：10 亿英镑

	2009 年	2010 年	2011 年	2012 年	2013 年
银行体系以外流通的银行券和硬币	50.59	54.62	57.35	55.70	55.99
可转账存款总值	1136.81	1182.70	1216.63	1283.74	1352.82
狭义货币供给	1185.13	1235.03	1271.62	1341.55	1413.30
可转账外币存款	251.56	256.38	258.84	263.16	247.05

资料来源：BIS，"Statistics on Payment, Clearing and Settlement Systems in the CPMI Countries"，2014。

表 13-18　银行券和硬币

单位：百万英镑

	2009 年	2010 年	2011 年	2012 年	2013 年
银行券和硬币发行总量	53.006	54.824	57.750	60.400	62.082
银行券发行总量	49.309	51.072	53.964	56.490	58.071
GBP50	9.415	10.149	10.362	10.313	11.223
GBP20	31.399	32.298	34.491	36.552	37.626
GBP10	7.170	7.200	7.510	7.992	7.597
GBP5	1.324	1.425	1.601	1.633	1.625
硬币发行总量	3.697	3.752	3.786	3.910	4.011
GBP2	0.690	0.720	0.738	0.786	0.832
GBP1	1.482	1.500	1.496	1.528	1.553
GBP0.50	0.424	0.427	0.433	0.460	0.474
GBP0.20	0.498	0.507	0.526	0.541	0.553
GBP0.10	0.166	0.164	0.160	0.160	0.163
GBP0.05	0.191	0.188	0.188	0.191	0.192
GBP0.02	0.134	0.133	0.133	0.132	0.131
GBP0.01	0.113	0.113	0.113	0.113	0.113
银行持有的银行券和硬币	6.927	5.020	5.716	5.486	4.587
银行体系之外流通的银行券和硬币	50.589	54.621	57.350	55.700	55.986

资料来源：BIS，"Statistics on Payment, Clearing and Settlement Systems in the CPMI Countries"，2014。

表 13-19　为非银行企业和居民提供支付服务的主要机构概况

	2009年	2010年	2011年	2012年	2013年
中央银行					
分行总数(家)	1	1	1	1	1
非银行机构数目(家)	5.969	5.177	4.550	4.959	4.920
账户总值(10亿英镑)	31.638	32.335	50.043	70.163	78.063
账户数目(千个)	5.995	5.209	4.596	4.993	4.954
银行					
机构总数(家)	364	380	365	361	358
分支行数(家)	10790	10627	10685	无	无
账户总数(个)	127000	132900	128000	无	无
其中:网络开户总数(个)	39600	43600	44800	无	无
账户总值(10亿英镑)	2475.7	2524.2	2813.6	3210.2	3280.8
国内银行分支机构					
机构总数(家)	209	207	204	203	203
账户总值(10亿英镑)	1780.0	1791.2	2023.6	2370.7	2456.4
外国银行分支机构					
机构总数(家)	155	173	161	158	155
账户总值(10亿英镑)	695.6	733.0	790.0	839.5	824.4
为非银行企业和居民提供支付服务的邮政机构					
机构总数(家)	1	1	1		
分支机构或办事处(家)	11952	11905	11677	11500	无
非银行企业和居民持有的账户数(千个)	349000	278000	256000	105000	无
非银行企业和居民持有的账户总值(10亿英镑)	1.220	1.954	1.486	0.520	无
为非银行企业和居民提供支付服务的机构(全部)					
机构总数(家)	366	382	367	363	359
分支机构或办事处(家)	22743	22533	22364	无	无
非银行企业和居民持有的账户数(千个)	127355	133183	128261	无	无
非银行企业和居民持有的账户总值(10亿英镑)	2508.5	2558.5	2865.1	3280.9	3358.8

资料来源：BIS,"Statistics on Payment, Clearing and Settlement Systems in the CPMI Countries",2014。

表 13-20　支付卡功能和汇兑工具

	2009 年	2010 年	2011 年	2012 年	2013 年
本国发行卡（千张）					
现金卡	162208	165065	165100	168993	175593
支付卡	79270	84642	86325	88553	95689
借记卡	2309	2403	2192	2324	2262
延期借记卡	58604	55601	54483	56443	55362
电子货币卡	无	无	无	无	无
总卡数	162584	165262	165100	168993	175593
本国终端（千台）					
ATMs	62.2	63.1	64.4	66.1	68.0
提现功能的 ATMs	62.2	63.1	64.4	66.1	68.0
转账功能的 ATMs	19.9	19.9	17.1	8.7	8.3
POS 终端	1179.2	1252.7	1360.6	1639.3	1653.9

资料来源：BIS, "Statistics on Payment, Clearing and Settlement Systems in the CPMI Countries", 2014。

表 13-21　非银行企业和居民使用的支付工具和终端指数：交易总量

单位：百万笔

	2009 年	2010 年	2011 年	2012 年	2013 年
支付工具的交易类型					
信贷转账	3274.6	3396.3	3601.5	3693.1	3871.1
纸币型	219.6	421.3	379.5	352.1	331.1
非纸币型	3055.0	2975.0	3222.0	3341.0	3540.0
直接借记	3149.2	3229.3	3322.4	3416.7	3524.9
国内支付卡	8185.0	8807.0	9901.0	10546.0	11608.0
借记卡	6017.0	6604.0	7612.0	8155.0	9040.0
延期借记卡	166.0	170.0	166.0	167.0	164.0
信用卡	1819.0	1857.0	1926.0	2023.0	2194.0
支票	1282.0	1113.0	970.0	848.0	718.0
总支付工具数	15890.8	16545.6	17794.9	18503.8	19722.0
发出的跨境交易	303.0	384.0	469.0	693.0	941.0
各类终端交易					
现金交易	2916.0	2786.0	2874.0	2915.0	2899.0
POS 支付交易	8041.0	8603.0	9521.0	2915.0	2899.0

续表

	2009年	2010年	2011年	2012年	2013年
a)国内发行卡在国内终端的交易					
现金交易	2916.0	2786.0	2874.0	2915.0	2899.0
ATMs现金提取	2916.0	2786.0	2874.0	2915.0	2899.0
POS支付交易	7886.0	8425.0	9434.0	9853.0	10668.0
b)国外发行卡在国内终端的交易					
POS支付交易	155.0	178.0	87.0	439.0	196.0
c)国内发行卡在国外终端的交易					
现金交易	3.0	3.0	1.0	1.0	1.0
ATMs现金提取	3.0	3.0	1.0	1.0	1.0
POS支付交易	303.0	384.0	469.0	639.0	891.0

资料来源：BIS，"Statistics on Payment, Clearing and Settlement Systems in the CPMI Countries"，2014。

表13-22　非银行企业和居民使用的支付工具和终端指数：交易总值

单位：10亿英镑

	2009年	2010年	2011年	2012年	2013年
支付工具的交易类型					
信贷转账	67819.62	65034.07	67519.06	75060.20	75127.58
纸币型	124.05	220.77	196.95	178.38	172.28
非纸币型	67695.58	64813.31	67322.11	74881.82	74955.30
直接借记	885.71	948.14	1044.68	1075.51	1115.07
国内支付卡	421.43	455.19	501.93	511.08	560.73
借记卡	276.84	305.44	348.66	356.98	401.04
延期借记卡	36.81	37.88	35.76	34.02	33.14
信用卡	107.78	111.87	117.50	120.08	126.56
支票	1278.63	1094.25	962.84	855.39	733.38
总支付工具数	70405.39	67531.65	70028.50	77502.17	77536.75
发出的跨境交易	25.56	27.47	28.10	34.32	40.45
各类终端交易					
现金交易	192.80	185.78	191.32	193.61	191.83
POS支付交易	403.30	429.75	488.44	507.58	534.02
a)国内发行卡在国内终端的交易					
现金交易	192.80	185.78	191.32	193.61	191.83
POS支付交易	396.12	427.92	473.98	476.84	520.37

续表

	2009年	2010年	2011年	2012年	2013年
b)国外发行卡在国内终端的交易					
POS支付交易	7.18	1.84	14.47	30.74	13.65
c)国内发行卡在国外终端的交易					
现金交易	0.25	0.19	0.15	0.08	0.08
POS支付交易	25.56	27.47	28.10	34.32	40.45

资料来源：BIS,"Statistics on Payment, Clearing and Settlement Systems in the CPMI Countries", 2014。

表13-23 银行使用的结算中介

单位：10亿英镑

	2009年	2010年	2011年	2012年	2013年
央行持有的可转账资金					
法定准备金	2.60	2.77	2.39	2.38	4.08
自由准备金	153.50	142.96	174.61	218.81	301.80
其他银行持有的可转账资金	695.43	659.41	624.09	654.23	730.24
央行展期信贷					
每日	17.81	21.49	22.77	30.46	无
较长期融资	11.31	10.58	6.16	5.35	0.01

资料来源：BIS,"Statistics on Payment, Clearing and Settlement Systems in the CPMI Countries", 2014。

表13-24 部分银行间资金转移体系的支付：交易数量

单位：百万笔

	2009年	2010年	2011年	2012年	2013年
大额支付体系					
CHAPS Sterling					
信贷转账	31.91	32.15	34.02	33.94	34.98
交易量集中度(%)	79.0	76.0	73.0	73.0	73.0
零售支付体系					
支票和信贷清算					
发出的国内交易总量	980.04	865.72	762.64	667.42	587.26
信贷转账	82.15	70.00	62.40	54.25	47.37
支票	897.88	795.72	700.24	613.17	539.89
交易量集中度(%)	75.0	75.0	77.0	79.0	79.0

续表

	2009 年	2010 年	2011 年	2012 年	2013 年
BACS					
发出的国内总交易量	5638.73	5672.59	5717.00	5616.39	5695.03
信贷转账	2489.57	2443.25	2394.64	2199.74	2170.12
直接借记	3149.15	3229.34	3322.36	3416.65	3524.91
交易量集中度(%)	78.0	80.0	80.0	81.0	81.0
更快捷的支付服务					
国内总交易	无	无	无	811.09	967.63
信贷转账	无	无	无	811.09	967.63
交易量集中度(%)	无	无	无	88.0	88.0

资料来源：BIS，"Statistics on Payment, Clearing and Settlement Systems in the CPMI Countries"，2014。

表 13-25　部分银行间资金转移体系的支付：交易值

单位：10 亿英镑

	2009 年	2010 年	2011 年	2012 年	2013 年
大额支付体系					
CHAPS Sterling					
信贷转账	59510.1	56720.8	63876.8	71716.9	70138.9
交易值集中度(%)	74.0	70.0	67.0	68.0	68.0
零售支付体系					
支票和信贷清算					
发出的国内交易总值	941.9	819.0	727.5	646.0	576.1
信贷转账	46.4	36.7	32.4	27.5	24.6
支票	895.5	782.3	695.1	618.5	551.5
交易值集中度(%)	77.0	79.0	86.0	83.0	81.0
BACS					
发出的国内总交易值	3855.4	4059.4	4362.2	4112.2	4218.6
信贷转账	2969.7	3111.2	3318.5	3036.7	3103.6
直接借记	885.7	948.1	1044.7	1075.5	1115.1
更快捷的支付服务					
国内总交易	无	无	无	617.9	771.4
信贷转账	无	无	无	617.9	771.4
交易值集中度(%)	无	无	无	87.0	87.0

资料来源：BIS，"Statistics on Payment, Clearing and Settlement Systems in the CPMI Countries"，2014。

表 13-26 合约和交易的清算总值

单位：10 亿英镑

	2009 年	2010 年	2011 年	2012 年	2013 年
LCH. Clearnet Ltd. (GBP)					
合约和交易的清算总值	588812.9	无	无	无	无
证券交易清算总值	66222.6	无	无	无	无
债务性证券	63128.3	无	无	无	无
股权	3094.2	无	无		
回购交易清算值	62639.1	101502.0	81000.2	68200.8	67299.4
债券回购	62639.1	101502.0	81000.2	68200.8	67299.4
短期票据回购	无	无	无	无	无
国债回购	无	无	无	无	无
交易所交易的衍生品合约清算值	450255.4	无	无		
金融期货	258592.1				
金融期权	183267.3	无	无		
商品期货	8395.2	无	无		
商品期权	0.8				
其他商品衍生品	无	无	无		
场外市场衍生品合约清算总值	72334.9	无	无		
金融期货	831.3	无	无		
金融期权	1502.6	无	无		
其他金融衍生品	69968.3	无	无		
商品期货	32.2	无	无		
商品期权	0.6	无	无	无	无
LCH Clearnet SA(EUR)					
合约和交易的清算总值	12566.7	19496.1	23457.1	24097.5	25271.1
证券交易清算总值	12566.7	19496.1	23457.1	24097.5	25271.1
债务性证券	12566.6	19496.1	23065.4	24097.5	25271.1
短期票据	658.8	1509.9	2223.0	2022.7	2264.0
国债	11907.8	17986.2	21234.1	22074.8	23007.1
股权	0.1	无	无	无	无
回购交易清算值	12480.8	19283.5	23065.4	23580.3	24775.9
债务性证券	12480.8	19283.5	23065.4	23580.3	24775.9
短期票据	647.8	1476.5	2143.1	1962.5	2177.6
国债	11833.1	17807.0	20922.3	21617.8	22598.3

资料来源：BIS,"Statistics on Payment, Clearing and Settlement Systems in the CPMI Countries", 2014。

4. 加拿大

加拿大支付清算体系发展概况见表 13-27 至表 13-36。

表 13-27 非银行企业和居民使用的结算中介

单位：10 亿加元

	2009 年	2010 年	2011 年	2012 年	2013 年
银行体系以外流通的银行券和硬币	55.07	57.11	59.90	62.22	65.54
可转账存款总值	496.67	544.60	592.88	640.87	675.87
狭义货币供给	551.74	601.71	652.78	703.09	741.41
可转账外币存款	53.39	66.51	74.46	87.86	95.32
电子货币总储值	无	无	无	无	无

资料来源：BIS, "Statistics on Payment, Clearing and Settlement Systems in the CPMI Countries", 2014。

表 13-28 银行使用的结算中介

单位：10 亿加元

	2009 年	2010 年	2011 年	2012 年	2013 年
央行持有的可转账资金	2.947	0.033	0.025	0.063	0.187
自由准备金	2.947	0.033	0.025	0.063	0.187
其他银行持有的可转账资金	1.233	1.533	1.933	1.886	2.018
央行展期信贷					
当日	0	0	0	0	0
隔夜	0	0.008	0	0.012	0
较长期融资	26.1650	1.1790	0.5200	0.692	0.848

资料来源：BIS, "Statistics on Payment, Clearing and Settlement Systems in the CPMI Countries", 2014。

表 13-29 为非银行企业和居民提供支付服务的主要机构概况

	2009 年	2010 年	2011 年	2012 年	2013 年
中央银行					
分行总数（家）	1	1	1	1	1
非银行机构数目（家）	3	3	3	3	3
账户总值（10 亿加元）	2.947	0.033	0.025	0.063	0.187
账户数目（家），所有	14	15	15	15	15
账户数目（家），银行	11	12	12	12	12

续表

	2009 年	2010 年	2011 年	2012 年	2013 年
银行					
机构总数(家)	74	75	75	76	76
分支行总数(家)	6705	6757	6867	6987	7039
账户总值(10 亿加元)	433.97	477.39	513.56	546.74	602.17
国内银行					
机构总数(家)	21	21	22	22	24
分支行总数(家)	6472	6522	6609	6732	788
账户总值(10 亿加元)	395.74	436.95	468.64	517.93	570.16
外国银行分支机构					
机构总数(家)	25	25	25	25	23
分支行总数(家)	201	202	227	223	220
账户总值(10 亿加元)	33.08	34.73	36.89	20.22	21.16
外国银行支行					
机构总数(家)	28	29	28	29	29
支行或办事处总数(家)	32	33	31	32	31
账户总值(10 亿加元)	5.14	5.71	8.02	8.59	10.86

资料来源：BIS, "Statistics on Payment, Clearing and Settlement Systems in the CPMI Countries", 2014。

表 13-30　为非银行企业和居民提供支付服务的其他机构概况

	2009 年	2010 年	2011 年	2012 年	2013 年
为非银行企业和居民提供支付服务的其他机构					
机构数量(家)	979	910	860	805	752
账户总值(10 亿加元)	70.21	73.97	79.95	85.26	83.68
地方信贷联盟					
机构总数(家)	945	877	826	771	724
分支机构和办事处数目(家)	3302	3253	3162	3117	3031
账户总值(10 亿加元)	63.12	67.13	69.79	76.53	73.38
信托和贷款公司					
机构总数(家)	33	32	33	33	27
账户总值(10 亿加元)	0.62	0.75	1.15	1.16	0.92
政府储蓄机构					
机构总数(家)	1	1	1	1	1
分支机构和办事处总数(家)	165	167	170	170	171

续表

	2009 年	2010 年	2011 年	2012 年	2013 年
账户总值(10 亿加元)	6.47	6.09	9.01	7.58	9.39
为非银行提供支付服务的全部					
机构数量(家)	1054	986	936	882	829
账户总值(10 亿加元)	507.13	551.39	593.53	632.06	686.04

资料来源：BIS，"Statistics on Payment, Clearing and Settlement Systems in the CPMI Countries"，2014。

表 13-31 支付卡功能和汇兑工具

	2009 年	2010 年	2011 年	2012 年	2013 年
本国发行卡(千张)					
借记卡	22300.00	23900.00	23300.00	23600.00	23900.00
贷记卡	73806.00	74470.22	78796.16	78439.03	81127.26
零售商卡	10074.25	9547.09	7897.64	78439.03	81127.26
本国终端(千台)					
ATMs	58.20	59.60	60.00	59.10	65.00
提现 ATMs	58.20	59.60	60.00	59.10	65.00
转账 ATMs	17.26	17.32	17.59	16.88	18.58
POS 终端	708.70	727.35	740.00	794.00	829.00
EFTPOS	708.70	727.35	740.00	794.00	829.00

资料来源：BIS，"Statistics on Payment, Clearing and Settlement Systems in the CPMI Countries"，2014。

表 13-32 非银行企业和居民使用的支付工具和终端指数：交易总量

单位：百万笔

	2009 年	2010 年	2011 年	2012 年	2013 年
支付工具的交易类型					
信贷转账	944.14	997.56	1043.72	986.88	984.25
纸币转账	13.84	12.51	10.63	8.60	7.45
非纸币转账	930.29	985.05	1033.10	978.28	976.80
直接借记	630.79	651.12	673.77	699.27	728.37
国内信用卡支付	6552.40	6846.09	7227.24	7484.81	7890.34
一般借记卡支付	3881.00	3971.00	4143.00	4357.31	4518.93

续表

	2009 年	2010 年	2011 年	2012 年	2013 年
信用卡支付	2671.40	2875.09	3084.24	3127.50	3371.41
支票	943.68	915.46	870.86	748.02	688.53
交易支付总笔数	9071.00	9410.23	9851.59	9918.98	10291.48
各类终端交易					
现金交易	858.20	845.11	817.62	797.89	751.24
ATMs 提款	635.71	627.83	605.99	573.40	558.26
ATMs 存款	222.49	217.27	211.63	224.50	192.98
POS 支付交易	6552.40	6846.09	7227.24	7484.81	7890.34

资料来源：BIS,"Statistics on Payment, Clearing and Settlement Systems in the CPMI Countries", 2014。

表 13-33 非银行企业和居民使用的支付工具和终端指数：交易总值

单位：10 亿加元

	2009 年	2010 年	2011 年	2012 年	2013 年
支付工具的交易类型					
信贷转账	1431.36	1579.00	1774.50	1916.35	2056.74
纸币转账	14.66	12.53	11.23	10.29	11.07
非纸币转账	1416.70	1566.47	1763.27	1906.06	2045.68
直接借记	503.36	536.55	581.61	574.67	611.28
国内信用卡支付	460.18	482.03	513.76	546.12	570.93
一般借记卡支付	171.36	175.62	182.70	190.45	196.10
信用卡支付	288.82	306.41	331.06	355.67	374.83
支票	2811.70	2863.71	2933.44	2919.30	2850.91
交易支付总值	5206.61	5461.29	5803.32	5956.44	6089.87
POS 支付交易总值	460.18	482.03	513.76	546.12	570.93

资料来源：BIS,"Statistics on Payment, Clearing and Settlement Systems in the CPMI Countries", 2014。

表 13-34 银行间资金转移体系的支付：交易数量

单位：百万笔

	2009 年	2010 年	2011 年	2012 年	2013 年
大额支付体系					
总交易量	5.61	6.04	6.61	7.03	7.58
信用转移	5.61	6.04	6.61	7.03	7.58
交易量集中度(%)	81.4	81.4	80.8	80.9	80.9

续表

	2009年	2010年	2011年	2012年	2013年
零售支付体系					
自动清算结算体系					
总交易数	5823.44	6018.44	6253.72	6298.69	6419.72
信用转移	944.14	997.56	1043.72	986.88	984.25
直接借记	630.79	651.12	673.77	699.27	728.37
卡支付	3054.63	3210.15	3431.99	3636.91	3799.85
ATMs交易	250.20	244.15	233.38	227.61	218.73
支票	943.68	915.46	870.86	748.02	688.53
交易量集中度(%)	85.3	85.8	86.4	79.9	85.8

资料来源：BIS,"Statistics on Payment, Clearing and Settlement Systems in the CPMI Countries", 2014。

表13-35 银行间资金转移体系的支付：交易值

单位：10亿加元

	2009年	2010年	2011年	2012年	2013年
大额支付体系					
总交易额	38696.3	37656.6	39565.8	38171.0	37609.4
信用转移	38696.3	37656.6	39565.8	38171.0	37609.4
交易值集中度(%)	74.2	75.1	74.3	74.4	72.2
零售支付体系					
自动清算结算体系					
总交易额	4911.4	5150.4	5469.5	5597.7	5711.7
信用转移	1431.4	1579.0	1774.5	1916.3	2056.7
直接借记	503.4	536.6	581.6	574.7	611.3
卡支付	137.6	144.2	153.2	161.0	167.1
ATMs交易	27.4	27.0	26.7	26.4	25.7
支票	2811.7	2863.7	2933.4	2919.3	2850.9
交易值集中度(%)	80.2	80.1	80.3	80.1	79.5

资料来源：BIS,"Statistics on Payment, Clearing and Settlement Systems in the CPMI Countries", 2014。

表 13-36 合约和交易的清算总值

单位：10 亿加元

	2009 年	2010 年	2011 年	2012 年	2013 年
CDCC					
金融期权（场内）	5.61	5.23	6.10	5.92	5.06
金融期权（场外）	0.01	0.01	0.10	0.12	0.16
NGX					
合约和交易清算总值	97.04	114.31	89.14	51.48	79.78
交易所衍生品合约清算值	74.27	89.18	66.36	33.66	58.07
其他商品衍生品	74.27	89.18	66.36	33.66	58.07
OTC 衍生品合约值	22.77	25.13	22.77	17.83	21.71
其他商品衍生品合约值	22.77	25.13	22.77	17.83	21.71
ICE					
合约和交易清算总值	29.53	38.24	52.55	57.58	60.22
交易所衍生品合约清算总值	29.53	38.24	52.55	57.58	60.22
商品期货	29.32	37.85	52.27	57.34	59.63
商品期权	0.21	0.39	0.28	0.24	0.59

资料来源：BIS，"Statistics on Payment, Clearing and Settlement Systems in the CPMI Countries"，2014。

（二）金砖国家（BRICS）

随着金砖国家之间的金融合作不断加强，其支付清算体系也取得了相应的进展，详见表 13-37 至表 13-76。

1. 中国

表 13-37 非银行企业和居民使用的结算中介

单位：10 亿元

	2009 年	2010 年	2011 年	2012 年	2013 年
银行体系以外流通的银行券和硬币	3824.6	无	无	无	无
可转账存款总值	18175.6	22199.3	23909.9	25400.4	27871.7
狭义货币供给	22000.2	26662.2	28984.8	30867.3	33729.1
可转账外币存款	无	无	无	无	无
电子货币储值总值	无	无	无	无	无

资料来源：BIS，"Statistics on Payment, Clearing and Settlement Systems in the CPMI Countries"，2014。

表13-38 银行使用的结算中介

单位：10亿元

	2009年	2010年	2011年	2012年	2013年
央行持有的可转账资金	10126.7	13281.7	16790.2	19114.6	20536.9
自由准备金	无	无	无	无	无
其他银行持有的可转账资金	无	无	无	无	无
央行展期信贷	无	无	无	无	无
当日	无	无	无	无	无
隔夜	无	无	无	无	无
较长期融资	无	无	无	无	无

资料来源：BIS，"Statistics on Payment, Clearing and Settlement Systems in the CPMI Countries"，2014。

表13-39 支付卡功能和汇兑工具

	2009年	2010年	2011年	2012年	2013年
国内发行的卡（千张）					
现金卡	2065944.0	2415309.0	2949049.8	3534.147.3	4213892.8
借记卡	1880388.0	2185656.0	2663590.8	3203052.1	3823100.4
信用卡	185556.0	229653.0	285458.9	331095.3	390792.4
卡总数	2065944.0	2415309.0	2949049.8	3534147.3	4213892.8
国内终端（千台）					
ATMs	214.9	271.1	333.8	415.6	520.0
POS终端	2273.4	3334.0	4826.5	7117.8	10632.1
EFTPOS	无	无	无	无	无

资料来源：BIS，"Statistics on Payment, Clearing and Settlement Systems in the CPMI Countries"，2014。

表 13-40　非银行企业和居民使用的支付工具和终端指数：交易总量

单位：百万笔

	2009 年	2010 年	2011 年	2012 年	2013 年
支付工具的交易类型					
信贷转账	818.20	1022.04	1172.63	1410.00	1837.17
纸币转账	无	无	无	无	无
非纸币转账	无	无	无	无	无
直接借记	无	无	无	无	无
国内信用卡支付	3419.24	4849.42	6413.01	9009.07	12970.95
一般借记卡支付					
信用卡支付					
支票	875.55	896.52	846.66	783.67	693.43
交易支付总数	5184.99	6767.98	8432.29	11202.74	15501.56
终端交易					
现金交易	6357.79	8358.72	10312.71	11452.56	12874.53
ATMs 现金提取	6357.79	8358.72	10312.71	11452.56	12874.53
POS 支付交易	3491.24	4849.42	6413.01	9009.07	12970.95

资料来源：BIS, "Statistics on Payment, Clearing and Settlement Systems in the CPMI Countries", 2014。

表 13-41　非银行企业和居民使用的支付工具和终端指数：交易总值

单位：10 亿元

	2009 年	2010 年	2011 年	2012 年	2013 年
支付工具的交易类型					
信贷转账	270191	362720	466028	629008	880418
纸币转账	无	无	无	无	无
非纸币转账	无	无	无	无	无
直接借记	无	无	无	无	无
国内信用卡支付	6861	10430	15212	20826	31832
一般借记卡支付	无	无	无	无	无
信用卡支付	无	无	无	无	无
支票	270033	284518	301114	296366	287697
交易支付总值	547086	657668	782354	946199	1199946
终端交易					
现金交易	6722	9187	12352	15264	19355
ATMs 现金提取	6722	9187	12352	15264	19355
POS 支付交易	6861	10430	15212	20826	31832

资料来源：BIS, "Statistics on Payment, Clearing and Settlement Systems in the CPMI Countries", 2014。

表13-42 部分银行间资金转移体系的支付：交易值

单位：10亿元

	2009年	2010年	2011年	2012年	2013年
大额和零售支付体系					
HVPS					
总交易额	803948	1104368	1355281	1771997	2060762
交易值集中度(%)	46.9	42.5	40.6	40.3	41.0
零售支付体系					
BEPS					
发出的总交易值	11462	16212	18361	18548	20315
信用转移	无	无	无	无	无
直接借记	无	无	无	无	无
卡支付	无	无	无	无	无
ATMs交易	无	无	无	无	无
支票	无	无	无	无	无
交易值集中度(%)	59.0	47.6	48.0	47.2	47.3

资料来源：BIS,"Statistics on Payment, Clearing and Settlement Systems in the CPMI Countries", 2014。

表13-43 部分银行间资金转移体系的支付：交易量

单位：百万笔

	2009年	2010年	2011年	2012年	2013年
大额和零售支付体系					
HVPS					
总交易量	248.02	291.22	372.12	470.36	595.49
交易量集中度(%)	61.0	58.0	57.5	57.6	58.6
零售支付体系					
BEPS					
发出的总交易量	225.81	386.74	563.06	753.94	1040.28
信用转移	无	无	无	无	无
直接借记	无	无	无	无	无
卡支付	无	无	无	无	无
ATMs交易	无	无	无	无	无
支票	无	无	无	无	无
交易量集中度(%)	63.2	62.4	60.9	63.0	63.2

资料来源：BIS,"Statistics on Payment, Clearing and Settlement Systems in the CPMI Countries", 2014。

表 13-44　合约和交易清算总量

单位：百万笔

	2009 年	2010 年	2011 年	2012 年	2013 年
SD&C					
合约和交易清算总量	3659.13	3106.00	无	无	无
证券交易清算总量	3659.13	3106.00	无	无	无
债务性证券	无	无	无	无	无
股权	3658.14	3103.00	无	无	无
其他	无	无	无	无	无
回购交易清算总量	无	无	无	无	无
交易所衍生品合约清算总量	无	无	无	无	无
场外衍生品合约清算总量	无	无	无	无	无

资料来源：BIS, "Statistics on Payment, Clearing and Settlement Systems in the CPMI Countries", 2014。

表 13-45　合约和交易清算总值

单位：10 亿元

	2009 年	2010 年	2011 年	2012 年	2013 年
SD&C					
合约和交易清算总值	63878.5	63937.7	无	无	无
证券交易清算总值	63878.5	63937.7	无	无	无
债务性证券	无	无	无	无	无
股权	60331.0	57349.9	无	无	无
其他	无	无	无	无	无
回购交易清算总值	无	无	无	无	无
交易所衍生品合约清算总值	无	无	无	无	无
场外衍生品合约清算总值	无	无	无	无	无

资料来源：BIS, "Statistics on Payment, Clearing and Settlement Systems in the CPMI Countries", 2014。

2. 巴西

表 13-46　非银行企业和居民使用的结算中介

单位：10 亿雷亚尔

	2009 年	2010 年	2011 年	2012 年	2013 年
银行体系以外流通的银行券和硬币	105.80	121.98	131.74	150.16	164.68
可转账存款总值	144.43	159.89	153.64	174.89	179.83
狭义货币供给	0	0	0	0	0
可转账外币存款	250.23	281.88	285.38	325.05	344.51
电子货币储值总值	无	无	无	无	无

资料来源：BIS, "Statistics on Payment, Clearing and Settlement Systems in the CPMI Countries", 2014。

表 13-47 银行使用的结算中介

单位：10 亿雷亚尔

	2009 年	2010 年	2011 年	2012 年	2013 年
央行持有的可转账资金	41.53	50.35	48.07	55.20	47.18
法定准备金	41.53	50.35	48.07	55.20	47.18
自由准备金					
其他银行持有的可转账资金	无	无	无	无	无
央行展期信贷	38.68	30.28	31.02	54.73	56.14
当日	无	无	无	无	无
隔夜	无	无	无	无	无
较长期融资	无	无	无	无	无

资料来源：BIS，"Statistics on Payment, Clearing and Settlement Systems in the CPMI Countries"，2014。

表 13-48 支付卡功能和汇兑工具

	2009 年	2010 年	2011 年	2012 年	2013 年
国内发行的卡（千张）					
现金卡	237167	295280	324752	335558	348185
借记卡	221474	226100	233326	263694	291218
信用卡	152290	172100	169142	165888	182408
电子货币卡	1274	1661	2257	2649	2231
卡总数	无	无	无	无	无
零售商卡	196467	225347	247402	258928	无
国内终端（千台）					
ATMs	165567	174920	173864	174951	195908
提现 ATMs	138909	155566	157492	160050	177363
转账 ATMs	无	无	无	无	无
POS 终端	4712596	4821919	5852816	7370982	6891196
EFTPOS	3407676	3415730	3515829	4096585	4432749

资料来源：BIS，"Statistics on Payment, Clearing and Settlement Systems in the CPMI Countries"，2014。

表13-49　非银行企业和居民使用的支付工具和终端指数：交易总量

单位：百万笔

	2009年	2010年	2011年	2012年	2013年
支付工具的交易类型					
信贷转账	7157.90	7716.39	8439.41	9012.62	9588.15
纸币转账	无	无	无	无	无
非纸币转账	7157.90	7716.39	8439.41	9012.62	9588.15
直接借记	4264.70	3584.04	4156.25	4357.75	5083.33
国内信用卡支付	5126.20	6322.51	7553.44	8664.66	10036.07
一般借记卡支付	2309.40	2928.98	3606.98	4006.24	4910.31
信用卡支付	2816.82	3393.53	3946.45	4658.43	5125.76
电子支付交易	23.69	35.36	37.39	36.00	38.08
——卡基	23.69	35.36	37.39	36.00	38.08
——其他电子货币	无	无	无	无	无
支票	1802.69	1675.00	1587.77	1438.48	1304.05
交易支付总数	18375.22	19333.30	21774.26	23509.51	26049.69
发出的跨境交易	50.42	74.64	89.90	99.49	107.97
收到的跨境交易	0.44	0.24	0.30	0.46	0.39
终端交易					
现金交易	4032.09	4297.09	4600.53	3996.75	4477.83
ATMs现金提取	2736.71	2936.78	3133.54	3078.67	3377.21
ATMs现金存款	767.98	762.62	774.47	723.58	856.52
POS支付交易	5086.32	6249.86	7463.76	8565.34	9928.23
国内卡POS支付交易	39.91	74.45	89.67	99.33	107.84

资料来源：BIS，"Statistics on Payment, Clearing and Settlement Systems in the CPMI Countries"，2014。

表13-50　非银行企业和居民使用的支付工具和终端指数：交易总值

单位：10亿雷亚尔

	2009年	2010年	2011年	2012年	2013年
支付工具的交易类型					
信贷转账	18558.75	20682.77	23439.84	27957.97	32989.03
纸币转账	无	无	无	无	无
非纸币转账	18558.75	20682.77	23439.84	27957.97	32989.03
直接借记	5075.30	5490.20	5846.00	7793.01	9400.59
国内发行卡支付	402.16	506.98	614.66	723.78	850.07

续表

	2009 年	2010 年	2011 年	2012 年	2013 年
一般借记卡支付	128.48	159.50	196.06	237.77	293.29
信用卡支付	273.68	347.48	418.59	486.01	556.77
电子货币支付交易	1.11	1.69	2.10	2.26	3.30
卡基电子货币	1.11	1.69	2.10	2.26	3.30
其他电子货币	无	无	无	无	无
支票	2504.87	2688.56	2785.64	2843.61	2926.50
交易支付总值	26542.19	29370.20	32688.24	39320.64	46169.48
发出的跨境交易	11.85	16.80	20.93	23.82	24.15
收到的跨境交易	3.62	1.98	1.84	1.75	1.65
终端交易					
现金交易	1506.35	1708.23	1849.65	1767.22	1914.98
ATMs 现金提取	637.43	738.36	846.39	906.64	1069.92
ATMs 现金存款	668.61	731.19	720.89	703.05	651.61
POS 支付交易	391.11	491.47	596.48	702.91	826.90
国内卡 POS 支付交易	11.05	15.51	18.17	20.87	23.17

资料来源：BIS，"Statistics on Payment Clearing and Settlement Systems in the CPMI Countries, December"，2014。

表 13-51　合约和交易清算总量

单位：千笔

	2009 年	2010 年	2011 年	2012 年	2013 年
BmfBovespa – Equities					
合约和交易清算总量	82300.0	107191.0	142408.1	193086.2	220600.2
证券交易清算总量	无	87224.1	119817.7	161755.0	193492.4
债务性证券	无	3.1	无	无	无
股权	无	86477.8	118724.8	160398.9	191511.5
其他	无	743.2	1089.8	1353.2	1978.4
回购交易清算总量	无	971.6	1417.8	1313.4	1693.2
股权回购	无	971.6	1417.8	1313.4	1693.2
交易所衍生品合约清算总量	无	19967.0	22590.4	31331.1	27107.8
金融期货	无	387.3	286.3	238.9	193.4
金融期权	无	19579.7	22304.1	31902.3	26914.4
场外衍生品合约清算总量	无	无	无	无	无

续表

	2009 年	2010 年	2011 年	2012 年	2013 年
BmfBovespa – Derivatives					
清算的合约和交易总量	373424.5	618669.2	671977.7	712342.2	703202.5
交易所衍生品合约清算量	无	615491.3	669060.2	710085.6	700711.0
金融期货	无	526226.5	596952.2	591436.8	647534.1
金融期权	无	86057.2	68783.9	115888.2	50827.1
其他金融衍生品	无	21.7	28.6	1.0	48.6
商品期货	无	2475.9	2261.2	2034.9	1970.0
商品期权	无	708.8	1020.1	722.9	325.4
其他商品衍生品	无	1.2	14.1	1.8	5.7
场外衍生品合约清算量	无	3177.9	2917.5	2256.6	2491.5
金融期货	无	无	无	无	无
金融期权	无	1136.3	862.0	270.2	993.1
其他金融衍生品	无	2041.5	2055.5	1986.4	1498.5

资料来源：BIS，"Statistics on Payment Clearing and Settlement Systems in the CPMI Countries, December"，2014。

表 13 – 52　合约和交易清算总值

单位：10 亿雷亚尔

	2009 年	2010 年	2011 年	2012 年	2013 年
BmfBovespa – Equities					
合约和交易清算总值	1605.53	2205.44	2370.67	2599.78	2894.75
证券交易清算总值	无	2092.97	2272.48	2505.45	2814.93
债务性证券	无	0.89	0.94	2.19	1.08
短期票据	无	0	0	0	0
债券	无	0.89	0.94	2.19	1.08
股权	无	2078.59	2254.04	2456.82	2768.14
其他	无	13.49	17.50	46.45	45.70
回购交易清算总值	无	465.61	732.75	785.93	785.93
股权回购交易清算总值	无	465.61	732.75	785.93	785.93
交易所衍生品合约清算总值	无	112.47	98.19	94.33	79.82
金融期货	无	36.40	29.39	25.43	57.12
金融期权	无	76.06	68.80	68.90	22.70

续表

	2009 年	2010 年	2011 年	2012 年	2013 年
场外衍生品合约清算总值	无	无	无	无	无
BmfBovespa – Derivatives	26784.59	42518.33	46501.65	48527.20	54789.76
合约和交易清算总值	无	无	无	无	无
交易所衍生品合约清算值	无	42323.19	46338.81	48410.74	54517.21
金融期货	无	41495.51	45674.60	48261.44	54403.35
金融期权	无	758.10	587.60	95.20	59.24
其他金融衍生品	无	1.83	2.37	0.10	5.50
商品期货	无	67.26	73.07	53.39	48.82
商品期权	无	0.47	0.85	0.56	0.17
其他商品衍生品	无	0.02	0.31	0.05	0.14
场外衍生品合约清算值	无	195.14	162.85	116.46	272.55
金融期货	无	无	无	无	无
金融期权	无	93.06	60.07	17.14	197.62
其他金融衍生品	无	102.08	102.78	99.32	74.92
BmfBovespa – Securities					
合约和交易清算总值	123.70	115.07	260.35	40.13	3.85
证券交易清算总值	123.70	115.07	260.35	40.13	3.85
债务性证券	123.70	115.07	260.35	40.13	3.85
国债	123.70	115.07	260.35	40.13	3.85
回购交易清算总值	无	107.55	255.22	39.41	2.90
债务性证券回购交易清算总值	无	107.55	255.22	39.41	2.90
国债回购交易清算总值	无	107.55	255.22	39.41	2.90
CETIP					
合约和交易清算总值	11032.36	13464.57	17229.25	17558.57	20290.28
证券交易清算总值	10905.30	13330.45	17144.32	17429.20	19983.55
债务性证券	10905.30	13330.45	17144.32	17429.20	19983.55
短期票据	无	8494.66	11206.71	8810.33	8824.39
债券	无	4819.88	5923.07	8609.67	11153.74
国债	9.63	15.91	14.54	9.21	5.43
股权	无	无	无	无	无
其他	无	0	0	0	0
回购交易清算总值	无	1014.31	1284.95	2474.53	4287.89
债务性证券	无	1014.31	1284.95	2474.53	4287.89
短期票据	无	0.96	10.69	18.06	23.49

续表

	2009 年	2010 年	2011 年	2012 年	2013 年
债券	无	1012.94	1273.85	2456.30	4264.38
国债	无	0.42	0.41	0.17	0.01
股权	无	无	无	无	无
其他	无	0	0	0	0
交易所衍生品合约清算总值	无	无	无	无	无
场外市场衍生品合约清算总值	127.07	134.12	84.92	129.37	306.72
金融期货	无	无	无	无	无
金融期权	无	无	无	无	无
其他金融衍生品	127.07	134.12	84.92	129.37	306.72

资料来源：BIS，"Statistics on Payment Clearing and Settlement Systems in the CPMI Countries, December"，2014。

3. 俄罗斯

表 13-53 非银行企业和居民使用的结算中介

单位：10 亿卢布

	2009 年	2010 年	2011 年	2012 年	2013 年
银行体系以外流通的银行券和硬币	4038.1	5062.7	5936.2	6427.2	6973.0
可转账存款总值	4287.6	5797.1	6918.9	7323.5	8551.0
狭义货币供给	无	10859.9	12857.4	13753.6	15536.6
可转账外币存款	无	无	无	无	无
电子货币储值总值	无	无	无	无	无

注：M1 = 银行体系外流通的现金 + 活期存款（非金融机构、信贷机构之外的金融机构和居民）。
资料来源：BIS，"Statistics on Payment, Clearing and Settlement Systems in the CPMI Countries"，2014。

表 13-54 银行使用的结算中介

单位：10 亿卢布

	2009 年	2010 年	2011 年	2012 年	2013 年
央行持有的可转账资金	613.80	625.90	855.16	879.14	1098.40
法定准备金	195.04	233.08	501.71	569.45	794.10
自由准备金	418.76	392.82	353.46	309.69	304.30
其他银行持有的可转账资金	131.22	141.99	204.60	225.19	246.01

续表

	2009 年	2010 年	2011 年	2012 年	2013 年
央行展期信贷					
当日	115.32	143.83	204.72	274.86	310.46
隔夜	2.16	0.83	0.72	1.64	0.80
较长期融资	818.59	24.02	964.24	2753.45	4163.42

资料来源：BIS, "Statistics on Payment, Clearing and Settlement Systems in the CPMI Countries", 2014。

表 13-55　为非银行企业和居民提供支付服务的主要机构概况

	2009 年	2010 年	2011 年	2012 年	2013 年
中央银行					
分行总数（家）	630	608	543	505	439
非银行机构数目（家）	62.37	61.97	69.98	80.81	95.34
账户总值（10亿卢布）	1875.3	1756.1	2678.8	2810.3	2520.5
账户数目（家），银行	3.31	3.12	3.05	2.92	2.69
银行					
机构总数（家）	1058	1012	978	956	923
分支行数（家）	40672	41284	43317	44990	45236
账户总数（千家）	505047	539403	601456	670898	715014
其中：网络账户（个）	6854	11722	21356	30726	45003
账户总值（10亿卢布）	4216.9	5759.5	6853.6	7331.5	8483.5
其他机构：俄罗斯邮政					
机构总数（家）	1	1	1	1	1
分支行总数（家）	40486	41575	41617	41556	41420
向非银行企业和居民提供支付服务的全部机构					
机构总数（家）	1060	1014	980	958	925
分支行总数（家）	81788	83467	85477	87051	87095
非银行企业和居民持有的账户（千个）	505109	539465	601526	670979	715110
其中：网络账户（个）	6854	11722	21356	30726	45003
账户总值（10亿卢布）	6092.1	7515.7	9532.4	10141.9	11004.0
电子货币机构					
机构总数（家）	无	无	无	38	82

资料来源：BIS, "Statistics on Payment, Clearing and Settlement Systems in the CPMI Countries", 2014。

表13-56 支付卡功能和汇兑工具

	2009年	2010年	2011年	2012年	2013年
国内发行的卡(千张)					
现金卡	126032.8	144418.8	200169.8	239547.5	248573.6
借记卡	115390	127786.7	147872.3	169012.7	188274.6
信用卡	8600.5	10047.4	15025.8	22482.6	29188.9
电子货币卡	2042.2	6584.7	37271.7	48052.2	31110.2
卡总数	126032.8	144418.8	200169.8	239547.5	248573.6
零售商卡	无	无	无	无	无
国内终端(千台)					
ATMs	88128	116161	141897	171909	188789
提现ATMs	84498	97087	112115	131640	139951
转账ATMs	83135	109807	136176	164963	183559
POS终端	407174	463874	557366	718011	965539
EFTPOS	354391	434518	528511	695023	953749

资料来源：BIS,"Statistics on Payment, Clearing and Settlement Systems in the CPMI Countries", 2014。

表13-57 非银行企业和居民使用的支付工具和终端指数：交易总量

单位：百万笔

	2009年	2010年	2011年	2012年	2013年
支付工具的交易类型					
信贷转账	2010.86	2630.00	2683.59	2689.16	2833.36
纸币转账	1147.61	1680.17	1615.94	1551.30	905.12
非纸币转账	863.25	949.83	1067.65	1137.86	1928.25
直接借记	136.10	136.68	117.99	82.08	84.82
国内信用卡支付	677.20	1014.27	1662.11	2853.91	4584.48
一般借记卡支付	641.25	959.58	1556.88	2631.18	4150.06
信用卡支付	35.95	54.69	105.24	222.72	434.42
电子支付交易	47.75	79.11	106.19	225.67	564.38
卡基	47.75	79.11	106.19	225.67	440.97
其他电子货币	无	无	无	无	123.41
支票	0.010	0.007	0.003	0.001	0.000
交易支付总数	855.82	971.57	1076.09	1458.50	1711.52
终端交易					
现金交易	1761.38	2067.23	2445.56	2843.40	3167.80
ATMs现金提取	1710.13	2014.47	2388.02	2764.72	3102.88

续表

	2009 年	2010 年	2011 年	2012 年	2013 年
ATMs 现金存款	无	无	无	无	无
POS 支付交易	339.89	524.24	847.49	1575.53	2465.15
国内卡现金交易	1749.10	2053.80	2429.59	2822.27	3149.81
国内卡 ATMs 现金提取	1698.01	2001.20	2372.18	2743.71	3085.00
国内卡 POS 支付交易	329.74	506.61	823.98	1543.43	2428.64
国外卡现金交易	12.28	13.43	15.97	21.14	17.99
国外卡 ATMs 现金提取	12.12	13.27	15.84	21.02	17.88
国外卡 POS 支付交易	10.15	17.64	23.51	32.10	36.50
国内卡国外现金交易	10.63	12.75	15.29	21.69	27.68
国内卡国外 POS 支付	33.51	54.33	90.82	148.84	229.38

资料来源：BIS，"Statistics on Payment, Clearing and Settlement Systems in the CPMI Countries"，2014。

表 13－58　非银行企业和居民使用的支付工具和终端指数：交易总值

单位：10 亿卢布

	2009 年	2010 年	2011 年	2012 年	2013 年
支付工具的交易类型					
信贷转账	372329.6	374689.5	433553.9	487217.7	557397.8
纸币转账	46267.4	54186.8	60473.4	62592.6	77724.2
非纸币转账	326062.3	320502.7	373080.5	424625.1	479673.6
直接借记	2226.5	1334.9	1442.6	1300.8	1554.8
国内发行卡支付	1256.4	1875.3	3377.1	5230.8	8135.7
一般借记卡支付	1157.2	1733.9	3135.0	4806.3	7412.4
信用卡支付	99.2	141.5	242.1	424.4	723.4
电子货币支付交易	34.10	72.76	198.35	388.29	590.60
卡基电子货币	34.10	72.76	198.35	388.29	488.03
其他电子货币	无	无	无	无	102.57
支票	3.5	2.2	0.5	0.2	0.1
交易支付总值	4788.9	4927.4	5574.0	4987.5	5443.9
支付工具交易总值	380639.0	372902.0	444146.5	499125.2	573122.9

续表

	2009 年	2010 年	2011 年	2012 年	2013 年
终端交易					
现金交易	8720.1	10953.1	14041.4	18017.7	21362.7
ATMs 现金提取	7799.2	9822.2	12560.3	15926.5	19306.1
ATMs 现金存款	无	无	无	无	无
POS 支付交易	644.4	934.0	1608.2	2590.5	3596.9
国内卡现金交易	80.4	79.4	93.0	123.1	106.0
国内卡 ATMs 现金提取	71.3	73.3	88.3	118.5	101.9
国内卡 POS 支付交易	60.1	71.8	82.9	102.1	114.9
国内卡国外现金交易	88.7	105.9	138.0	188.8	236.3
国内卡国外 ATMs 现金提取	无	无	无	无	无
国内卡国外 POS 支付交易	192.5	273.4	397.8	570.9	755.0

资料来源：BIS, "Statistics on Payment, Clearing and Settlement Systems in the CPMI Countries", 2014。

表 13-59 银行间资金转移体系的支付：交易数量

单位：百万笔

	2009 年	2010 年	2011 年	2012 年	2013 年
大额支付体系					
BESP 体系					
总交易数	0.063	0.205	0.626	1.189	2.105
交易量集中度(%)	63.6	91.4	18.1	18.1	12.9
大额和零售支付体系					
VER					
发出的总交易数	748.67	819.34	898.65	923.36	934.61
交易量集中度(%)	无	无	无	无	无
MER					
发出的总交易数	192.55	238.50	287.62	333.94	404.36
交易量集中度(%)	无	无	无	无	无
汇票通知书支付					
发出的总交易数	1.66	0.91	0.71	0.51	0.13
交易量集中度(%)					

资料来源：BIS, "Statistics on Payment, Clearing and Settlement Systems in the CPMI Countries", 2014。

表 13-60 银行间资金转移体系的支付：交易值

单位：10 亿卢布

	2009 年	2010 年	2011 年	2012 年	2013 年
大额支付体系					
BESP 体系					
总交易值	106609.4	127309.5	222844.1	447258.3	504112.9
交易值集中度(%)	98.0	48.0	73.0	47.4	51.6
大额和零售支付体系					
VER					
发出的总交易值	432748.1	444999.6	600570.7	599227.8	604349.4
交易值集中度(%)	无	无	无	无	无
MER					
发出的总交易值	69620.3	81335.1	92398.3	103535.0	116334.9
交易值集中度(%)	无	无	无	无	无
汇票通知书支付					
发出的总交易值	887.9	721.0	340.3	476.3	96.3
交易值集中度(%)	无	无	无	无	无

资料来源：BIS,"Statistics on Payment, Clearing and Settlement Systems in the CPMI Countries", 2014。

4. 南非

表 13-61 非银行企业和居民使用的结算中介

单位：10 亿南非兰特

	2009 年	2010 年	2011 年	2012 年	2013 年
银行体系以外流通的银行券和硬币	61.78	65.08	75.40	81.04	87.01
可转账存款总值	396.87	460.52	516.02	562.03	629.26
其他	347.61	337.19	355.76	391.96	415.67
狭义货币供给	806.26	862.79	947.17	1035.04	1131.95
可转账外币存款	2.35	1.91	4.19	3.88	4.97

资料来源：BIS,"Statistics on Payment, Clearing and Settlement Systems in the CPMI Countries", 2014。

表13-62 银行使用的结算中介

单位：10亿南非兰特

	2009年	2010年	2011年	2012年	2013年
央行持有的可转账资金	46.41	53.18	55.10	61.19	66.60
法定准备金	48.99	52.43	57.17	63.78	69.31
自由准备金	-2.58	0.75	-2.07	-2.59	-2.72
其他银行持有的可转账资金	143.04	90.72	107.28	86.70	103.40
央行展期信贷					
每日	0	0	0.22	-0.75	-7.51
较长期融资	7.60	18.30	17.10	24.60	25.20

资料来源：BIS, "Statistics on Payment, Clearing and Settlement Systems in the CPMI Countries", 2014。

表13-63 为非银行企业和居民提供支付服务的主要机构概况

	2009年	2010年	2011年	2012年	2013年
中央银行					
分行总数（家）	7	7	7	7	7
非银行机构数目（家）	0.124	0.222	0.227	0.228	0.230
账户总值（10亿南非兰特）	53.74	63.81	65.86	71.20	78.55
账户数目（千个）	0.054	0.054	0.051	0.052	0.054
银行					
机构总数（家）	32	30	30	31	32
分支行数（家）	3165	3429	3718	3706	3697
账户总数（个）	无	无	无	无	无
其中：网络开户总数（个）	无	无	无	无	无
账户总值（10亿南非兰特）	2181.9	2288.5	2501.0	2598.3	2766.4
为非银行企业和居民提供支付服务的机构（全部）					
机构总数（家）	33	31	31	32	33
分支机构或办事处（家）	3172	3436	3725	3713	3704
非银行企业和居民持有的账户数（千个）	0.124	0.222	0.227	0.228	0.230
非银行企业和居民持有的账户总值（10亿南非兰特）	2235.6	2352.3	2566.9	2669.5	2864.9

资料来源：BIS, "Statistics on Payment, Clearing and Settlement Systems in the CPMI Countries", 2014。

表 13-64 支付卡功能和汇兑工具

	2009 年	2010 年	2011 年	2012 年	2013 年
本国发行卡(千张)					
总卡数(千台)	52729	57828	622211	77104	87316
本国终端					
ATMs	21025	23259	24063	25471	26588
提现功能的 ATMs	21025	23259	24063	25471	26588
转账功能的 ATMs	无	无	无	无	无
POS 终端	236626	273798	277478	276448	307793
EFTPOS 终端	236626	273798	277478	276448	307793

资料来源：BIS, "Statistics on Payment, Clearing and Settlement Systems in the CPMI Countries", 2014。

表 13-65 非银行企业和居民使用的支付工具和终端指数：交易总量

单位：百万笔

	2009 年	2010 年	2011 年	2012 年	2013 年
支付工具的交易类型					
信贷转账	438.04	528.66	567.17	653.34	664.62
纸币型	无	无	无	无	无
非纸币型	无	无	无	无	无
直接借记	571.74	563.24	628.00	707.16	766.07
国内支付卡	884.30	1017.85	1130.65	1365.46	1616.00
支票	104.25	77.10	53.66	42.17	30.93
总支付工具数					
各类终端交易					
现金交易	885.83	968.25	1066.14	1060.75	1074.28
ATMs 现金提取	875.89	955.01	1046.29	1029.75	1026.60
ATMs 现金存款	9.94	13.24	19.85	31.00	47.68
POS 支付交易	847.61	1007.67	1115.47	1282.83	1542.17
a) 国内发行卡在国内终端的交易					
现金交易	885.83	968.25	1066.14	1060.75	1074.28
ATMs 现金提取	875.89	955.01	1046.29	1029.75	1026.60
ATMs 现金存款	9.94	13.24	19.85	31.00	47.68
POS 支付交易	847.61	1007.67	1115.47	1282.83	1542.17
b) 国外发行卡在国内终端的交易					
POS 支付交易	无	无	无	无	无
c) 国内发行卡在国外终端的交易					
现金交易	8.85	9.07	9.20	9.69	10.39

资料来源：BIS, "Statistics on Payment, Clearing and Settlement Systems in the CPMI Countries", 2014。

表13-66 非银行企业和居民使用的支付工具和终端指数：交易总值

单位：10亿南非兰特

	2009年	2010年	2011年	2012年	2013年
支付工具的交易类型					
信贷转账	13497.2	14089.0	15552.4	17202.5	20338.3
纸币型	无	无	无	无	无
非纸币型	无	无	无	无	无
直接借记	769.9	777.9	1010.6	1247.9	1319.4
国内支付卡	366.4	407.9	457.4	563.5	686.3
支票	2372.2	1672.9	1180.4	851.0	500.3
各类终端交易					
现金交易	544.9	614.1	709.7	776.5	838.2
ATMs现金提取	512.1	581.6	664.7	710.5	764.0
ATMs现金存款	32.8	32.5	45.0	66.0	74.2
POS支付交易	319.9	388.5	466.2	494.5	614.7
a)国内发行卡在国内终端的交易					
现金交易	544.9	614.1	709.7	776.5	832.2
ATMs现金提取	512.1	581.6	664.7	710.5	758.0
ATMs现金存款	32.8	32.5	45.0	66.0	74.2
POS支付交易	319.9	388.5	466.2	494.5	599.9
b)国外发行卡在国内终端的交易					
现金交易	无	无	无	无	6.0
ATMs现金提取	无	无	无	无	6.0
POS支付交易	无	无	无	无	14.8
c)国内发行卡在国外终端的交易					
现金交易	12.1	12.3	13.0	14.9	18.1

资料来源：BIS,"Statistics on Payment, Clearing and Settlement Systems in the CPMI Countries", 2014。

表13-67 部分银行间资金转移体系的支付：交易数量

单位：百万笔

	2009年	2010年	2011年	2012年	2013年
大额支付体系					
SAMOS-large					
发出的总交易	2.617	3.316	4.100	5.017	5.796
交易量集中度(%)	88.7	89.5	91.7	92.4	92.6

续表

	2009 年	2010 年	2011 年	2012 年	2013 年
零售支付体系					
SAMOS – retail					
发出的交易总量	0.248	0.275	0.287	0.308	0.326
信贷转账	0.06	0.087	0.096	0.105	0.119
直接借记	0.083	0.089	0.096	0.104	0.109
卡支付	0.029	0.038	0.042	0.044	0.045
ATM 交易	0.029	0.033	0.034	0.038	0.037
电子货币交易	无	无	无	无	无
支票	0.017	0.017	0.017	0.017	0.017
其他支付工具	64.7	63.6	62.6	59.8	59.3

资料来源：BIS，"Statistics on Payment, Clearing and Settlement Systems in the CPMI Countries"，2014。

表 13 – 68　部分银行间资金转移体系的支付：交易值

单位：10 亿南非兰特

	2009 年	2010 年	2011 年	2012 年	2013 年
大额支付体系					
SAMOS – large					
发出的总交易值	71413.9	71615.9	76613.4	83296.6	87923.4
交易值集中度(%)	84.9	86.3	86.6	85.5	82.9
零售支付体系					
SAMOS – retail					
发出的交易总值	6271	6701.5	7247.0	7966.7	8735.2
信贷转账	4354.9	4821.8	5397.6	6131.0	6876.1
直接借记	525.5	573.7	649.7	747.5	807.7
卡支付	247.5	303.6	367.4	481.6	643.0
ATM 交易	76.8	91.1	103.0	117.4	132.3
电子货币交易	无	无	无	无	无
支票	991.9	838.4	710.9	489.2	276.1
其他支付工具	75.2	72.9	18.5	0.0	0
交易值集中度(%)	96.6	96.1	95.3	94.8	93.7

资料来源：BIS，"Statistics on Payment, Clearing and Settlement Systems in the CPMI Countries"，2014。

5. 印度

表 13-69　非银行企业和居民使用的结算中介

单位：10 亿卢比

	2009 年	2010 年	2011 年	2012 年	2013 年
银行体系以外流通的银行券和硬币	7674.2	9106.6	10227.3	11301.2	12476.3
可转账存款总值	10702.7	11463.7	10671.9	10739.0	12340.9
狭义货币供给	13309.6	15917.7	16978.1	18128.7	19896.4
可转账外币存款	无	无	无	无	无
电子货币	无	9.383	12.141	10.115	10.436
卡基电子货币	无	无	无	5.153	4.926
网基电子货币	无	无	无	4.962	5.510

资料来源：BIS, "Statistics on Payment, Clearing and Settlement Systems in the CPMI Countries", 2014。

表 13-70　银行使用的结算中介

单位：10 亿卢比

	2009 年	2010 年	2011 年	2012 年	2013 年
央行持有的可转账资金	3523.0	4235.1	3562.9	3206.7	4297.0
法定准备金	2752.1	3388.1	3323.3	3019.1	4070.9
自由准备金	无	无	无	无	无
其他银行持有的可转账资金	无	无	无	无	无
央行展期信贷	无	无	无	无	无
每日	无	无	无	无	无
较长期融资	无	无	无	无	无

资料来源：BIS, "Statistics on Payment, Clearing and Settlement Systems in the CPMI Countries", 2014。

表 13-71　为非银行企业和居民提供支付服务的主要机构概况

	2009 年	2010 年	2011 年	2012 年	2013 年
中央银行					
分行总数（家）	17	17	17	17	17
非银行机构数目（家）	0.004	0.095	0.093	0.084	0.084
账户总值（10 亿卢比）	2435.2	2851.4	2232.9	2024.8	2327.0
账户数目（千个）	0.133	0.192	00.197	0.146	0.147
银行					
机构总数（家）	1843	1812	1789	1759	1740
分支行数（家）	90362	99897	107645	122092	128193
账户总数（个）	无	无	无	无	无

续表

	2009年	2010年	2011年	2012年	2013年
其中:网络开户总数(个)	无	无	无	无	无
账户总值(10亿卢比)	64838.4	74322.2	83530.7	94171.2	106928.6
公有银行					
机构总数(家)	27	26	26	26	27
分支机构或办事处(家)	57616	63616	68849	73818	81750
账户总值(10亿卢比)	36918.0	43724.5	50020.1	57457.0	65890.2
私有银行					
机构总数(家)	22	21	20	20	20
分支机构或办事处(家)	9412	11707	13578	21985	18090
账户总值(10亿卢比)	36918.0	43724.5	50020.1	57457.0	65890.2
地方村镇银行					
机构总数(家)	82	82	82	62	57
分支机构或办事处(家)	15475	16034	16597	17096	18426
账户总值(10亿卢比)	15475.0	16034.0	16597.0	17096.0	18426.0
城市合作银行					
机构总数(家)	1674	1645	1618	1606	1589
分支机构或办事处(家)	7522	8178	8235	8790	9526
账户总值(10亿卢比)	1931.5	2120.3	2386.0	2769.0	3155.0
不定期商业银行					
机构总数(家)	4	4	4	4	4
分支机构或办事处(家)	50	50	69	79	90
账户总值(10亿卢比)	7.4	9.0	11.1	13.1	16.2
外国银行分支机构					
机构总数(家)	34	34	39	41	43
分支机构或办事处(家)	287	312	317	324	311
账户总值(10亿卢比)	2378.5	2406.9	2770.6	2877.8	3524.2
提供支付服务的邮政机构数目(家)	1	1	1	1	1
为非银行企业和居民提供支付服务的机构(全部)					
机构总数(家)	1845	1814	1791	1761	1742
分支机构或办事处(家)	90379	99914	107662	122109	128210
非银行企业和居民持有的账户数(千个)	无	无	无	无	无
非银行企业和居民持有的账户总值(10亿卢比)	67273.6	77173.6	85763.6	96196.0	109255.6
电子货币机构发行的电子货币储值(卢比)	无	9382.7	12140.6	10114.8	10436.3

资料来源：BIS, "Statistics on Payment, Clearing and Settlement Systems in the CPMI Countries", 2014。

表 13-72 支付卡功能和汇兑工具

	2009 年	2010 年	2011 年	2012 年	2013 年
本国发行卡(百万张)					
现金卡	200.56	245.96	296.40	351.19	414.04
借记卡	181.97	227.84	278.28	331.20	394.42
延期借记卡	0.26	0.07	0.47	0.44	0.43
信用卡	18.33	18.04	17.65	19.55	19.18
电子货币卡	无	5.43	10.50	12.44	9.63
卡总数(各种独立功能的卡总和)	200.56	245.96	296.40	351.19	414.04
混合功能的卡	181.97	227.84	278.28	331.20	394.42
本国终端(百万台)					
ATMs	0.060	0.075	0.096	0.114	0.162
提现功能的 ATMs	0.060	0.075	0.096	0.114	0.162
转账功能的 ATMs	无	无	无	无	无
POS 终端	0.485	0.589	0.661	0.846	1.066
EFTPOS 终端	0.485	0.589	0.661	0.846	1.066

资料来源：BIS, "Statistics on Payment, Clearing and Settlement Systems in the CPMI Countries", 2014。

表 13-73 非银行企业和居民使用的支付工具和终端指数：交易总量

单位：百万笔

	2009 年	2010 年	2011 年	2012 年	2013 年
支付工具的交易类型					
信贷转账	198.2	299.4	403.2	586.0	910.0
纸币型	无	无	无	无	无
非纸币型	198.2	299.4	403.2	586.0	910.0
直接借记	149.3	156.7	164.7	176.5	192.9
国内支付卡	3760.6	4747.7	5745.4	6414.0	7241.6
借记卡	3517.6	4470.5	5409.5	5999.2	6711.9
延期借记卡	6.5	10.1	13.8	16.0	17.7
信用卡	236.5	267.1	322.2	399.1	512.0
电子货币支付交易	无	9.7	30.6	66.1	133.6
支票	1380.3	1387.4	1341.9	1313.7	1257.3
总支付工具数	5488.3	6600.9	7685.8	8556.6	9735.5
各类终端交易					
现金交易	3349.7	4235.4	5084.1	5532.7	6095.8

续表

	2009 年	2010 年	2011 年	2012 年	2013 年
ATMs 现金提取	3349.7	4235.4	5084.1	5532.7	6095.8
ATMs 现金存款	无	无	无	无	无
POS 支付交易	404.4	502.2	647.5	865.7	1091.1
a) 国内发行卡在国内终端的交易					
现金交易	3343.6	4228.2	5071.6	5525.4	6087.3
ATMs 现金提取	3343.6	4228.2	5071.6	5525.4	6087.3
ATMs 现金存款	无	无	无	无	无
POS 支付交易	388.6	484.2	629.0	850.3	1075.0
电子货币卡支付交易	无	9.7	30.6	66.1	133.6
b) 国外发行卡在国内终端的交易					
现金交易	6.1	7.2	12.5	7.3	8.4
ATMs 现金提取	6.1	7.2	12.5	7.3	8.4
ATMs 现金存款	无	无	无	无	无
POS 支付交易	15.8	18.0	18.5	15.3	16.1
c) 国内发行卡在国外终端的交易					
现金交易	3.4	4.7	5.1	5.4	5.9
ATMs 现金存款	3.4	4.7	5.1	5.4	5.9
POS 支付交易	13.6	22.0	27.9	26.6	37.1

资料来源：BIS，"Statistics on Payment, Clearing and Settlement Systems in the CPMI Countries"，2014。

表 13-74 非银行企业和居民使用的支付工具和终端指数：交易总值

单位：10 亿卢比

	2009 年	2010 年	2011 年	2012 年	2013 年
支付工具的交易类型					
信贷转账	645085.8	688380.5	743123.9	707634.7	780625.9
纸币型	无	无	无	无	无
非纸币型	645085.8	688380.5	743123.9	707634.7	780625.9
直接借记	698.2	736.5	833.6	1083.1	1268.0
国内支付卡	9440.4	12076.1	12728.9	18765.1	22323.8
借记卡	8742.5	11323.1	11903.2	17393.4	20612.5
延期借记卡	54.1	73.6	110.7	127.7	154.6
信用卡	643.9	679.4	714.9	1243.9	1556.7
电子货币支付交易	无	14.4	62.0	79.2	82.4

续表

	2009年	2010年	2011年	2012年	2013年
支票	104099.4	101341.3	99012.1	100181.8	93438.2
支付工具总支付值	759323.7	802548.7	855760.5	827743.9	897738.2
各类终端交易					
现金交易	8491.14	11150.78	14010.32	16664.50	19674.83
ATMs现金提取	8491.14	11150.78	14010.32	16664.50	19674.83
ATMs现金存款	无	无	无	无	无
POS支付交易	882.42	1142.06	1500.45	1972.90	2494.36
电子货币卡支付交易	无	14.35	62.01	78.67	80.87
a)国内发行卡在国内终端的交易					
现金交易	8445.28	11096.65	13926.64	16571.22	19605.45
ATMs现金提取	8445.28	11096.65	13926.64	16571.22	19605.45
ATMs现金存款	无	无	无	无	无
POS支付交易	747.70	979.49	1300.76	1829.37	2292.37
电子货币卡支付交易	无	14.35	62.01	78.67	80.87
b)国外发行卡在国内终端的交易					
现金交易	45.86	54.13	83.68	93.28	69.37
ATMs现金提取	45.86	54.13	83.68	93.28	69.37
ATMs现金存款	无	无	无	无	无
POS支付交易	134.72	162.57	199.69	143.53	201.99
c)国内发行卡在国外终端的交易					
现金交易	45.61	64.62	73.68	84.45	101.50
ATMs现金存款	45.61	64.62	73.68	84.45	101.50
POS支付交易	78.57	125.55	156.69	132.91	207.18

资料来源：BIS，"Statistics on Payment, Clearing and Settlement Systems in the CPMI Countries"，2014。

表13-75 部分银行间资金转移体系的支付：交易数量

单位：百万笔

	2009年	2010年	2011年	2012年	2013年
大额支付体系					
RTGS					
发出的总交易	33.24	49.26	55.03	68.51	81.10
交易量集中度(%)	33.0	40.6	45.1	45.6	40.8

续表

	2009 年	2010 年	2011 年	2012 年	2013 年
零售支付体系					
Cheque Clearing					
发出的交易总量	1379.09	1387.40	1341.87	1313.66	1257.30
支票	1379.09	1387.40	1341.87	1313.66	1257.30
交易量集中度(%)	65.8	60.4	53.6	45.7	36.8
ECS/NECS					
发出的总交易	247.41	274.04	286.24	298.71	345.45
信贷转账	98.13	117.30	121.50	122.18	152.54
直接借记	149.28	156.74	164.74	176.53	192.91
交易量集中度(%)	11.8	11.9	11.4	10.4	10.2
NEFT					
发出的总交易	66.34	132.34	226.11	394.13	661.01
直接借记	66.34	132.34	226.11	394.13	661.01
交易量集中度(%)	3.2	5.8	9.0	13.7	19.4
卡基支付					
发出的总交易	3754.05	4738.80	5731.60	6398.35	7223.94
卡支付	404.38	502.21	647.50	865.66	1128.16
ATMs 交易	3349.67	4236.59	5084.11	5532.68	6095.78
交易量集中度(%)	19.3	21.9	25.9	30.1	33.2

资料来源：BIS, "Statistics on Payment, Clearing and Settlement Systems in the CPMI Countries", 2014。

表 13-76　部分银行间资金转移体系的支付：交易数量

单位：10 亿卢比

	2009 年	2010 年	2011 年	2012 年	2013 年
大额支付体系					
RTGS					
发出的总交易	394533.6	484872.3	539307.5	676841.0	734252.4
交易值集中度(%)	46.0	44.4	42.5	40.1	41.0
零售支付体系					
Cheque Clearing					
发出的总交易	104019.7	101341.3	99012.1	100181.8	93438.2
支票	104019.7	101341.3	99012.1	100181.8	93438.2
交易值集中度(%)	93.8	88.6	81.8	74.7	65.0

续表

	2009 年	2010 年	2011 年	2012 年	2013 年
ECS/NECS					
发出的总交易	1871.4	2553.3	2671.4	2854.4	3760.2
信贷转账	1176.1	1816.9	1837.8	1771.3	2492.2
直接借记	695.2	736.5	833.6	1083.1	1268.0
交易值集中度(%)	1.7	2.2	2.2	2.1	2.6
NEFT					
发出的总交易	4095.1	9391.5	17903.5	29022.4	43785.5
直接借记	4095.1	9391.5	17903.5	29022.4	43785.5
交易值集中度(%)	3.7	8.2	14.8	21.7	30.6
卡基支付					
发出的总交易	9386.3	12295.8	15510.8	18637.4	22168.8
卡支付	895.2	1142.1	1500.4	1972.9	2493.9
ATMs 交易	8491.1	11153.8	14010.3	16664.5	19674.8
交易值集中度(%)	0.8	1.0	1.2	1.5	1.7

资料来源：BIS,"Statistics on Payment, Clearing and Settlement Systems in the CPMI Countries",2014。

（三）CPMI各成员2013年支付清算体系发展数据

GPMI各成员支付清算体系最新进展见表13-77。

表13-77 2013年CPMI各成员支付清算体系数据统计

支付指标	支付数据
流通的银行券和硬币(10亿美元)	4617.59
央行持有的可转账存款额(10亿美元)	7709.85(占GDP比重为13.65%)
其他银行持有的可转账存款额(10亿美元)	2269.09(占GDP比重为5.38%)
非银行企业和居民持有的可转账存款账户数(千个)	1724146
非银行企业和居民持有的可转账存款额(10亿美元)	24234
存款账户总值占GDP比重(%)	49.2
为非银行企业和居民提供支付服务的机构数量(家)	186530(每位居民享受到的支付服务机构为49.8家)

续表

支付指标	支付数据
非银行企业和居民支付交易总值(10亿美元)	778801
——信贷转账交易值	无
——直接借记交易值	96307
——支票交易值	92594
——电子货币交易值	74.458
——卡支付交易值	15514.1
其中:借记卡	4915.5
延期借记卡	167.1
信用卡	4705.6
非银行企业和居民支付交易总值占GDP比重(%)	14.4

注：原支付结算体系委员会（Committee on Payment and Settlement Systems，CPSS）于2014年9月正式更名为支付和市场基础设施委员会（Committee on Payments and Market Infrastructures，CPMI）。

资料来源：Capgemini，"Capgemini Financial Services Analysis"，2014；BIS，"Statistics on Payment，Clearing and Settlement Systems in the CPMI Countries"，2014。

从表13-77可以看出，CPMI 24个成员的各种非现金支付值占比排名从高到低大致为：卡支付、直接借记、支票支付、电子货币支付。在全球层面，2013年全球移动支付交易量达180亿笔，其中银行途径的支付量为158亿笔，非银行途径的支付量为22亿笔。在全球范围内，就非现金支付增长速度而言，发展中国家非现金支付量强劲增长，甚至有预测其会在2021年超过发达国家。发达国家增速相对缓慢，其背后的原因是什么？首先，支付对应流通领域，其中个体消费者（个人或机构）是主要的非现金支付来源。因此，发展中国家商业消费的强劲增长，带动了非现金支付量的大幅增加。其次，发展中国家非现金支付基数相对较低，加之各种非现金支付创新工具鼓励性政策和优惠政策的推动，其增速自然相对较高。最后，欧美等发达国家更加侧重先行构建保护支付安全的法律制度。改变刚性的支付习惯需要相应的制度推动。目前，欧洲已经推出了基于网络支付和移动支付等非现金支付安全的法律草案，并对现有的大额支付清算系统进行升级。因此，不排除未来美国和欧洲地区由移动支付等创新支付工具推动的非现金支付增速提高。

三 全球支付清算体系发展新趋势

观察全球支付清算体系发展趋势的维度,不只限于最末端的非现金支付领域。其背后的支付监管、支付创新、国家间跨境支付体系以及支付理论,近年来都有较为明显的发展变化趋势。

(一)监管趋势:区域性监管措施相继出台

PFMI 的推出,在全球层面建立了现代支付行业作为金融市场基础设施的基本标准,勾勒了基于现代支付体系的风险监管框架。自此,各国开始对本国或地区的支付清算体系逐步推行重点监管措施(Key Regulatory and Industry Initiatives),落实并回应《金融市场基础设施原则》的各项要求,以促进支付清算体系高效、安全发展。发达国家注重修改完善支付交易相关法律制度,制度的完善或助推发达国家非现金支付未来快速增长。欧盟已经重新修订了《支付服务指令Ⅱ》(Payment Services Directive Ⅱ, PSD Ⅱ),旨在降低支付行业风险,促进竞争和标准化,主要措施包括对第三方支付机构敞开大门等。美国则大力推行外资银行资本规则,降低其支付体系中隐藏的风险。大部分新兴经济体选择首先鼓励和支持移动支付等行业创新,而风险监管等措施暂缓推行。从行业发展来看,发达国家的各项举措侧重于降低风险、推动行业稳健发展;发展中国家则更加关注支付行业创新,相继推出支持性政策,鼓励支持支付产业链高效发展,具体进展情况见表 13-78。

表 13-78 2014 年全球支付体系核心监管措施和行业发展动态

发达国家进展动态
1. 跨境小额支付进展。美国《多德-弗兰克华尔街改革与消费者保护法案》第 1073 条法令已经自 2013 年 10 月 28 日开始生效,有可能降低小额支付成本。在欧洲地区,第 1073 条法令的同样要求已经在《支付服务指令Ⅱ》(PSD Ⅱ)中得到认可。
2. 支付账户准入。欧盟《支付服务指令Ⅱ》(PSD Ⅱ)的草稿建议向第三方支付机构开放账户信息,以推动竞争、鼓励创新。但是,鉴于账户信息的敏感性,第三方支付的准入可能会滋生安全、技术和法律问题。

续表

发达国家进展动态

3. 卡交换费问题。在欧盟议会和委员会的监管草稿中，欧盟委员会建议欧盟地区内和跨境MIF信用卡交易费用封顶为0.3%，借记卡交易费用封顶为0.2%。近期，VISA同意降低其MIF费用的40%~60%，至0.3%。在加拿大，经过竞争特别法庭裁决，信用卡网络对竞争具有负面影响。基于此，下一步将致力于降低承兑费用。

4. 北美地区对预付支付产品进行监管。加拿大的《预付支付产品监管法》自2014年5月1日起开始生效。在美国，消费者金融保护署发表声明，建议围绕E监管规则制定相关条款。

5. 欧洲地区大额支付体系升级。2013年11月，TARGET 2发布7.0版本，对TARGET 2 Securities进行了改动，但相关变化会推迟至2015年6月生效。

6. 全球实时零售支付体系进展。墨西哥、英国、瑞典和新加坡的实时支付体系最发达。2013年9月，美国联邦储备银行发布了一份咨询论文，建议改革实时支付体系。澳大利亚联邦储备银行为支付体系改革设定时间表，将在2016年引入实时支付体系。新加坡的快捷和安全电子转账自2014年3月17日起开始执行。

7. EMV(Europay, MasterCard and Visa)卡进展。美国要求收单机构在2013年4月之前全部开始采用EMV卡。2014年3月，EMV公司发布全行业可共同使用的支付标识的相关技术方法。

8. 网络支付、移动支付安全。欧洲中央银行治理委员会签署了由SecuRe Pay编制的《网络支付安全评估指南》，将协助支付体系管理者和网络支付供应商加强对话。欧洲中央银行对网络支付和移动支付提出了新的安全标准建议，当局将在随后的两年内发布最后的报告。

9. 虚拟货币监管。2014年7月，欧洲银行业协会为虚拟货币设定监管要求。美国国税局(IRS)宣称，虚拟货币将被视为美国联邦税征税财产。加拿大已经成为第一个通过国内法监管虚拟货币的国家，其要求虚拟货币和其他货币服务一样进行账簿记录并遵守法律。

10. 2014年2月18日，美联储建议对在美国的外国银行设定新的资本规则。在此监管规则下，外国银行在美国进行的各项业务将必须遵守《巴塞尔协议Ⅲ》的资本充足率要求和流动性要求。

发展中国家主要进展概况

1. 亚太地区推动跨境小额支付。2006年成立的亚洲支付网络已经在亚太地区站稳脚跟。它的使命就是在亚太地区创建一个跨境的零售结算机制。截至2013年底，它已经建立了跨境股权标准、资金转账和ATM现金提取等软硬件设施。

2. 印度成立国家支付公司，提升印度的支付基础设施水平。

3. 金融包容运动。肯尼亚中央银行制定了国内支付体系监管草稿，建议向其他PSPs开放东非的M-Pesa平台。印度政府正在推动一场金融包容运动，鼓励金融机构向农村地区推广金融产品，直接补贴贫困线以下的群体。

资料来源：Capgemini Financial Service Analysis 2014; World Payments Report 2011, 2012 and 2013。

（二）支付创新趋势：移动支付成为行业创新重点

由消费者需求和移动技术轮番驱动的移动支付，在全球呈现爆发性发展趋势，不仅带动了支付规模的大幅攀升，也逐渐改变了传统的支付载体，如POS机。POS不再局限于大型商场和商户的店铺中，还可以被个人拥有并使用。而POS的个人化应用尤其是被第三方支付机构使用，直接搅动了线下支付市场结构，如国内第三方支付机构支付宝和银联之间近年来关于线下支付的争端博弈。高度灵活和便捷的微金融支付服务发展势头强劲，如移动支付以及微信支付等各种微支付。由于相关技术支持和客户群都较为成熟，移动支付增速较快，移动支付的商业化趋势非常明显，已经被各国的政府和商家予以鼓励和推动，成为新的竞争点。移动支付增速更快，对传统电子支付有部分替代效应。以美国为例，虽然过去移动支付发展相对缓慢，但是其移动支付和电子支付领域的收益约占支付领域总收益的35%，且可能在2018年与传统支付收益平分支付市场。

纵观各国移动支付的发展，移动支付服务的供应商大多来自第三方支付机构。以中国为例，中国人民银行发布的《2014年支付体系运行总体情况》显示，2014年国内移动支付业务规模为9.64万亿元，同比增长134.30%。2014年第三方移动支付市场交易规模约为7.76万亿元，占据了80%的市场份额。而2014年国内智能手机用户首次超过5亿人，这也意味着尚有5亿位潜在支付用户可供挖掘。在此背景下，支付宝、财付通和易宝支付等第三方龙头支付机构都已构建了个性化的支付链条来争夺移动支付市场。无论其支付链条是封闭式还是开放式，都完全融合了消费者的线上和线下交易行为，也彻底打破了曾经以店面柜台、ATM等非移动支付为主的局面。由此，移动银行领域的争夺战将是一场恶战：传统商业银行的数字化速度和新型非银行支付中介的银行化速度竞争结果，将决定谁能成为未来移动银行的主力。但无论是当前的哪种机构，未来的移动支付领军机构将是高度利用手机、云计算和实时支付体系的综合性机构，移动支付将只是其新型金融生态体系中的核心服务之一。

（三）跨境支付市场发展趋势：非银行支付机构异军突起

全球跨境支付市场竞争激烈，非银行支付机构开始搅动支付市场。跨境支付市场大致包括四种类型：国际贸易市场、国际金融市场（外汇投资兑换和跨境融资等）、全球 B2C 市场以及国际汇款。其中，商业银行除了在国际贸易市场占据主流支付地位之外，其他三个市场都开始发生结构性变化，被非银行支付机构渗透。其根本原因在于，在一定的安全边界之内，全球跨境支付市场更青睐支付效率，商业银行的支付体系则是以最小化风险原则设计的，缺乏灵活性，支付效率低。在全球范围内，也开始提高移动支付等创新工具的支付效率。

跨境市场另一个引人注目的趋势就是，发展中国家转接清算市场的逐步开放。转接清算组织是支付机构和央行大额支付清算系统之间的中介，其主要职能是从事银行卡清算，同时也有权参与决定市场银行卡服务定价。例如，中国也将自 2015 年 6 月 1 日起开放转接清算市场，对转接清算组织实行准入制，打破原来由银联垄断的人民币转接清算市场。

（四）支付理论：迅速兴起但仍显缓慢

在国际新型支付模式爆发式发展之际，支付理论也开始受到挑战。一个最基本的理论问题是：全球移动支付等互联网金融交易行为是不是一种金融创新？回答此问题之前，必须厘清哪些技术因素支持了移动支付等互联网金融交易行为。简言之，大致包括三种技术。①无线通信（Contactless Technologies）。这是移动支付的基本技术支持。②近场通信（Near Field Communications，NFC）与私人化的客户端。将 NFC 软件植入手机、电子钱包等移动支付载体，改变了以往所有以银行为主导的远程支付（电话支付等）。③其他数字化创新技术。以谷歌等为代表的互联网企业和各类非银行支付服务机构，积累了相当数量的数据信息。以此为基础，附加新的数字化创新技术，如充当新的电子支付信息搜集机构（Payment Aggregators），从虚拟支付链条中不断挖掘新的赢利点。

上述三类技术均来自通信企业和互联网企业，基本脱离了传统支付体系。由此，"支付"这种传统的金融交易开始转向互联网和通信领域。互联网与金融之间的关系也变得模糊不清，导致在"互联网金融是不是一种创新"等基础理论问题上出现分歧。有学者认为互联网金融不过是金融中介各种经营渠道的互联网化，其本质并没有改变，难以称得上创新；也有学者认为，以新型支付工具为根基的互联网金融是一种全新的发展模式，也将重创传统金融业。

将资金从传统金融中介脱媒至新的媒介——电子账户、电子钱包等，后者如果按传统的模式经营资金，则其本质与商业银行等无差异。如果其改变了吸收存款、发放贷款的经营模式，如创造一种虚拟货币（比特币、P2P的Ripple币）等，则可以称得上是一种创新。而且，如果这种虚拟货币最终可以用于纳税，那么其必将改变原有的货币金融体系。类似问题，需要深入实践，探究当前互联网金融运营的微观结构，方能辨识真实情况。

（五）总结与展望

全球支付清算体系在过去几年内发生了巨大变化。简言之，创新成为当前全球支付清算体系发展的"关键词"。创新驱动非现金支付市场出现结构性变化，也使整个支付清算体系在金融体系中变得更加重要，迫使监管当局完善相关法律制度，也使学者重新审视已有的支付理论。

面对创新趋势，发展中国家和发达国家有着不同的反应。就非现金支付市场而言，发展中国家的非现金支付因各类新型支付工具刺激而使增速加快，超过发达国家；发达国家源于经济复苏迟缓，非现金支付增速较慢，且其更加注重先行构建支付安全法律制度。因此，全球非现金支付的结构性变化或许只是短暂的。

就中国而言，自2005年电子商务开始爆发式增长以来，国内非现金支付市场发展迅速，创新工具不断涌现，第三方支付机构支付宝甚至在2013年就跃身成为全球第一大移动支付公司（当年通过支付宝手机支付完成了超过27.8亿笔、9000亿元的支付交易）。在全球范围内，创新驱动的支付体系发展对危机后的经济体系复苏都是一种积极信号，应该予以鼓励，使其保持持续创新的活力。因此，中国政府首先应该继续鼓励创新，鼓励市场充分竞争，实质性提高消费者的支付服务水平；其次，积极汲取欧盟关于支付法令的完善措施，完善中国的支付清算监管体系，为支付市场竞争确定合理的边界；最后，支付清算体系是一国货币国际化的支持性金融基础设施，因此，从人民币国际化的视角来看，国内支付清算体系应尽早制定国际化的准入标准、监管标准等，以便利人民币境内外的支付和清算。

参考文献

国际清算银行网站，http://www.bis.org。

美联储网站，http://www.federalreserve.gov。

欧洲中央银行网站，http://www.ecb.europa.eu/paym/html/index.en.html。

中国人民银行支付结算司：《中国支付体系发展报告（2013）》，中国金融出版社，2014。

BIS, "Statistics on Payment, Clearing and Settlement Systems in the CPSS Countries", 2013.

BIS, "Statistics on Payment, Clearing and Settlement Systems in the CPMI Countries", 2014.

Capgemini, "Financial Services Analysis 2014", 2014.

Capgemini and RBS, "World Payments Report 2014", 2014.

Chapter 13　Development of Payment and Settlement Systems in Main Countries of the World

Abstract：This report summarizes global non-cash payment market and development of payment and clearing systems in some developed countries and BRICS countries. There are two features in global non-cash payment system, one is the vigorous development of mobile and electronic payment, and the other is the growth of non-bank payment. On the basis of basic data and major countries' practice, we find some new developing trends in global payment and clearing system. Firstly, some regional supervision measure are published in recent years; Secondly, mobile payment has been the focus of payment system; Thirdly, non-bank institutions' payment get strong growth; At last, the payment theory updates slowly.

Keywords: Global Payment and Clearing System; BRICS; New Trend

第十四章　支付清算研究的若干新进展：国内外文献概览

摘　要：	本章力图根据晚近文献梳理支付清算领域学术研究的演进脉络。首先回顾了近年来学术界对于支付清算研究的若干新特点，然后分别从作为金融基础设施的支付清算体系、支付清算与人民币国际化、互联网金融视角下的支付清算三个方面入手，对相关的文献进行了评述。
关键词：	支付清算　金融基础设施　人民币国际化　互联网金融

一　重要性日益凸显的支付清算体系

在2013年推出的首部《中国支付清算发展报告》的文献综述部分，我们曾指出，支付清算体系是一套更多地与金融实践的发展相联系的概念体系，其在金融理论中长期处于"可有可无"的边缘位置，有关支付系统的文献在货币和信用文献的"列车"中似乎也仅仅是一小节"隔离车厢"而已。

21世纪初，随着新经济泡沫破灭、"9·11"事件、次贷危机、欧债危机等突发性重大事件的爆发，人们对支付清算的重要性开始有了新的认识，支付清算研究长期被忽略的状况也开始发生改变。长期担任美联储主席的格林斯潘在2007年出版的回忆录中这样写道："我一直认为，若是要存心搞垮美国经济，只需摧毁电子支付系统就行了。如此一来，银行就只好重归低效的资金实物转移，商业活动也就将仅限于物物交换和欠据欠条。整个国家的经济运行状况将会急速下降。"（Greenspan，2007）这段话实质上凸显了支付清算系统的安全运转对于保证全球货币体系乃至全球经济体系正常运行的极端重要性。

对金融风险的高度关注使得经济学家逐渐认识到，当经济系统中某个当事人在预期的时间内缺乏足够的资金清偿其在系统范围内欠下的其他当事人的债务之时，就会产生流动性风险。流动性风险可以说是支付清算系统中最重要的风险。流动性风险会传染，导致拖欠与信用风险，而部分参与者的流动性风险和信用风险在系统中的蔓延又会进一步形成系统性风险。流动性风险可能会导致支付清算系统运转失灵，而破坏支付清算系统也会直接影响流动性的供给。换言之，关注支付清算体系是否正常运转，与关注流动性风险是同一等级的关键性问题，事关金融体系能否正常运行（李扬等，2013）。此外，从支付体系对实体经济效率提升的促进作用来看，如同美联储第一副主席 Christine M. Cumming 所言，新技术在支付领域的推广应用已经催生了一个由银行、非银行支付机构、商业企业和监管部门等构成的新的经济系统，这个经济系统被称为"第二次互联网革命"。不断提升支付体系的速度、效率和安全性也是美联储追求的政策目标之一（Cumming，2013）。

基于以上认识，近年来，学术界和金融界对支付清算的研究文献数量急速增加，围绕支付清算展开的学术活动也日趋频繁。有西方学者（Lack and Weinberg，2003）提出了支付经济学的概念，重在研究支付过程的交换机制，包括代理人完成支付所使用的支付工具，以及银行为交易过程中的私人负债提供便利时的核心中介角色。此后，欧央行联合一些发达国家的央行成立了支付经济学研究小组（Payment Economics Network），旨在加强支付领域的理论和经验研究，使得支付经济学得到更大范围的认可和进一步的发展。另外，作为权威年度报告，凯捷咨询与苏格兰皇家银行联合发布的《全球支付报告》从2005年起已经连续出版了十年。从国内情况看，支付清算的研究也取得了长足的进步。例如，CPSS、IOSCO 等国际机构编写的有关支付清算体系的权威文献被译成中文出版。再如，《金融研究》《金融评论》《国际金融研究》《中国金融》等主要金融学期刊近年来频繁刊载支

第十四章 支付清算研究的若干新进展：国内外文献概览

付清算领域的学术论文。又如，在 2014 年底出版的百科全书式权威专业辞书《金融学大辞典》中，不仅"支付清算"词条赫然在目，"互联网金融""人民币国际化"等词条中也引起了与"支付清算"同样的关注。"支付清算"俨然正成为国内外金融学研究的新热点。

基于这样的认识，对支付清算领域的近期文献进行梳理分析将有益于学术界厘清该领域研究的变化脉络。在两年前的文献综述中，我们曾重点剖析了支付清算与货币理论及货币政策、支付清算与金融风险方面的研究文献。在本次综述中，我们将调整角度，重点围绕以下三个专题对众多的文献进行梳理和评析，力图体现国内外支付清算研究的新进展和政策取向的某些新变化。

第一，作为一种金融基础设施的支付清算体系。2008 年金融危机爆发之后，国际社会对构建高效、规范、透明、系统的金融市场基础设施十分重视，而支付清算就是金融市场基础设施的核心部件。我们将从这一角度梳理相关文献，分析金融市场基础设施建设的新动向。

第二，货币国际化背景下的支付清算体系变革。随着人民币国际化进程的加速推进，人们对国际货币支付结算功能的关注度越来越高，对跨境支付清算体系的研究文献也迅速增加。我们也将对这一类文献进行归纳和评析。

第三，互联网金融视角下的支付清算体系发展。互联网金融的快速发展是近年来中国金融体系的一个新现象，引发了国内学术界的一波互联网金融研究热潮。中国互联网金融的发展正是从支付清算领域发端的，迄今支付清算领域的互联网金融产品仍然是学术界关注的焦点。因此，我们有必要从互联网金融视角来理解几年来中国支付清算体系的演进脉络。

二 文献综述 I：作为一种金融基础设施的支付清算体系

尽管各国对支付、清算和结算这三个概念的界说并不完全一致，但各主要金融监管当局和国际组织通常都认为，支付清算系统是由资金转移规则、提供支付清算服务的机构和实现支付指令传送及资金清算的手段等诸环节共同组成的系统，是实现商品与劳务交易、债务清偿以及资金转移的基本载体。从这一表述中不难发现，支付清算系统就是货币金融体系的基础设施：如果说金融是经济运行的"血液"，支付清算系统则是为社会经济发展输送"血液"的"管道"。

格林斯潘回忆录（Greenspan，2007）中对支付清算的基础性作用有细致的刻画，"在各种经济危机当中，最糟糕的情况是金融系统的崩溃。我想这种情况倒不太可能发生"，因为"在冷战期间，美联储为金融系统赖以运行的通信和计算机设施建立了庞大的备用系统，以应对可能发生的核打击。……一旦发生核打击，我们可以启动备用系统并在无核辐射区迅速运行"。这段话表明，作为美联储主席的格林斯潘将支付清算体系这个金融基础设施的硬件是否遭到破坏视为检验经济危机破坏力的首要依据。与格林斯潘的判断相呼应的是，2008年金融危机爆发之后，美国出台了一系列有关支付清算系统的法律制度，用以促进金融体系的稳定。例如，根据有关文献（徐超，2014）的归纳，《2010年支付、清算和结算监管法案》赋予美联储在支付清算体系监管中更加强势的角色：既对系统性风险进行管理，对系统重要性金融机构和金融基础设施制定统一的风险管理标准；又强化对系统重要性金融机构支付、清算和结算活动的审慎管理。美国金融稳定监测委员会还将清算所支付公司等8家从事支付、清算和结算活动的金融机构认定为具有系统重要性的金融机构，被纳入新的宏观审慎管理框架。

循着这一判断，我们可以从金融基础设施的定义出发，进一步透视支付清算体系在金融基础设施建设中占有的举足轻重的地位。正如本书前面多次提到的，根据2012年正式发表的权威文件《金融市场基础设施原则》（PFMI），金融市场基础设施是指参与机构之间用于清算、结算或记录支付、证券、衍生品或其他金融交易的多边系统，它为参与者之间或参与者与中央对手之间的金融交易提供集中清算、结算和记录，以提高效率、降低风险和成本（国际清算银行支付结算体系委员会等，2013）。从国内文献看，早期的研究对金融基础设施的理解比较含混（如钱小安，2003）。近年来，学术界对金融基础设施的界定逐渐清晰起来。张承惠（2013）给出了一个更为宽泛的金融基础设施的定义：金融基础设施的功能是保证金融契约的有效实施，金融基础设施包含法治环境、信息系统、市场支持系统三方面内容，而支付清算系统就是市场交易系统的最重要组成部分，是金融基础设施的核心部件。黄志强（2014）也认为，金融基础设施的狭义内涵主要集中在支付清算体系、征信系统、反洗钱监测系统等方面。由此可见，无论从国际还是国内视角看，金融市场基础设施的基本功能均是履行集中、多边的支付、清算、结算或记录行为；支付系统、证券结算系统和中央对手方等支付清算体系的基本构成要件都可列入金融市场基础设施的范畴。加强金融基础设施建设就必须以提高支付清算系统的效率和安全性为核心内容。有关各国境内和跨境支付清算系统的建设现状和比较分析的介绍可参考各国央行网站、CPSS发布的红皮书以及BIS网站发布的其他相关研究报告。

根据《金融市场基础设施原则》，金融市场基础设施包括支付系统、中央证券存管、证券结算系统、中央对手方、交易数据库五种类型。2008年金融危机爆发后，基于对衍生品缺乏有效监管的深刻教训，2009年G20峰会提出了场外金融衍生品市场在2012年底之前都必须通过中央对手方进行清算的要求。于是，引入中央对手方清算机制便成为加强金融衍生品市场监管、分散系统性风险的重要手段。因此，研究中央对手方的学术文献数量也急速增加。Norman（2011）证实，中央交易对手运转状况越良好、抵押品越充分，且覆盖的交易越多，金融市场交易引发多米诺式违约传染的可能性就越小，风险的分散程度就越高。也有国外学者发现了中央对手方清算存在的若干风险与挑战。例如，Kambhu等（2007）发现，支付系统和结算机构等金融市场基础设施是决定金融系统性稳定的关键因素，这些金融市场基础设施有能力传导金融机构之间的风险。

还有一些英文文献具体分析了中央对手方存在的主要风险点。第一，这一机制的实施会给相关交易主体带来额外的成本。例如，国际货币基金组织的测算（IMF，2010）显示，各类衍生产品的交易采用中央对手方清算方式会令初始保证金和违约保证基金数额增加1500亿美元。这就在很大程度上减弱了交易上参与中央对手方清算的激励。第二,中央对手方清算并未根除衍生产品交易中的交易对手风险,更有甚者,因为风险转由中央交易对手承担,反而可能导致相关交易者放松警惕,引发道德风险问题。例如,Koeppl和Monnet(2010)的实证研究表明,中央交易对手集中了衍生产品市场的交易对手风险。一旦中央交易对手无法承担违约损失,就会带来一系列后果,甚至导致金融市场崩盘,这就使得中央交易对手陷入"大而不能倒"的困局,引发新的系统性风险。第三,许多国家和地区都建立了中央对手方清算组织,这就导致了效率损失、风险增加、监管协调困难等问题的出现。例如,Duffie和Zhu(2010)发现,从理论上来说,最佳方案是一类衍生产品只有一个中央交易对手,这种模式可令交易对手风险与交易担保最小化;一旦中央交易对手增加,净额结算的效率必然下降,市场参与者的风险与交易担保要求也就会相应增加。在中文文献中,刘浚淇等(2012)以及李新、周琳杰(2011)对英文文献阐述的上述机制进行了归纳梳理。

还有一些国内文献对发达经济体实施中央对手方清算的实践进行了描述和评析。王乐兵、周杰(2014)介绍了欧债危机之后欧盟实施衍生品市场监管立法改革的情况,认为欧盟2012年颁布的《欧洲市场基础设施条例》规定了衍生品强制中央清算和交易信息登记制度,提高了衍生品交易的风险管理标准,以增加市场透明度,降低衍生品交易所带来的系统性风险,从而深刻改变欧洲金融衍生品的市场面貌。我国未来的衍生品监管立法改革应当吸收欧洲的先进制度经验。陈达标(2014)发现,金融危机后,各国扩展了中央对手方的服务范围,造就了一批具有系统重要性的中央对手方。同时,授予央行和金融监管机构对其进行监管的职责,改变了激励机制。发达经济体各国家或地区对危机中银行类与非银行类金融机构的紧急流动性救助和最后贷款人服务措施,对未来我国的中央对手方救助具有借鉴意义。

除了中央对手方之外,还有不少文献从其他角度分析了作为一种金融基础设施的支付清算系统的运行机理。例如,Chailloux等(2008)研究了中央银行支付清算体系抵押品管理的基本原则与政策取向。周莉萍(2014)

借鉴这一思路，分析了美联储等发达经济体中央银行支付清算体系抵押品管理的常规路径和危机期间的非常规路径，并尝试探讨央行抵押品管理的宏观效应与未来抵押品管理的方向。梁静（2014）从服务种类、处理模式等不同角度对支付系统进行了分类，并强调新技术的发展使得金融市场中的支付系统、中央证券存管、证券结算系统、中央对手方等各类基础设施之间相互连接，依存度加大，风险传递速度加快，从而使得学术界越来越倾向于将金融市场基础设施作为一个整体来研究。王信、李俊（2012）研究发现，欧债危机爆发以来，由于私人资本流入急剧下降、银行间市场萎缩，希腊等国只能通过官方渠道弥补国际收支失衡，其中一个重要渠道是泛欧实时全额自动清算系统（TARGET 2）。这一渠道的资金融通规模超过了欧盟和 IMF 对希腊等国的救助规模，这一机制在欧元区国际收支失衡调整和欧债危机应对过程中发挥了重要作用。但在今后一个时期，欧元区的顺差国持续提供融资的动力可能减弱，未来 TARGET 2 下央行间的大额资金融通将步履维艰。

从中国的金融运行实践来看，在十八届三中全会之后，中国的金融改革进入了以提高资源配置效率为根本目标的新阶段。这就要求引导市场得以有效配置资源的基准必须尽快建立并完善起来。于是，加强包括一整套登记、托管、交易、清算、结算制度在内的金融基础设施建设，以及规范并保护这些制度运行的法律法规便成为中国当前金融改革的核心任务之一（李扬，2014）。

于是，近年来研究中国支付清算体系建设的文献数量也快速增长。其中政策取向较强的一部分文献由金融监管当局或其负责人撰写。例如，刘士余（2014）指出，我国已初步形成了以人民银行跨行支付清算为核心、银行业金融机构行内系统为基础、专业清算机构和第三方支付机构为重要补充的支付体系，今后一个时期支付清算体系建设的工作重点是统筹规划支付服务市场体系建设、鼓励支付工具与服务创新发展、完善支付法规和治理体系、引导和推进支付普惠服务发展等。陈元（2013）回顾了中国金融电子化的发展历程，指出建设社会主义市场经济体制需要加强顶层设计。支付系统和信用卡系统都是市场经济的重要载体和平台，是顶层设计的重要组成部分。中国人民银行清算总中心（2014）的报告显示，在我国的支付系统发展历程中已实现了异地跨行支付清算从手工联行到电子联行，再到现代化支付系统的跨越式发展和历史性飞跃。陈锡明（2013）分析了国内支付系统流动性管理现状，借鉴国外支付系统流动性管理经验，介绍了第二代支付系统流动性管理新增的功能，并分别从参与者角度和中央银行角度提出加强支付系统流动性管理的对策建议。

相较于监管当局的文献，学术界的研究更加注重在理论与政策之间寻求平衡。张承惠（2013）指出，金融是一种"契约密集型产业"，拥有一个契约执行的良好环境是金融业持续健康发展的必要前提，否则必然会增加交易风险，影响金融市场的健康发展。为了提升中国的支付清算等金融基础设施的质量，当前迫切需要解决金融法治、金融监管部门授权不足和授权过度、信息披露系统不完备等问题。黄聪、贾彦东（2010）运用央行支付系统的银行间支付数据，发现我国的银行间市场表现出了重要节点与局部团状共存的结构特征，其稳定性表现出一定范围内的均衡，这一发现为今后从支付清算视角对整个金融体系的系统性风险状况进行监测、预警与分析提供了新思路。周成杰（2014）指出，国内在对CCP机制进行研究时，往往会将之局限在场内市场或衍生品市场，而忽略了其作为金融市场的一项基本机制在整个金融市场适用的共通性。因此，虽然中央对手方已在我国金融市场中广泛运用，但是基本制度的缺位，使得该机制的规范运行难以得到保障。中国人民银行广州分行课题组（2013）运用广东省的36项支付结算指标，构建了GDP同比增速和景气调查企业货币资金同比增速的先行和同比合成指数，定量研究了支付清算数据与经济走势的关系。

三 文献综述Ⅱ：货币国际化背景下的支付清算体系变革

大量英文和德文文献显示，在某种货币国际使用的决定性因素中，极为重要的一个必要条件是相关国家金融市场有着较高的开放度、深度、广度和活力。其中，支付结算系统等基础设施的质量将直接左右金融市场交易成本的高低，进而决定一国金融市场的发育程度（Frenkel and Goldstein，1998①）。换言之，正确履行计价结算职能是货币国际化的起点与基石。

正因为如此，在人民币国际化稳步推进的大背景下，跨境支付结算体系建设对中国的重要性也日益凸显。近年来的文献对此进行了初步讨论。例如，在2008年金融危机爆发之后不久，国家外汇管理局课题组（2009）就指出，积极推进人民币计价结算已十分迫切，时机趋于成熟，应当因势利导，加快跨境人民币清算体系建设，在出口退税、外汇管理等方面为人民币计价结算创造一个宽松的环境，逐步把人民币计价结算从边境贸易领域推广到一般贸易和对外投资等更大范围。

随着近年来人民币国际化程度的不断提高和中国国际影响力的不断扩大，国外金融界研究者对中国的支付清算问题更加关注。例如，欧洲中央银行执行委员科内就指出，当前人民币正在朝着国际货币的方向发展。当市场需要时，希望建立中欧央行资金之间的对等支付（Payment versus Payment，PvP），并由市场推动建立人民币跨境清算系统与泛欧实时全额自动清算系统（TARGET 2）之间的连接（王信等，2013）。当然，也有国外学者将人民币国际化视为一个更为长期的渐进过程。例如，露口洋介（2011）指出，当前人民币结算仅限于经常项目和一部分资本项目，尽管人民币交易在香港已趋于自由化，但离"国际化"还有一定的距离。在人民币国际化目标实现之前，货币多元化也不失为次优选择，因此在日中间贸易结算中使用日元自然也是可选方案之一。国内也有学者支持这一论断。例如，孙杰（2014）发现，单纯的经济规模和贸易份额仅仅是取得国际储备货币地位的必要条件，对本币的信心和国内金融市场的深度和开放程度更重要。从这个角度看，人民币国际化任重道远。权衡人民币国际化的利弊得失，本着先易后难的原则，现阶段中国应该明确以推进人民币跨境结算为目标，辅以稳妥可控的国内改革和金融市场发展的配合政策。我们可以看出，即便是沿着这种思

---

① 该文系德语文献，中文版参见周弘、荣根、朱民主编《德国马克与经济增长》，社会科学文献出版社，2012。

路,发展完善支付清算系统、提升金融市场基础设施质量依然是推动国内金融市场进一步发展、助推人民币国际化的必要条件。

因此,有文献(肖潇,2014)指出,我国跨境人民币支付清算系统的基础设施投入、清算安排和法律制度已不能满足各类机构批量交易和融资的要求。逐步建成安全、高效的支付平台和更加便捷的人民币清算体系,完善人民币跨境贸易计价结算的金融基础设施势在必行。杨涛、董昀(2014)进一步指出,开放的经济发展格局对支付清算体系提出了新挑战。一方面,随着外币支付清算数额的增加,需要完善多种外币的支付清算平台和支付清算市场,从而提高交易效率,降低交易风险;另一方面,以完善人民币跨境支付清算体系为基础,可以推动跨境贸易人民币结算,从而将人民币的使用范围逐步从边境贸易、跨境旅游等小范围走向国际贸易结算、贸易融资、跨境直接投资等新领域。

相当数量的国内文献结合国际经验,对人民币国际化进程中的支付清算体系建设思路进行了探讨。黄碧琴等(2014)发现相对于日本的跨境支付与境内大额支付未完全分开的支付清算体系而言,我国正在开发的人民币跨境支付系统专门围绕跨境人民币支付结算业务而设计,并与现行大额支付系统隔离,从而可以有效化解境内与境外的人民币支付风险。王雪、陈平(2013)发现,自跨境贸易人民币结算业务开展以来,形成了多种结算方式并存的局面,且跨境结算效率低于其他国际货币结算效率。根据国际经验,未来我国跨境人民币贸易结算模式将形成以代理行模式为主、其他方式为辅的新格局。由于代理行模式依托境内人民银行大额支付系统,而该系统逐笔清算的运行效率低于主要其他国际货币清算体系,因而需要一个独立的跨境支付清算系统来支撑人民币跨境业务的迅猛发展。宗良等(2013)则仔细考察了支付清算体系建设在纽约国际金融中心建设中的重要作用,发现纽约已建成了全球最完备、高效的机构间跨国清算结算体系,涵盖了证券、美元、外汇、衍生品等各种金融资产的清算结算,为金融市场的跨国交易提供了必要的基础设施。纽约在银行间大额支付清算系统的改造方面,通过将实时总额系统 RTGS 与延迟净额系统 DNS 混合,建立了创新系统——实时净额清算系统,这一创新使纽约一直维持着全球美元清算主渠道的地位。

乔桂明等(2014)指出,一方面,我国不仅要建立完善人民币跨境支付系统,而且要做好与现行HVPS系统的互通互联;另一方面,我国应在保证资金安全的前提下,提供多种支付途径,适度简化系统运行程序,提高效率。曾园园(2013)认为,人民币跨境监测分析管理系统和人民币跨境清算体系是人民币国际化进程中必不可少的两大金融基础设施。目前的人民币清算系统基本能满足市场需求,但从长远计,仍有必要完善现有人民币跨境支付清算体系,建设一个由在岸市场主导的清算平台,从而支撑全球交易所需的巨额流动资金量,实现更低的清算成本,满足跨时区的运营时间要求。冯毅(2011)从商业银行的微观视角指出,商业银行必须加大本外币系统的融合力度,提升本外币系统的联动效率,并应根据实体经济发展需要,提升境内外人民币业务的清算服务水平,为跨境人民币业务创新创造较好的技术支撑平台。

与上述文献不同,Dubon等(2011)研究了中美洲区域性国际支付系统的建设及其对区域经济发展的影响。沿着这一思路,何曾(2014)将研究重点对准中国-东盟区域合作,认为随着中国-东盟自由贸易区和人民币跨境使用的蓬勃发展,中国应从建设和完善区域性国际金融基础设施方面加强与东盟国家开展货币金融合作,将东盟区域性国际支付清算系统的建设理念拓展为中国-东盟区域性国际支付清算系统,扩大区域性国际支付清算一体化范围,覆盖中国-东盟自由贸易区,应通过打造便捷高效的支付清算平台,进一步服务中国-东盟实体经济间的国际交往,促进人民币跨境使用和境外循环。

四 文献综述Ⅲ:互联网金融视角下的支付清算体系发展

自从"支付经济学"概念出现以来,这一学科分支的内涵与特征便逐渐清晰起来。Kahn和Roberds(2009)的论文是一篇具有里程碑意义的支付经济学理论文献。他们指出，支付模型的中心目的是解决合同或约定的有限实施问题，这种有限性既可能源自潜在交易者地理距离过远，也可能源自法律体系的不完备，亦有可能由支撑支付系统的信息技术效率过低所致。于是，支付经济学的研究对象也就是各类克服时间错配和合同有限实施的双重摩擦，从而实现交换的机制安排。换言之，就是支付机构如何运用新技术来提升交易的便捷性，使得支付过程更具效率（Temzelides and Williamson，2001）。

从现实运行层面看，根据CPSS的调查，十余年来各国的支付都呈现鲜明的电子化倾向，在该委员会30个成员提供的122项重要零售支付创新中，大多数集中于移动支付、互联网支付这两个在银行不具有传统优势的领域（CPSS，2012）。对中国而言，互联网平台上的第三方支付与移动支付的现实意义更加鲜明，这是因为，首先展现互联网金融对中国传统金融机构巨大冲击力的就是属于金融基础设施领域的第三方支付领域，随后才从支付清算领域扩展到金融资源配置、风险管理等金融体系的核心功能领域。

基于上述理论与现实的新变化，本部分将重点考察第三方支付（包括跨行转接清算）和移动支付方面的研究进展。

（一）第三方支付与跨行转接清算组织

在上述支付经济学理论思路的指引下，国外很早便有与第三方支付有关的文献，但直接针对第三方支付进行的现实问题研究比较少，国外文献更多地集中探讨诸如双边市场、平台经济之类的与支付经济学密切相关的理论问题。对双边市场的界定主要集中在两个方面。一是价格结构方面。Rochet和Tirole（2003）认为，在平台向需求双方索要的价格总价值不变的条件下，若任何参与方的价格变化都会对平台总需求和交易量有直接影响，那么这一平台市场就是双边市场。二是交叉网络外部性方面。Armstrong（2006）认为，对于通过平台连接的两组用户而言，当一组用户加入平台的收益取决于另一组用户加入平台的规模时，这一平台市场就是双边市场。双边市场的基本特征主要有以下三个方面：交叉网络的外部性；价格的非对称性，即当平台企业可以通过调整对双边用户的收费实现利润最大化时，平台企业对用户的定价不对称；需求的互补性或相互依赖性，即当双边用户同时对平台企业的产品有需求时，产品才有价值。Economides 和 Katsamakas（2006）分析了操作系统和软件供应商之间的互补关系对开放和封闭操作系统的影响，发现开放系统的软件品种较多，软件供应商的收益较大。另外，两类系统竞争时，封闭系统的市场份额和收益比开放系统更大。

双边市场受到重视的一个原因在于其"赢者通吃"的性质（Rochet and Tirole，2003）。由于交叉网络的外部性，一个网络中一组用户数量的增多会增加另一组用户的效用水平，并且其效用水平呈几何级数增长，因此大网络给用户带来的效用也会远远高于小网络给用户带来的效用。这就造成新用户在选择网络时更易选择规模较大的网络。同时，小网络中的用户很可能会逐渐向大网络转移，最终出现"大者愈大，小者愈小"的结果。

2012 年之前，有关第三方支付的系统综述可参考韩国红（2012）的文献。2012 年以来，国内对第三方支付的研究文献数量呈现急速扩张态势，根据我们之前的总结归纳（董昀、李鑫，2014），近年来文献的研究重点主要集中在以下三个方面。

第一，性质界定。例如，宋仁杰、袁海威（2008）认为，暂留货款成为第三方支付性质界定的关键点，根据第三方支付的业务定位和《商业银行法》规定，第三方支付应被定义为非银行金融机构。钟伟、顾弦（2010）从第三方支付的服务创新出发，将第三方支付机构定义为从事货币服务机构的非存款性金融机构。任曙明、张静和赵立强（2013）则着重关注第三方支付产业的双边市场特征以及其他一些特有特征，如信用中介性等。

第二，安全监管。例如，巴曙松、杨彪（2012）在国际比较的基础上提出应从立法、分类、规范方面完善我国第三方支付监管，并且应建立相对灵活的备付金监管制度。黎四奇（2012）则基于买方市场、第三方支付行业自身的特点、技术与法律的关联等，提出要从实体与程序上标明第三方支付机构应对钓鱼欺诈事件作为义务，同时需对相关法律进行适时创新。韩国红（2013）着重探讨了第三方支付的创新路径及其特征，认为相应的监管政策也是随着其发展历程逐步演进和完善的，但难免具有滞后性。左力（2013）建立了一个"委托人—第三方支付机构—备付金存管银行"精炼贝叶斯博弈均衡分析框架，结果表明若规定备付金实际所有人可以选择两家以上银行作为主存管银行，那么主存管银行之间的制衡作用将会更加明显，这将降低委托人、机构以及监管银行之间的信息不对称程度。

第三，市场环境。例如，谭润沽（2010）认为，第三方支付机构在近年来的迅猛发展已对银行传统支付业务造成很大的冲击，随着利率市场化的推进，银行业竞争将日趋激烈，银行对非利息收入业务也势必越来越看重。邱勋（2013）尤其分析了余额宝对商业银行在金融市场地位、银行活期存款、超短期理财产品和基金代销业务四个方面造成的影响，同时探讨了余额宝对商业银行在重视互联网"长尾效应"、挖掘互联网渠道的潜力和制定大数据经营战略方面的三点启示。容玲（2012）认为，第三方支付市场是具有特殊性的双边市场，对第三方支付的规制应对封闭式平台和开放式平台区别对待。陈曲和林凯燊（2013）以支付宝为例，探讨了第三方支付企业的跨境发展，认为其独特优势促进了跨境发展，但也容易出现交易不真实等现象。

此外，也有学者从经济学理论层面进行分析。例如，李二亮、朱琦伟（2006）分析了第三方支付系统中在途资金的独特性，由于支付流程的特殊性，与银行相比第三方支付系统中的在途资金不可避免。于卫国（2008）从第三方支付的业务模式、价值链、竞争格局和市场结构等方面，分析了各类支付机构的特点，认为第三方支付平台既要遵循双边平台的运行规律，又要找到细分市场、寻求创新发展。徐超（2014）重点考察了第三方支付工具的货币性以及第三方支付机构的信用创造机制，并认为这将使得第三方支付体系具有类银行化的宏观效应。姜奇平（2013）同样关注了第三方支付工具的货币性，但与其他人往往对其持有某种恐惧心理不同，认为第三方支付形成的虚拟货币实际上恢复了支付的信息功能。

国内也已出现了根据平台经济理论分析第三方支付的文献。例如，程华（2014）认为，我国第三方支付等行业的多边平台企业的竞争表现出明显的双边市场特征，如不均衡的双边用户定价结构、集中度较高但不稳定的寡头垄断市场结构、企业间复杂的竞合关系等。蒋先玲等（2014）认为，在互联网金融兴起的背景下，我国第三方支付创新加速向资金配置等金融领域渗透，对其现行监管框架提出了挑战。任曙明等（2014）以第三方支付与B2C电子商务企业合作为研究背景，分析了第三方支付纵向策略对平台定价的影响。结果发现，纵向分离和纵向一体化模式，对平台价格结构不会产生影响。但是，纵向分离模式将突破纵向一体化所产生的进入壁垒，打破第三方支付行业的垄断局面。

在互联网金融大发展的背景下，还有文献提出了与第三方支付机构密切相关的电商金融概念。例如，黄海龙（2013）研究了电商金融的形成背景，分析了参与电商金融的四个要素；从电商平台联结不同对象的角度，将电商金融分为消费者信贷和中小微企业贷款，并对电商金融模式进行总结提炼，重点研究了电商金融的乘数效应及其对金融脱媒的影响。陈一稀等（2014）研究了电商系网络银行在开户、资金来源、资金供给方面与第三方支付平台、传统商业银行间形成的独特关系，并提出了促进电商系网络银行健康发展的政策建议。

与第三方支付机构同时兴起的另一类新兴组织是跨行转接清算组织。中国社会科学院金融研究所课题组（2014）将跨行转接清算组织界定为通过对资金跨行转移指令的接受、整理、轧差，计算出参与支付双方所在银行的账户彼此的净额应收应付关系的一类机构，这与国外通常提及的"清算组织"的基本功能一致。其主要机构类型包括银行卡组织、部分第三方支付机构和其他跨行转接组织，近期备受国内业界关注的是第三方支付机构在转接清算领域的异军突起，同时带来了更多的效率提升和潜在风险挑战。

从国际经验看，Akers等（2005）对各发达经济体信用卡产业的实践进行了总结。美联储金融服务政策委员会的年度支付研究报告对电子清算系统ACH和信用卡业务的笔数和金额进行了跟踪记录。Prager等（2009）对美国转接清算产业的市场集中度进行了计算，结果发现，前十大发卡行与前十大收单行占本环节市场份额的比例均接近90%。但前十大发卡行收单业务普遍比较少，所占市场份额比较小。徐超（2014）分析了美国与中国清算机构、清算体系的差异性，对美国的监管实践进行了总结归纳。

从国内文献看，目前明确地将跨行转接清算组织作为研究对象的文献并不多见。前面提到的中国社会科学院金融研究所课题组（2014）较为全面地进行了概念界说、技术背景描述、国际经验考察和中国支付清算市场结构分析，并对中国跨行转接清算组织未来的发展路径进行了初步探讨，同时对支付清算行业监管机制的创新提出了若干政策建议。该报告认为，长期来看，跨行转接清算组织的变革一定是趋向更加高效和更加安全，力求在二者之间寻求平衡。对于与零售支付对应的转接清算领域，从效率和安全两方面考虑，根据相关文献总结的国际经验，央行通常有五个公共政策目标[①]：①解决法律和法规对市场发展和创新的阻碍问题；②促进竞争性市场条件和行为的形成；③支持开发切实有效的标准和基础设施安排；④以对具体市场最有效的方式提供中央银行服务；⑤有效防范系统性风险的积累。

李鑫（2014）根据上述目标进一步分析指出，无论是从效率考虑还是从安全考虑，长期来看，在明确风险控制底线的前提下，促进市场发展和鼓励创新必然是监管者对转接清算产业政策选择过程中的首要目标导向。只有创新才能带来更高的效率和更好的安全，而只有构建一个高效的市场体系，才能鼓励更多的创新。

（二）移动支付

不少学者论证了ICT（Information and Communication Technology）对经济增长的促进作用，并认为这种作用正变得越来越明显（Jorgenson, Stiroh and Gordon, 2000；Jorgenson, 2001；Doms, Dunn, Oliner and Sichel,

---

① 参见十国集团中央银行支付结算体系委员会2003年报告《中央银行有关零售支付的政策问题》，引自十国集团中央银行支付结算体系委员会《支付体系比较研究》，中国金融出版社，2005。其中前四条直接引自该报告；由于次贷危机暴露了以前针对系统性风险的防范不足，因此结合次贷危机后相关领域新的共识，同时也根据金融基础设施的基本特性，总结得到第五点。

2004）。也有一些学者从金融的角度探讨了 ICT 与经济增长的关系，认为 ICT 通过促进金融的发展进而带动经济的增长（Andrianaivo and Kpodar, 2011; Sassi and Goaied, 2013）。从微观上看，Laukkanen（2007）认为，移动金融的最初使用者通常是那些有着很好的教育背景、收入、职业以及具有长时间、高频率的网络银行使用经验的用户群体。然而，总体来看，国外对于移动金融的研究焦点大多集中在较落后国家的移动金融实践上。Ivatury 和 Mas（2008）对欠发达国家移动金融的发展现状及特征进行了总结，并展望了其未来的发展。

国内对此进行较早探索的是谢平等（2013），他们认为 ICT 对经济增长有显著的正向影响，但不同指标的影响程度不一样，其中互联网上网人数和移动电话的影响尤其显著。同时，他们发现 ICT 对经济增长的正向推动作用主要通过增强金融的普惠程度这一机制来实现。

在此前后，国内也出现了一些移动支付领域的代表性研究成果。对我国移动金融介绍最为完整翔实的当属李麟、钱峰（2012），他们从我国移动金融发展的外部环境、商业模式创新、客户定位创新、产品创新、渠道策略创新等方面进行了全面的介绍。陈华平、唐军（2006）的实证研究表明，用户的社会影响、期望效用、风险认知等因素对移动支付的使用意愿有显著的正向影响，进一步看，用户对移动支付的使用意愿对其使用行为有显著的正向影响。李凯、孙旭丽和严建援（2013）同样探讨了移动支付的使用意愿，但他们不是从技术接受模型（TAM）而是从交换理论的视角出发来分析感知风险和感知利益在用户行为决策中的作用机理，发现感知利益主要受系统方便性的影响，而感知风险则主要受系统安全性的影响。杨水清、鲁耀斌和曹玉枝（2011）通过对支付宝用户的数据分析，发现用户的互联网支付信任显著影响其移动环境下的移动支付初始信任，而移动支付初始信任则通过提高感知相对优势和降低感知风险对用户使用意向施加了双重影响。张倩、李秀娟和夏芸（2013）则着重从全球和国内的角度分析了移动支付关键技术（NFC 技术）的专利布局状况及知识产权风险。

参考文献

巴曙松、杨彪:《第三方支付国际监管研究及借鉴》,《财政研究》2012年第4期。

陈达标:《后危机时代央行对中央对手方的救助研究》,《求索》2014年第9期。

陈华平、唐军:《移动支付的使用者与使用行为研究》,《管理科学》2006年第12期。

陈曲、林凯燊:《第三方支付企业跨境发展初探——以支付宝为例》,《特区经济》2013年第9期。

陈锡明:《支付系统流动性管理研究》,《南方金融》2013年第10期。

陈一稀等:《电商系网络银行的金融生态问题探析》,《上海金融》2014年第4期。

陈元:《对我国社会主义市场经济体制建设的一项重大贡献》,《人民日报》2013年4月11日,第8版。

程华:《互联网金融的双边市场竞争及其监管体系催生》,《改革》2014年第7期。

董昀、李鑫:《互联网金融的发展——基于文献的探究》,《金融评论》2014年第s5期。

冯毅:《商业银行跨境人民币结算及其创新策略》,《改革》2011年第8期。

〔德〕弗兰克尔、格德施坦因:《德国马克的国际角色》,载周弘、彼得·荣根、朱民主编《德国马克与经济增长》,社会科学文献出版社,2012。

国家外汇管理局课题组:《人民币在对外交往中计价结算问题研究》,《金融研究》2009年第1期。

韩国红:《第三方支付发展的十年回顾:一个文献综述》,《企业经济》2012年第12期。

韩国红:《第三方支付行业创新影响因素分析和发展建议——以浙江省为例》,《企业经济》2013年第9期。

何曾:《建设中国-东盟区域性国际支付系统研究》,《南方金融》2014年第2期。

黄碧琴等:《货币国际化与支付体系建设经验研究——以日元为例》,《南方金融》2014年第7期。

黄聪、贾彦东:《金融网络视角下的宏观审慎管理——基于银行间支付结算数据的实证分析》,《金融研究》2010年第4期。

黄海龙:《基于以电商平台为核心的互联网金融模式研究》,《上海金融》2013年第8期。

黄志强:《夯实金融基础设施建设 助推新一轮金融改革》,《金融时报》2014年1月3日,第3版。

姜奇平:《把握支付的基因变异——解析互联网金融的DNA》,《互联网周刊》2013年第9期。

蒋先玲等：《第三方支付态势与监管》，《改革》2014年第6期。

黎四奇：《对钓鱼欺诈中第三方支付机构作为或不作为法律问题的思考》，《法律科学》2012年第3期。

李二亮、朱琦伟：《第三方支付平台中的在途资金问题》，《社会科学家》2006年第S1期。

李凯、孙旭丽、严建援：《移动支付系统使用意愿影响因素分析：基于交换理论的实证研究》，《管理评论》2013年第3期。

李麟、钱峰：《移动金融：创建移动互联网时代新金融模式》，清华大学出版社，2012。

李新、周琳杰：《中央对手方机制防范系统性金融风险研究》，《财贸经济》2011年第10期。

李鑫：《互联网支付的跨行转接清算模式及其前景》，《海南金融》2014年第6期。

李扬：《提高金融的资源配置效率——十八届三中全会中的金融改革议题》，《经济研究》2014年第1期。

李扬、张晓晶：《失衡与再平衡》，中国社会科学出版社，2013。

李扬主编《金融学大辞典》，中国金融出版社，2014。

梁静：《支付清算》，载李扬主编《金融学大辞典》，中国金融出版社，2014。

刘浚淇等：《后危机时代国际金融市场中央对手方清算的发展动态与趋势》，《上海金融》2012年第7期。

刘士余：《促进我国支付服务市场健康发展》，《中国金融》2014年第17期。

〔日〕露口洋介：《人民币国际化的现状与展望》，《国际经济评论》2011年第3期。

钱小安：《金融民营化与金融基础设施建设》，《金融研究》2003年第3期。

乔桂明等：《人民币跨境结算影响因素分析与实证》，《新金融》2014年第12期。

邱勋：《余额宝对商业银行的影响和启示》，《新金融》2013年第9期。

任曙明、李琳琳、董维刚：《纵向一体化下的第三方支付定价研究》，《上海金融》2014年第11期。

任曙明、张静、赵立强：《第三方支付产业的内涵、特征与分类》，《商业研究》2013年第3期。

容玲：《第三方支付平台竞争策略与产业规制研究》，复旦大学博士学位论文，2012。

十国集团中央银行支付结算体系委员会：《支付体系比较研究》，中国金融出版社，2005。

宋仁杰、袁海威：《第三方支付的性质界定》，《电子商务》2008年第11期。

孙杰：《跨境结算人民币化还是人民币国际化？》，《国际金融研究》2014年第4期。

谭润沾：《银行支付业务的战略重要性：基于第三方支付发展的视角》，《南方金融》2010年第1期。

王乐兵、周杰:《债务危机背景下的欧洲场外衍生品监管改革》,《欧洲研究》2014年第3期。

王信、曹莉、蒋先明、袁婷:《单一银行监管与欧元区一体化》,《中国金融》2013年第1期。

王信、李俊:《欧元区央行间资金融通与国际收支失衡调整及危机应对》,《国际经济评论》2012年第3期。

王雪、陈平:《人民币跨境结算模式的比较与选择》,《上海金融》2013年第9期。

肖潇:《基于计价结算视角的人民币国际化研究》,《中国物价》2014年第3期。

谢平等:《ICT、移动支付与电子货币》,《金融研究》2013年第10期。

徐超:《美国支付清算体系监管框架评析:兼论对中国的启示》,《上海金融》2014年第10期。

杨水清、鲁耀斌、曹玉枝:《基于跨渠道的消费者移动支付采纳研究》,《科研管理》2011年第10期。

杨涛、董昀:《我国支付清算市场发展与完善研究》,《农村金融研究》2014年第5期。

于卫国:《第三方支付的支付模式、竞争环境和新业务发展分析》,上海交通大学博士学位论文,2008。

曾园园:《完善人民币计价结算的基础设施》,《中国金融》2013年第23期。

张承惠:《金融改革须重视金融基础设施建设》,《重庆理工大学学报》(社会科学)2013年第10期。

张倩、李秀娟、夏芸:《移动支付关键技术专利布局状况探析》,《电子知识产权》2013年第8期。

国际清算银行支付结算体系委员会、国际证监会组织技术委员会:《金融市场基础设施原则》,中国人民银行支付结算司译,中国金融出版社,2013。

中国人民银行广州分行课题组:《支付清算合成指数在区域经济运行监测中的应用研究》,《南方金融》2013年第12期。

中国人民银行清算总中心:《大小额支付系统的成效》,《中国金融》2014年第16期。

中国人民银行支付结算司:《中国支付体系发展报告(2012)》,中国金融出版社,2013。

中国社会科学院金融研究所课题组:《新技术革命下的跨行转接清算组织创新与监管研究》,2014。

钟伟、顾弦:《第三方支付的创新趋势与监管思路》,《中国金融》2010年第12期。

周成杰:《略论我国"中央对手方机制"的制度构建》,《上海金融》2014年第6期。

周莉萍:《中央银行支付清算体系中的抵押品管理》,《上海金融》2014年第1期。

宗良、温彬、陆晓明:《纽约金融中心建设的经验与启示》,《国际金融》2013年第9期。

左力:《如何防止第三方支付机构与存管行利益合谋——基于双备付金存管行假设

下的博弈分析》,《现代财经》2013 年第 9 期。

Akers Douglas, Golter Jay, Lamm Brian, and Solt Martha, "Overview of Recent Developments in the Credit Card Industry", *FDIC Banking Review*, Vol. 17, No. 3, 2005.

Andrianaivo, M. and K. Kpodar, "ICT, Financial Inclusion, and Growth Evidence from African Countries", IMF Working Papers, 2011.

Armstrong, M., "Competition in Two-sided Markets", *The RAND Journal of Economics*, 2006, 37 (3).

Capgemini and the Royal Bank of Scotland, "World Payments Reports 2013", 2013, www.capgemini.com/wpr13.

Chailloux, A., S. Gray and R. McCaughrin, "Central Bank Collateral Frameworks: Principles and Policies", IMF Working Paper, Aug. 22, 2008.

CPSS, Payment, "Clearing and Settlement Systems in the CPSS Countries", Committee on Payment and Settlement Systems (CPSS) Red Book, BIS, 2012.

CPSS, "Principles for Financial Market Infrastructures, Assessment Methodology and Disclosure Framework", Consultative Document, Bank for International Settlements, April, 2012.

CPSS, "Report of Working Group 2012", Innovations in Retail Payments, 2012.

Cumming, Christine M., "Enhancing Payment System Speed, Efficiency and Security", Keynote Remarks at the TCH Annual Payments Symposium and Business Meeting, New York City, 2013.

Doms, M. E., W. E. Dunn, S. D. Oliner and D. E. Sichel, "How Fast do Personal Computers Depreciate? Concepts and New Estimates", NBER Working Paper, 2004.

Dubon E. G., and G. Heinrich, "The Development of a Regional Payment System in Central America: A Step towards Further Integration and Economic Development", *Journal of Payments Strategy and Systems*, 2011 (5).

Duffie D. and H. Zhu, "Does a Central Clearing Counterparty Reduce Counterparty Risk?", Stanford University Working Paper, 2010.

Economides and Katsamakas, "Two-sided Competition of Proprietary vs. Open Source Technology Platforms and the Implications for Software Industry", *Management Science*, 2006, 52 (7).

Financial Services Policy Committee of Federal Reserve System, "The 2013 Federal Reserve Payments Study", www.federalreserve.gov, 2013.

Ivatury, G. and I. Mas., "The Early Experience with Branchless Banking", *CGAP Focus Note*, No. 46, April 2008.

Jorgenson, D. W. "Information Technology and the US Economy", *American Economic Review*, 2001, 91 (1).

Jorgenson, D. W., K. J. Stiroh and R. J. Gordon, "Raising the Speed Limit: US Economic Growth in the Information Age", *Brookings Papers on Economic Activity*, 2000, 31 (1).

Kahn, C. and W. Roberds, "Why Pay? An Introduction to Payments Economics", *Journal of Financial Intermediation*, 2009, Vol. 18, No. 1.

Kambhu, J., T. Schuermann and K. Stiroh, "Hedge Funds, Financial Intermediation, and Systemic Risk", *FRBNY Economic Policy Review*, 2007.

Koeppl T. V., C. Monnet, "The Emergence and Future of Central Counterparty", Working Paper, 2011.

Greenspan, Allen, *The Age of Turbulence*, Penguin, UK, 2007.

IMF, "Global Financial Stability Report", April 2010.

Frankel, J., "Internationalization of the RMB and Historical Precedent", *Journal of Economics Integration*, 2012 (3).

Lack M. J. and J. A. Weinberg, "Payment Economics: Studying the Mechanics of Exchange", *Journal of Monetary Economics*, 2003 (50).

Laukkanen, T., "Internet vs Mobile Banking: Comparing Customer Value Perceptions", *Business Process Management Journal*, 2007, Vol. 13, Iss. 6.

Norman P., *The Risk Controllers: Central Counter-party Clearing in Globalised Financial Market*, John Wiley and Sons, 2011.

Prager et al., "Interchange Fees and Payment Card Networks: Economics, Industry Developments, and Policy Issues", *Finance and Economics Discussion Series*, 2009, No. 23.

Rochet, J., J. Tirole., "Platform Competition in Two – sided Markets", *Journal of European Economic Association*, 2003 (1).

Sassi, S. and M. Goaied, "Financial Development, ICT Diffusion and Economic Growth: Lessons from MENA Region", *Telecommunications Policy*, 2013, Vol. 37.

Temzelides, T. and Williamson, S. D., "Payments Systems Design in Deterministic and Private Information Environments", *Journal of Economic Theory*, 2001, Vol. 99, No. 1 – 2.

Chapter 14　Development of Payment and Settlement System: A Literature Survey

Abstract: This paper attempt to research the evolution of academic literature in payment and clearing field. Firstly, we discuss several new characteristics of payment and clearing research. Then we make a system literature survey from the following 3 aspects: payment and clearing system as a kind of financial infrastructure, RMB internationalization and payment and clearing, payment and clearing in the perspective of internet finance.

Keywords: Payment and Clearing; Financial Market Infrastructures; RMB Internationalization; Internet Finance

图书在版编目(CIP)数据

中国支付清算发展报告.2015/杨涛主编.—北京：社会科学文献出版社，2015.6
ISBN 978-7-5097-7383-3

Ⅰ.①中… Ⅱ.①杨… Ⅲ.①支付方式-研究报告-中国-2015 ②货币结算-研究报告-中国-2015 Ⅳ.①F832.6

中国版本图书馆CIP数据核字（2015）第076154号

中国支付清算发展报告（2015）

主　　编／杨　涛
副主编／程　炼

出 版 人／谢寿光
项目统筹／恽　薇
责任编辑／冯咏梅

出　　版／社会科学文献出版社·经济与管理出版分社（010）59367226
　　　　　　地址：北京市北三环中路甲29号院华龙大厦　邮编：100029
　　　　　　网址：www.ssap.com.cn
发　　行／市场营销中心（010）59367081　59367090
　　　　　　读者服务中心（010）59367028
印　　装／北京季蜂印刷有限公司
规　　格／开本：787mm×1092mm　1/16
　　　　　　印张：22.25　字数：336千字
版　　次／2015年6月第1版　2015年6月第1次印刷
书　　号／ISBN 978-7-5097-7383-3
定　　价／89.00元

本书如有破损、缺页、装订错误，请与本社读者服务中心联系更换

▲ 版权所有 翻印必究